GLENCOE SPANISH 3

De viaje

Conrad J. Schmitt

Protase E. Woodford

GLENCOE

McGraw-Hill

New York, New York   Columbus, Ohio   Mission Hills, California   Peoria, Illinois

About the Cover

The La Mancha region of central Spain is known primarily for its agricultural products, such as wheat, grapes, and cheese. The windmills were made immortal in Don Quixote de la Mancha, a novel by Miguel de Cervantes (1547–1616) that is considered by many to be the greatest literary work of the Spanish language, and one of the best-known treasures of world literature.

Printed in the United States of America.

Send all inquiries to:
Glencoe/McGraw-Hill
15319 Chatsworth Street
P.O. Box 9609
Mission Hills, CA 91346-9609

ISBN 0-02-646340-7

2 3 4 5 6 7 8 9   RRW   00 99 98 97 96 95

CONTENIDO

CAPÍTULO 1

LOS VIAJES

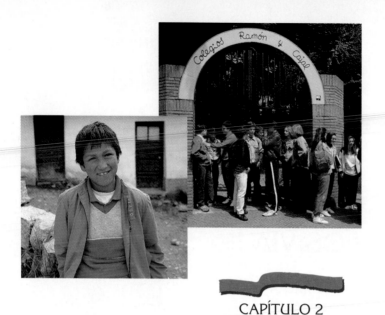

CAPÍTULO 2

LAS RUTINAS

CAPÍTULO 3

LOS PASATIEMPOS

CAPÍTULO 4

PASAJES

CAPÍTULO 5

LOS SUCESOS Y LOS ACONTECIMIENTOS

CAPÍTULO 6

LOS VALORES

CAPÍTULO 7

LA SALUD Y EL BIENESTAR

CAPÍTULO 8

RAICES

APÉNDICES

De viaje

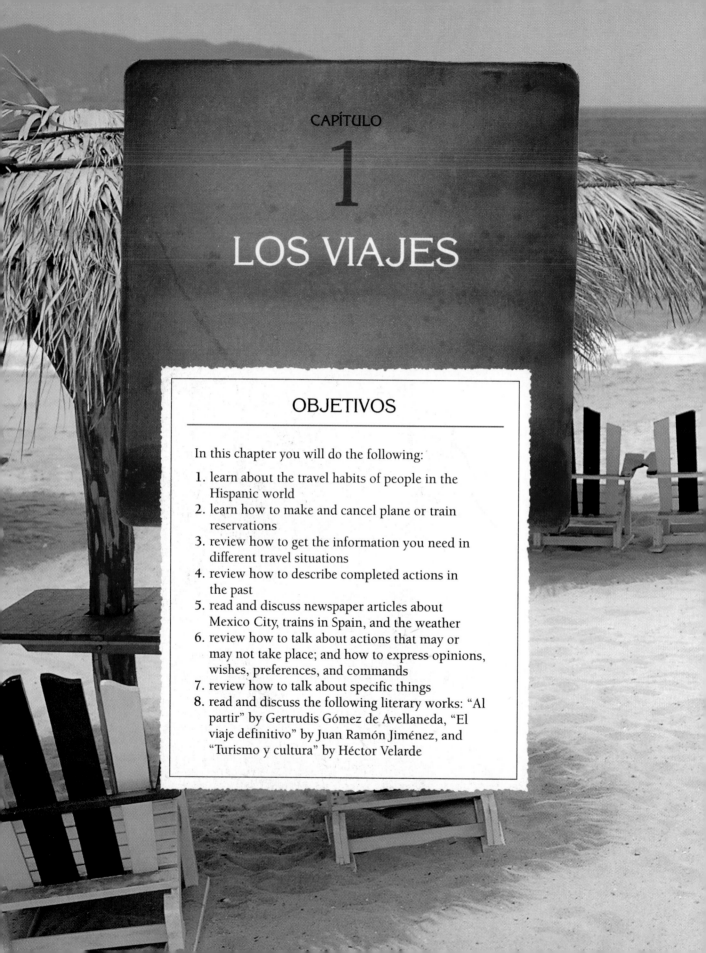

CAPÍTULO

1

LOS VIAJES

OBJETIVOS

In this chapter you will do the following:

1. learn about the travel habits of people in the Hispanic world
2. learn how to make and cancel plane or train reservations
3. review how to get the information you need in different travel situations
4. review how to describe completed actions in the past
5. read and discuss newspaper articles about Mexico City, trains in Spain, and the weather
6. review how to talk about actions that may or may not take place; and how to express opinions, wishes, preferences, and commands
7. review how to talk about specific things
8. read and discuss the following literary works: "Al partir" by Gertrudis Gómez de Avellaneda, "El viaje definitivo" by Juan Ramón Jiménez, and "Turismo y cultura" by Héctor Velarde

LUGARES DE INTERÉS TURÍSTICO

Teotihuacán, la pirámide del Sol, Chichén Itzá, "El castillo" y Chac-Mool, el dios de la lluvia

INTRODUCCIÓN

A mucha gente le gusta viajar durante sus vacaciones. El destino que escoge cada viajero o turista depende de sus gustos e intereses personales. Si a algunos les gusta nadar, su destino es una playa o balneario. Si a otros les gusta esquiar, van para las montañas. A otros les gustan el camping, el alpinismo o las caminatas. Hay quienes viajan por motivos culturales a un sitio arqueológico, por ejemplo. Y a los naturalistas les encanta ir a un lugar donde puedan observar la flora y la fauna en su hábitat natural. Desde el punto de vista turístico, el mundo hispano ofrece una variedad enorme de lugares donde uno puede disfrutar de una estadía placentera. Hay algo para todos los gustos e intereses.

una loma(da)

el cañón

el borde

la pirámide

un cerro

abajo

la calzada

el pingüino

la represa

Gales

el galápago

la estadía   la estancia, tiempo que uno permanece o se queda en un lugar

la ascendencia   la raza, el linaje

disfrutar de   gozar de, aprovechar

acudir a   ir a

edificar   construir

manso(a)   apacible, lo contrario de feroz

placentero(a)   agradable, alegre

Ejercicios

A La geografía. Contesten según el dibujo.

1. ¿Es estrecha o ancha la loma(da)?
2. ¿Está entre dos cerros la loma(da)?
3. ¿Está la fortaleza al borde de un cañón?
4. ¿El río corre bajo la loma(da)?

B ¿Verdad o no? ¿Sí o no?

1. Los lados de una pirámide son rectangulares.
2. Gales es una provincia de Francia.
3. Una calzada es un tipo de camino o carretera.
4. Los pingüinos tienen alas y son excelentes nadadores.
5. El galápago es una tortuga de mar.
6. Los tigres son animales mansos.
7. La represa es un lugar donde se detiene o se contiene
   el agua.

C Las definiciones. Expresen de otra manera.

1. Está *a la orilla* del precipicio.
2. Está en *una colina alta*.
3. Ellos van a *gozar de* sus vacaciones en la playa.
4. Mucha gente *va a* la orilla del mar en el verano.
5. *Han construido* muchos hoteles a todo lo largo de
   la Costa del Sol en el sur de España.
6. Van a pasar unos días *agradables* en Marbella, en
   la Costa del Sol.
7. Él es de *raza* india.

HOTEL ALAY

BENALMADENA
COSTA DEL SOL

29630 BENALMADENA - COSTA
COSTA DEL SOL
MALAGA - ESPAÑA

EL TURISMO

 El verano es la estación en que muchos individuos toman sus vacaciones. A muchos veraneantes les gusta pasar un par de días o semanas en una playa a orillas del mar para volver a casa bronceados y descansados. ¿Qué dices? ¿Te gustaría pasar tus vacaciones en un balneario fantástico? Pues, hay muchas posibilidades en el mundo hispano.

A todo lo largo de las costas de España y de México hay playas fantásticas a las cuales acuden miles de turistas cada año. Rincón, en el Canal de la Mona en la costa occidental de Puerto Rico, es un paraíso para los "surfers". Y si piensas en Punta del Este, Mar del Plata o Viña del Mar, no olvides de planear tus vacaciones para diciembre, enero o febrero, cuando estos lugares disfrutan del verano.

¿Te interesa la arqueología? Entonces, ¿por qué no vas a Machu Picchu en el Perú, a Tikal en Guatemala o a Copán en Honduras? En Machu Picchu están las famosas ruinas de una ciudad incaica descubiertas por el senador estadounidense Hiram Bingham en 1911. Machu Picchu se halla a unos 2.300

Calahonda, Costa del Sol, España

Machu Picchu, Perú

mercados, plazas, calzadas (carreteras) y represas—todo en medio de una jungla de densa vegetación.

Si eres naturalista, es posible que te interese visitar la península Valdés, cerca de Puerto Madryn, en la Argentina. Pero cuidado con los elefantes marinos que se crían aquí. Estas criaturas inmensas son bastante tranquilas mientras no se les bloquee el acceso al mar. No muy lejos de la península Valdés está Punta Tombo, el criadero más grande del mundo de pingüinos magallánicos. ¿Sabes cómo recibieron su nombre estas aves adorables? Pues, "pingüino" viene del galés "pengwyn". La palabra significa "cabeza blanca". Es el nombre que se les dio en el siglo XVI, cuando un miembro de una expedición inglesa vio un pingüino por primera vez en Puerto Deseado, cerca de Punta Tombo. En toda esta región de la Patagonia argentina siguen viviendo muchos galeses.

metros sobre el nivel del mar. Las maravillosas y misteriosas ruinas están situadas en una lomada estrecha entre dos cerros, al borde del cañón de Urubamba por cuyo fondo, 400 metros más abajo, serpentea el río del mismo nombre. No sabemos quiénes edificaron y habitaron esta ciudad aunque sin duda era gente de raza incaica. Sin embargo, hay varias teorías: pudo haber sido una fortaleza militar, un santuario religioso o una escuela para la nobleza.

Las ruinas de Tikal están situadas en medio de una vasta jungla tropical del Petén, en Guatemala. Estas famosas ruinas mayas son muy misteriosas porque nadie sabe de dónde ni cuándo vinieron los mayas, y tampoco se sabe cómo ni por qué desaparecieron. Pero en Tikal construyeron pirámides de hasta 20 pisos de altura. Construyeron también magníficos palacios, patios, baños,

Punta Tombo, Península Valdés, Patagonia, Argentina

Comprensión

A Las playas. ¿En qué país está?

1. Cancún
2. Mazatlán
3. Luquillo
4. Punta del Este
5. Viña del Mar
6. Mar del Plata
7. Puerto Plata

B Machu Picchu. Contesten.

1. ¿En qué país está Machu Picchu?
2. ¿Qué hay en Machu Picchu?
3. ¿Quién las descubrió?
4. ¿Cuándo las descubrió?
5. ¿Dónde está situada Machu Picchu?
6. ¿A qué altura está?
7. ¿Para qué servía la ciudad?
8. ¿Qué pudo haber sido?

C Tikal. Corrijan las oraciones falsas.

1. Las ruinas de Tikal están en el Perú.
2. Las ruinas de Tikal están en las montañas.
3. Las ruinas de Tikal son de los incas.
4. En la jungla tropical hay muchas piedras y rocas.

D La Patagonia. ¿Sí o no?

1. La península Valdés está en la Patagonia argentina.
2. Los elefantes marinos son pequeños.
3. Los elefantes marinos son siempre feroces.
4. Los elefantes marinos se quedan siempre en el mar.
5. Los elefantes marinos siempre quieren tener acceso al mar.
6. Los pingüinos tienen cabezas blancas.
7. Los pingüinos son pequeños pero feroces.
8. Muchos galeses viven en la Patagonia.
9. Gales es una parte de Gran Bretaña.

En la Costa Brava, España

Comunicación

A Las vacaciones. Imagínese que Ud. está pasando sus vacaciones en la Costa Brava. Ud. acaba de comprar una tarjeta postal. Escriba en ella a un(a) buen(a) amigo(a) diciéndole todo lo que Ud. está haciendo.

B Las ruinas mayas. Copán, Honduras y Mérida, en la península de Yucatán de México, son lugares que también tienen ruinas magníficas de los misteriosos mayas. Busque información en una enciclopedia sobre estos sitios arqueológicos de fama mundial. Prepare un informe escrito sobre uno de estos lugares.

Un vuelo anulado

Vocabulario

la autopista

una tempestad   una tormenta

el embotellamiento

la terminal

LA TERMINAL

TAXI

TAXI

la parada de taxis

el taxímetro

ESTACIÓN DE ATOCHA

TAXI

El viajero tiene prisa.
Se da prisa.
Va a perder el tren.

pronosticar   predecir el futuro
deducir   restar algo
reembolsar   devolver el dinero pagado

el monto   la suma, el total
el retraso   acción de llegar tarde, la tardanza
la demora   el retraso

Ejercicios

A ¿Qué pasa? Contesten según el dibujo.

1. ¿Tiene prisa este señor?
2. ¿Adónde fue?
3. ¿Cómo fue?
4. ¿Ya salió el tren?
5. ¿Perdió el tren?
6. ¿Había un embotellamiento en la autopista?
7. ¿Había una tormenta o hacía buen tiempo?

B Otra palabra. ¿Cúal es la palabra?

1. una fila larga de coches
2. lugar donde se puede encontrar un taxi
3. la suma
4. una tempestad con viento y lluvia
5. sustraer (restar algo) de una suma
6. hacer un pronóstico
7. un aparato en un taxi que indica el precio del trayecto (recorrido)
8. una llegada con demora
9. devolver dinero

En el aeropuerto

SEÑOR: He perdido mi vuelo a Sevilla. Pasé media hora en un embotellamiento en la autopista.

AGENTE: Pero Ud. no ha perdido su vuelo.

SEÑOR: ¡Qué suerte! ¿No ha salido todavía? ¿Hay un retraso?

AGENTE: No, se ha anulado el vuelo a causa de un problema mecánico.

SEÑOR: ¿Cuándo sale el próximo vuelo?

AGENTE: Hay otro vuelo que debe salir a las trece y veinte, pero están proyectando una demora de dos horas.

SEÑOR: ¿Debido a qué? ¿Otro problema técnico?

AGENTE: No, pero está haciendo muy mal tiempo en Sevilla y habrá demoras a causa del control del tráfico aéreo.

SEÑOR: Creo que voy a tomar el tren. ¿Puede Ud. devolverme lo que pagué por el billete?

AGENTE: Sí, ¡cómo no! ¿Ud. lo puso en una tarjeta de crédito?

SEÑOR: Sí.

AGENTE: Entonces le daré una ficha de reembolso y el monto será deducido de su cuenta.

SEÑOR: Gracias, pero tengo mucha prisa. Mi agente de viajes lo hará.

AGENTE: De acuerdo.

SEÑOR: ¿Dónde puedo encontrar un taxi?

AGENTE: Al salir de la terminal, Ud. verá a mano izquierda una parada de taxis.

En el taxi

SEÑOR: La estación de Atocha, por favor.

TAXISTA: Sí, señor.

SEÑOR: Quisiera estar en la estación en veinte minutos. ¿Le parece posible?

TAXISTA: A esta hora no anda mal el tráfico. ¡Ya veremos! Con un poco de suerte llegaremos.

SEÑOR: ¿Cuánto es para ir a Atocha?

TAXISTA: Lo que indique el taxímetro.

En la estación de ferrocarril

SEÑOR: ¿A qué hora sale el próximo tren para Sevilla?

EMPLEADO: Hay un rápido que sale a las trece y cuarenta y cinco.

SEÑOR: ¿A qué hora sale El AVE?

EMPLEADO: A las catorce horas. Hay que pagar un suplemento, pero en menos de tres horas estará Ud. en Sevilla.

SEÑOR: ¡Increíble! Una plaza en clase preferente, ida y vuelta, por favor. ¿Cuánto es el billete?

EMPLEADO: 16,500 pesetas. Aquí tiene su billete. Andén 3, vía A.

Comprensión

A El viajero. Contesten.

1. ¿Adónde iba el viajero?
2. ¿Qué perdió?
3. ¿Por qué llegó tarde al aeropuerto?
4. ¿Ya había salido su vuelo?
5. ¿Por qué fue anulado el vuelo?
6. ¿Por qué saldrá con una demora el próximo vuelo?
7. ¿Qué va a tomar el señor?
8. ¿Le puede reembolsar el agente el dinero que pagó por su billete?
9. ¿Qué le dará el agente?
10. ¿Por qué irá el señor a su agencia de viajes?
11. ¿Cómo quiere ir a la estación de ferrocarril?
12. ¿Dónde puede encontrar un taxi?

El aeropuerto de Barajas, Madrid, España

B A la estación de ferrocarril. Contesten.

1. ¿A qué estación va el pasajero?
2. ¿Cuándo quiere llegar a la estación?
3. ¿Es posible?
4. ¿Por qué?
5. ¿Cuál es la tarifa desde el aeropuerto de Barajas hasta la estación de Atocha?

C El tren. Completen.

1. El próximo tren para Sevilla sale a las…
2. Es un…
3. El AVE sale a las…
4. Llega a Sevilla…
5. El pasajero toma…
6. El tren sale del…
7. Hay que pagar…
8. El billete le costó…

El AVE

Comunicación

A **De viaje a Madrid.** Ud. va de Nueva York a Madrid. Está en el mostrador de la línea aérea. Trabaje con un(a) compañero(a) de clase. Uno(a) de Uds. tomará (hará) el papel del/de la pasajero(a), y el/la otro(a) tomará el papel del/de la agente de la compañía aérea. Preparen una conversación. Si por casualidad Uds. han olvidado algunas palabras, aquí tienen las palabras que ya han aprendido y que necesitarán para su conversación.

> **el boleto, la tarjeta de embarque, el talón, la sección de no fumar, el equipaje de mano, el número del asiento, el pasaporte, el destino, la puerta de salida, el equipaje, facturar, la aduana, el reclamo de equipaje**

B **A Sevilla.** Ud. va de Madrid a Sevilla. Está en la estación de ferrocarril en Madrid. Trabaje con un(a) compañero(a) de clase. Preparen una conversación en la estación de ferrocarril. Aquí tiene algunas de las palabras que necesitarán.

> **la ventanilla, la sala de espera, el maletero, el billete sencillo, el billete de ida y vuelta, el andén, el vagón, la litera, el coche-cama, el coche-comedor, transbordar**

C **El hotel.** Ud. ha llegado a su hotel en Sevilla. Trabaje con un(a) compañero(a) de clase. Uno(a) de Uds. será el/la cliente. El/La otro(a) será el/la recepcionista. Preparen una conversación. Aquí tienen una lista de las palabras que ya han aprendido y que posiblemente necesitarán.

> **la ficha, el ascensor, el botones, la llave, un cuarto sencillo (doble), la caja, la cuenta, el monto, la ducha, los gastos, la cama, el balcón, el baño, el aire acondicionado, el televisor**

El patio de un hotel, Sevilla, España

DE VIAJE

Cuando alguien sale de viaje, Ud. le puede decir:

> ¡Buen viaje!

Cuando Ud. está de vacaciones o cuando viaja, es necesario informarse (enterarse) de muchas cosas. Hay que saber dónde, cuándo y a qué hora algo tendrá lugar. Si quiere pedirle información a alguien, para ser cortés, puede comenzar su pregunta diciendo:

> Perdón.
> Perdóneme, pero…
> Perdón. ¿Podría decirme…
> Perdón. ¿Puede Ud. decirme…
>   dónde está el correo?
>   cuándo será el concierto?
>   a qué hora sale el tren para Sevilla?

Perdóneme, pero…

Si Ud. quiere saber cómo debe hacer algo, puede preguntar:

> ¿Qué hago para llamar a los Estados Unidos?
> ¿Qué debo hacer para llamar a los Estados Unidos?

Antes de comprar algo, es necesario saber el precio. Si Ud. compra mercancías, puede preguntar:

> ¿Cuál es el precio de esta camisa?
> ¿Cuánto cuesta?
> ¿Cuánto es esta canasta?

Si Ud. quiere comprar comida (alimentos), puede preguntar:

> ¿A cuánto están las manzanas?
> ¿A cómo es la salchicha?

Si alguien le hace una pregunta y Ud. no la sabe contestar, puede decir:

> **Lo siento mucho pero…**
> … **no soy de aquí.**
> … **no sé.**
> … **no tengo idea.**
> … **no le puedo ayudar.**

Comunicación

Pidiendo información. Imagínese que Ud. está de viaje en España y se encuentra en las siguientes situaciones. Trabaje con un(a) compañero(a) de clase.

1. Ud. va a tomar un vuelo de Madrid a Tenerife en las Canarias. Vaya a una agencia de viajes y pídale al/a la agente toda la información que necesita.
2. Ud. va a tomar el tren de Madrid a Sevilla. Vaya a la estación de ferrocarril, pida la información que necesita y compre un billete.
3. Ud. quiere tomar un taxi de Barajas, el aeropuerto de Madrid, al centro de la ciudad. Hable con el/la agente de información y con el taxista.
4. Ud. llega a un hotel en Tenerife. Pida la información necesaria para conseguir una buena habitación.
5. Su cantante favorita está en Madrid. Ud. quiere ir al concierto. Hágale al/a la recepcionista del hotel todas las preguntas necesarias para poder ir al concierto.
6. Ud. está en Badajoz y quiere saber cómo se hace para usar el teléfono público. Pregúnteselo a alguien.
7. Ud. está en una tienda de departamentos. Hay algunas cosas que quisiera comprar. Entérese de los precios.

LANZAROTE isla mítica

ESTRUCTURA I

El pretérito

Expressing Completed Past Actions

1. The preterite is used to state actions that began and ended sometime in the past. To form the root for the preterite, drop the infinitive ending of the verb. Add the corresponding endings to these roots.

hablar	habl-ar	habl-
comer	com-er	com-
vivir	viv-ir	viv-

2. Review the following forms.

INFINITIVE	HABLAR	COMER	VIVIR
yo	hablé	comí	viví
tú	hablaste	comiste	viviste
él, ella, Ud.	habló	comió	vivió
nosotros(as)	hablamos	comimos	vivimos
vosotros(as)	hablasteis	comisteis	vivisteis
ellos, ellas, Uds.	hablaron	comieron	vivieron

3. Some frequently used time expressions that accompany past actions in the preterite are:

ayer	el año (mes) pasado
anoche	la semana pasada
ayer por la tarde	hace una semana (un año)
ayer por la mañana	

4. Note the similarity in the preterite of the verbs *dar* and *ver* and the special spelling of the *yo* form of the preterite of verbs that end in *-car, -gar, -zar.*

INFINITIVE	BUSCAR	JUGAR	EMPEZAR	DAR	VER
yo	busqué	jugué	empecé	di	vi
tú	buscaste	jugaste	empezaste	diste	viste
él, ella, Ud.	buscó	jugó	empezó	dio	vio
nosotros(as)	buscamos	jugamos	empezamos	dimos	vimos
vosotros(as)	buscasteis	jugasteis	empezasteis	disteis	visteis
ellos, ellas, Uds.	buscaron	jugaron	empezaron	dieron	vieron

Ejercicios

A **El verano.** Contesten.

1. ¿Pasaste el fin de semana en la playa?
2. ¿Nadaste?
3. ¿Esquiaste en el agua?
4. ¿Usaste crema protectora?
5. ¿Comiste en un restaurante a orillas del mar?
6. ¿Comiste solo(a) o con algunos amigos?
7. ¿Comieron mariscos?
8. ¿Qué comieron?
9. ¿Quién pagó la cuenta?
10. ¿Dejaron Uds. una propina para el mesero?
11. ¿A qué hora salieron del restaurante?
12. ¿A qué hora volviste a casa?
13. ¿Te acostaste en seguida?
14. ¿Te dormiste en seguida?

B **Un concierto.** Completen con el pretérito.

__Anita, ¿tú ___ (salir) anoche?
—Sí ___ (oír) cantar a Ricky Martin.
—¿Él ___ (dar) un concierto?
—Sí, en el estadio municipal.
—¿Qué tal te ___ (gustar)?
—Mucho. Como siempre, él ___ (cantar) muy bien.
—¿Quién más ___ (asistir)? ¿Maripaz?
—Maripaz, no. Pilar me ___ (acompañar).
—¿A qué hora ___ (empezar) el concierto?
—___ (Empezar) a las ocho y media y nosotras no ___ (salir) del concierto hasta las once menos cuarto.
—¿A qué hora ___ (volver) Uds. a casa?
—___ (Volver) a eso de las once y cuarto.
—Dime, ¿cuánto les ___ (costar) las entradas?
—Mil pesos cada una.
—Yo quería ir al concierto. ¿Por qué no me ___ (invitar)?
—Yo te ___ (llamar) la semana pasada antes de comprar las entradas pero no ___ (contestar) nadie.
—Entiendo. Si me ___ (llamar) el viernes por la noche, (yo) no ___ (contestar) porque todos nosotros ___ (salir) para el fin de semana.

C **Vimos a Ricky Martin.** Escriba de nuevo la conversación del Ejercicio B en forma narrativa.

D **¿Quién jugó? Yo jugué.** Escriban el siguiente párrafo cambiando *nosotros* en *yo*.

   Anoche nosotros llegamos al parque a eso de las seis y media. Buscamos a unos amigos y empezamos a jugar al fútbol. La verdad es que jugamos muy bien. Lanzamos el balón y marcamos tres tantos en unos quince minutos.

Ricky Martin, cantante puertorriqueño

El pretérito de los verbos de cambio radical

Expressing More Completed Past Actions

1. The verbs *sentir, preferir,* and *sugerir* have a stem change in the preterite. In the third person singular and plural forms (*él, ellos*), the *e* changes to *i*. The *o* of the verbs *dormir* and *morir* changes to *u* in the third person singular and plural forms. Review the following.

PREFERIR	DORMIR
preferí	dormí
preferiste	dormiste
prefirió	durmió
preferimos	dormimos
preferisteis	*dormisteis*
prefirieron	durmieron

2. The stem of the verbs *pedir, servir, freír, medir, repetir, seguir,* and *sonreír* also changes from *e* to *i* in the third person singular and plural forms.

PEDIR	SERVIR
pedí	serví
pediste	serviste
pidió	sirvió
pedimos	servimos
pedisteis	*servisteis*
pidieron	sirvieron

Restaurante *EL MERO*

ESPECIALIDADES: **Pescaito Frito**
Dorada a la Sal
Variada de Marisco
Cazuela de arroz Marinera
Carnes

-10%

☎ 44 07 52

Ejercicios

A **¿Qué pediste en el restaurante?** Contesten según se indica.

1. ¿Qué pediste anoche cuando fuiste al restaurante? (mariscos en salsa verde)
2. ¿Y qué pidieron tus amigos? (una combinación de biftec y langosta)
3. ¿Qué prefirieron, el biftec o la langosta? (la langosta)
4. ¿Con qué sirvieron el biftec y la langosta? (tostones, arroz y frijoles)
5. Después, ¿pidieron Uds. un postre? (sí)
6. Y tú, ¿qué pediste? (flan)
7. ¿Te gustó? (mucho) *me gusto mucho*
8. ¿Te mediste la cintura (*waist*) después de comer todo eso? (no)
9. No guardaste tu régimen, ¿verdad? (es verdad)
10. ¿Dormiste después de comer tanta comida? (no)

B **Un problema en el restaurante.** Completen.

—¡Oiga, camarero!

—Sí, señor.

—Perdón, pero yo ___ (pedir) una langosta y Ud. me ___ (servir) camarones.

—Lo siento, señor. Pero la verdad es que yo le ___ (sugerir) la langosta y Ud. ___ (pedir) los camarones.

—De ninguna manera. Yo sé lo que ___ (pedir).

—Y yo también sé lo que Ud. ___ (pedir).

—Y además yo le ___ (pedir) un puré de papas y Ud. me ___ (traer) arroz.

—Es imposible, señor. No tenemos puré de papas. Yo sé exactamente lo que Ud. ___ (pedir), señor. Además yo le ___ (repetir) la orden y Ud. no ___ (decir) nada.

—Lo siento, pero lo que Ud. ___ (repetir) no es lo que me ___ (servir).

—Señor, al fin y al cabo, no hay problema. Si Ud. quiere una langosta, se la puedo servir con mucho gusto. Pero el puré de papas no se lo puedo servir, porque no lo tenemos. Lo siento mucho.

El pretérito de los verbos irregulares

Describing More Completed Past Actions

A number of frequently used verbs are irregular in the preterite. Many of these verbs can be grouped together because they have irregularities in common. Review the following forms.

ANDAR	TENER	ESTAR
anduve	tuve	estuve
anduviste	tuviste	estuviste
anduvo	tuvo	estuvo
anduvimos	tuvimos	estuvimos
anduvisteis	*tuvisteis*	*estuvisteis*
anduvieron	tuvieron	estuvieron

DECIR	TRAER	CONDUCIR
dije	traje	conduje
dijiste	trajiste	condujiste
dijo	trajo	condujo
dijimos	trajimos	condujimos
dijisteis	*trajisteis*	*condujisteis*
dijeron	trajeron	condujeron

PONER	PODER	SABER	QUERER	VENIR
puse	pude	supe	quise	vine
pusiste	pudiste	supiste	quisiste	viniste
puso	pudo	supo	quiso	vino
pusimos	pudimos	supimos	quisimos	vinimos
pusisteis	*pudisteis*	*supisteis*	*quisisteis*	*vinisteis*
pusieron	pudieron	supieron	quisieron	vinieron

IR	SER
fui	fui
fuiste	fuiste
fue	fue
fuimos	fuimos
fuisteis	*fuisteis*
fueron	fueron

Ejercicios

A El viaje que hice. Contesten.

1. ¿Hiciste un viaje el año pasado? *No hice*
2. ¿Adónde fuiste? *yo fue*
3. ¿Pusiste las maletas en la maletera del carro?
4. ¿Con quién(es) hiciste el viaje? *Con mi familia*
5. ¿Quién condujo el carro?
6. ¿Trajeron mucho equipaje?

B Él fue al mercado. Cambien en el pretérito.

1. Felipe va al mercado en Toluca.
2. En el mercado ve a algunos amigos.
3. Ellos vienen en carro.
4. En el mercado van de un puesto a otro.
5. Andan por todo el mercado.
6. Felipe hace muchas compras.
7. Él pone sus compras en una canasta grande.
8. Sus amigos lo llevan a casa.
9. Ponen sus compras en la maletera del carro.

C ¿Qué hiciste anoche? Completen.

—Carmen, ¿qué ___ (hacer) tú anoche?
—Pues, Manolo ___ (venir) a mi casa y después nosotros ___ (ir) a Galerías Preciados.
—¿___ (ir) Uds. en coche?
—No, mi padre no ___ (querer) darme el coche. Así nosotros ___ (tener) que tomar el metro.

Un mercado en México

D A la tienda de departamentos. Contesten según la conversación.

1. ¿Qué hizo Carmen anoche?
2. ¿Quién vino a su casa?
3. ¿Adónde fueron los dos?
4. ¿Cómo fueron?
5. ¿Por qué no pudieron ir en coche?

Galerias Preciados, Madrid, España

SAN ÁNGEL

La catedral Nacional y una tienda en San Ángel, México D.F., México

INTRODUCCIÓN

Aun las grandes ciudades tienen sus lugares tranquilos donde los habitantes o los turistas pueden escaparse del movimiento y de la actividad de la gran metrópoli. Hasta la Ciudad de México, la ciudad más grande del mundo con más de 22 millones de habitantes, tiene lugares apacibles y agradables. La Ciudad de México es una ciudad muy cosmopolita. Tiene un barrio comercial, Insurgentes; una zona colonial, el Zócalo; un gran bulevar como los de París o Buenos Aires, la Reforma; y un parque fabuloso, el Bosque de Chapultepec. Muy cerca de la Ciudad de México, o como dicen los mexicanos del "Distrito Federal", en Teotihuacán, se encuentran las famosas pirámides del Sol y de la Luna.

Desde el centro de la ciudad se pueden ver los dos volcanes Ixtaccíhuatl y Popocatépetl que están a unos 60 kilómetros de la ciudad. Pero, desgraciadamente no se ven todos los días debido a que la bellísima ciudad de México sufre de una grave contaminación del aire. Es una de las ciudades más contaminadas del mundo y no es raro ver a la gente llevando máscaras por las calles.

San Ángel es una colonia (un barrio) del Distrito Federal. Es un oasis de tranquilidad en esta gran metrópoli. En San Ángel hay un mercado especial que se llama el Bazar Sábado. Vamos a ver por qué se llama así en el artículo que vamos a leer.

Este artículo apareció en *Places*, una revista que se distribuye gratuitamente a los turistas que visitan a México. México es el país latinoamericano que recibe a más turistas anualmente.

tomar fotografías

una calle angosta

descender del minibús

dar una caminata

un dibujo

El dibujante está dibujando.
Es una caricatura.

miniaturas de aves

el vendedor

una blusa bordada

golosinas

juguetes de madera

dulces

una pulsera

un prendedor

el bazar

un arete

el lugar   el sitio
los comensales   los que comen a la misma mesa
el trayecto   la distancia entre dos lugares

ubicado(a)   situado(a)

disfrutar (de)   pasarlo bien, divertirse
confeccionar   hacer, fabricar

Ejercicios

A Los turistas. Contesten.

1. ¿Descienden los turistas del minibús en la esquina?
2. ¿Dan una caminata por la plaza?
3. ¿Toman fotografías de la plaza?
4. ¿Salen muchas calles angostas de la plaza?
5. ¿Hay un bazar en la plaza?
6. ¿Es un bazar de antigüedades?
7. ¿Hay muchos vendedores en el bazar?
8. ¿Qué venden?

B ¿Qué compra el turista? Contesten según el dibujo.

1.

2.

3.

4.

5.

6.

C ¿Qué hacen? Expresen de otra manera.

1. Están *haciendo* blusas bordadas.
2. El bazar está *situado* en el jardín.
3. Vamos a *pasarlo bien durante* nuestras vacaciones.
4. *Los que están comiendo juntos* están probando varios platillos combinados de comida mexicana.
5. Es un *sitio* muy atractivo y acogedor.
6. Es un *recorrido* corto en el metro.
7. (*Se*) *bajan* del autobús.

D ¿Qué es? Identifiquen.

joya   juguete   comida   ropa   artesanía   obra de arte

1. unos aretes
2. un balón
3. unas golosinas
4. un dibujo
5. unos dulces
6. una blusa bordada
7. un prendedor
8. una pulsera
9. una miniatura
10. una acuarela

SAN ÁNGEL
un oasis capitalino

Para el Distrito Federal–con más de 22 millones de habitantes en la capital y el área metropolitana–siempre resulta reconfortable saber que quedan algunos lugares donde se puede disfrutar de apacibles[1] horas en un ambiente que invita a realizar una saludable[2] caminata, tomar fotografías, visitar algún bazar de antigüedades o simplemente observar las angostas calles cubiertas de empedrados[3] y las añejas[4] casas de estilo colonial.

Este lugar se llama San Ángel, al sur de la Ciudad de México.

En San Ángel se puede afirmar que habita la tranquilidad de domingo a viernes desde hace muchos años. Los sábados, hay un cambio repentino[5] desde las primeras horas de la mañana, cuando decenas de vendedores de artesanías y pintores se congregan en lo que es el jardín principal.

En este lugar existe uno de los más completos centros artesanales con productos traídos desde diversos lugares del país; se llama Bazar Sábado, ubicado en el número 11 de la plaza de San Jacinto.

Curiosamente, sólo abre sus puertas una vez a la semana: el día sábado. En ese día cientos de capitalinos y turistas llegan para comprar faldas y blusas bordadas tejidas en Oaxaca o Chiapas; objetos de piedra de ónix, cerámica de Jalisco; lámparas, aretes, pulseras y prendedores hechos por artesanos que allí mismo los confeccionan; juguetes de madera así como dulces y golosinas.

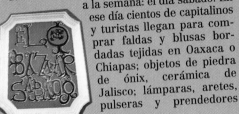

En el patio central existe un restaurante que ofrece variados platillos de la cocina mexicana mientras los comensales pueden escuchar diversos grupos musicales folklóricos.

Pero en San Ángel hay más por visitar: en el jardín principal también ese día se reúnen decenas de pintores y escultores que ofrecen sus obras producidas a lo largo de la semana. Lo mismo puede encontrar paisajes de Taxco, Guerrero, como de San Miguel de Allende, Guanajuato, que pinturas con paisajes del volcán Popocatépetl o la montaña Ixtaccíhuatl, cuadros de estampas[6] típicas, etc.

También, otros artistas venden óleos y acuarelas con rostros de indígenas así como miniaturas de aves, flores y diversidad de ornamentos.

Hay dibujantes que en unos minutos le pueden hacer un boceto[7] a lápiz o su caricatura.

Para trasladarse a San Ángel basta tomar un minibús o autobús en la avenida Insurgentes a la altura de la Estación Metro Insurgentes, en dirección sur, que anuncia San Ángel, o simplemente C.U. (Ciudad Universitaria) y en un trayecto de 30 a 35 minutos–dependiendo del tráfico por esa arteria–estará frente al Monumento a Obregón. Allí descienda y camine una cuadra hacia la avenida Revolución. De inmediato, usted notará el contraste de esta gigantesca urbe[8] con las empedradas calles del lugar.

ANDRÉS GARCÍA

[1] **apacibles** *peaceful*	[5] **repentino** *sudden*
[2] **saludable** *healthy*	[6] **estampas** *engravings*
[3] **empedrados** *paved with stones*	[7] **boceto** *sketch*
[4] **añejas** *antiguas*	[8] **urbe** *ciudad*

Comprensión

A **En el bazar.** Contesten.

1. ¿Qué es el Distrito Federal?
2. ¿Dónde está San Ángel?
3. ¿Por qué hay un cambio repentino en el ambiente de San Ángel los sábados?
4. ¿Dónde tiene lugar el Bazar Sábado?
5. ¿Qué compran los turistas y los capitalinos en el Bazar Sábado?
6. ¿Qué venden los pintores y escultores?

B **En México.** Den los informes siguientes.

1. el número de habitantes que tiene la Ciudad de México
2. los nombres de algunos estados mexicanos
3. el estado dónde se encuentra Taxco
4. el estado dónde se encuentra San Miguel de Allende
5. los nombres de dos volcanes

C **En San Ángel.** Describan lo siguiente.

1. las calles de San Ángel
2. el Bazar Sábado

San Ángel

Comunicación

A **En la Ciudad de México.** Ud. está en la Ciudad de México y alguien le pregunta cómo ir del centro de la ciudad a San Ángel. Indíquele cómo.

B **Es un lugar tranquilo.** Escoja una ciudad cerca de donde Ud. vive. Descríbala. Indique si dentro de la ciudad hay un lugar tranquilo parecido a San Ángel. Descríbalo. Prepare una lista de lugares que serían de interés para los turistas en esta ciudad.

C **Me gustaría vivir en Sevilla.** Ud. ha aprendido mucho sobre las ciudades de España y de Latinoamérica. Escoja una ciudad española o latinoamericana que le gustaría visitar. En un párrafo, explique por qué.

D **Vamos a Taxco.** Taxco y San Miguel de Allende son dos pueblos fabulosos en México. Vaya Ud. a una agencia de viajes. En un folleto publicitario sobre México, busque información sobre estos dos pueblos. Luego, prepare su propio folleto publicitario sobre estas dos ciudades.

EL AVE

INTRODUCCIÓN

¿Qué es un ave? Un ave es un pájaro. Y un pájaro vuela. El vuelo indica velocidad, rápidez. En España El A V E son las siglas para el tren de ALTA VELOCIDAD ESPAÑOL. Es un tren nuevo que anda a 250 kilómetros por hora y hasta a 300 en algunos tramos.

He aquí algunos trozos de un artículo sobre El AVE que apareció en la revista española *Tiempo*.

VOCABULARIO

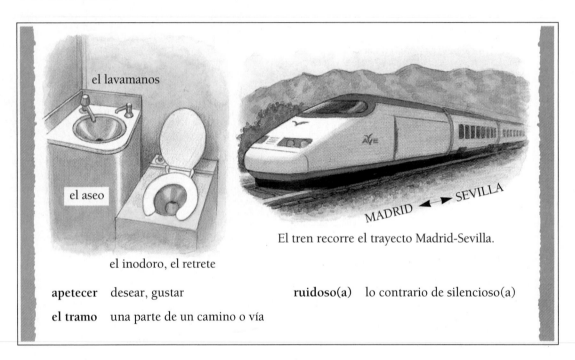

el lavamanos

el aseo

el inodoro, el retrete

El tren recorre el trayecto Madrid-Sevilla.

MADRID ◄─► SEVILLA

apetecer   desear, gustar

el tramo   una parte de un camino o vía

ruidoso(a)   lo contrario de silencioso(a)

Ejercicio

En el tren.   Completen.

El tren ___ el trayecto Madrid-Sevilla a 250 kilómetros por hora. Pero en
     1

algunos ___ del trayecto puede alcanzar una velocidad hasta de 300 kilómetros
      2

por hora. ¿Le ___ tomar algo? No hay problema. Puede pasar al coche-cafetería.
       3

El tren es tan cómodo que aun los ___ tienen aire acondicionado. En el aseo hay
                 4

un ___ y también un ___ para lavarse las manos.
   5   6

Los viajeros del AVE, a partir del 20 de abril, fecha de su inauguración, podrán realizar el trayecto Madrid-Sevilla en dos horas y cincuenta minutos y elegir, entre otros servicios, cuál de los tres canales de video prefieren o qué tipo de música ambiental les apetece oír durante el viaje.

Cada tren lleva ocho coches y un total de 330 plazas, 39 de la clase club, 78 de la preferente y 213 de turista.

El AVE es muy similar a la segunda generación del TGV francés, el primer tren de alta velocidad del mundo, inaugurado en 1981, y que realizaba el trayecto París-Lyon a 260 kilómetros por hora. El modelo español, sin embargo, ha adoptado un diseño más aerodinámico y utiliza equipos informáticos más parecidos a los de los aviones que a los de los trenes modernos.

El tren de alta velocidad es rápido y poco ruidoso. RENFE cambió su nombre de TAV (Tren de Alta Velocidad) a AVE después de pensarlo mucho, precisamente para que se asociara el tren con la idea de "silencio y poesía".

Los colores del AVE son blanco, gris y azul. El coche-cafetería está diseñado para que los viajeros puedan contemplar el paisaje mientras toman una copa sin agacharse* ni un milímetro. Dispone de teléfonos, aseos especialmente acondicionados para niños y de zonas familiares con mesa de juegos…

De cumplirse las previsiones de la Comunidad Europea, en el año 2015 la Red Europa de Alta Velocidad tendrá 30.000 kilómetros y se podrá viajar de Madrid a París, por ejemplo, en menos de ocho horas y a Londres, en diez.

AVE: De Madrid a Sevilla en menos de tres horas y por 6.000 pesetas

CON la inauguración de la Expo El AVE realiza su primer viaje. A 250 kilómetros por hora, el tren de alta velocidad recorrerá el trayecto Madrid-Sevilla en dos horas y cincuenta minutos.

*agacharse   *bend*

Comprensión

A **El AVE.** Contesten.

1. ¿Cuánto tiempo tarda el trayecto Madrid-Sevilla?
2. ¿Qué es El AVE?
3. ¿Cuál fue la fecha de su inauguración?
4. ¿A qué tren es similar El AVE?
5. ¿Cuáles son algunas diferencias entre el TGV francés y El AVE español?
6. ¿Con qué idea se asocia el nombre del tren?
7. ¿Qué pueden contemplar los pasajeros desde el coche-cafetería?
8. ¿Para quiénes están acondicionados los aseos?

B **¿Dónde dice?** Busquen la información siguiente.

1. el número de canales de video que hay
2. el número de coches que tiene cada tren
3. el total de plazas
4. el número de clases
5. el nombre de cada clase
6. la sigla para la compañía nacional española de ferrocarriles
7. los colores del tren

HORARIOS A PARTIR DEL 26•9•93 HASTA 29•1•94

TRENES LARGA DISTANCIA

El estilo de viajar

Menos tiempo de viaje

AVE

Comunicación

El tren es muy popular. El tren es un medio de transporte importante y popular en España pero no lo es en la mayoría de los países latinoamericanos a causa del terreno. Es difícil construir ferrocarriles por los Andes o las selvas tropicales. Sin embargo, hay algunos trayectos que son sumamente interesantes para los turistas. Búsquelos en un mapa.

PERÚ	Cuzco-Machu Picchu Lima-Huancayo-Huancavelica
ECUADOR	Quito-Riobamba
ARGENTINA	Buenos Aires-San Carlos de Bariloche Buenos Aires-Mendoza
PANAMÁ	Panamá-Colón
COSTA RICA	San José-Puntarenas San José-Limón

El tiempo

Introducción

El tiempo le interesa mucho al viajero porque un día en la playa con cielo claro y sol brillante es una maravilla. En cambio, un día en la playa es un horror cuando el cielo está nublado y hay chubascos. Cuando hace buen tiempo, los aviones salen a tiempo. Cuando hay una tempestad o una nevada, los vuelos salen con demora o se anulan. Por consiguiente, los turistas o viajeros quieren saber el tiempo que hará. Escuchan el pronóstico meteorológico en la radio o en la televisión o lo leen en el periódico.

He aquí, del periódico más importante de Cataluña, *La Vanguardia* de Barcelona, el resumen meteorológico para la región. Y para saber el tiempo en el Caribe tenemos otro pronóstico, del periódico *El Mundo* de San Juan, Puerto Rico.

Un huracán

FORMAS DE PRECIPITACIÓN

un chubasco

La lluvia cae en chubascos.

un aguacero

Cuando la lluvia cae con mucha fuerza y en grandes cantidades es un aguacero.

un temporal

Los temporales ocurren cuando la lluvia cae en grandes cantidades acompañada de vientos fuertes.
Un temporal puede durar varios días.

el granizo

La lluvia helada puede tomar la forma de granizo.

un huracán

una tormenta, una tempestad

Los temporales muy fuertes son huracanes.

una nevada

Cuando la lluvia helada cae del cielo en copos blancos o ligeros hay una nevada.

despejado y soleado

Durante un día despejado y soleado el sol brilla y hace muy buen tiempo.

soplar

Los vientos soplan del este a más de cinco millas por hora.
Los vientos son leves, no son fuertes.

Ejercicio

 El tiempo. Completen.

1. El ___ que cayó anoche era del tamaño de bolas de golf.
2. El cielo está ___. No hay ni una nube.
3. Lloverá muy poco mañana. Sólo habrá algunos ___ por la tarde.
4. Los ___ ahora llevan nombres de hombres y mujeres. Algunos han causado millones de dólares en daños y destrucción.
5. Los vientos de treinta a treinta y cinco millas por hora no son ___.
6. No salgas ahora. Espera que termine el ___. La calle está como un lago.

LA VANGUARDIA *Barcelona, España*

El Pronóstico

Cataluña: Durante la jornada[1] de ayer el tiempo en general fue bastante bueno, con predominio de los cielos despejados o casi despejados. Las temperaturas fueron muy agradables y únicamente se registraron algunas ligeras precipitaciones en puntos de los Pirineos. Los vientos aún soplaron algo fuertes en puntos de la zona del litoral[2] catalán.

Y **EL TIEMPO** EN EL CARIBE

Pronóstico del tiempo para hoy

HOY EN LA ISLA Un clima relativamente seco prevalece sobre el área de Puerto Rico y las Islas Vírgenes. No se anticipa cambio alguno en el presente patrón[3] del tiempo hasta pasado el viernes entrante. El sol sale a las 5:48 a.m. y se ocultará a las 7:03 p.m. Hay luna nueva.

MARÍTIMO Alta presión atmosférica al nordeste de la región. Vientos del este de 10 a 15 millas, más leves en la noche. El oleaje[4] es de cerca de dos pies con marejadas[5] del este de tres a cinco pies.

SAN JUAN Soleado en la mañana y semi-soleado en la tarde con un 20 por ciento de probabilidad de lluvia. Temperatura cerca de 89 grados con vientos del este de 10 a 15 millas por hora.

PONCE Y MAYAGÜEZ En Ponce, mayormente soleado con 20 por ciento de probabilidad de lluvia en la tarde y temperatura de cerca de 88 grados. En Mayagüez, soleado en la mañana. Parcialmente nublado por la tarde con 40 por ciento de probabilidad de aguaceros o tronadas[6].

TEMPERATURAS
AYER: Máxima 90° Mínima 76°
HOY: Máxima 90° Mínima 76°

ATLANTA
65° MIN. 85° MAX.

BOSTON
57° MIN. 77° MAX.

CHICAGO
56° MIN. 76° MAX.

DALLAS
70° MIN. 91° MAX.

DETROIT
53° MIN. 76° MAX.

HARTFORD
53° MIN. 76° MAX.

¿Va de pesca?
Marea[7] alta: 9:30 a.m. 11:08 p.m.
Marea baja: 5:33 a.m. 3:26 p.m.

[1] **jornada** *día*
[2] **litoral** *costa*
[3] **patrón** *pattern*
[4] **oleaje** *surf*
[5] **marejadas** *swells*
[6] **tronadas** *thunderstorms*
[7] **marea** *tide*

Comprensión

A ¿Cómo estuvo el tiempo? ¿Sí o no?

1. Hizo mal tiempo ayer en Cataluña.
2. Por lo general casi no hubo nubosidad.
3. En algunas partes de las costas de la región, hubo vientos fuertes.
4. No llovió en las montañas.

B El pronóstico para el Caribe. Escojan.

1. El tiempo no cambiará antes ___.
   a. de esta noche
   b. de mañana
   c. del viernes que viene

2. A las 7:03 de la tarde el sol ___.
   a. saldrá
   b. está de mediodía
   c. se pondrá

3. Comparadas con las de ayer, las temperaturas de hoy son ___.
   a. más bajas
   b. exactamente iguales
   c. un poco más altas

4. Quince millas por hora representa ___.
   a. la fuerza de los vientos
   b. el tamaño de las olas
   c. la temperatura máxima en el mar

5. La ciudad de ___ tendrá la temperatura más alta mañana.
   a. San Juan
   b. Ponce
   c. Mayagüez

6. Es más probable que llueva en ___.
   a. San Juan
   b. Ponce
   c. Mayagüez

7. Hay ___ mareas en un día.
   a. dos
   b. tres
   c. cuatro

8. De todas las ciudades que se mencionan, ___ registró la temperatura más alta.
   a. Atlanta
   b. Detroit
   c. Hartford

C El tiempo y la temperatura. Contesten.

1. ¿De dónde vienen los vientos?
2. ¿A cuántas millas por hora soplan?
3. ¿De dónde vienen las marejadas?
4. ¿Cómo estará el tiempo en San Juan por la mañana?
5. ¿Y por la tarde?
6. ¿Cómo estará el tiempo en Ponce?
7. ¿Cuál es la probabilidad de precipitación?
8. ¿En qué ciudad estará el cielo parcialmente nublado por la tarde?
9. ¿A qué hora está la marea alta?
10. Ayer, ¿cuál fue la temperatura máxima en San Juan? ¿Y la mínima?

Comunicación

A Un mapa meteorológico. Estudie el mapa meteorológico un momento. ¿En qué parte de la península preferiría estar Ud. y por qué?

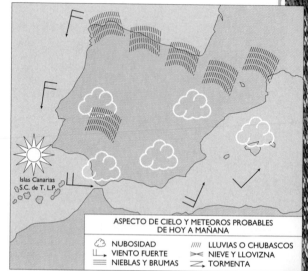

ASPECTO DE CIELO Y METEOROS PROBABLES DE HOY A MAÑANA

☁ NUBOSIDAD   ///// LLUVIAS O CHUBASCOS
⊔⌐→ VIENTO FUERTE   ⋈ NIEVE Y LLOVIZNA
≡ NIEBLAS Y BRUMAS   ⚡ TORMENTA

B Y el tiempo para hoy… Ud. es el meteorólogo de su emisora local de televisión. Prepare Ud. el pronóstico para el día 8 de febrero. Empiece con: "Y ahora, estimado público, el pronóstico del tiempo para mañana, 8 de febrero…"

C El Alcázar. He aquí los titulares del periódico *El Alcázar* de Madrid. ¿Cómo estará el tiempo? ¿Qué les pasó a dos montañeros? ¿Dónde?

EL ALCAZAR

Dos montañeros continúan perdidos en las nieves del Pirineo navarro	Una «gota fría» provoca nevadas y una ola de intenso frío *Las temperaturas subirán a partir de hoy*

D El pronóstico meteorológico. Lea el pronóstico meteorológico en su periódico local. Imagínese que Ud. tiene que indicarle el tiempo que hará a un amigo que sólo habla español. Dele el pronóstico en español.

E En el verano hace calor. Describa el tiempo que hace donde Ud. vive durante cada estación del año: el verano, el otoño, el invierno y la primavera.

ESTRUCTURA II

La formación del subjuntivo

Talking About Actions That May or May Not Take Place

1. The subjunctive mood is used frequently in Spanish to express an action that is desired or hoped for but that is not necessarily real. The indicative mood is used to indicate or express actions that definitely are taking place, did take place, or will take place. Analyze the following sentences.

> **Carlos paga sus gastos personales.**
> **Los padres de Carlos quieren que él pague sus gastos personales.**

The first sentence is an independent statement of fact—*Charles pays his personal expenses*. The second sentence contains a dependent clause—*that Charles pay his personal expenses*. The action expressed in this dependent clause is an action desired but not necessarily real. It is dependent upon, and subordinate to, the verb of the main clause "want." What Charles' parents want may or may not occur. Since it may or may not occur, the verb in the dependent clause must be in the subjunctive mood.

2. To form the present subjunctive drop the *o* ending of the first person singular of the present indicative.

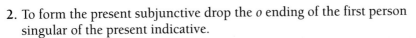

hablo	vendo	recibo	pongo	salgo	conozco
habl-	vend-	recib-	pong-	salg-	conozc-

Then add to this root the endings for the present subjunctive. The vowel of the subjunctive endings is the opposite of the vowel used for the present indicative. Verbs ending in -*ar* take the vowel *e,* and verbs ending in -*er* and -*ir* take the vowel *a.*

INFINITIVE	HABLAR	VENDER	RECIBIR	PONER	SALIR	CONOCER
yo	hable	venda	reciba	ponga	salga	conozca
tú	hables	vendas	recibas	pongas	salgas	conozcas
él, ella, Ud.	hable	venda	reciba	ponga	salga	conozca
nosotros(as)	hablemos	vendamos	recibamos	pongamos	salgamos	conozcamos
vosotros(as)	*habléis*	*vendáis*	*recibáis*	*pongáis*	*salgáis*	*conozcáis*
ellos, ellas, Uds.	hablen	vendan	reciban	pongan	salgan	conozcan

3. Any verb that has an irregular *yo* form in the present tense of the indicative will maintain that irregularity in all forms of the present subjunctive.

INFINITIVE	PRESENT INDICATIVE (yo)	PRESENT SUBJUNCTIVE
poner	pongo	ponga
traer	traigo	traiga
hacer	hago	haga
tener	tengo	tenga
salir	salgo	salga
venir	vengo	venga
oír	oigo	oiga
decir	digo	diga
conocer	conozco	conozca
conducir	conduzco	conduzca
construir	construyo	construya

4. Some *-ar* and *-er* stem-changing verbs have the same stem change in the subjunctive as in the present indicative.

INFINITIVE	PENSAR	CONTAR	PERDER	VOLVER
yo	piense	cuente	pierda	vuelva
tú	pienses	cuentes	pierdas	vuelvas
él, ella, Ud.	piense	cuente	pierda	vuelva
nosotros(as)	pensemos	contemos	perdamos	volvamos
vosotros(as)	penséis	contéis	perdáis	volváis
ellos, ellas, Uds.	piensen	cuenten	pierdan	vuelvan

5. The *-ir* stem-changing verbs such as *preferir* and *morir* have an additional change in the present subjunctive. Note that the *nosotros* and *vosotros* forms of *preferir* have an *i*, and the *nosotros* and *vosotros* forms of *dormir* have a *u*.

PREFERIR	DORMIR
prefiera	duerma
prefieras	duermas
prefiera	duerma
prefiramos	durmamos
prefiráis	durmáis
prefieran	duerman

6. The *e* of *-ir* stem-changing verbs, such as *pedir* and *servir,* changes to *i* in all forms of the present subjunctive. *Dar, estar, ir, saber,* and *ser* are the only verbs that do not follow the normal pattern for the formation of the present subjunctive.

PEDIR	SERVIR	DAR	ESTAR	IR	SABER	SER
pida	sirva	dé	esté	vaya	sepa	sea
pidas	sirvas	des	estés	vayas	sepas	seas
pida	sirva	dé	esté	vaya	sepa	sea
pidamos	sirvamos	demos	estemos	vayamos	sepamos	seamos
pidáis	*sirváis*	*deis*	*estéis*	*vayáis*	*sepáis*	*seáis*
pidan	sirvan	den	estén	vayan	sepan	sean

Ejercicios

A **Los padres de Graciela.** Los padres de Graciela quieren que ella haga muchas cosas. Es probable que ella las haga, pero es también posible que ella no las haga. Por consiguiente, es necesario usar el subjuntivo. Sigan el modelo.

estudiar
Los padres de Graciela quieren que ella estudie.

1. estudiar mucho
2. tomar cinco cursos
3. trabajar duro
4. aprender mucho
5. leer mucho
6. comer bien
7. vivir con ellos
8. recibir buenas notas
9. asistir a la universidad
10. tener éxito
11. salir bien en los exámenes
12. decir siempre la verdad
13. tener buenos modales
14. ser cortés
15. conducir el coche con cuidado
16. hacerse rica

B **¿Qué quieren sus amigos?** Sigan el modelo.

hacer el viaje
Los amigos de Carlos quieren que él haga el viaje.

1. llamar al hotel
2. reservar un cuarto
3. hacer el viaje
4. salir con ellos
5. no conducir
6. tomar el tren
7. ir con ellos

El subjuntivo con expresiones impersonales   *Expressing Opinions*

The subjunctive is used after the following impersonal expressions.

Es posible	Es bueno
Es imposible	Es mejor
Es probable	Es fácil
Es improbable	Es difícil
Es importante	Es necesario

Es posible que ellos vengan mañana.
Es imposible que lleguen a tiempo.
Es probable que haya mucho tráfico en la carretera.
De todos modos, es necesario que ellos estén aquí a las seis.

Note that all of the above expressions take the subjunctive, since the action of the verb in the dependent clause may or may not take place.

Ejercicios

A **Posibilidades.** Contesten.

1. ¿Es posible que ellos pasen sus vacaciones en Europa?
2. ¿Es probable que ellos viajen en avión de un país a otro?
3. ¿Es posible que viajen por el Mediterráneo en un crucero?
4. ¿Es necesario que siempre tengan su pasaporte?
5. ¿Es importante que lleven cheques de viajero?

B **¿Es probable?** Sigan el modelo.

> **ir a México**
> *Es probable que él vaya a México.*

1. hacer el viaje en avión
2. pasar unos días en la capital
3. ir a San Ángel
4. ir al Bazar Sábado
5. comprar algunas antigüedades
6. comprar algunos regalos
7. dar los regalos a sus amigos y parientes

C ¿Es necesario? Sigan el modelo.

tener sus documentos
Es necesario que los turistas tengan sus documentos.

1. hacer una reservación
2. llamar al hotel de antemano
3. tener cheques de viajero
4. cambiar su dinero en el banco
5. viajar en grupo

D Es probable que nos llamen. Completen.

1. Es posible que ellos ___ (llegar) mañana.
2. Es posible que ellos ___ (venir) en autobús.
3. ¿Tú lo crees? Es probable que ellos ___ (tener) el carro, ¿no?
4. Pues, yo no sé. Pero es necesario que yo ___ (saber) a qué hora van a llegar.
5. ¿Por qué es tan importante que tú lo ___ (saber)?
6. Pues, es mejor que yo ___ (estar) en casa, ¿no?
7. Pero es difícil que tú ___ (volver) a casa antes de las cuatro de la tarde, ¿no?
8. Sí, es bastante difícil que yo ___ (salir) de la escuela antes de las tres y media.
9. ¿Quieres que yo los ___ (esperar)?

E El hotel. Contesten.

1. ¿Es posible que el hotel esté completo?
2. ¿Es mejor que yo haga una reservación?
3. Al llegar al hotel, ¿es necesario que nosotros vayamos a la recepción?
4. ¿Es posible que el botones nos ayude con el equipaje?
5. ¿Es raro que los hoteles no acepten tarjetas de crédito?

La Paz, Bolivia

El subjuntivo en cláusulas nominales

Expressing Wishes, Preferences, and Commands

The subjunctive is also used after the following verbs.

desear	*to desire*
esperar	*to hope*
preferir	*to prefer*
mandar	*to order*
insistir en	*to insist*
temer	*to fear*
tener miedo de que	*to be afraid of*

Note that the use of the subjunctive is extremely logical in Spanish. Whether one desires, hopes, prefers, demands, insists, or fears that another person do something, one can never be sure that the person will in fact do it. Therefore, the action of the verb in the dependent clause is not necessarily real and the subjunctive must be used.

Los padres de Carlos quieren que él sea serio.
Desean que su hijo tenga éxito.
Esperan que él esté estudiando mucho en la escuela.
Pero temen que él no estudie bastante.
De todos modos, ellos insisten
    en que él pague sus gastos
    personales.

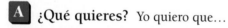

Ejercicios

A **¿Qué quieres?** Yo quiero que…

1. Uds. me esperan.
2. Uds. salen conmigo.
3. Todos nosotros vamos juntos a la tienda.
4. Uds. me ayudan a buscar un regalo para Cristina.
5. Uds. no le dicen nada a Cristina.

B **¿En qué insiste mamá?** Mamá insiste en que…

1. Nos levantamos temprano.
2. Tomamos un buen desayuno.
3. Salimos a tiempo.
4. No llegamos tarde a la escuela.
5. Estudiamos y aprendemos.

El mundo en una bolsa.

Galerías Preciados

Sus grandes almacenes en toda España.

Albacete
Alicante
Badajoz
San Fernando (Bahía Sur)
Barcelona
Bilbao
Burgos
Cádiz
Córdoba
Don Benito
Eibar
Granada
Jaén
Las Palmas
Madrid
Murcia
Oviedo
Palma de Mallorca
Santa Cruz de Tenerife
Sevilla

PASSPORT SERVICE · INTERPRETES · MODA · COMPLEMENTOS · JUGUETES · REGALOS · FOTOGRAFIA·

C **¿Qué prefiere él?** Él prefiere que…

1. Yo lo espero delante de la escuela.
2. Yo conduzco.
3. Vamos juntos al partido.
4. Nos sentamos en la primera fila.
5. Yo no hablo durante el partido de fútbol.

D **¿Qué espera Julia?** Sigan el modelo.

> **Su amigo llega a tiempo.**
> *Julia espera que su amigo llegue a tiempo.*

1. Su padre le permite usar el carro.
2. Su padre le da permiso para usarlo.
3. El tanque está lleno.
4. Su amigo viene a la casa a tiempo.
5. Ellos tienen las entradas para el partido.
6. Ella ve a sus amigos en el estadio.

E **¿Al teatro o al cine?** Contesten.

1. ¿Prefieres que vayamos al Teatro Colón o que vayamos al Cine Goya?
2. ¿Quieres que yo compre las entradas?
3. ¿Temes que ya no queden localidades?
4. ¿Deseas que yo invite a Carmen?
5. ¿Insistirá ella en que nos sentemos en la primera fila?
6. Yo prefiero que comamos después de la función. ¿Qué prefieres tú?
7. ¿Tienes miedo de que lleguemos muy tarde a casa?
8. ¿Quieres que Carmen vaya al restaurante con nosotros?
9. ¿Prefieres que ella venga a nuestra casa o que yo la vaya a buscar?

F **En el banco.** Completen.

—Buenos días, señora. ¿En qué puedo servirle?
—Buenos días. Quiero que Uds. me ___ dólares por pesos. (dar)
—¿Cuántos pesos quiere Ud. cambiar?
—Depende. Espero que el valor del dólar no ___ muy alto hoy. (estar)
—Está a doscientos veinte.
—Espero que no ___ mañana. (bajar)
—Ay, señora nadie sabe a cómo estará el dólar mañana.

Sustantivos masculinos que terminan en *a*

There are several nouns in Spanish that end in *a* but are masculine. These nouns are derived from Greek roots. They take the definite article *el* and the indefinite article *un*.

el clima	el poema
el día	el programa
el drama	el sistema
el mapa	el telegrama
el planeta	el tema

Nota: The noun *la mano* is irregular. Note that even though it ends in *o*, it is feminine—*la mano*. *La foto* is also used as a shortened version of *la fotografía*. The noun *radio* can be either *la radio* or *el radio*. The gender varies according to the country.

Ejercicios

A **Palabras de origen griego.** Completen.

1. Es ___ día estupendo y ___ clima de esta región es estupendo.
2. ___ tema ___ poema es ___ clima de ___ planeta desconocido.
3. En la clase de español los estudiantes estudian ___ mapa de España, ___ mapa de la América del Sur, ___ poemas de Rubén Darío, ___ poeta nicaragüense, y ___ dramas de Lope de Vega, el dramaturgo español.
4. ___ tema de este capítulo es el turismo.

B **¡No la toques!** Completen.

1. ¡Nene! No pongas ___ mano en ___ foto.
2. Lo escuchamos en ___ radio.
3. Levanta ___ mano si sabes lo que aparece en ___ foto.

Sustantivos femeninos
en *a*, *ha* inicial

Feminine nouns that begin with a stressed *a* or the silent *h* followed by a stressed *a* take the masculine definite or indefinite article, *el, un*. The reason such nouns take the articles *el* and *un* is that it would be difficult to pronounce the two vowels—*la a, una a*—together. Since the nouns are feminine, the plural articles *las* and *unas* are used and any adjective modifying the noun is in the feminine form.

el agua	las aguas	*water*
el (un) águila	las águilas	*eagle*
el (un) área	las áreas	*area*
el (un) arma	las armas	*firearm*
el (un) hacha	las hachas	*ax*
el (un) ala	las alas	*wing*
el hambre		*hunger*

Ejercicio

Los sustantivos. Completen.

1. ___ agua del río es dulce pero ___ agua del mar es salada.
2. ___ área que van a visitar ___ turistas no es peligrosa.
3. ___ águilas beben ___ agua dulce del río pero no beben ___ agua salada del mar.
4. ___ alas grandes de ___ águilas son increíbles. Pero, ¡mira! ¡Qué pena! ___ águila pequeña tiene ___ ala rota.
5. ___ arma que llevan los policías es una pistola.
6. ___ área alrededor de una ciudad se llama un suburbio. ___ áreas suburbanas suelen ser bastante hermosas.

Edificios de apartamentos en un área suburbana de Madrid, España

¡AL PARTIR!

Gertrudis Gómez de Avellaneda

ANTES DE LEER

Hay muchos motivos para viajar. Algunos son muy agradables—como, por ejemplo, pasar una semana de vacaciones en un lugar exótico, un paraíso o edén. Otros motivos son más serios, como los de un viaje de negocios. Y otros pueden ser tristes, como el exilio. Al leer este soneto, Ud. decidirá cuáles son las emociones de la autora.

VOCABULARIO

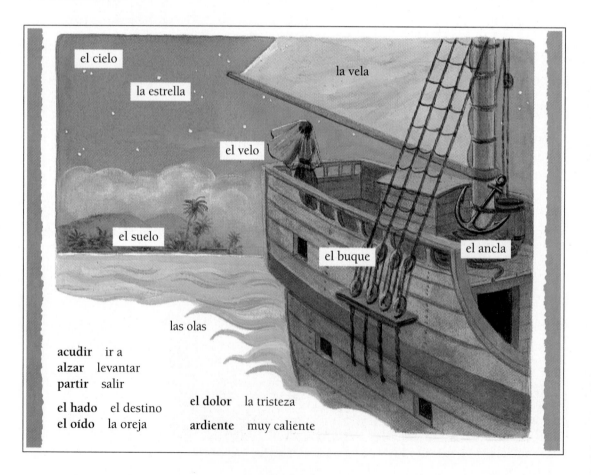

acudir   ir a
alzar   levantar
partir   salir

el hado   el destino   **el dolor**   la tristeza
el oído   la oreja   **ardiente**   muy caliente

Ejercicios

A **El mar.** Completen.

1. El mar tiene ___ y el ___ tiene nubes.
2. Este barco, o buque, tiene ___. No tiene motor.
3. Hay que alzar o levantar el ___ antes de que salga el buque del puerto.
4. Mucha gente ___ al puerto para ver la salida del barco.
5. Las ___ brillan en el ___ de noche.
6. La arena cubre el ___ a lo largo de la costa.

B **Al partir.** Escojan.

1. alzar el ancla   **a.** salir
2. izar las velas   **b.** la oreja
3. partir   **c.** levantar las velas
4. el hado   **d.** acudir
5. el oído   **e.** el barco
6. ir a   **f.** levantar ancla
7. el buque   **g.** el destino
8. el dolor   **h.** la tristeza

Una vista de la costa de San Juan, Puerto Rico, desde el fuerte de San Jerónimo

Introducción

*Gertrudis Gómez
de Avellaneda*

Gertrudis Gómez de Avellaneda nació en Camagüey, Cuba, en 1814. Empezó a escribir poesía cuando era muy joven. Su padre siempre quiso llevar a la familia a España, su país natal. Pero murió bastante joven y su esposa se casó en segundas nupcias con un coronel español que no quería quedarse a vivir en las colonias. El día 9 de abril de 1836, Gertrudis se embarcó con su madre y su padrastro en el puerto de Santiago de Cuba con rumbo a Burdeos, Francia, en una fragata francesa. Aquel día Gertrudis Gómez de Avellaneda compuso el soneto que sigue.

Lectura

¡Al partir!

¡Perla del mar! ¡Estrella de Occidente!
¡Hermosa Cuba! Tu brillante cielo
la noche cubre con su opaco velo
como cubre el dolor mi triste frente.

¡Voy a partir!… La chusma° diligente,
para arrancarme° del nativo suelo
las velas iza°, y pronta a su desvelo°
la brisa acude de tu zona ardiente.

la chusma   *galley slaves*
arrancarme   *to uproot me*
iza   *hoists*
desvelo   *sleeplessness*

¡Adiós, patria feliz, edén querido!
¡Doquier° que el hado en su furor me impela,
tu dulce nombre halagará° mi oído!

doquier   *wherever*
halagará   *will delight*

¡Adiós!… Ya cruje° la turgente° vela…
el ancla se alza… el buque, estremecido°,
las olas corta y silencioso vuela!

cruje   *creak*
turgente   *swollen*
estremecido   *shaken*

El Morro, La Habana, Cuba

Comprensión

A **El poema.** Contesten.

1. ¿De dónde sale la autora?
2. ¿Cómo se siente?
3. ¿Quién levanta (iza) las velas?
4. ¿A quién le dice "adiós" la autora?
5. ¿Sale de noche o por la mañana?

B **La autora dice que...** ¿Sí o no?

1. La autora dice que Cuba es hermosa.
2. Gertrudis Gómez de Avellaneda está muy contenta a hacer el viaje en buque.
3. El cielo es brillante.
4. Ella sale por la mañana.
5. La tripulación del buque no trabaja bien.
6. La brisa viene de una región muy fría.
7. La autora dice que sabe precisamente adonde va.
8. El buque hace mucho ruido.

El Palacio del Valle, Cienfuegos, Cuba

C **Otra palabra.** ¿Cómo lo dice la autora?

1. Tu *claro* cielo
2. ¡Voy a *salir*!
3. La *tripulación* diligente *levanta* las velas para *llevarme* del nativo suelo.
4. La brisa acude de tu zona *cálida*.
5. ¡Adiós, patria feliz, *paraíso*!
6. *Dondequiera* que *el destino* en su ira (rabia) me lleve (empuje)
7. tu dulce nombre *agradará* mi oído
8. ... el barco, estremecido, *anda rápido* y *sin ruido navega*

Comunicación

A **El soneto.** En el soneto la autora menciona a Cuba seis veces. ¿Qué términos utiliza para referirse a Cuba?

B **Una carta.** Imagínese que Ud. es Gertrudis Gómez de Avellaneda. Escríbale una carta a su mejor amigo(a) describiéndole su salida de Cuba y sus emociones.

EL VIAJE DEFINITIVO

Juan Ramón Jiménez

ANTES DE LEER

La muerte es un tema que a menudo aparece en las letras hispanas. Para muchos, la muerte es un viaje, sea el viaje final o como la llama el poeta, Juan Ramón Jiménez, el viaje definitivo.

VOCABULARIO

irse   salir, partir, marcharse
amar   querer
quedarse   permanecer, no salir

plácido(a)   tranquilo(a)

el rincón   un espacio pequeño
el huerto   lugar donde cultivan frutas y vegetales

Ejercicios

A **En el huerto.** Contesten según se indica.

1. ¿Dónde cantan los pájaros? (en el huerto)
2. ¿Qué hay en el huerto? (un árbol)
3. ¿Qué más hay? (un pozo)
4. ¿Qué sacan del pozo? (agua)
5. ¿Dónde está el árbol? (en el rincón)
6. ¿Qué tocan? (las campanas)
7. ¿Dónde tocan las campanas? (en el campanario)

B **Se dice así.** Expresen de otra manera.

1. Los pájaros están en *el jardín* y *no salen*.
2. *Permanecen*.
3. El señor *quiere mucho a* los pájaros.
4. En *el jardín* hay un ambiente *muy tranquilo*.

INTRODUCCIÓN

Juan Ramón Jiménez

La Plaza de Colón, San Juan, Puerto Rico

Juan Ramón Jiménez nació en Moguer, en la provincia de Huelva, Andalucía, en 1881. Estudió el bachillerato en un colegio jesuita en el Puerto de Santa María, cerca de Cádiz. Más tarde, estudió derecho en la universidad de Sevilla.

De joven Jiménez no gozó de muy buena salud. Era un niño enfermizo y delicado. Sufrió trastornos nerviosos por lo que estuvo en un sanatorio. Cuando tenía sólo 18 años, fue a Madrid donde escribía en una habitación acorchada porque no quería oír los ruidos de la calle. Vivió también en Nueva York, donde se casó con Zenobia Camprubí, una americana, hija de un español y una puertorriqueña. Durante la Guerra civil española, Juan Ramón Jiménez se desterró y pasó los últimos 22 años de su vida en los Estados Unidos y Puerto Rico, donde murió en 1958. Dos años antes de su muerte le otorgaron el Premio Nobel de literatura por su extraordinaria obra lírica.

La poesía lírica de Juan Ramón Jiménez es como lo fue su vida—solitaria, nostálgica y melancólica. Vivía en constante temor de una muerte repentina. "El viaje definitivo" es una imagen de la muerte que algún día vendrá. Al leer el poema, piense en las siguientes preguntas.

Cuando muera el poeta, ¿cambiará el mundo o no? ¿Seguirá igual? ¿Quiénes morirán? ¿Quiénes nacerán?

El viaje definitivo

Y yo me iré. Y se quedarán los pájaros cantando;
y se quedará mi huerto, con su árbol verde,
y con su pozo blanco.
Todas las tardes el cielo será azul y plácido;
y tocarán, como esta tarde están tocando,
las campanas del campanario.
Se morirán los que me amaron
y el pueblo se hará nuevo cada año;
y lejos del bullicio° distinto, sordo°, raro
del domingo cerrado,
del coche de las cinco, de las siestas del baño
en el rincón secreto de mi huerto florido° y encalado°,
mi espíritu errará°, nostálgico.
Y yo me iré y seré otro, sin hogar, sin árbol
verde, sin pozo blanco,
sin cielo azul y plácido…
Y se quedarán los pájaros cantando.

bullicio *ruido*
sordo *que no oye*

florido *con flores*
encalado *pintado de blanco*
errará *andará como un vagabundo*

Comprensión

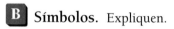

A ¿Qué pasará? Contesten.

1. ¿Quién se irá?
2. ¿Quiénes se quedarán?
3. ¿Qué más se quedará?
4. ¿Qué tiene su huerto?
5. ¿Cómo será el cielo?
6. ¿Cuándo?
7. ¿Qué tocarán?
8. ¿Dónde?
9. ¿Están tocando ahora?
10. ¿Quiénes se morirán?
11. ¿Dónde errará el espíritu del poeta?
12. ¿Adónde irá él?

B Símbolos. Expliquen.

1. ¿Por qué se hará nuevo el pueblo?
2. ¿Qué sentimientos evoca este poema lírico?
3. ¿Qué es el viaje definitivo?

C Los colores. Contesten.

El poeta usa varios colores en este poema. ¿Cuáles son los colores? ¿Qué describe al usar estos colores?

D El poeta. ¿Cómo lo dice el poeta?

1. Yo *saldré*.
2. *Permanecerán* los pájaros cantando.
3. Y se quedará mi *jardín*.
4. Y *cada tarde* el cielo será azul y *tranquilo*.
5. Se morirán los que me *querían*.
6. Mi espíritu *vagará*.
7. Y seré otro, sin *casa*, sin árbol.

Comunicación

A El título. Explique el significado del título del poema.

B Los críticos. Muchos críticos literarios dicen que en la obra de Juan Ramón Jiménez hay una nota musical unida a un sentimiento melancólico, y a elementos visuales de color impresionista. Escriba uno o dos párrafos sobre el arte impresionista. Mire un cuadro de un artista impresionista y luego trate de dibujar lo que Ud. ve al leer el poema "El viaje definitivo".

C La muerte. Para Ud., ¿es la muerte un viaje definitivo? ¿Por qué? Trate de explicar su filosofía sobre la muerte.

TURISMO Y CULTURA

Héctor Velarde

ANTES DE LEER

Hay una película que se llama *Si hoy es martes, tiene que ser Bélgica.* Este filme se trata de los turistas que hacen viajes o giras visitando 15 ciudades en 10 días sin que nadie sepa lo que está viendo ni dónde está. El cuento que vamos a leer trata de este mismo tema. Si Ud. quiere ser "un viajero mundial" o "trotamundos", encontrará el cuento muy divertido.

VOCABULARIO

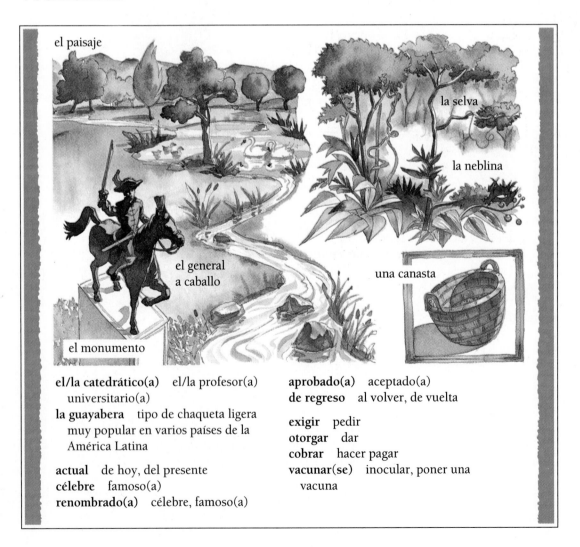

el paisaje

la selva

la neblina

el general a caballo

una canasta

el monumento

el/la catedrático(a)   el/la profesor(a) universitario(a)

la guayabera   tipo de chaqueta ligera muy popular en varios países de la América Latina

actual   de hoy, del presente
célebre   famoso(a)
renombrado(a)   célebre, famoso(a)

aprobado(a)   aceptado(a)
de regreso   al volver, de vuelta

exigir   pedir
otorgar   dar
cobrar   hacer pagar
vacunar(se)   inocular, poner una vacuna

Ejercicios

A En el Perú. Contesten según se indica.

1. ¿Hay muchos paisajes bonitos en el Perú? (Sí, sobre todo en los Andes, en el altiplano)
2. ¿Hay selvas tropicales en el Perú? (Sí, en el este, en la zona amazónica)
3. ¿Qué hay en una selva tropical? (vegetación densa)
4. ¿Cuál es el nombre de un museo famoso de Lima? (el Museo del Oro)
5. ¿De qué personaje célebre hay una estatua en Lima? (del libertador, San Martín)
6. ¿Está a caballo el libertador? (sí)
7. ¿Cómo se llama un renombrado autor peruano contemporáneo? (Vargas Llosa)
8. ¿Hay pirámides en el Perú? (no, en México)
9. ¿Hay camellos en el Perú? (no, llamas)
10. ¿Dónde da cursos el catedrático? (en la universidad más antigua de América, la Universidad de San Marcos en Lima)

B ¿Qué es? Completen.

1. En muchos países latinoamericanos los señores llevan ___. Es un tipo de camisa que se lleva sin corbata.
2. La situación política y económica ___ en algunos países no es muy buena.
3. Es necesario ___ contra el cólera, la difteria y el paludismo si uno piensa viajar por las selvas tropicales.
4. El ___ le dio una nota alta.
5. El ___ dicta cursos (enseña) en la universidad.
6. Él vuelve ahora a Bolivia. Es un viaje de ___.

C ¿Cómo se dice? Expresen de otra manera.

1. Es la situación *de hoy*.
2. Es un catedrático *renombrado*.
3. Le *dieron* el diploma.
4. Te van a *pedir* que pagues. No puedes entrar en el museo sin pagar.
5. El médico le va a *inocular*.

La Plaza San Martín, Lima, Perú

INTRODUCCIÓN

El cuentista Héctor Velarde nació en el Perú en 1898. Cultivaba la sátira, un género literario que censura o ridiculiza a personas o cosas. En algunos de sus cuentos Velarde satirizaba a los extranjeros, como, por ejemplo a los anglosajones que no entendían a los hispanos. Y en otros cuentos satirizaba a sus propios compatriotas, los peruanos que querían imitar los modales de los anglosajones y otros extranjeros. En el cuento que sigue, "Turismo y Cultura", satiriza a la gente que viaja. Después de leer el cuento, Ud. decidirá a qué tipo de viajero o turista Velarde está satirizando o ridiculizando.

La Plaza de Armas, Lima, Perú

LECTURA

Turismo y Cultura

Ahora que las universidades están de moda… las compañías de turismo han decidido transformarse en "universidades dinámicas". Se llaman *Jet Tour Universities*. La razón de estas nuevas universidades es contundente°. Antes, una persona se cultivaba para hacer turismo; hoy se hace turismo para cultivarse. Así lo exige la vida actual y la técnica moderna. Por consiguiente todo turista verdadero debe ser virgen de instrucción universitaria para que se justifiquen estas flamantes° y utilísimas organizaciones democráticas de enseñanza superior e intensiva. Las *Jet Tour Universities* se encargan, a fuerza de turismo, de formar profesionales de *universal culture*. Son estudios rápidos, acelerados, objetivos, prácticos, muy gratos y pagaderos a plazos°. "Aprenda primero y pague después" es el lema° de estas instituciones internacionales.

En dos meses de carreras y de vuelos relámpagos° por entre las célebres ciudades del globo se le enseña al postulante todos los museos, se le sube a todos los monumentos, se le pasea por todos los paseos y se le hace comer y dormir en lugares históricos. Después de estos estudios, ya de regreso del *tour* se le somete al turista a un riguroso

contundente   *overwhelming*

flamantes   *brand new, brilliant*

pagaderos a plazos   *payable in installments*

el lema   *motto, slogan*

relámpagos   *lightning*

examen y, si sale aprobado, se le otorga el título de *Master* o *Doctor en Universal Culture*. El título de *Doctor* sólo es posible obtenerlo después de un segundo *tour*.

El jurado° está compuesto por directores de renombrados *Jet Tour Universities*, catedráticos-guías calificados, agentes de cambio y *fly hostesses* experimentadas.

jurado *jury*

Los estudios abarcan cinco especialidades: Occidente, Oriente, Países detrás de la Cortina°, América del Norte y América Latina.

El otro día asistí a las graduaciones correspondientes a las primeras promociones° de estas universidades recién creadas; la Promoción Fontana de Trevi, la Promoción Nefertiti, la Promoción Balalaika, la Promoción Machu Picchu. Los exámenes eran orales y podían asistir representantes de compañías de aviación, de la industria hotelera, de artículos de viaje, de profesores de lenguas, historiadores y banqueros.

cortina *curtain (the Iron Curtain)*

promociones *classes or groups who started at the same time*

Al primero, que se graduaba como especialista en el Occidente, Promoción Fontana de Trevi, le preguntaron:

—¿Qué le impresionó más en Roma?

—El sitio donde la loba tuvo a sus hijitos: Rómulo y Remo.

—¿Cuáles fueron las tres obras de arte que más le gustaron?

—Moisés, la Virgen y Alfredo.

♦♦♦

—¿Qué vio Ud. en Londres?

—Nada.

—¿Se malogró° el ómnibus?

—No. Había neblina.

Esto fue considerado como una experiencia muy valiosa.

—Dígame Ud., ¿cuál fue el monumento que le llamó más la atención en Francia?

—El de De Gaulle a caballo.

se malogró *se descompuso*

♦♦♦

—Pasemos a Grecia, ¿qué sabe Ud. de Grecia?

—Que habita tanta gente en las Termópilas que no me dejaron ver a la Venus…

Murmullos de reprobación en el auditorio por la falta de cuidado de los catedráticos-guías.

—Ahora, una última pregunta, ¿le gustó Venecia?

—Oiga Ud., francamente, mucha góndola…

El jurado decidió que, como el estudiante tenía un gran sentido práctico y acababa de cumplir cuarentitrés años, le convenía inmediatamente un *tour* a los Estados Unidos donde le mostrarían grandes represas°. Después escuché el examen de una gringa° ya de edad que se especializaba en el Oriente, Promoción Nefertiti.

represas *dams*
gringa *norteamericana*

—¿Qué impresión guarda Ud. de las pirámides?

—Horrible, tuve que quedarme en el hotel con la cadera° dislocada. Me caí° del camello…

—¿Y el paisaje?

—¿Cuál paisaje? No me dejaron tiempo para nada.

—¿Y lo que más le emocionó?

cadera *hip*
me caí *I fell*

—Una playita en el Nilo donde encontraron a Noé en su canastita. Sonrisas del público por el lapsus°.

lapsus *error*

•••

El jurado decidió que era indispensable que la alumna hiciera de nuevo el *tour* a los mismos lugares pero con un pequeño recargo° por los imprevistos°.

recargo *surcharge*
imprevistos *unforeseen events*

Le llegó en seguida el turno a un argentino rico, Promoción Balalaika.

—¿Qué le llamó particularmente la atención en Moscú?

—Las cúpulas en forma de pera.

—¿Y el *tour* que hicieron por el Volga?

—Los perritos-guías, ché. ¡Qué maravilla! Nos seguían a todas partes, nos indicaban el camino, cariñosísimos, había uno grandote, medio San Bernardo, que le habían puesto el corazón de un Chihuahua, funcionaba muy bien, todos tenían collares con micrófonos, ¡qué ciencia la de los rusos!

Nota: 16

Los Pirámides

Luego un señor con bigotes se graduó en *Jet Tour Master*, Promoción Potomac.

—¿Qué altura tiene el Empire State?

Alguien le sopló°.

—Trescientos metros y pico.

sopló *whispered the answer*

Aplausos.

—¿Qué tal Chicago de noche?

—No pude salir porque había chinches° en la almohada.

chinches *bedbugs*

—¿Pudo Ud. ver a la Mona Lisa en Washington?

—Creí que debía vacunarme primero y ya no tuve tiempo, casi pierdo el avión.

Le aprobaron con cargo a un segundo *tour* para fijar las ideas.

Por fin examinaron al que se especializaba en la América Latina, Machu Picchu. Un alemán con guayabera.

—Ahora, dígame, ¿qué sabe Ud. de Pizarro?

—Fue un cubano con coraza° que mató a un inca.

coraza *armor*

—¿Brasilia?

—Un juego portugués de dominó en la selva…

—¿Qué opina Ud. del chupe? —le preguntó la *fly hostess* que tenía más kilómetros de vuelo.

—Se trata de una variedad tropical de fornuculosis descubierta por Humboldt en 1851.

La *Jet Tour University* del Barranco le dio un premio° al alemán que consistió en no cobrarle el maletín° de mano.

Grecia

el premio *prize*
el maletín *maleta pequeña*

DESPUÉS DE LEER

Comprensión

A ¡A viajar! Contesten.

1. ¿Qué hacen los estudiantes de las *Jet Tour Universities*?
2. ¿Cuándo se le somete al turista a un riguroso examen?
3. ¿Quiénes son miembros del jurado que decide si el turista sale aprobado?
4. ¿Quiénes podían asistir a los exámenes orales?
5. El turista que fue a Londres, ¿por qué no vio nada?
6. ¿En qué se especializó la gringa?
7. ¿Por qué tuvo que quedarse en el hotel?
8. Según ella, ¿en qué se encontró a Noé y dónde?
9. ¿De qué promoción era el argentino rico?
10. ¿Por qué no pudo salir de noche en Chicago el señor con bigotes?

B Jet Tour Universities. Hagan lo siguiente.

1. Den las cinco especialidades de las *Jet Tour Universities*.
2. ¿Cree Ud. que las respuestas que los estudiantes dieron a las preguntas en el examen eran correctas? Expliquen su respuesta.

Comunicación

A La sátira. En uno o dos párrafos, diga cuáles son los elementos más satíricos de este cuento, en su opinión.

B Los exámenes. Ud. ha aprendido mucho sobre Latinoamérica y España. Trabajando con un(a) compañero(a) de clase, preparen exámenes sobre sitios turísticos en Latinoamérica y España. Uds. prepararán exámenes individuales. Ud. tomará el examen de su compañero(a) y él/ella tomará el examen que Ud. ha preparado.

CAPÍTULO

2

RUTINAS

OBJETIVOS

In this chapter you will do the following:

1. learn about different daily routines of Hispanic youths
2. learn how to handle everyday situations such as inviting somebody to lunch
3. learn how to extend invitations, and how to accept or refuse them
4. review how to talk about habitual past actions
5. review the difference between recurring and completed actions in the past
6. read and discuss magazine articles about Hispanic youths
7. review how to express doubt or uncertainty, give advice, make suggestions, and express emotional reactions to the actions of others
8. read and discuss these literary works: "Sueños", a surrealist poem from the collection *Poemas y Antipoemas* by Nicanor Parra, and *Los otros madrileños*, a socio-anthropological study by Esperanza Molina Cubillo.

LA VIDA DIARIA

INTRODUCCIÓN

Los bebés comen, lloran, duermen. Los adolescentes se levantan, van a la escuela, juegan, comen, estudian, duermen. Los adultos se levantan, van y vuelven del trabajo, comen, se entretienen un poco, duermen. Es la rutina diaria. De cuando en cuando hay un cambio. Hay días festivos, vacaciones o eventos especiales: un nacimiento, una boda, una muerte.

Estas rutinas son más o menos las mismas en casi todas partes del mundo. Pero hay algunas diferencias en cuanto a los detalles. El indígena del altiplano boliviano se levanta, va y vuelve del trabajo, se entretiene un poco y duerme, al igual que su compatriota, el banquero de La Paz. Pero las formas en que trabajan, comen y se divierten son muy distintas.

VOCABULARIO

el entrenador

las ovejas

las llamas

sembrar   plantar granos, vegetales, etc.
cosechar   recoger los productos agrícolas
regar   darle agua a, echarle agua a, irrigar
acudir a   presentarse, visitar, llegar

el altiplano   área llana de Sudamérica situada a unos 4.000 metros de altura, con 100.000 kilómetros de superficie, la mayor parte está en Bolivia
los aymarás   un grupo indígena de Bolivia y Perú
el ama de casa   señora de la casa o familia
las faenas   labores, tareas, trabajos o actividades
los vecinos   los que habitan un mismo pueblo, barrio o vecindad

los tejidos

la comida chatarra

Una calle en San Juan, Puerto Rico

Ejercicios

A   Empareen. Escojan.

1. las disputas	a. dehydrated
2. las sesiones	b. obviously
3. resolver	c. disputes
4. deshidratado	d. sessions
5. humilde	e. to resolve
6. obviamente	f. humble

B   El trabajo diario. Expresen de otra manera.

1. El joven ayuda con *las tareas* del campo.
2. *La señora* lleva a sus hijos a la escuela.
3. Los agricultores tienen que *irrigar* las plantas de frijol.
4. Primero los agricultores *plantan* sus granos y vegetales.
5. Generalmente los agricultores son personas muy *modestas*.

C   ¿Estás de acuerdo? ¿Sí o no?

1. La comida chatarra se sirve en restaurantes caros y lujosos.
2. El entrenador les da instrucciones a los jugadores.
3. Todos los vecinos viven en una región muy lejos de aquí.
4. Muchas casas en los EE.UU. reciben programas de televisión por cable.
5. La alpaca es un tipo de lana que se obtiene de la llama.
6. Primero se cosechan y luego se siembran el choclo, o maíz y la papa.

En el altiplano

DOS JÓVENES: DÉBORA E HIPÓLITO

Débora Rodríguez vive en Ponce, Puerto Rico. Ella tiene catorce años. Débora se levanta a las seis de la mañana. Se desayuna con su familia; sus padres, su hermana y sus dos hermanos. Su padre es ingeniero y su madre es ama de casa. Débora suele desayunar con jugo de naranja natural, o jugo de china como ellos lo llaman, y un cereal frío, como copos de maíz[1] con leche. Su mamá lleva a los muchachos en carro al Colegio Ponceño, un colegio privado, y allí los deja hasta las tres de la tarde cuando los va a recoger. Los muchachos comen en el colegio. Les dan una hora al mediodía para comer. Ellos pueden llevar la comida de casa o pueden comprarla en la cafetería. En este colegio la mayoría de los cursos se dan en inglés. Los de religión y, obviamente, español se dan en español. Débora juega al softball por la tarde con su equipo. Su padre es el entrenador del equipo. La familia cena a las 7:00 y Débora estudia después por un par de horas antes de acostarse a las 10:00. Algunas noches cuando no tiene mucha tarea, Débora mira la televisión con la familia. Como tienen cable, ella puede ver programas tanto en inglés como en español. De vez en cuando, toda la familia va al centro a comer "comida chatarra": pollo frito, hamburguesas, papas fritas y Coca-Cola. Después van a la heladería. Hay helados de todos los sabores, vainilla y chocolate, por supuesto, pero también guanábana, tamarindo, coco y guayaba[2] ¡Qué rico!

Hipólito Moricio es boliviano y tiene trece años. Hipólito es aymará, miembro de un grupo indígena que representa un 30% de la población boliviana. Vive en un pueblecito del altiplano. Hipólito tiene mucha suerte, él va a la escuela. De los niños de su edad en las zonas rurales, solamente el 16% asiste a la escuela. Hipólito ha aprendido bastante español en la escuela, pero su lengua materna es el aymará.

---

[1] los copos de maíz   *cornflakes*
[2] la guanábana, el tamarindo, el coco, la guayaba   *frutas tropicales*

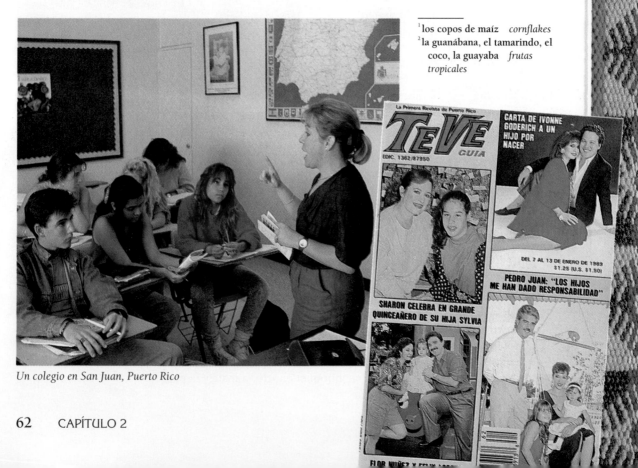

Un colegio en San Juan, Puerto Rico

Antes de salir para la escuela, Hipólito toma un té de coca. Los hombres mascan[5] hojas de coca mientras trabajan. Les ayuda a resistir el frío y las alturas de más de 3.000 metros. A Hipólito le gustan los platos típicos que se preparan con papa deshidratada por el frío. Este alimento se llama "chuño" y los antiguos incas y aymarás lo comían hace más de mil años. En la escuela Hipólito aprende matemáticas básicas y, lo que es muy importante para él, a hablar y leer el español. El padre de Hipólito comprende muy poco español. Clemencia, la madre de Hipólito, habla bastante español, ya que tiene que usar el idioma cuando vende sus tejidos en la ciudad. Hipólito vuelve de la escuela al mediodía. Por razones económicas, hay dos sesiones en su escuela, una por la mañana y otra por la tarde. Los vecinos ayudaron a construir la escuela. El gobierno contribuyó los materiales y los vecinos la mano de obra. La escuela no tiene luz eléctrica ni agua corriente, pero todos están muy contentos con ella sin que importe lo humilde que sea. Por la tarde, Hipólito trabaja con su padre. Según la época, puede ayudarle a sembrar, regar o cosechar las papas y el choclo. Les da de comer a los animales y ayuda con el rodeo y esquileo del ganado. Antes de caer el sol, Hipólito les lee a sus padres de su cuaderno de ejercicios. A los padres les encanta escucharlo. Lo más probable es que un día Hipólito también llegue a ser "amauta" como su padre. Y quizás sea amauta en el mundo más allá del pueblo, en La Paz, por ejemplo. Quizas llegue ser hasta presidente de la República.

Una escuela en Bolivia y un muchacho aymará

Hipólito se levanta muy temprano para ayudar a su padre con sus faenas. Los Moricio son agricultores. En su pequeña parcela de tierra cultivan papas y un poco de maíz, o choclo. Ellos también tienen unas cuantas ovejas y llamas. Hipólito ayuda a su papá y a los vecinos a esquilar[3] las ovejas y llamas. La madre de Hipólito y otras señoras hacen de la lana preciosos tejidos para mantas y chompas[4] que venden luego en la ciudad. La lana de la llama es muy fina. Se conoce como alpaca.

El padre de Hipólito, Lucas Moricio, es una persona importante en el pueblo. En los tiempos antiguos hubiera sido "el amauta", o sabio del pueblo. Los vecinos acuden al señor Lucas para resolver disputas.

---

[3] **esquilar**   *to shear an animal*
[4] **las chompas**   *los suéteres*
[5] **mascan**   *chew*

Comprensión

A ¿Quién es? ¿Es Débora o Hipólito?

1. Vive en una zona de gran altura.
2. Va a la escuela a pie.
3. Come helado de coco y guanábana.
4. Su padre le enseña a jugar al softball.
5. Donde vive, nunca hace frío.
6. Toma y le gusta la Coca-Cola.
7. Su padre ayudó en la construcción de la escuela.
8. La madre lleva a los hijos a la escuela en carro.
9. La madre vende sus productos en la ciudad.
10. Habla inglés y español.

B En Puerto Rico. Contesten.

1. ¿Quién es puertorriqueña?
2. ¿Cuál es el desayuno de la muchacha?
3. ¿Qué alternativas tienen para el almuerzo los muchachos en el Colegio Ponceño?
4. ¿Cuál es el idioma que más se usa en el Colegio Ponceño?
5. ¿Quién es el entrenador del equipo?
6. ¿Cuáles son algunos ejemplos de "comida chatarra"?

C En el altiplano. Corrijan las oraciones falsas.

1. Hipólito es puertorriqueño.
2. Él vive en la costa.
3. Su padre es ingeniero.
4. En casa, Hipólito habla inglés.
5. Su madre esquila las llamas y su padre hace chompas y mantas.

D Las preguntas. Expliquen y comenten.

1. ¿Por qué mascan coca los vecinos de Hipólito?
2. ¿Qué hacen las señoras para contribuir a la economía de la familia?
3. Contrasten el bilingüismo de Débora con el bilingüismo de Hipólito.
4. ¿Cuál de los jóvenes trabaja? ¿Cómo trabaja y por qué?

Una vista de Ponce, Puerto Rico

Indígenas bolivianos

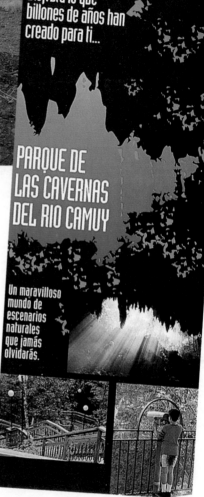

Disfruta lo que billones de años han creado para ti...

PARQUE DE LAS CAVERNAS DEL RIO CAMUY

Un maravilloso mundo de escenarios naturales que jamás olvidarás.

Comunicación

A **Mis rutinas.** Imagínese que Ud. es Hipólito Moricio quien está aprendiendo español. Su maestro le pide que escriba en su cuaderno de ejercicios lo que hace todos los días. Escriba unos párrafos describiendo su rutina diaria.

B **Un poco de historia.** Ponce es la segunda ciudad de Puerto Rico. Lleva el nombre de don Juan Ponce de León, el primer gobernador de la isla. En 1898, durante la guerra con España, el general norteamericano Nelson Miles desembarcó en un lugar de Puerto Rico cerca de Ponce. Busque información sobre la historia de Puerto Rico en un libro de historia o una enciclopedia, y prepare un breve informe.

C **Una investigación demográfica.** Hipólito es aymará. El mayor grupo indígena de Bolivia son los quechuas. Hay también otro grupo importante, los guaraníes. ¿Quiénes son? ¿Dónde viven? Prepare un pequeño cuadro demográfico de Bolivia que indique los grupos importantes de indígenas, el tamaño de cada grupo y los lugares donde viven.

D **Necesitamos un entrenador.** El padre de Débora es un excelente entrenador de softball. Escríbale una carta invitándole a venir a entrenar el equipo de la escuela de Ud.

Planes para hoy

Vocabulario

los planes

el ingeniero

la melena

la sierra

la boca del metro

la zarzuela   un tipo de opereta tradicional española
el jardín botánico   un jardín con plantas raras para el estudio de la botánica
el/la rector(a)   el superior o la superiora de un colegio o una universidad
el/la decano(a)   el/la profesor(a) que preside una facultad universitaria
el/la chismoso(a)   persona que siempre habla de otras personas
el/la malcriado(a)   persona descortés, incorrecta

revisar   ver con atención, examinar y corregir
meterse con uno   reñir, pelear, disputar, tener conflictos
insuficiente   la nota más baja en el sistema educativo español

Ejercicios

A ¿Qué es? Contesten según el dibujo.

1. ¿Qué va a tomar la señora para ir al trabajo?

2. ¿En qué trabaja la señora, la educación o la construcción?

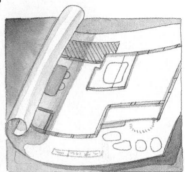

3. ¿Adónde debe ir el señor?

4. ¿Van allí para nadar o para esquiar?

5. ¿Quién los dibuja, el arquitecto o el arqueólogo?

B Pareo. Busquen la palabra que se define.

medieval   carnívoro   la botánica   el proyecto   la reunión

1. Es un animal que come otros animales.
2. Es un programa o plan para el futuro.
3. Es de la Edad Media, de los siglos X, XI, XII, XIII y XIV.
4. Es el estudio de las plantas.
5. Es un grupo de personas que se reunen.

C Definiciones. Completen.

1. No le digas nada a Paco porque él se lo dirá a todo el mundo. Él es muy ___.
2. Esto es muy importante. Tenemos que llevarlo a la máxima autoridad de la universidad, al ___.
3. Joselito es un diablo, nadie lo puede controlar. Es el niño más ___ que he visto.
4. Quiero tu opinión sobre esta composición. ¿Me la podrías ___, por favor?
5. Yo no le hablo a Ramón. Es muy antipático. Siempre quiere ___ con uno.
6. Te lo digo, Josefina, si no estudias más, la doctora Méndez te dará un ___ en el curso.

El *desayuno*

PADRE: ¿Quieres más café con leche, Maribel?

HIJA: No, gracias, papá. Tengo mucha prisa. Voy a tomar el metro esta mañana porque se me hace tarde. Es viernes y tengo exámenes de inglés y de cálculo.

MADRE: Tomaré el metro contigo. El ingeniero Rosales me trae unos planes para revisar esta mañana temprano. Al mediodía, almorzaré en el Club de Arquitectos para discutir el proyecto en la sierra y esta noche iremos todos a ver una zarzuela.

PADRE: ¡Qué bien! Pudiste conseguir las entradas. ¿Qué dan esta noche?

MADRE: *La verbena de la paloma.* Tengo cuatro butacas en la tercera fila.

HIJO: Ay, mamá. Esta noche es el mejor partido del año—el Barça contra el Atlético. No me lo quiero perder. Lo ponen en la tele. Ignacio iba a venir a verlo conmigo.

PADRE: Está bien, Pepe. A tu tía Julia le encanta la zarzuela. Ella irá con nosotros, entonces. ¿Qué tienes tú esta mañana?

HIJO: A los de biología, nos llevan al jardín botánico. Vamos a estudiar las plantas carnívoras. Por la tarde, tengo álgebra e historia. Tú no vas a la universidad hasta más tarde hoy, ¿verdad, papá?

PADRE: Verdad. Hay una reunión con el rector y los decanos a las diez y media, y tengo que dictar* solamente una clase esta tarde, sobre poesía medieval. Rosaura, ¿a qué hora tenemos que estar en el teatro?

MADRE: A las 7:00. ¿Nos invitas a cenar afuera esta noche después de la zarzuela, Álvaro?

PADRE: Por supuesto. Hay un restaurante nuevo cerca de la universidad. Sirven unas comidas estupendas y a buen precio. Oye, llama a tu hermana y dile que le tenemos una entrada para la zarzuela.

HIJA: Me voy. No quiero llegar tarde. Pepe ha dejado su jugo, mamá. Y no ha comido nada. ¡Qué tonto!

HIJO: Más tonta eres tú. Ya voy a tomar el jugo. Eres una chismosa. Vete. Y ojalá te den un insuficiente en tus exámenes.

HIJA: Papá, dile que se calle. ¿Por qué se mete siempre conmigo? Es un malcriado.

PADRE: ¡Basta ya! ¡A la escuela! Rosaura, te acompaño hasta la boca del metro. Quiero comprar un periódico y pasar por la barbería. Tengo que quitarme esta melena.

---

* **dictar**   *dar una clase, dar una conferencia*

Comprensión

Una presentación de "La verbena de la paloma"

A Preguntas. Contesten.

1. ¿Qué le ofrece su padre a Maribel?
2. ¿Qué será la joven?
3. ¿Por qué toma ella el metro esta mañana?
4. ¿Qué pasa los viernes?
5. ¿Qué curso de matemáticas toma la joven?
6. ¿Quién más va a tomar el metro?
7. ¿Qué tiene que hacer la madre esta mañana?
8. ¿Adónde va la madre al mediodía?
9. ¿Solamente va a almorzar la madre?
10. ¿Adónde va la familia por la noche?

B Actividades. Completen.

1. La madre va a tomar el almuerzo en el ___.
2. La zarzuela que dan esta noche es ___.
3. Se puede ver el partido en la ___.
4. El amigo de Pepe se llama ___.
5. La pariente a quien le gusta mucho la zarzuela es ___.
6. Esta mañana, Pepe va al ___ con su clase.
7. Ellos tienen que llegar al teatro a las ___.

C La familia. Contesten.

1. ¿Cuál será la profesión del padre?
2. ¿Quién será mayor, Maribel o Pepe?
3. ¿Quiere ir al teatro Pepe? ¿Por qué, o por qué no?
4. ¿Qué harán con la cuarta entrada a la zarzuela?
5. ¿Qué van a hacer cuando salgan del teatro?
6. ¿Cómo se llevan los hermanos?
7. ¿Cómo se insultan los dos?
8. ¿Qué tienen de especial las plantas que Pepe estudia?

Compañía Lírica Española

LA VERBENA DE LA PALOMA

Sainete lírico en un acto
Original de **RICARDO DE LA VEGA**
Música del Maestro **TOMÁS BRETÓN**

REPARTO

D HILARIÓN	**CARLOS CLIMENT**
JULIÁN	**ANTONIO LAGAR**
	RUBEN GARCIMARTÍN
	M.ª DOLORES TRAVESEDO
SUSANA	**PALOMA MAIRANT**
CASTA	**ANA M.ª AMENGUAL**
TÍA ANTONIA	**ASUNCIÓN GIL**
SEÑA RITA	**MARIANELA BARANDALLA**
LA CANTAORA	**MARISOL LACALLE**
EL TABERNERO	**JOSÉ PEROMINGO**
D. SEBASTIÁN	**SALVADOR CASTELLO**
DÑA SEVERIANA	**LYDIA D. VALERO**
MOZO 1.º	**WENCESLAO BERROCAL**
MOZO 2.º	**NARCISO OJEDA**
VECINO	**CARLOS VERA**
VECINA	**PEPITA SAURA**
EL INSPECTOR	**CARLOS RUBIO**
EL SERENO	**GERARDO MERE**
GUARDIA 1.º	**RIVO DA SILVA**
GUARDIA 2.º	**JULIO LANGA**
PORTERO	**CARLOS PÉREZ**
PORTERA	**M.ª LUISA VILLORIA**

Decorados de MARIANO LÓPEZ
Realizados por MARIANO LÓPEZ y ALBERTO LUACES
Sastrería: CORNEJO - Atrezzo: MATEOS
Montaje: ANTONIO GALLEGO - Jefe de Electricidad: PABLO
Apuntador: J. LÓPEZ - Regidor: G. GONZÁLEZ
Maestro de Baile: AUGUSTO CARDOSO
Representante: DOMINGO DE LAS HERAS
Director de Orquesta: MARIANO DE LAS HERAS
Dirección Musical: ROBERTO ESTELA

Dirección: ANTONIO AMENGUAL

Comunicación

A **En el Club de Arquitectos.** Ud. y un(a) compañero(a) van a preparar una conversación entre doña Rosaura y el ingeniero Rosales. Hablen del "proyecto en la sierra". ¡Hagan uso de la imaginación!

B **Una reunión del personal docente.** Trabaje con su grupo para planear la reunión de don Álvaro con el rector y los decanos. Cada uno debe hacer un papel diferente: el rector, don Álvaro o uno de los decanos. Preparen una lista de asuntos, por ejemplo: las notas bajas de los estudiantes de primer año; la condición de los campos atléticos; la comida en la cafetería de la universidad; los salarios; etc.

C **El viernes por la mañana.** Ud. es don Álvaro. Su compañero(a) toma el papel del/de la vendedor(a) de periódicos en el quiosco y el/la barbero/peluquera. Preparen las conversaciones.

D **¿Quieres ir al teatro?** Trabaje con su compañero(a) para planear la conversación por teléfono entre doña Rosaura y la tía Julia.

Estudiantes universitarios españoles

OFRECIENDO COMIDA

Cuando quiere ofrecerle algo a alguien, le puede preguntar:

¿Te doy más ___?
¿Te sirvo ___?
¿Te apetece ___?
¿Te pongo ___?
¿Quieres un poco de ___?

Si le ofrecen algo, Ud. puede decir:

Por favor. Sí, me gusta el ___.
Sí, me encanta la ___.

Si Ud. quiere lo que le ofrecen, nunca diga "gracias", porque "gracias" quiere decir "no, gracias". Si no quiere lo que le ofrecen, diga:

Gracias, pero no puedo más.
No, muchas gracias.
¡Todo estuvo rico/bueno/excelente, pero ya no puedo, gracias!

Para invitar

Si Ud. va a invitar a alguien, diga:

> ¿Quieres ir a… conmigo/con nosotros?

Si quiere indicar que Ud. va a pagar, diga:

> Te invito a… esta noche. ¿Puedes acompañarme?

Si Ud. es la persona invitada y quiere aceptar, diga:

> Sí, con mucho gusto.
> Pues, sí, encantado(a).

Si Ud. quisiera aceptar, pero no puede, diga:

> Ay, no puedo esta noche, pero me gustaría acompañarte en otra ocasión.
> Esta noche no puedo, pero otra noche, sí.

Si Ud. no tiene interés en aceptar nunca, diga:

> Lo siento, pero no puedo.
> Gracias, pero no puedo.
> Lo siento. Tengo otro compromiso.

Si Ud. no está seguro(a) y quiere saber más, diga:

> Me gustaría, pero de momento no sé si puedo. Te llamaré.
> Voy a mirar mi calendario, pero entretanto, dime más.
> Me interesa. ¡Cuéntame más!

Comunicación

A **Pero abuela…** Preparen Uds. una conversación entre una abuela, que quiere que el/la nieto(a) coma un postre rico, y el/la nieto(a).

> La abuela le ofrece el postre.
> El/la nieto(a) acepta.
> La abuela insiste en que el/la nieto(a) coma aún más.
> El/la nieto(a) resiste.

FRAMBUESAS AL CARAMELO

B **Sí, claro que sí.** Ud. quiere salir con una persona muy interesante. Invítele a alguna actividad. Su compañero(a) es la persona, y acepta. Ahora cambien de papel. El/La compañero(a) le invita a Ud. a salir. Ud. quiere ir, pero no puede. Dígaselo. Finalmente, Ud. invita a su compañero(a) a salir. Él o ella no quiere salir nunca con Ud. Cambien de papel y repitan la conversación.

C **Una invitación.** Lea estas reglas para escribir una invitación. El texto debe ser claro sencillo y completo. Incluya lo siguiente: nombres, lugar, día y hora. Ahora, invite por escrito a un(a) amigo(a) a una fiesta en casa. Indique la ocasión que se celebra. Déle la invitación a un(a) compañero(a) de clase. Él o ella aceptará, o no, la invitación por escrito.

El imperfecto
Los verbos regulares

Talking about Habitual,
Recurring Past Actions

1. The imperfect tense is, after the preterite, the most frequently used tense to express past actions. Review the forms of the imperfect. Note that the same endings are used for both *-er* and *-ir* verbs.

INFINITIVE	HABLAR	LEER	ESCRIBIR
yo	hablaba	leía	escribía
tú	hablabas	leías	escribías
él, ella, Ud.	hablaba	leía	escribía
nosotros(as)	hablábamos	leíamos	escribíamos
vosotros(as)	hablabais	leíais	escribíais
ellos, ellas, Uds.	hablaban	leían	escribían

2. Note that verbs that have a stem change in either the present or the preterite do not have a stem change in the imperfect.

INFINITIVE	QUERER	SENTIR	PEDIR
yo	quería	sentía	pedía
tú	querías	sentías	pedías
él, ella, Ud.	quería	sentía	pedía
nosotros(as)	queríamos	sentíamos	pedíamos
vosotros(as)	queríais	sentíais	pedíais
ellos, ellas, Uds.	querían	sentían	pedían

3. The following verbs are the only irregular verbs in the imperfect tense.

INFINITIVE	IR	SER
yo	iba	era
tú	ibas	eras
él, ella, Ud.	iba	era
nosotros(as)	íbamos	éramos
vosotros(as)	ibais	erais
ellos, ellas, Uds.	iban	eran

4. The imperfect tense form of the impersonal expression *hay* is *había*.

> Había mucha gente en la fiesta.
> Había por lo menos doscientas personas.

5. The imperfect tense is used to express habitual or repeated actions in the past. When the event began or ended is not important. Several time expressions that typically accompany the imperfect are:

todos los domingos	siempre
los domingos	muchas veces
cada día	con frecuencia
todos los días	a menudo

> La profesora siempre hablaba español en clase.
> Los viernes, ella nos daba un examen.
> De vez en cuando, nosotros escribíamos en la pizarra.
> Y a menudo leíamos artículos en periódicos hispanos.

6. The imperfect is also used to describe persons, places, and things in the past.

> El general era alto, fuerte y muy valiente.
> Él luchaba (entraba en batalla) por la nación.
> Él tenía solo cuarenta y seis años.
> Pero estaba muy cansado y triste.
> Quería volver a su casa y a su familia.
> Pero no podía porque la patria lo necesitaba.
> Era invierno. Hacía frío y nevaba.
> Era Nochevieja. Era la medianoche.
> Pronto iba a comenzar la batalla.

Una estatua de José de San Martín

Note that the imperfect is used to describe location, time, weather, age, physical appearance, physical and emotional states, attitudes, needs, and desires in the past.

Ejercicios

A **Cuando era pequeño.** Contesten.

1. ¿A qué hora te levantabas todos los días?
2. ¿Jugabas con tus amiguitos?
3. ¿A qué jugaban Uds.?
4. Tú y tu familia, ¿cuándo tomaban Uds. sus vacaciones, en el verano o en el invierno?
5. ¿Adónde iban durante las vacaciones?
6. ¿Dónde comían durante las vacaciones?
7. ¿Qué preferías hacer cuando eras pequeño(a)?
8. ¿Qué no sabías hacer?
9. ¿Te leían tus padres?
10. ¿A qué hora te acostabas?

Niños españoles

B **La campesina.** Completen con el imperfecto.

Rosaura Jiménez ＿＿ (vivir) en un pueblo pequeño de Bolivia. Ella y sus
	1
padres ＿＿ (trabajar) en los campos. Ellos ＿＿ y ＿＿ (sembrar, cosechar) maíz
	2					3		4
y papas. Cuando Rosaura no ＿＿ (tener) que trabajar, ＿＿ (asistir) a la escuela.
				5				6
Aunque ella sólo ＿＿ (poder) asistir de vez en cuando, ＿＿ (recibir) buenas
			7					8
notas. Su maestra ＿＿ (saber) que Rosaura ＿＿ (ser) inteligente y trabajadora. La
			9			10
maestra ＿＿ (hacer) todo lo posible para ayudar a la niña. ＿＿ (Parecer)
		11							12
imposible pero Rosaura pudo ir a la universidad. Hoy es maestra también. Ella
recuerda siempre cómo ＿＿ (ser) su vida cuando ＿＿ (ir) a la escuela. Rosaura es
				13				14
una maestra excelente. Ella dice: —Nosotros ＿＿ (trabajar) mucho pero ＿＿
						15				16
(saber) que un día todo ＿＿ (ir) a ser mejor. Y así es.
				17

C **El soldado.** Escriban el siguiente párrafo en el
imperfecto, cambiando *yo* en *mi abuelo.*

Yo me llamo Aníbal Valladares. Soy soldado. Lucho por
la independencia de la nación. Tengo veinte años y estoy
cansado de luchar. Quiero ver el final de la guerra (batalla).
Siempre me siento triste cuando veo tanta destrucción.
Hace mucho tiempo que no estoy contento. Las batallas
son constantes. Nunca puedo descansar. Creo que voy a
morir en una batalla.

Soldados en Guadalajara, México

El pretérito y el imperfecto
Acción repetida y acción terminada

Expressing Recurring vs. Completed Actions in the Past

1. The choice of the preterite or imperfect depends upon whether the speaker is
   describing an action completed in the past or a continuous, recurring action in
   the past. Use the preterite to express actions or events that began and ended at a
   definite time in the past.

   > **Salí de casa a las seis y media el sábado pasado.**
   > **Fui al cine, donde vi una película extranjera.**
   > **Cuando la película terminó, fui a un restaurante y comí con**
   > **unos amigos.**

2. Use the imperfect to express a continuous, repeated, or habitual action in the
   past. The moment when the action began or ended is not important.

   > **Yo salía de casa a las seis y media todos los sábados.**
   > **Iba al cine, donde veía películas extranjeras.**
   > **Cuando la película terminaba, iba a un restaurante y comía con**
   > **unos amigos.**

3. Use the imperfect to describe states of mind or feelings in the past. Some verbs often used for such description are *querer, saber, pensar, preferir, desear, sentir, poder,* and *creer*.

Él no podía ir.   **Lo sentía mucho.**   **Queríamos salir.**

Ejercicios

A **El correo.** Completen.

Ayer mi hermana ___ (ir) al correo. Ella ___ (querer) comprar unos sellos.
₁   ₂

Cuando ella ___ (llegar) al correo, el correo ___ (estar) cerrado. No ___ (haber)
₃   ₄   ₅

nadie allí. Ella no ___ (saber) qué hacer. Por fin, ella ___ (recordar) que ___
₆   ₇   ₈

(ser) día de fiesta y ___ (volver) a casa.
₉

B **El trabajo.** Contesten según se indica.

1. ¿Qué era don Paco? (minero)
2. ¿Dónde trabajaba don Paco? (en las minas)
3. ¿Cuántos días a la semana iba al trabajo? (seis)
4. ¿Qué hacía en el trabajo? (operar máquinas)
5. ¿Qué hacía después del trabajo? (leer y mirar la tele)
6. ¿Qué le pasó el año pasado? (tener un accidente)
7. ¿Qué hizo él entonces? (retirarse)
8. ¿Qué hicieron sus compañeros? (darle una fiesta)
9. ¿Cómo se sentían los compañeros? (tristes)
10. ¿Qué hizo don Paco después de la fiesta? (decirles adiós)

Dos acciones en la misma oración

Expressing Two Actions in the Same Sentence

1. Often a sentence in the past will have two verbs. Both may be in the same tense, or each one in a different tense. In the sentence below, both verbs are in the preterite because they express two simple actions or events that began and ended in the past.

   Rosa llegó y Martín salió.

2. In the sentence below, the two verbs are in the imperfect because both express continuous, repeated actions in the past.

   Todos los inviernos yo patinaba y mi hermana esquiaba.

3. In the following sentence, one verb is in the imperfect and the other is in the preterite. The verb in the imperfect, *hablaba*, describes what was going on. The verb in the preterite, *llamó*, expresses an action or event that intervened and interrupted what was going on.

> **Yo hablaba por teléfono cuando alguien llamó a la puerta.**

Ejercicios

A **Anoche.** Completen.

1. Anoche yo ___ (trabajar) cuando ___ (sonar) el teléfono.
2. Yo ___ (levantarse) y ___ (ir) a contestar el teléfono.
3. Yo ___ (hablar) por teléfono cuando ___ (llegar) mi amigo Carlos.
4. José ___ (sentarse) en la sala. Mientras yo ___ (hablar) por teléfono él ___ (leer) el periódico.
5. Cuando yo ___ (terminar) de hablar por teléfono, mi amigo y yo ___ (salir). ___ (ir) a un café.
6. En el café nosotros ___ (pedir) un refresco. Mientras nosotros ___ (hablar) y ___ (tomar) el refresco, ___ (entrar) otros amigos nuestros en el café.
7. Ellos ___ (sentarse) con nosotros y todos nosotros ___ (empezar) a hablar.
8. Nosotros ___ (hablar) cuando el mesero ___ (venir) a la mesa.
9. El mesero les ___ (preguntar) a nuestros dos amigos lo que ellos ___ (querer) tomar y cada uno ___ (pedir) un helado.

B **En la oficina.** Combinen las dos oraciones y cambien el tiempo de los verbos al pasado.

1. La directora habla por teléfono. El secretario entra.
2. El secretario espera. La directora sigue hablando.
3. La directora termina. El secretario le habla.
4. El secretario le explica un problema. El teléfono suena otra vez.
5. La directora le dice al secretario que no puede atenderlo. El secretario se va.
6. El secretario escribe un informe. La directora lo llama.
7. La directora lee un documento. El secretario toca a la puerta.

C **¿Qué pasaba cuando…?** Contesten.

1. ¿Miraba Juan la televisión cuando sonó el teléfono? ¿Contestó el teléfono?
2. ¿Leía su madre el periódico cuando Juan la llamó al teléfono? ¿Fue su madre al teléfono?
3. ¿Hablaba su madre por teléfono cuando Juan salió? ¿Fue Juan a un restaurante?
4. ¿Caminaba Juan al restaurante cuando vio a su amiga Lola? ¿Fueron juntos al restaurante?
5. En el restaurante, ¿hablaban Juan y Lola cuando llegaron dos amigos más?
6. ¿Hablaban los amigos cuando el mesero vino a la mesa?

EL SERVICIO MILITAR

INTRODUCCIÓN

La vida sigue un ritmo natural día a día. Pero los jóvenes en muchas partes del mundo sufren una interrupción traumática en esa vida rutinaria—el servicio militar obligatorio. En España, desde el siglo pasado, el servicio militar ha sido una obligación de todo varón. Tradicionalmente, los soldados eran todos varones. Pero hoy, en España como en muchos otros países, incluso los EE.UU., las mujeres también son soldados. En el siguiente artículo de la revista *Diez Minutos* conoceremos a cuatro jóvenes españolas que son soldados.

VOCABULARIO

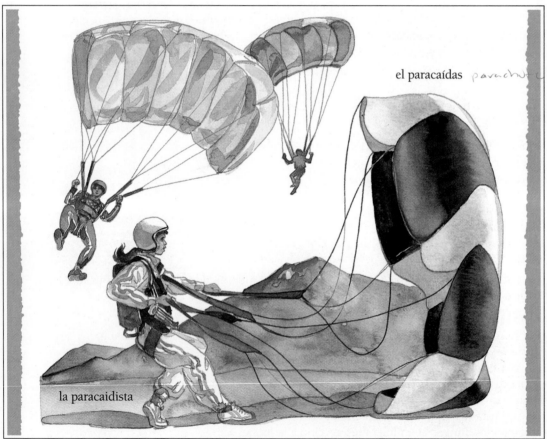

el paracaídas *parachute*

la paracaidista

paratrooper

la tropa

la mochila

civil   no militar   *civilian*
en serio   sin burla, no en broma   *serious*
por el contrario   lo opuesto, vice versa
útil   práctico, beneficioso, servible   *useful*
suelto(a)   libre, no atado   *loose, free*
cariñosamente   con cariño, afectuosamente   *affectionately*
orgulloso(a)   lo contrario de humilde   *proud*

   las armas (el arma)   rifles, pistolas,   *guns*
      cañones, etc.

el valor   la valentía, el corazón, la
   bravura   *valuer, courage*
la labor   el trabajo, la misión   *, work*

reemplazar   sustituir, relevar   *replaces substitute*
ingresar   entrar, afiliarse   *enroll*
dejar claro   hacer obvio, sin duda   *to make obvious*
integrar   formar parte de, componer,
   formar   *to form, to make up*

Ejercicios

A **Los soldados.**   Contesten.

1. ¿La paracaidista sube o baja con
   el paracaídas?
2. ¿Quiénes llevan uniforme?
3. ¿En qué llevan los soldados sus cosas?

B **¿Cómo se dice…?** Expresen de otra manera.

1. Allí puedes ver a *los soldados.*
2. Soldados, sargentos y oficiales
   forman esta unidad.
3. Mañana, otra unidad va a *relevar* a estas tropas.
4. Nadie duda *la bravura* de estos soldados.
5. Ellos lo *hacen muy obvio.*

C **Una expresión equivalente.**   Escojan.

1. en serio   **a.** práctico, servible
2. la labor   **b.** entrar
3. ingresar   **c.** no en broma
4. útil   **d.** el trabajo
5. suelto   **e.** libre, separado, no atado

Cuatro españolas a la guerra de Bosnia

Las soldados pertenecen a la Brigada Paracaidista y se harán cargo del transporte de mercancías.

Manuela Navajo, María Eugenia Roldán, Carmen Rodríguez y Reyes Mendoza, ninguna de más de veinte años, son las cuatro primeras soldados españolas que serán enviadas al conflicto de la antigua Yugoslavia. Las jóvenes forman parte de la "Agrupación Madrid", contingente español que reemplazará a los "cascos azules[1]" españoles en Bosnia. Entre los 1.200 soldados que integran esta agrupación, sólo hay mujeres del Ejército español no pueden integrar unidades de combate. Se dedicarán a controlar el transporte de mercancías para la población civil de Bosnia.

"Hemos aprendido lo necesario para integrar la misión de paz—afirma Carmen, de veinte años, soldado profesional de la Brigada Paracaidista de Alcalá de Henares. "Aquí somos como uno más, y no se liga[2] nada de nada. Nuestros compañeros nos toman en serio y no tenemos problemas. En la calle somos mujeres y muchos de nuestros compañeros no nos reconocen cuando llevamos el pelo suelto y vestimos una falda".

Manuela Navajo, Dama Legionaria Paracaidista, de diecinueve años, a la que sus compañeros cariñosamente llaman la "Schwarzenegger", se muestra, como las demás, muy orgullosa de colaborar en Bosnia. Sus respectivas familias, por el contrario, no están encantadas con esta misión. Pero las cuatro demuestran, con sus uniformes de campaña y los más de cuarenta kilos de impedimenta[3], entre armas, mochila y paracaídas, que están perfectamente preparadas. Su valor no se pone en duda: "Vamos a hacer nuestro trabajo y a ser útiles para mucha gente que necesita nuestra ayuda".

Nuestros compañeros nos toman en serio

cinco mujeres: ellas cuatro, que son las primeras paracaidistas profesionales que viajan a la zona de conflicto, y una ATS.

Manuela, Eugenia, Carmen y Reyes ingresaron en el Ejército hace seis meses y quieren dejar claro que "somos tropa, y no enfermeras; nos consideramos soldados y mujeres porque estamos orgullosas de nuestro sexo". En principio, su labor no será la misma que la de los otros soldados, ya que las

Manuela Navajo, María Eugenia Roldán, Carmen Rodríguez y Reyes Mendoza, se muestran orgullosas de colaborar en Bosnia.

[1] **los "cascos azules"** *tropas de las Naciones Unidas*

[2] **liga** *tiene relaciones amorosas*

[3] **impedimenta** *bagaje que lleva la tropa y que no permite andar rápido*

Comprensión

A **Las soldados.** Contesten.

1. ¿Cuál es la profesión de estas cuatro jóvenes?
2. ¿Cuántos años tiene la mayor de ellas?
3. ¿Adónde enviaron a las jóvenes?
4. ¿De qué grupo forman parte ellas?
5. ¿A quiénes va a reemplazar este grupo?
6. ¿En qué rama del ejército (infantería, artillería, etc.) están las jóvenes?

B **Definiciones.** Indiquen dónde dice:

1. el nombre del país del que formaba parte Bosnia
2. cuándo las jóvenes entraron en el Ejército
3. la función que tendrán ellas en Bosnia
4. para quiénes son las "mercancías" que se transportan
5. cómo se sienten sus familias con respecto a su servicio en Bosnia
6. lo que las jóvenes piensan hacer en Bosnia

Soldados en Cochabamba, Bolivia

C **¿Qué quiere decir…?** Expliquen lo que quiere decir:

1. "… somos tropa, y no enfermeras; nos consideramos soldados y mujeres porque estamos orgullosas de nuestro sexo".
2. "Aquí somos como uno más, y no se liga nada de nada. Nuestros compañeros nos toman en serio y no tenemos problemas".
3. "… las mujeres del Ejército español no pueden integrar unidades de combate".

Comunicación

A **Un debate actual.** Con su grupo preparen un debate sobre el tema "mujeres en combate, ¿sí o no?" Dividan el grupo en dos. Un grupo debe tomar la posición a favor de permitir a las mujeres en combate, el otro grupo la posición en contra. Preparen sus argumentos y presenten el debate ante la clase.

B **Un poco de historia.** En 1993, hubo un conflicto armado en la antigua Yugoslavia. Yugoslavia se formó en 1918, después de la Primera Guerra Mundial. La Primera Guerra Mundial comenzó a causa de un incidente en Sarajevo, Bosnia. Las figuras importantes en el incidente son el Archiduque Francisco Fernando, el Emperador Francisco José y un tal Gavrilo Princep. Busque información sobre este incidente y los resultados, y presente un informe a la clase.

EL PRIMER DÍA DE CLASES

INTRODUCCIÓN

En Europa y en Norteamérica ocurre a fines de agosto o principios de septiembre. Al sur del ecuador, ocurre a principios de marzo. Es el comienzo del otoño, es el comienzo del año escolar. Es una rutina que se repite año tras año. Para algunos, tristemente, se repite durante muy pocos años. Para otros, puede repetirse hasta 15 o 20 veces.

El siguiente artículo por Antonio de la Torre apareció en el periódico *ABC* de Sevilla, un jueves, 16 de septiembre, el día después del comienzo de curso. Se publicó durante una época de mucha discusión sobre leyes y proyectos en el campo de la educación española.

VOCABULARIO

el pozo

la cartera

el/la aprendiz   la persona que está aprendiendo un oficio, un(a) alumno(a)

el dineral   gran cantidad de dinero

la etapa   época o avance en el desarrollo de una acción

hojear   pasar las páginas de un libro

precisar   necesitar

agridulce   agrio y dulce al mismo tiempo

soñoliento(a)   con sueño

ilusionado(a)   con ilusiones

Ejercicios

A ¿Cuál es la palabra? Contesten.

1. ¿En qué llevan los alumnos los libros y documentos?
2. Todavía no es carpintero, pero está aprendiendo. ¿Qué es?
3. Pasa las páginas del libro sin leerlo. ¿Qué hace?
4. Tiene un sabor (*taste*) que es una combinación de agrio y dulce. ¿Que tipo de sabor tiene?
5. Cuesta millones. ¿Qué habrá que pagar para comprarlo?

B La palabra. Completen.

1. Es un pueblo que parece dormir; allí no pasa nada nunca. Es un pueblecito ___.
2. Este proceso es bastante complicado. Tiene una variedad de ___ en su desarrollo.
3. Para hacerlo bien se ___ excelentes instrumentos y condiciones.
4. No debes estar muy ___ por los primeros resultados.
5. Guarda los papeles en tu ___ para que nadie los vea.

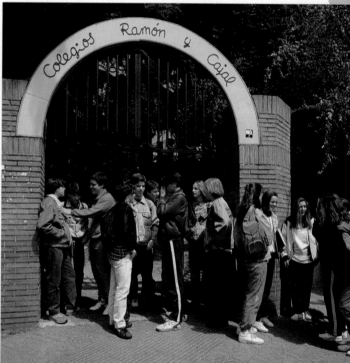

Un colegio en España

Al día

CARTERAS

Las carteras y las mochilas que ayer por la mañana se veían por las calles de Sevilla constituyen uno de los ingredientes más característicos de ese guiso[1] agridulce del primer día de clases que, ceremoniosamente, se repite cada año convirtiéndose en una rutinaria noticia. Pegados a ellas, soñolientos, apesadumbrados[2] e ilusionados al mismo tiempo, van esos aprendices de la vida de los que solemos decir que tienen el futuro en sus manos.

Ahora mismo, ellos no entienden de leyes ni de reformas ni de plazas[3] ni de profesorado. Su devenir[4] a lo largo de los próximos nueve meses va a girar en torno a esa cartera que ayer llevaban sobre sus espaldas y de esos libros nuevos que han costado un dineral y que la curiosidad—más que un interés todavía ausente—les ha hecho hojear por encima durante estos últimos días de vacaciones veraniegas.

Compañeras inseparables de aventuras y desventuras, las carteras que ayer brillaban con sus vivos colores en el asfalto sevillano son algo más que un instrumento de transporte de libros y material escolar. En realidad constituyen el símbolo de una etapa de la vida del hombre que probablemente marcará y determinará el desarrollo de las posteriores. En esas carteras se irán guardando éxitos y fracasos, aciertos[5] y errores, inquietudes y letargos[6], desvelos[7] y añoranzas[8]. En esas carteras se está almacenando[9] un modelo de infancia que influirá decisivamente en lo que será la sociedad del mañana.

Ellos serán, en efecto, los protagonistas[10] del futuro. Pero que su destino sea feliz o aciago[11] depende tanto de sus propios esfuerzos como de los que hagamos quienes estamos protagonizando el presente. Tenemos que ayudarles a llenar las carteras de todas esas cosas que precisan para que, cuando llegue el momento, el bagaje que están atesorando[12] en esta etapa crucial e irrepetible no se diluya[13] en el pozo de la frustración.

---

[1] **guiso**   *comida, plato*
[2] **apesadumbrados**   *deprimidos*
[3] **plazas**   *puestos, empleos, cargos*
[4] **devenir**   *futuro*
[5] **aciertos**   *éxitos, logros*
[6] **letargos**   *faltas de energía*
[7] **desvelos**   *preocupaciones, insomnio*
[8] **añoranzas**   *nostalgia*
[9] **almacenando**   *guardando, acumulando*
[10] **protagonistas**   *actores principales*
[11] **aciago**   *desgraciado, infeliz*
[12] **atesorando**   *guardando*
[13] **diluya**   *desvanezca, pierda*

Comprensión

A Las preguntas. Contesten.

1. ¿Qué día comenzaron las clases?
2. ¿De qué ciudad trata el artículo?
3. ¿Quiénes son los "aprendices de la vida"?
4. ¿Qué precio han tenido los textos?
5. ¿Qué han hojeado los chicos durante los últimos días de vacaciones?
6. ¿Cuál es la duración del año escolar en España? ¿Dónde lo dice el autor?

B Las frases. ¿Qué querrá decir…?

1. "esos aprendices de la vida de los que solemos decir que tienen el futuro en sus manos"
2. "vacaciones veraniegas"
3. "En esas carteras se irán guardando éxitos y fracasos, aciertos y errores, inquietudes y letargos, desvelos y añoranzas".

C Los comentarios. Comenten.

1. El autor habla de los "protagonistas del futuro" y de los que "estamos protagonizando el presente". ¿De quiénes habla y qué dice de los dos grupos?
2. El autor alude a las discusiones políticas sobre la educación. ¿Dónde hace esta alusión?
3. Según el autor, ¿de qué depende el futuro de los jóvenes?
4. Al final del artículo, el autor escribe de la cartera en forma simbólica. Explique lo que el autor quiere decir en la última frase del artículo.

Comunicación

A ¿Sabes por qué…? Explique por qué las clases en Chile o en la Argentina comienzan en marzo y no en septiembre.

B Temas y debates. Trabajando en un grupo, preparen un debate sobre el siguiente tema: "¿Deben los políticos influir en la educación o no, y por qué?" Un grupo debe presentar argumentos a favor y el otro, en contra.

El subjuntivo con expresiones de duda

Expressing Doubt or Uncertainty

1. The subjunctive is used after any expression that implies doubt or uncertainty, since it is not known if the action in the clause will take place.

> **Yo dudo que ellos lleguen a tiempo.**
> **No creo que ellos vengan en avión.**

2. If the statement implies certainty rather than doubt, the indicative is used in the dependent clause, not the subjunctive. The future tense is often used in a clause that follows an expression of certainty. Although it might seem logical to use the subjunctive, the emphasis is on the certainty of the event taking place. For this reason the indicative is used.

> **Yo creo que ellos vendrán mañana.**
> **Estoy seguro de que ellos vendrán en avión.**

3. In a question containing an expression of doubt, the speaker chooses between the use of the subjunctive or the indicative, depending upon the meaning he or she wishes to convey. Observe and analyze the following questions.

> **¿Crees que ellos vengan mañana?**

In this question, the speaker asks if you think they will come tomorrow using the subjunctive, not the indicative. The speaker's choice of the subjunctive indicates that he or she does not think they will come tomorrow. The speaker indicates his/her own doubt or uncertainty by using the subjunctive.

> **¿Crees que ellos vendrán mañana?**

The speaker repeats the question. This time, however, he or she uses the indicative, not the subjunctive. The use of the indicative indicates the speaker's certainty that they will come tomorrow.

4. Here is a list of typical expressions of doubt and certainty.

SUBJUNCTIVE	INDICATIVE
dudar	no dudar
es dudoso	no es dudoso (no hay duda)
no estar seguro	estar seguro
no creer	creer
no es cierto	es cierto

Ejercicios

A **¿Lo crees o lo dudas?** Sigan el modelo.

> **Elena cree que ellos vienen pronto.**
> *Pero yo dudo que vengan pronto.*

1. Elena cree que ellos vienen pronto.
2. Ella cree que llegarán hoy.
3. Ella cree que conocen el camino.
4. Ella cree que traerán buenas noticias.
5. Ella cree que todos estaremos contentos.

B **¿Cree que sí, o lo duda?** Escojan.

1. Pedro: "¿Crees que ellos irán a Chile?"
   a. Pedro cree que ellos van a ir a Chile.
   b. Pedro duda que ellos vayan a Chile.
2. Carolina: "¿Crees que ellos tengan bastante dinero para el viaje?"
   a. Carolina cree que ellos tienen el dinero.
   b. Carolina duda que ellos tengan el dinero.
3. Pedro: "¿Crees que sus padres les den el dinero?"
   a. Pedro cree que sus padres les darán el dinero.
   b. Pedro duda que sus padres les den el dinero.
4. Carolina: "¿Crees que ellos puedan trabajar en Chile?"
   a. Carolina cree que ellos podrán trabajar.
   b. Carolina duda que ellos consigan trabajo.

El subjuntivo con verbos especiales

Giving Advice and Making Suggestions

1. A number of verbs state or imply a command, an order, advice, or suggestion. These verbs are followed by the subjunctive because, even though we ask, tell, advise, or suggest that someone do something, it is not certain that the person will actually do it.

   Some frequently used verbs that state or imply a command, an order, advice, or suggestion are:

decir	*to tell*	**rogar**	*to beg, plead*	**aconsejar**	*to advise*
escribir	*to write*	**mandar**	*to order*	**recomendar**	*to recommend*
pedir	*to ask, request*	**exigir**	*to demand, require*	**sugerir**	*to suggest*

2. Observe and analyze the following sentences.

> *Le* digo que venga.
> *Les* ruego que lleguen temprano.
> *Les* aconsejo que salgan antes de las ocho a causa del tráfico.
> Anita *me* pide que (yo) la ayude.
> *Te* ruego que la ayudes también.
> La directora exige que *le* demos ayuda.

These verbs often take an indirect object pronoun in the main clause.

3. Note that the subjunctive follows the verbs *decir* and *escribir* only when they imply a command. If someone simply is giving information, the subjunctive is not used. Observe the following sentences.

> **Ella me dice que viene mañana.**   *She tells me that she's coming tomorrow.*
>
> **Ella me dice que venga mañana.**   *She tells me to come tomorrow.*

Ejercicios

A **Lo que mi hermano mayor (me) exige.** Sigan el modelo.

> ¿Qué te exige tu hermano? (estudiar más)
> *Mi hermano me exige que estudie más.*

1. no salir de noche
2. traer mis libros a casa
3. no mirar mucha televisión
4. dormir bastante
5. levantarme temprano

B **¿Que pide?** Sigan el modelo.

> ¿Qué les pide Pedro? (esperar)
> *Él nos pide que esperemos.*

1. no salir sin él
2. ir en metro
3. comprar los boletos
4. sentarnos en la primera fila

C **Le escribe su abuela.** Sigan el modelo.

> ¿Qué le escribe su abuela?
>   (ser bueno)
> *Le escribe que sea bueno.*

1. tratar bien a su hermanita
2. comer bastante
3. acostarse temprano
4. tener buenos modales
5. la va a visitar

El subjuntivo con expresiones de emoción

Expressing Emotional Reactions to the Actions of Others

1. The subjunctive is also used in a clause that modifies a verb or expression conveying any kind of emotion. Some verbs or expressions of emotion are:

alegrarse de	*to be happy about*
estar contento(a)	*to be glad*
estar triste	*to be sad*
sorprender	*to surprise*
gustar	*to like*
es (una) lástima	*it's a pity*

2. Unlike the other expressions that take the subjunctive, the information in a clause following a verb or expression of emotion can be factual. If the information in the clause is real, why is the subjunctive used? Observe and analyze the following sentences.

> **Me alegro de que Teresa esté con nosotros.**
> **¿Estás contento de que Teresa esté aquí?**
> **Creo que es una lástima que esté con nosotros.**

In the sentences above, Teresa's presence is a fact, but the subjunctive is used because the clause is introduced by an expression of feeling. As illustrated by the examples, feelings can be positive or negative and vary from person to person.

Ejercicios

A **¿Cómo te sientes?** Sigan el modelo.

> **Ganamos el partido. (Me alegro)**
> *Me alegro de que ganemos el partido.*

1. Paco viene con nosotros. (Me sorprende)
2. Nadie quiere estar con él. (Siento)
3. Paco se porta mejor ahora. (Me alegro de)
4. Marta lo invita a la fiesta. (Estoy contento[a])
5. Paco se va el jueves. (Es lástima)
6. Pero Roberto vuelve hoy. (Me gusta)

B **¿Qué emoción sientes?** Contesten.

1. La economía está mucho mejor.
2. Muchas personas no tienen hogar.
3. Los atletas profesionales ganan millones de dólares.
4. Algunos niños pasan mucha hambre.
5. Quieren reducir las vacaciones.
6. Piensan dar más exámenes.
7. Te dan 20.000 dólares.

SUEÑOS

Nicanor Parra

ANTES DE LEER

Cuando pensamos en poesía, muchos pensamos en algo sublime, florido y grandilocuente. Los temas son heroicos, románticos, trágicos. Pero no tiene que ser así. También hay poemas que tratan de lo cotidiano, de lo sencillo. Sin embargo, las cosas no son siempre lo que parecen.

VOCABULARIO

el aviso luminoso

la bomba de bencina

los pajarillos voladores

los anteojos

los bigotes

la cruz

la hoja de afeitar

el ataúd

darle cuerda a una victrola

el cadáver   el cuerpo de un muerto
el lujo   la opulencia, la riqueza
los pejerreyes   un tipo de pescado muy sabroso

atravesar   cruzar, ir de un lado al otro
arrastrar   tirar, halar (jalar), llevar por el suelo

Ejercicios

A **Sinónimos.** Escojan.

1. la bencina
2. los anteojos
3. el ataúd

a. la caja de muertos
b. las gafas/los lentes
c. la gasolina

B **¿Cuál es la palabra?** Completen.

1. Hay un excelente restaurante al otro lado; hay que ___ el puente para llegar allí.
2. Desde aquí puedes ver el ___ luminoso.
3. ¡Camina, hombre! No debes ___ los pies. ¡Corre!

C **¿Qué es?** Identifiquen.

1. el cuerpo de un muerto
2. el pelo sobre el labio superior
3. la riqueza, la opulencia
4. lo que se pone para ver mejor
5. el nombre de un pescado

INTRODUCCIÓN

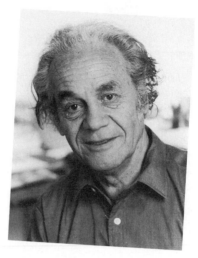

Nicanor Parra

Nicanor Parra, chileno, nació en Chillán, una ciudad en la región de Bío Bío en el valle central de su país, en 1914. Su primer libro de poemas fue publicado en 1937. Nicanor Parra era ingeniero. Estudió en la Universidad de Brown en los EE.UU. y llegó a ser director de la Escuela de Ingeniería de la Universidad de Chile. En 1966 fue profesor en la Universidad de Louisiana en los EE.UU.

LECTURA

Sueños

Sueño con una mesa y una silla
Sueño que me doy vuelta en automóvil
Sueño que estoy filmando una película
Sueño con una bomba de bencina
Sueño que soy un turista de lujo
Sueño que estoy colgando de una cruz
Sueño que estoy comiendo pejerreyes
Sueño que voy atravesando un puente
Sueño con un aviso luminoso
Sueño con una dama de bigotes
Sueño que voy bajando una escalera
Sueño que le doy cuerda a una victrola
Sueño que se me rompen los anteojos
Sueño que estoy haciendo un ataúd
Sueño con el sistema planetario
Sueño que estoy luchando con un perro
Sueño que estoy matando una serpiente.

Sueño con pajarillos voladores
Sueño que voy arrastrando un cadáver
Sueño que me condenan a la horca°
Sueño con el diluvio° universal
Sueño que soy una mata de cardo°.

Sueño también que se me cae el pelo.

la horca   *the gallows*
el diluvio   una gran lluvia como en la Biblia
una mata de cardo   *a thistle bush*

Después de leer

Comprensión

A **Sueño que.** Contesten.

1. Cada vez que el poeta dice "sueño que", se refiere a algo que él hace o algo que le está pasando. Dé Ud. los ejemplos que pueda del poema.
2. Cuando el poeta dice "sueño con", se refiere a otras cosas o criaturas que no son él. Dé Ud. algunos ejemplos.

B **Las clasificaciones.** Clasifiquen.

1. ¿Cuáles de los sueños tratan de cosas rutinarias?
2. ¿Cuáles son fantásticos?
3. ¿Cuáles se refieren a la muerte?

C **Antipoemas.** Piensen.

Este poema aparece en un libro con el título *Poemas y Antipoemas*. ¿Por qué llevará el libro ese título? ¿Qué querrá decir el autor? Comenten.

Comunicación

Pablo Neruda

A **Tres poetas.** De Chile han venido tres importantes poetas del siglo XX: Nicanor Parra, Pablo Neruda y Gabriela Mistral. Preparen biografías breves de estos tres poetas.

B **Un antipoeta.** Nicanor Parra describe un "antipoeta" de esta manera:

> ¿Qué es un antipoeta?
> ¿Un comerciante en urnas y ataúdes?
> ¿Un general que duda de sí mismo?
> ¿Un sacerdote que no cree en nada?
> ¿Un bailarín al borde del abismo?
> ¿Un poeta que duerme en una silla?

Comenten. ¿Cuál de las descripciones es la más válida? ¿Cómo describen Uds. a un "antipoeta"?

C **Todos soñamos.** Los sueños pueden ser realistas o absurdos. Escriba Ud. un poema basado en sus propios sueños. No se preocupe de la rima. Puede usar *Sueños* como modelo.

Gabriela Mistral

LOS OTROS MADRILEÑOS

Esperanza Molina Cubillo

ANTES DE LEER

Hay que trabajar para vivir. En 1940, 31 millones de habitantes de los EE.UU. se consideraban agricultores y vivían en el campo. En 1990, el número era 6 millones. Hoy, el 77% de la población norteamericana vive en áreas urbanas, es decir en pueblos y ciudades de más de 2500 habitantes; menos del 25% vive en áreas rurales. Este fenómeno del abandono del campo para migrar a la ciudad también ha ocurrido en los países hispanos. ¡Y cómo!

Un edificio de apartamentos, 1950, Madrid, España

La Ciudad de México es ahora la ciudad más grande del mundo. Las otras capitales latinoamericanas han crecido también. Hace 40 años, cada una tendría unos cientos de miles de habitantes; hoy, la mayoría tiene millones. El éxodo del campo tiende a seguir un patrón similar en casi todos los países. Los campesinos van a la ciudad en busca de trabajo. Puede ser que no haya vivienda suficiente, o que ellos no puedan pagar el dinero que se les pide. De todos modos, ellos tienen que arreglárselas como puedan. De la noche a la mañana, aparecen nuevas comunidades en los alrededores de las capitales. No importa la falta de luz eléctrica y agua corriente. La gente se instala allí. Y poco a poco, estas "villas miserias" van incorporándose en la ciudad.

Este proceso ocurrió en España algunos años después de la Guerra Civil (1936–1939) entre 1950 y 1970, cuando muchos campesinos abandonaron las tierras de Andalucía y Extremadura para ir a Madrid. Iban a trabajar en la construcción, en cualquier cosa, y se instalaban en las afueras de la ciudad.

VOCABULARIO

el potaje

sudar

guisar

el laurel

untar

eructar

la disculpa   la excusa
el orgullo   el amor propio, la vanidad

dar la lata   molestar, especialmente
   pidiendo algo
entretener   divertir o distraer a una
   persona

despreciar   desestimar, no respetar,
   no aceptar
picar   pinchar con tenedor o cuchillo
rehusar/rechazar   no aceptar, negar
regañar   mostrar enfado o disgusto,
   especialmente por el comportamiento
   de un niño

Ejercicios

A **¿Qué hacen?**   Contesten según el dibujo.

1. ¿Qué plato han servido?

2. ¿Qué usan para dar sabor a
   la comida?

3. ¿Qué hace el señor en
   la cocina?

4. ¿Qué hace el niño con la
   mantequilla?

5. El niño no tiene buenos
   modales. ¿Qué acaba de hacer?

B **Expresiones equivalentes.**   Expresen de otra manera.

1. La madre le *da una reprimenda* al niño.
2. El niño trata de darle *una excusa*.
3. Pero la madre *no acepta* ninguna disculpa.
4. Ella le dice que la está *molestando*.

La batalla de Teruel, Guerra Civil, España, 3 de enero de 1938

INTRODUCCIÓN

Una antropóloga y etnóloga madrileña, Esperanza Molina Cubillo, decidió en 1957 ir a vivir en una de las comunidades pobres que se establecieron después de la Guerra Civil en las afueras de Madrid—El Pozo del Tío Raimundo—para conocerlo a fondo.

Esperanza Molina es doctora en historia (antropología y etnología americana) y becaria de la UNESCO. La doctora Molina ha descrito, en detalle y con cariño, varios aspectos de la vida cotidiana de los vecinos del Pozo del Tío Raimundo en el Madrid de los 50. En este trozo, la autora describe la comida, las costumbres y las expresiones relacionadas con "los otros madrileños". Por ejemplo, un desayuno "de tenedor" es un desayuno sustancioso que hay que comer con tenedor. Esto es un ideal, pero en realidad nadie lo come. Y una cena "de

Un cartel de propaganda que se publicó durante la Guerra Civil Española

cuchara", quiere decir una comida caliente, preparada en casa. La lectura que sigue viene de *Los otros madrileños: El Pozo del Tío Raimundo.*

❧ COMIDAS Y BEBIDAS ❧

Un guiso

Las comidas que se hacen al día son las tres funda-
mentales, con algunas variantes. El desayuno se
prefiere siempre de tenedor. Se desprecia el desayuno de un poco de café bebido con "cualquier
cosa" propio de los madrileños. Sin embargo es muy
curioso esto del desayuno de tenedor, porque casi
nadie lo hace, a menos los días de diario.

Al mediodía no suele hacerse la comida principal por
ausencia de la mayoría de los miembros de la familia. Se guisa
caliente un potaje a base de legumbres o patatas, con algo de
carne o asadurilla o "carrilladas"°. Son frecuentes también los filetes
de corazón. En general se consume mucha casquería° por ser carne
abundante, muy sabrosa y ser barata. En general se sazona° con laurel, vino blanco y cebolla y ajo en abundancia, con buena salsita para
mojar° pan que es lo que "llena". Estos guisos se guardan para la
noche, que es cuando viene el padre. Si los chicos pequeños han
comido en el colegio (casi cada vez más frecuente), al venir se les
pone la cena si quieren o se les entretiene el hambre hasta la hora de
cenar junto al padre, con pan y chocolate o con pan untado de tomate
y sal o con un "pico", que es el pan con aceite y azúcar tan extendido
en Andalucía.

En el verano las comidas suelen variar. Al venir, en vez de tomar la
cena caliente, se merienda gazpacho°, ensalada o pan con tomate y
con aceite, se bebe su poquito de vino y se sale hasta la hora de la
cena a la puerta de la calle con las sillas y el vino a charlar con los
vecinos porque los días son más largos. Los chicos como tienen vacaciones están todo el día entrando y saliendo de la casa pidiendo pan
con aceite que les entregan constantemente para que no den la lata.

A eso de las diez se mete la familia dentro y en el patio se saca la
mesa y se toma la cena. Aunque haga calor, la cena siempre es
"caliente", es decir, una cena de cuchara: y es una vanidad de mujer
de su casa decir que ella siempre guisa caliente y no como algunas
que con la disculpa del calor hacen comistrajos° para no sudar en la
cocina.

Los primeros años era muy corriente usar el sistema de "cuchara y
paso atrás". Hoy día se ha generalizado el uso de un plato por persona, si bien la ensalada y las cosas de picar siguen colocándose en el
centro. El padre se sirve primero, los hijos después y la madre la
última y lo peor. Generalmente la madre, yendo y viniendo, apenas si
se sienta; por eso, muy precavidamente°, ella ya ha comido antes de
que vengan los demás lo que le ha apetecido. Incluso las hay muy
"regalonas"°, que se han hecho algo especial para ellas.

asadurilla, carrilladas *organ meats*

casquería *organ meats, pig's jowels, innards*

sazona *season*

mojar *moisten, dip*

gazpacho *a cold Andalusian soup*

comistrajos *jumble or strange mixture of foods*

precavidamente *prudentemente, con precaución*

regalonas *que se dan muchos regalos a sí mismas*

Si uno entra en el momento en que una familia está comiendo, se levantarán todos y le dirán "si gusta"; lo correcto es contestar "no, gracias, que aproveche". Aquí hay que dominar un difícil equilibrio. Si se rehúsa la invitación pueden sentirse ofendidos y pensar que se rechaza por orgullo. Si se acepta muy de prisa será criticado por "muerto de hambre". Es imperdonable omitir el "¿usted gusta?" o el "buen provecho". A los niños se les regaña si comen mal o meten mucho ruido. El eructar no está mal visto, siempre que se vuelva la cabeza y se pida perdón. La comida para que alimente tiene que tener grasa porque si no, puede venir "algo malo" o puede cogerse "endeblez°".

endeblez *debilidad*

"Naturaleza muerta con salmón y limón", de Luis Eugenio Meléndez

"Le gourmand" de Pablo Picasso

Comprensión

Mijas, Andalucía, España

A **¿Qué quiere decir?** Contesten.

1. Explique lo que es un desayuno "de tenedor".
2. ¿Qué es, al parecer, un típico desayuno madrileño?
3. En cuanto a los desayunos de tenedor, parece que hay una contradicción. ¿Cuál es?
4. La gente no come la comida principal al mediodía. ¿Por qué no?
5. ¿Cuáles son los ingredientes del potaje típico?

B **Explicaciones.** Expliquen.

1. ¿Qué es "casquería" y por qué se come mucho en el Pozo?
2. ¿Con qué sazonan las comidas?
3. Se usa la "salsita" para mojar el pan que es lo que "llena". Explique.
4. Explique lo que es "entretener el hambre" de los niños y cómo lo hacen.
5. Describa las diferencias entre las comidas de verano y las de invierno.
6. Describa el orden en que se sirven los miembros de la familia.
7. Explique lo que se permite y lo que no se permite a los niños durante la comida.

C **¿Qué hacen?** Completen.

1. La merienda no se toma durante todo el año, sino solo en el ___.
2. Las madres les dan pan con ___ a los niños para que no molesten.
3. En el verano la cena es a las ___.
4. Hoy día cada persona tiene su propio ___ para la comida.
5. Pero la ensalada y las cosas para picar se ponen en el ___ de la mesa.

Comunicación

A **Las costumbres.** Unos antropólogos hispanos quieren saber algo sobre las costumbres con respecto a la comida en su pueblo. Prepare Ud. una descripción detallada de las costumbres de su familia o su comunidad.

B **Dime…** Un estudiante mexicano quiere saber lo que se les permite y no se les permite a los niños norteamericanos durante la comida. Explíqueselo.

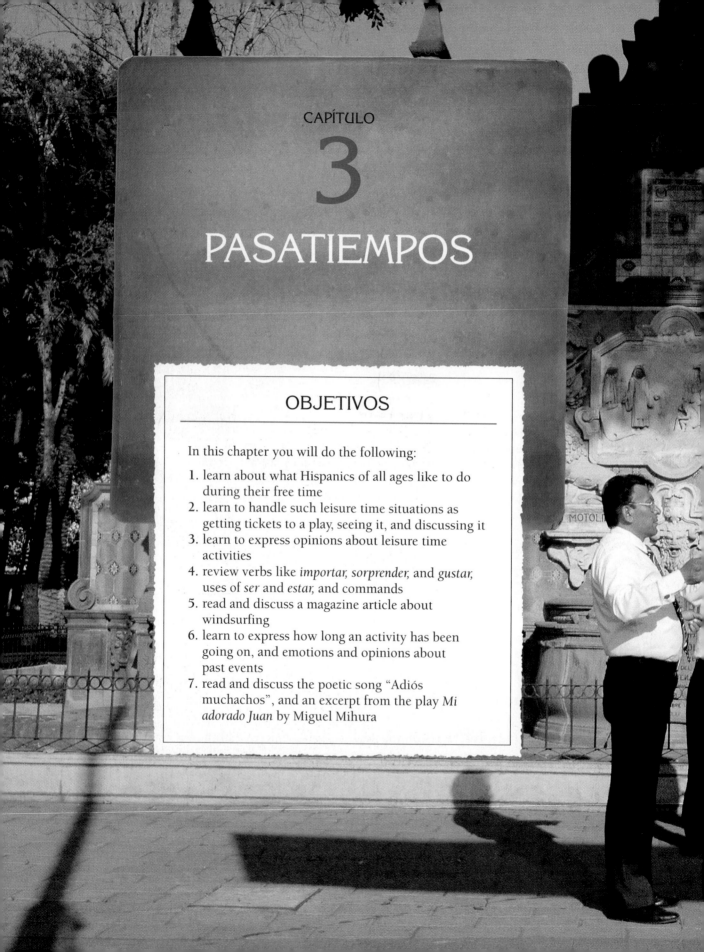

CAPÍTULO

3

PASATIEMPOS

OBJETIVOS

In this chapter you will do the following:

1. learn about what Hispanics of all ages like to do during their free time
2. learn to handle such leisure time situations as getting tickets to a play, seeing it, and discussing it
3. learn to express opinions about leisure time activities
4. review verbs like *importar, sorprender,* and *gustar,* uses of *ser* and *estar,* and commands
5. read and discuss a magazine article about windsurfing
6. learn to express how long an activity has been going on, and emotions and opinions about past events
7. read and discuss the poetic song "Adiós muchachos", and an excerpt from the play *Mi adorado Juan* by Miguel Mihura

EL TIEMPO LIBRE

INTRODUCCIÓN

¿Qué hace la gente con su tiempo libre en los países hispanos? Como aquí en los Estados Unidos, los pasatiempos favoritos varían según los gustos, intereses y preferencias personales. A algunos les gusta leer un buen libro, a otros les gusta ir al cine a ver un filme. Algunos prefieren dar una caminata mientras otros descansan en una hamaca. Hay quienes frecuentan los museos y los conciertos, y hay quienes prefieren escuchar un disco o una cinta en su propia sala.

"Niños ricos" de Fernando Botero

VOCABULARIO

la fiesta

la acera

el santo patrón

el desfile

Se oye el disparo de un cohete.

la boina

la faja

la plaza de toros

el cabestro

el toro

el encierro

el danzarín

la comparsa

el mozo   el joven, el muchacho, el chico

el varón   persona de sexo masculino

el ayuno   el acto de no comer por motivos religiosos u otros

acabar   terminar

tranquilo(a)   calmo(a), quieto(a)

Ejercicios

A Las fiestas. ¿Sí o no?

1. Durante muchas ferias y fiestas hay desfiles en las calles.
2. Un cohete estalla en el aire produciendo un gran ruido.
3. La corrida de toros es una función de música al aire libre.
4. Una comparsa es un grupo de danzarines y músicos en la calle.
5. El toro es un animal muy fuerte.
6. Se lleva una faja en la cabeza.
7. El santo patrón de San Juan de Puerto Rico es San Juan.
8. Los peatones andan o caminan en la acera.

B Se divierten. Escojan.

1. Los ___ tocan un pasodoble.
   a. músicos
   b. cabestros
   c. danzarines

2. El ___ guía a los toros. Es un animal manso, no es feroz.
   a. encierro
   b. cabestro
   c. santo

3. La corrida tiene lugar en ___.
   a. el estadio
   b. la acera
   c. la plaza de toros

4. Los mozos llevan ___.
   a. faja y boina
   b. comparsas
   c. cohetes

C ¿Cuál es la palabra? Escojan.

1. una fiesta
2. una boina
3. el toro
4. el mozo
5. tranquilo
6. el danzarín
7. acabar
8. el varón
9. ir a

a. un animal fuerte y bastante feroz
b. persona de sexo masculino
c. quieto, calmo
d. una feria
e. lo contrario de empezar
f. un tipo de sombrero
g. el muchacho
h. el bailarín
i. acudir a

La Feria de Sevilla, España

ALGUNOS PASATIEMPOS

Cuando nosotros, los norteamericanos, pensamos en el tiempo libre, solemos pensar en el "weekend"—el fin de semana. El británico o norteamericano, desde hace muchos años, ha gozado del "weekend". Pero este concepto no es de invención hispana. En muchos países hispanos todavía no es común que un trabajador tenga dos días de descanso a la semana. Por eso, los obreros españoles lucharon por "la semana inglesa" de cinco días. Pero si el trabajador norteamericano tiene sus dos días feriados cada semana, el hispano vive en espera de sus ferias y fiestas. Algunas fiestas son puramente locales; otras son nacionales e internacionales. Todas, sin embargo, llevan la estampa del lugar donde se celebran.

Raro es el pueblo español o hispanoamericano que no rinda honor a su santo patrón: en Madrid, a San Isidro; en Puerto Rico, a San Juan; y en México, a la Virgen de Guadalupe. Estas fiestas patronales en las grandes ciudades pueden durar una semana o más. Hay música y bailes todas las noches. Vamos a mirar de cerca a algunas de estas fiestas.

Una celebración en Madrid, España

Una celebración en Venezuela

Las fiestas de San Fermín

San Fermín, Pamplona, España, siete de julio. "Uno de enero, dos de febrero, tres de marzo, cuatro de abril, cinco de mayo, seis de junio, siete de julio, San Fermín. A Pamplona vamos ya, a Pamplona a ver el encierro, a Pamplona vamos ya, a Pamplona riáu riáu." Ésa es una parte de la letra de una canción tradicional. El siete de julio es el día de San Fermín, santo patrón de Pamplona.

Para comprender la locura[1] que invade la ciudad durante la segunda semana de julio, hay que tener alguna idea de lo que es Pamplona. Capital de la provincia y del antiguo reino de Navarra, Pamplona es un lugar tranquilo durante cincuenta y una semanas del año. Si en algo se distingue Pamplona de las otras capitales de provincia es en ser quizás más quieta y soñolienta que las otras.

Pero comenzando el día siete de julio y por una semana o más, la ciudad se convierte en un manicomio[2]. Los mozos no duermen.

Pasan la noche en la calle bailando y festejando. Bailan en grupos de varones o a solas. Cuando por fin se cansan, echan una siesta en la silla de algún café o en la misma acera.

A las seis de la madrugada, el disparo de un cohete anuncia que el encierro comienza. Los chicos se despiertan en seguida porque en pocos momentos por las calles pasarán los toros de la corrida de la tarde. Sí, corren a toda velocidad detrás de sus cabestros camino a la plaza.

Los mozos vestidos de blanco con faja y boina roja corren delante, desafiando[3] a aquellos monstruos negros. No tienen miedo porque saben que:

> El que se levanta pa' correr
> delante los toros ya verá
> como San Fermín que todo lo ve
> y si tienes fe y si tienes fe
> te levantará riáu, riáu.

Y en la última noche de feria se oye por todas partes el triste refrán: "Pobre de mí, pobre de mí, ya se acaban las fiestas de San Fermín. Pobre de mí, pobre de mí, ya se han acabado las fiestas de San Fermín".

Los sanfermines, Pamplona, España

[1] **locura** *craziness*
[2] **manicomio** *insane asylum*
[3] **desafiando** *daring*

El Carnaval

El carnaval es una mezcla de lo sacro y lo profano, de tradiciones del Viejo Mundo con las del Nuevo Mundo.

Comenzando con el Miércoles de Ceniza[4], la Cuaresma[5] imponía al buen cristiano cuarenta días de ayuno y de abstinencia. Cuarenta días sin música, ni baile, ni fiesta. Cuarenta días de solemnidad. Desde la Edad Media, se han utilizado los días anteriores al Miércoles de Ceniza para hartarse[6] de fiesta y para poder soportar mejor esos cuarenta días de Cuaresma.

Esta fiesta se celebra en muchos países. En Nueva Orleans se conoce por su nombre francés, *Mardi Gras*. En los países hispanos se llama Carnaval. El de La Habana antes era de los mejores. Los verdaderos orígenes del carnaval están en la prehistoria. Es probable que las saturnales y bacanales romanas fueran sus antecedentes.

En los países del Caribe una nota típica de los carnavales es el desfile de las comparsas. Las comparsas son grupos de danzarines y músicos, todos vestidos igual, algunos con máscaras o caretas fantásticas, que desfilan por las avenidas de la ciudad. En el Caribe las comparsas se enriquecen con los ritmos de África.

---

[4] **Miércoles de Ceniza**   *Ash Wednesday*
[5] **Cuaresma**   *Lent*
[6] **hartarse**   *get one's fill of*

Carnaval en Ponce, Puerto Rico

Carnaval en Puebla, México

Un baile en Chichicastenango, Guatemala

Comprensión

A ¿Qué es? Identifiquen.

1. el "weekend" o el fin de semana
2. la semana inglesa
3. un día feriado
4. el santo patrón de Madrid
5. el santo patrón de San Juan de Puerto Rico
6. la santa patrona de México

Una comparsa, Ponce, Puerto Rico

B Los sanfermines. Contesten.

1. ¿Dónde está Pamplona?
2. ¿Quién es el santo patrón de Pamplona?
3. ¿Qué día empiezan las fiestas de San Fermín?
4. ¿Cómo es Pamplona?
5. ¿Qué hacen los jóvenes durante los sanfermines?
6. ¿A qué hora se oye el disparo de un cohete?
7. ¿Qué anuncia el disparo del cohete?
8. ¿Por dónde pasan los toros camino a la plaza de toros?
9. ¿Quiénes corren delante de los toros?
10. ¿Qué llevan?
11. ¿Por qué no tienen miedo? ¿Quién los protegerá?

La celebración de la fiesta de San Jerónimo, Masaya, Nicaragua

C Los carnavales. Completen.

1. La Cuaresma comienza con ___.
2. Para muchos cristianos la Cuaresma es un período de ___.
3. La Cuaresma dura ___.
4. Es el *Mardi Gras* en Nueva Orleans pero en los países hispanos se llama ___.
5. Las comparsas son ___.
6. En los carnavales de los países del Caribe hay ___.

Comunicación

A La fiesta de… Describa una fiesta que tiene lugar cerca de donde Ud. vive. Dé todos los detalles posibles.

B Mi opinión. ¿Preferiría Ud. trabajar cinco días a la semana y tener el fin de semana libre, o trabajar los sábados y tener muchos días feriados durante el año? Explique por qué.

EL TEATRO

VOCABULARIO

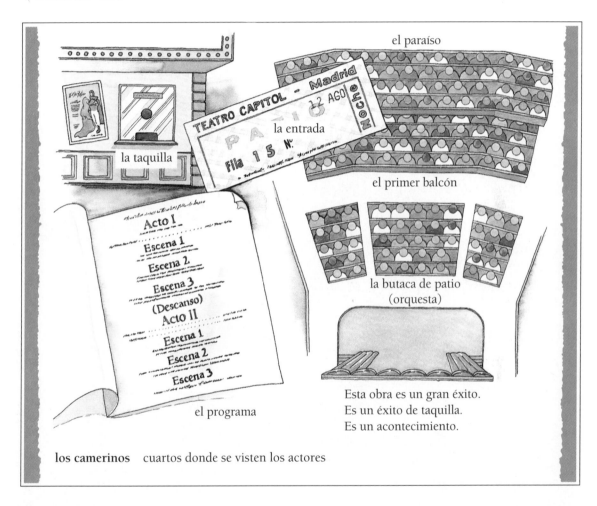

el paraíso

la entrada

la taquilla

TEATRO CAPITOL - Madrid
12 AGO
PATIO
Fila 15 Nº
noche

el primer balcón

Acto I
Escena 1
Escena 2
Escena 3
(Descanso)
Acto II
Escena 1
Escena 2
Escena 3

la butaca de patio
(orquesta)

Esta obra es un gran éxito.
Es un éxito de taquilla.
Es un acontecimiento.

el programa

los camerinos   cuartos donde se visten los actores

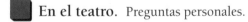

Ejercicio

En el teatro. Preguntas personales.

1. Si vas al teatro, ¿dónde prefieres sentarte?
2. ¿Qué butacas cuestan más, las butacas de patio o las del balcón?
3. ¿Te interesa mucho el mundo del espectáculo?
4. ¿Te gusta ir a los camerinos durante el descanso o después de la representación?

Una obra de teatro

ANDRÉS: Esta noche están presentando *Don Juan Tenorio* en el teatro Liceo. ¿Quieres ir?

MARA: Me estás tomando el pelo. No habrá más plazas. Esta obra es siempre un gran éxito.

ANDRÉS: No, es una obra antiquísima. Ya no acude todo Madrid.

MARA: Pues, vamos a la taquilla. Pero te aseguro que las entradas estarán agotadas. No quedará ni una.

ANDRÉS: Y si ya tengo entradas, ¿quieres ir?

MARA: ¿Tienes entradas?

ANDRÉS: Sí, las saqué ya hace unos quince días y no te lo quería decir. Sabía que te gustaría verlo. Tenemos dos butacas en el primer balcón.

Durante el descanso

ANDRÉS: ¡Pues, bien! ¿Qué piensas?

MARA: ¡Qué tipo es este don Juan! Pero la verdad es que me hace reír. Y Joaquín Mellina que hace el papel de don Juan es fantástico.

ANDRÉS: ¿Quieres visitar los camerinos?

MARA: ¿Para qué? ¿Para ver a las estrellas y molestarlas? No, el mundo del espectáculo no me interesa tanto, pero la obra sí.

Comprensión

Al teatro. Contesten.

1. ¿Qué obra están presentando?
2. ¿Dónde?
3. ¿Cuándo?
4. ¿Por qué cree Mara que Andrés le está tomando el pelo?
5. ¿Por qué quiere ella ir a la taquilla?
6. ¿Cuál es la sorpresa que le tiene Andrés?
7. ¿Cuándo sacó las entradas?
8. ¿Quién hace el papel de don Juan?
9. ¿Tiene Mara ganas de visitar los camerinos?
10. ¿Cuándo hablaron los dos de la representación?

Comunicación

A El cine. Indique si a Ud. le gusta o no le gusta el teatro o el cine. Explique.

B Los títulos. Prepare una lista de películas (filmes) que Ud. ha visto. Trate de ponerles títulos en español.

C Una estrella de teatro. ¿Quién es su estrella de cine o teatro favorita? Explique por qué.

Teatro Colón, Buenos Aires, Argentina

El Teatro Nacional, San José, Costa Rica

LOS GUSTOS E INTERESES

Gustos

En español, como en inglés, hay varias expresiones para indicar lo que nos gusta, lo que queremos o adoramos, y lo que apreciamos.

> Es fantástico.

> Me gusta mucho el regalo que me diste.
> Me agrada mucho. Me da mucho placer.
> Me encanta.
>
> Quiero mucho a mi novio(a). Lo/La adoro.
> Quiero mucho a mi perrito. Lo adoro.
> Aprecio (Estimo) la generosidad de Pablo.

Hay razones por las cuales nos gusta algo. Algunas expresiones que podemos utilizar para describir lo que nos gusta o nos agrada son:

Es agradable.	Es fantástico.
Es formidable.	Es excepcional.
Es extraordinario.	Es genial.
Es maravilloso.	Es chévere (en ciertas regiones).
Es sensacional.	Está muy bien.
Es estupendo.	

Intereses

Si queremos decir que algo nos interesa o que lo encontramos interesante, podemos decir:

> El teatro me interesa.
> Tengo mucho interés en el teatro.
> El mundo del espectáculo me atrae.
> Me atrae mucho. Me fascina.

Si queremos explicar por qué nos interesa o nos fascina algo, podemos decir:

Lo encuentro interesante.	Lo encuentro maravilloso.
Lo encuentro fascinante.	Me pica el interés.
Lo encuentro curioso.	Me pica la curiosidad.

Ejercicios

A El agradecimiento. Completen.

1. —Quiero agradecerle a Emilio.
   —¿Quieres agradecerle? ¿Por qué?
   —Porque me ayudó mucho cuando estaba enfermo
   y quiero que sepa que yo ___ todo lo que ha
   hecho por mí.

2. —¿Te ___ esta pulsera?
   —¡Sí! ¡Qué preciosa! ¿Acabas de comprártela?
   —No, papá me la regaló para mi cumpleaños.

3. —Este perrito tuyo, ¡qué mono (precioso) es!
   —¿Te parece? Yo lo ___.
   —Comprendo por qué. Es adorable.

En la taquilla de un teatro, Buenos Aires, Argentina

B ¿Qué te gusta? Contesten.

1. El libro que leíste, ¿te gustó? ¿Por qué? ¿Cómo lo encontraste?
2. La película que viste, ¿te gustó? ¿Por qué? ¿Cómo la encontraste?
3. La carta que recibiste, ¿te gustó? ¿Por qué? ¿Cómo la encontraste?
4. La obra teatral que viste, ¿te gustó? ¿Por qué? ¿Cómo la encontraste?
5. El concierto que oíste, ¿te gustó? ¿Por qué? ¿Cómo lo encontraste?
6. La canción que oíste, ¿te gustó? ¿Por qué? ¿Cómo la encontraste?

C Lo encuentro interesante. Preguntas personales.

1. De los cursos que tomas (sigues) este semestre, ¿cuáles te interesan? ¿Por qué te interesan tanto?
2. ¿En qué eventos culturales tienes interés? ¿Por qué?
3. ¿Qué deportes te atraen? ¿Por qué?
4. ¿Qué programas (emisiones) de televisión te pican el interés? ¿Por qué?
5. ¿Qué cosas que nunca has hecho te gustaría hacer porque te pican la curiosidad?

ANTIPATÍAS

No me gusta esta música.

Para expresar lo que no nos gusta, podemos decir:

> No me gusta esta música.
> Este tipo de canción no me agrada nada.
> La aborrezco. La detesto.
> La odio.

Como hay razones por las cuales nos gusta algo, hay también razones por las cuales no nos gusta algo.

> Lo encuentro horrible.
> Lo encuentro detestable.
> Lo encuentro espantoso.
> Lo encuentro abominable.
> Lo encuentro repugnante.
> Lo encuentro asqueroso.
> ¡Qué horror!
> Me da asco.

Las palabras *asqueroso, asco* y *repugnante* indican repugnancia. Son palabras fuertes.

De vez en cuando, hay algo o alguien que no podemos soportar ni tolerar por una razón u otra. En estos casos, podemos decir:

> No puedo aguantar esta música.
> No aguanto esta música.
> No puedo aguantar a ese tío.

Si ya no aguantamos más, podemos decir:

> Es el colmo.
> No puedo más.
> Ya estoy harto(a).

FALTA DE INTERÉS O ABURRIMIENTO

Para expresar lo que no nos interesa, podemos decir:

> No me interesa el teatro.
> No tengo interés en el teatro.
> Esta conferencia (Este discurso) me aburre. No lo/la encuentro
> interesante. Francamente la encuentro muy aburrida.

Para expresar la razón por nuestra falta
de interés, podemos decir:

> Es aburrido.
> Es monótono.
> Es pesado.

Algunas expresiones más populares que indican una falta de interés son:

> No me dice nada.
> No me hace nada.
> Me deja frío(a).
> No soy muy aficionado(a) al golf.

Ejercicios

A **No lo aguanto.** Indiquen si les gusta,
no les gusta, no lo aguantan, les interesa
o les aburre.

1. Esta música es horrible. ¡Una
   abominación! ¡Qué horror!
2. ¡Qué fabuloso es este disco!
3. Ella tiene una voz estupenda, divina,
   preciosa.
4. Esta ciudad es asquerosa. Me vuelve loco(a).
5. Esta comida es repugnante. No la puedo
   comer.
6. Pero el postre es delicioso. ¡Qué rico!
7. Yo encuentro asquerosos los modales de este
   tipo. ¡Qué tío!
8. Estos sonidos son agradables.

B **Oraciones.** Usen las siguientes palabras en una oración.

1. asqueroso 3. espantoso 5. repugnante
2. desagradable 4. horrible

C **La historia.** Completen.

1. —A mí no me gusta nada la historia.
   —¿El pasado no te interesa?
   —De ninguna manera. La encuentro ___.
   —No me digas. A mí me fascina.

2. —El amigo de Camila es un buen tipo pero el pobrecito habla y habla sin decir nada.
   —Es verdad lo que dices. Yo también lo encuentro muy ___. Es tan ___ que me dan ganas de dormir cuando me habla.

D **De otra manera.** Expresen de otra manera.

1. No me gusta esta música.
2. Ese tipo de libro no me atrae. No me llama la atención.
3. Este artículo no me interesó.
4. No me gusta la obra de este pintor.
5. No puedo tolerar a este señor.

Comunicación

A **Me interesa.** Haga dos listas: una de las cosas que le interesan, y otra de las cosas que no le interesan. Compare sus listas con las de un(a) compañero(a) de clase. Determinen los intereses que tienen en común. Expliquen por qué les interesa o no les interesa una cosa. Luego, determinen las actividades que a Uds. les gustaría hacer juntos.

B **Compañeros de cuarto.** Divídanse en grupos de tres. Imagínense que Uds. no se conocen bien. Sin embargo, el próximo año tienen que compartir un apartamento. Para evitar problemas, han decidido abrir un diálogo entre sí. Descríbanse a sí mismos(as) y comenten sus gustos, intereses, antipatías, enojos, etc.

ESTRUCTURA I

Verbos especiales con complemento indirecto

Expressing Surprise, Interest, and Annoyance

1. The following verbs function the same in Spanish as in English.

asustar	*to scare*	**importar**	*to matter*
encantar	*to enchant, to delight*	**interesar**	*to interest*
enfurecer	*to infuriate, to anger*	**molestar**	*to bother*
enojar	*to annoy*	**sorprender**	*to surprise*

2. As in English these verbs take an indirect object pronoun in Spanish. Look at the following:

> **Las películas policíacas me asustan (me molestan, me interesan, le enojan, les enfurecen, nos sorprenden).**

3. Note that the subject of the sentence often comes after the verb.

> **A Joaquín le sorprendieron mis ideas.**
> **La verdad es que me enojaron sus opiniones.**

Ejercicios

A Nunca están contentos. Completen.

1. A Pepe ___ molest___ la música moderna.
2. Y a sus hermanas ___ encant___ la música moderna.
3. Pero a las hermanas ___ enoj___ la música clásica.
4. A nosotros no ___ molest___ los discos de Pepe.
5. A mí ___ sorprend___ sus reacciones.
6. Porque a nosotros siempre ___ interes___ toda clase de música.

Mecano, conjunto español

B Lo que me encanta. Indiquen las cosas de la lista que les encantan a Uds.

1. ir al cine
2. los discos de rock
3. el helado
4. viajar
5. las películas de terror
6. los bailes
7. mirar la televisión
8. las clases
9. el chocolate
10. los blue jeans
11. los tenis

C **Lo que le asusta a mi hermanito(a).** ¿Cuáles son las cosas que asustan a su hermano(a) menor?

D **Lo que le enoja a mamá.** ¿Cuáles son algunas cosas que le enojan a su mamá?

Los verbos *gustar* y *faltar*   *Expressing What You Like or Need*

The verb *gustar* is translated as "to like." *Faltar* is translated as "to need" or "to lack." The literal meaning of *gustar* is "to please" or "to be pleasing to." The literal meaning of *faltar* is "to be lacking." Note that in Spanish the verbs *gustar* and *faltar* function the same as *interesar* and *sorprender*.

> **A mí me gusta el fútbol.**
> **¿A ti también te gusta jugarlo?**
> **A mis hermanos les gustan todos los deportes.**
> **¿Qué deportes les gustan a Uds.?**

Ejercicios

A **Los deportistas.** Contesten con *sí*.

1. ¿A Pablo le gusta el baloncesto?
2. ¿A Sandra le gusta jugar al tenis?
3. ¿A tus hermanos les gusta el fútbol?
4. ¿A las muchachas les gusta el vóleibol?
5. ¿A tu hermana le gusta nadar?
6. ¿A tus padres les gusta el golf?

B **Las películas que nos gustan.** Completen con las formas apropiadas de *gustar* y el pronombre.

A Jorge ___₁ las películas del oeste. A él no ___₂ las películas románticas. A mi hermana y a mí ___₃ todas las películas. Pero vimos una película anoche que no ___₄. Era una película de terror. A mi madre ___₅ las películas francesas e italianas. Y sé que a ti ___₆ el cine, pero no sé qué películas ___₇. A mí ___₈ mucho las películas documentales. ¿Y a ti?

C **¿Qué no tienes?** Contesten según el modelo.

> **¿No tienes papel?**
> *No, me falta papel.*

1. ¿No tienes un bloc?
2. ¿No tienes una pluma?
3. ¿No tienes un lápiz?
4. ¿No tienes libros?

1. There are two verbs to express "to be" in Spanish. They are *ser* and *estar*. Each of these verbs has specific uses. They are not interchangeable. The verb *estar* is always used to express location, both temporary and permanent.

PERMANENT	TEMPORARY
Madrid está en España.	Mis primos están en Madrid ahora.
Mi casa está en los suburbios de Nueva York.	Mis amigos están en mi casa.

2. The verb *ser* is used to express origin, where someone or something is from.

> **Yo soy de los Estados Unidos.**
> **Mi abuelo es de España y mi abuela es de Cuba.**
> **Este vino es de Chile.**

3. Note that the following sentence illustrates both origin and location.

> **El señor Rosas es de Colombia pero ahora está en Puerto Rico.**

Ejercicios

A **¿Dónde está?** Preguntas personales.

1. ¿Dónde estás ahora?
2. ¿Dónde está tu casa?
3. Y tu escuela, ¿dónde está?
4. ¿Dónde están tus padres?
5. Y tus amigos, ¿dónde están?
6. ¿Dónde está tu profesor(a) de español?

B **¿De qué país es?** Contesten según el modelo.

> **¿Es español el señor Suárez?**
> **Sí, sí. Es de España.**

1. ¿Son españoles los Guzmán?
2. ¿Es español el jamón serrano?
3. ¿Es español el queso manchego?
4. ¿Es español el jabón Magno?

C **Unos primos.** Completen con *ser* o *estar*.

1. Ángel y Guadalupe ___ de la Ciudad de México.
2. Su apartamento ___ en la calle Niza.
3. La calle Niza ___ en la colonia que se llama la Zona Rosa.
4. El primo de Ángel y Guadalupe ___ de Arizona.
5. Pero ahora él ___ en México porque está visitando a sus primos.

Característica y condición

Distinguishing Between Characteristics and Conditions

1. The verb *estar* is used to express a temporary state or condition.

> **El agua está muy fría.**
> **Y el té está muy caliente.**
> **No sé por qué estoy tan cansado.**

2. The verb *ser*, however, is used to express an inherent quality or characteristic.

> **El hermano de Juan es muy simpático.**
> **Y él es guapo.**
> **Y además es muy sincero.**

Ejercicios

A **Yo.** Preguntas personales.

1. ¿Eres alto(a) o bajo(a)?
2. ¿Eres fuerte o débil?
3. ¿De qué nacionalidad eres?
4. ¿Eres simpático(a) o antipático(a)?
5. ¿Cómo estás hoy?
6. ¿Estás de buen humor o estás de mal humor?
7. ¿Estás bien o estás enfermo(a)?
8. ¿Estás contento(a) o triste?
9. ¿Estás cansado(a)?

B **La capital de Colombia.**
Completen con *ser* o *estar*.

La Plaza de Armas, Santafé de Bogotá, Colombia

1. La ciudad de Santafé de Bogotá ___ en Colombia.
2. La ciudad de Santafé de Bogotá ___ la capital de Colombia.
3. La ciudad de Santafé de Bogotá ___ muy bonita.
4. La ciudad ___ grande.
5. La ciudad de Santafé de Bogotá ___ en una meseta de los Andes.
6. Los Andes ___ muy altos.
7. El barrio colonial de Santafé de Bogotá ___ muy viejo.
8. El barrio colonial ___ en el centro de la ciudad.
9. Las plazas del barrio colonial ___ muy pintorescas.
10. No toda la ciudad de Santafé de Bogotá ___ antigua.
11. Muchas zonas de la ciudad ___ modernas.
12. Los rascacielos de los barrios modernos ___ impresionantes.
13. El Museo del Oro ___ en Santafé de Bogotá.
14. Este museo ___ fabuloso.

Usos especiales de *ser* y *estar*   More About Ser *and* Estar

1. As you have already learned, the verb *ser* is used to express origin, a characteristic, or an inherent quality. The verb *estar* is used to express a permanent or temporary location, a temporary state, or a condition. The speaker often chooses the verb *ser* or *estar* depending upon the meaning he or she wishes to convey. Observe and analyze the following.

> **Estas frutas son muy agrias.**
> **Estas frutas están muy agrias.**

The first sentence uses the verb *ser*. The meaning conveyed is that these fruits are supposed to be sour. The characteristic of these fruits is to be sour rather than sweet. The second sentence uses the verb *estar*. The meaning conveyed is that these particular fruits are sour but are supposed to be sweet.

2. Note the difference in meaning in the following pairs of sentences.

> **Carlos es guapo.**   *Charles is handsome (a handsome person).*
> **Carlos está muy guapo hoy.**   *Charles looks very handsome today.*
> **La sopa es buena.**   *Soup is (inherently) good (healthful).*
> **La sopa está buena.**   *The soup tastes good.*

3. Many words actually change meaning when used with *ser* or with *estar*. Study the following.

	WITH *SER*	WITH *ESTAR*
aburrido	*boring*	*bored*
cansado	*tiresome*	*tired*
divertido	*amusing, funny*	*amused*
enfermo	*sickly*	*sick, ill*
listo	*bright, clever, smart, shrewd*	*ready*
triste	*dull*	*sad*
vivo	*lively, alert*	*alive*

Note that the verb *estar* with *vivo* means "to be alive". The verb *estar* is also used with *muerto* to mean "to be dead," even though death is permanent.

> **Su abuelo está muerto.**

4. The verb *ser* is used whenever the verb "to be" has the meaning of "to take place."

> **El concierto tendrá lugar mañana.**
> **El concierto será mañana.**
> **Tendrá lugar en el teatro.**
> **Será en el teatro.**

Ejercicios

A **¿Ser o estar?** Seleccionen el verbo apropiado.

1. Tienes que comer más verduras. Las verduras tienen muchas vitaminas y ___ muy buenas para la salud.
   a. son   **b.** están

2. ¡Qué deliciosas! ¿Dónde compraste estas verduras? ___ muy buenas.
   a. Son   **b.** Están

3. No sé lo que le pasa a la pobre Marta. Tiene que estar enferma porque ___ muy pálida.
   a. es   **b.** está

4. No, no está enferma. Es su color. Ella ___ muy pálida.
   a. es   **b.** está

5. Él ___ tan aburrido que cada vez que empieza a hablar, todo el mundo se duerme.
   a. es   **b.** está

6. ¡Elena! Me encanta el vestido que llevas hoy. ¡Qué bonita ___!
   a. eres   **b.** estás

7. El pobre Juanito ___ tan cansado que sólo quiere volver a casa para dormir un poco.
   a. es   **b.** está

8. ¿___ listos todos? Vamos a salir en cinco minutos.
   a. Son   **b.** Están

9. Ella ___ muy lista. Ella sabe exactamente lo que está haciendo y te aseguro que está haciéndolo a propósito.
   a. es   **b.** está

10. Él ___ muy vivo y divertido. A mí, como a todo el mundo, me gusta mucho estar con él.
    a. es   **b.** está

11. No, no se murió el padre de Josefina. Él ___ vivo.
    a. es   **b.** está

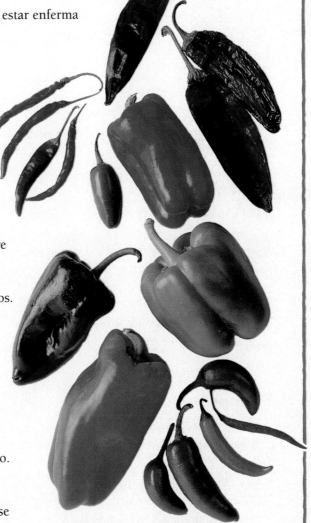

B **¿Cuándo y dónde será?** Contesten según se indica.

1. ¿Dónde será el concierto? (en el parque central)
2. ¿Cuándo es la fiesta? (el domingo por la tarde)
3. ¿Dónde es la exposición de arte? (en el Museo de Arte Moderno)
4. ¿Cuándo será la exposición? (del 5 al 12 de este mes)
5. ¿A qué hora es la película? (a las ocho de la noche)

C **La ópera.** Completen con *ser* o *estar*.

—La ópera ___ mañana, ¿no?
—Sí.
—¿Dónde ___?
—___ en el teatro Liceo.
—¿Dónde ___ el teatro Liceo?
—___ en la calle Oviedo.
—¿A qué hora ___ la ópera?
—___ a las ocho y media.
—Bien, nosotros ___ allí a eso de las ocho y diez.

Ser de
Expressing Origin and Ownership

The expression *ser de* is used to express origin, ownership, or source; for example, the material from which something is made.

> Este reloj es de Suiza.   No es de plata. Es de oro.
> El reloj es de Carlota.   La casa es de los Amaral.

Ejercicio

La casa de los Amaral. Completen.

Aquí tenemos una foto de una casa bonita. La casa ___ de la
1
familia Amaral. La casa ___ en el sur de California. La casa de
2
los Amaral no ___ de ladrillo. Tampoco ___ de adobe. ___ de
3   4   5
madera y estuco. El techo ___ de tejas. Las tejas ___ de México.
6   7

El imperativo
Giving Commands

1. Most commands are expressed by using the subjunctive. Review the following.

HABLAR	(no) hable Ud.	(no) hablen Uds.	no hables
COMER	(no) coma Ud.	(no) coman Uds.	no comas
SUBIR	(no) suba Ud.	(no) suban Uds.	no subas
VOLVER	(no) vuelva Ud.	(no) vuelvan Uds.	no vuelvas
PEDIR	(no) pida Ud.	(no) pidan Uds.	no pidas
SALIR	(no) salga Ud.	(no) salgan Uds.	no salgas
CONDUCIR	(no) conduzca Ud.	(no) conduzcan Uds.	no conduzcas
IR	(no) vaya Ud.	(no) vayan Uds.	no vayas

2. The affirmative *tú* command is not expressed by the subjunctive. The affirmative *tú* command of regular verbs is the same as the *Ud.* form of the present indicative.

HABLAR	**habla**
COMER	**come**
SUBIR	**sube**
VOLVER	**vuelve**
PEDIR	**pide**

3. The following verbs have irregular forms in the affirmative *tú* command.

DECIR	**di**
HACER	**haz**
SALIR	**sal**
PONER	**pon**
TENER	**ten**
VENIR	**ven**
SER	**sé**
IR	**ve**

Ejercicios

A **¿Qué debo hacer?** Contesten según el modelo.

> **¿Debo volver?**
> *Sí, vuelva Ud.*

1. ¿Debo esperar?
2. ¿Debo hablar?
3. ¿Debo comer?
4. ¿Debo leer?
5. ¿Debo escribir?
6. ¿Debo venir?
7. ¿Debo salir?
8. ¿Debo conducir?
9. ¿Debo servir?
10. ¿Debo volver?

B **¿Cómo se usa el teléfono?**
Completen.

1. ___ Ud. el auricular. (descolgar)
2. ___ la señal. (esperar)
3. ___ la moneda en la ranura. (introducir)
4. ___ el número. (marcar)
5. ___ ahora. (hablar)

La Plaza de Armas, Santiago, Chile

C ¡Perdone! ¿Cómo salgo de la ciudad? Completen.

1. ___ (tomar) Ud. la Alameda hasta el final.
2. Al final de la Alameda, ___ (doblar) a la izquierda.
3. ___ (seguir) derecho hasta el tercer semáforo.
4. Al llegar al tercer semáforo, ___ (doblar) a la derecha.
5. ___ (ir) a la tercera bocacalle, donde verá Ud. la casa de correos.
6. Después de pasar el correo, ___ (virar) a la derecha.
7. Es la calle Centauro. ___ (tomar) la calle Centauro.
8. ___ (seguir) derecho hasta llegar a la entrada de la autopista.
9. Para ir a Torreblanca, ___ (salir) de la autopista en la primera salida después de pasar la segunda garita de peaje.

D Pues, haz lo que te dé la gana. Completen.

1. Tengo que ir a casa. Pues, ___ a casa.
2. Tengo que hacer la comida. Pues, ___ la comida.
3. Tengo que poner la mesa. Pues, ___ la mesa.
4. Y luego tengo que servir la comida. Pues, ___ la comida.
5. Tengo que ser bueno(a). Pues, ___ bueno(a).
6. Tengo que decirle algo a mis padres. Pues, ___ algo.
7. Quiero hacer un viaje este verano. Pues, ___ un viaje si quieres.
8. Quiero ir al Perú. Pues, ___ al Perú.

E Haz lo que debes hacer. Contesten con el imperativo familiar.

1. ¿Debo llamar al restaurante?
2. ¿Debo reservar una mesa?
3. ¿Debo hacer la reservación para las ocho?
4. ¿Debo pedir una mesa para seis personas?
5. ¿Debo preguntar si tienen un menú fijo?
6. ¿Debo hacer la reservación a mi nombre?

F Sí, sí. Es importante. Contesten según el modelo.

> No quiero estudiar.
> *Pues, es importante, José. ¡Estudia!*

1. No quiero estudiar.
2. No quiero repasar la lección de biología.
3. No quiero leer el libro de historia.
4. No quiero escribir la composición.
5. No quiero ir a la clase de música.

G No hay problema. No lo hagas. Sigan el modelo.

> No quiero hablar.
> *Pues, no hay problema. No hables.*

1. No quiero cantar.
2. No quiero bailar.
3. No quiero estudiar.
4. No quiero comer.
5. No quiero leer.
6. No quiero volver.
7. No quiero dormir.
8. No quiero salir.
9. No quiero venir.
10. No quiero conducir.

▼▼▼▼▼ **SERVICIO A LA CARTA** ▼▼▼▼▼▼

GUACAMOLE	10,500.—
TACOS SUDADOS (3)	15,000.—
QUESADILLAS	15,000.—
SOPES	21,000.—
CHALUPAS	21,000.—
GARNACHAS	21,000.—
GORDITAS DE MANTECA PELLIZCADAS	21,000.—
TOSTADAS DE POLLO	24,000.—
TACOS DE CARNE DESHEBRADA CON SALSA BORRACHA (3)	24,000.—
TACOS DE POLLO CON GUACAMOLE (3)	24,000.—
ENCHILADAS DE POLLO VERDES O COLORADAS	25,000.—
POLLO FRITO CON PAPAS	29,000.—
FRIJOLES DE LA OLLA O REFRITOS	10,5000.—
AGUAS FRESCAS DE CHÍA, JAMAICA Y TAMARINDO	4,500.—
JARRA DE AGUA FRESCA	27,000.—
QUESO FRITO ESTILO RUBÉN ROMERO	20,000.—

CHICHARRÓN EN SALSA VERDE	27,000.—
SALPICÓN ESTILO PUEBLA	29,000.—
CHILES RELLENOS DE PICADILLO Y DE QUESO	32,000.—
CHULETA DE CERDO AL PASTOR	32,000.—
LONGANIZA EN CHILE VERDE	30,000.—
POLLO DE PLAZA ESTILO MORELIA	34,000.—
PUNTAS DE FILETE A LA MEXICANA	34,000.—
PLATO SURTIDO CON CARNE ASADA	38,000.—
PLATO SURTIDO CON CHILE RELLENO	35,000.—
CARNE ASADA CON RAJAS Y FRIJOLES	38,000.—
CARNE ASADA A LA TABASQUEÑA	38,000.—
FILETE FONDA EL REFUGIO	38,000.—
POSTRES	12,000.—
POSTRES DE ALMENDRA O NUEZ	16,000.—
CAFÉ DE LA OLLA	4,500.—

EL WIND SURF

INTRODUCCIÓN

A mucha gente le gusta practicar un deporte durante sus horas libres. Puede ser un deporte divertido y a la vez una actividad muy sana porque los deportes nos hacen ejercitar el cuerpo. El *wind surf* o plancha de vela es una diversión relativamente nueva pero está haciéndose muy popular. Es un deporte que se puede practicar aun lejos del mar porque se puede hacer *wind surf* en un lago o en un río.

El artículo que sigue apareció en la revista mexicana *Eres*. Indica la popularidad del *wind surf* en ese país.

VOCABULARIO

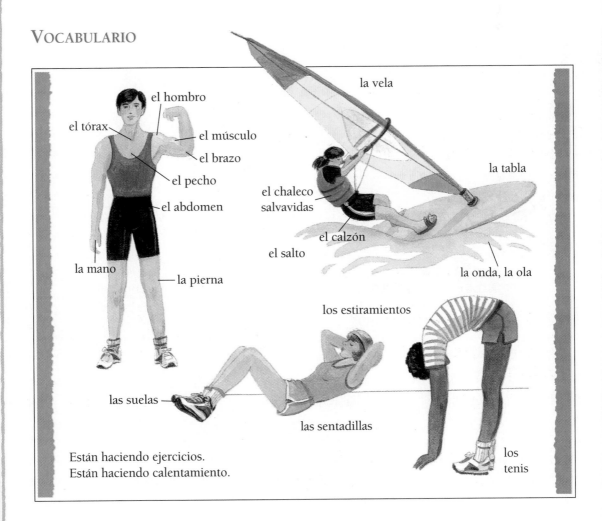

la vela

el hombro
el tórax
el músculo
el brazo
el pecho
el abdomen
la mano
la pierna

el chaleco salvavidas
el calzón
el salto

la tabla
la onda, la ola

los estiramientos

las suelas
las sentadillas
los tenis

Están haciendo ejercicios.
Están haciendo calentamiento.

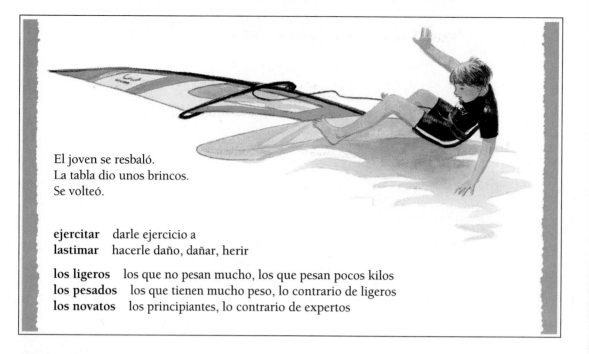

El joven se resbaló.
La tabla dio unos brincos.
Se volteó.

ejercitar   darle ejercicio a
lastimar   hacerle daño, dañar, herir

los ligeros   los que no pesan mucho, los que pesan pocos kilos
los pesados   los que tienen mucho peso, lo contrario de ligeros
los novatos   los principiantes, lo contrario de expertos

Ejercicios

A **¿Qué es?** Identifiquen.

1.   2.   3.   4.

5.   6.   7.   8.

B **¿Qué pasó?** Contesten según se indica.

1. ¿Qué tiene la tabla? (vela)
2. ¿Qué salta el joven? (la onda)
3. ¿Por qué se cayó de la tabla?
   (se resbaló)
4. ¿Se volteó? (sí)

5. ¿Por qué se volteó? (dio unos brincos fuertes)
6. ¿Qué ejercicios hizo para hacer
   calentamiento? (sentadillas y estiramientos)
7. ¿Por qué lleva guantes el/la *wind surfer*?
   (para no lastimarse las manos)

Windsurf: agua, aire ¡y diversión!

Para ti que te encanta pasártela súper con tus cuates[1] cerca del mar o de algún lago, haciendo deporte, ésta es una de las opciones con la que además de que te vas a sentir de maravilla, te vas a poner... ¡guauuuu!

Por Jorge Barajas Rocha

El wind surf es un deporte que no sólo es divertidísimo, sino que en él ejercitas muchísimas partes del cuerpo, además de que como se tiene que practicar en el agua, puedes echarte unas asoleadas[2] y nadadas ¡otra onda!

Poco a poco ha ido agarrando[3] más fuerza en México, y desde hace unos años existe un equipo profesional de wind surf que, por cierto, hizo un excelente papel en los Juegos Centroamericanos; últimamente se ha estado poniendo muy de moda en Valle de Bravo, Presa Escondida, Cancún y Puerto Vallarta porque son lugares que se prestan[4] muchísimo para que puedas practicarlo y volverte un verdadero campeón en este rollo[5].

Realmente, no necesitas de muchas cosas para poder hacer wind surf, sólo te hace falta una tabla con vela y ¡listo! (Nada más

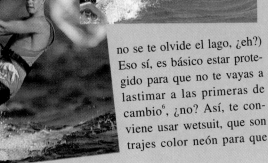

no se te olvide el lago, ¿eh?) Eso sí, es básico estar protegido para que no te vayas a lastimar a las primeras de cambio[6], ¿no? Así, te conviene usar wetsuit, que son trajes color neón para que

no te confundas con el agua (además de que guardan el calor de tu cuerpo) guantes especiales para que no te lastimes las manos, cinturón o arnés[7] (si es en forma de calzón, ¡mucho mejor!), chaleco salvavidas y tenis ligeros de suela blanda para que no te resbales.

Pero, ¿en qué consiste este deporte? El wind surf viene siendo algo así como una especialización del famosísimo "surfing", sólo que aquí tienes muchas más cosas de las que tienes que estar al pendiente porque a cada rato[8] andas en el aire dando unos brincos como para dejar a todo el mundo con el ojo cuadrado[9]. Lo fundamental del wind surf es aprender a controlar la vela para que el viento te lleve hacia donde tú quieras, así como aprovechar la fuerza del viento para tomar velocidad; obvio que también hay que saber manejar la tabla y mover tu cuerpo para que le hagas contrapeso[10] a la

PARA PRACTICARLO

Cerca del D.F.
Presa Escondida, Hgo.
Valle de Bravo, Edo. de Méx.
Atlangatepec, Tlax.

En la costa del Pacífico
Puerto Vallarta, Jal.
Puerto Escondido, Oax.
Puerto Ángel, Oax.
Huatulco, Oax.
Ensenada, B.C.
Cabo San Lucas, B.C.
La Paz, B.C.
Bahía Negra, B.C.
Acapulco, Gro.

En el Golfo de México
Cancún, Q. Roo

[1] **cuates** *amigos (México)*
[2] **echarte unas asoleadas** *broncearse*
[3] **agarrando** *getting*
[4] **se prestan** *lend themselves*
[5] **en este rollo** *este deporte*
[6] **las primeras de cambio** *primera vez*
[7] **arnés** *harness*
[8] **a cada rato** *a cada momento*
[9] **el ojo cuadrado** *amazed*
[10] **contrapeso** *counterbalance*

vela y así evitar que te voltees a cada rato. Aunque al principio te la pasas en el agua, el chiste es que no te desesperes y vayas mejorando[11] poco a poco. Acuérdate que nadie nace siendo un campeón en ningún deporte, sino que se va aprendiendo con el tiempo y la experiencia.

Lo prendidísimo[12] es que cada fin de semana se organizan competencias en las que hay que recorrer un circuito en plan de carreras, así que además de ponerse súper listo para la onda de los saltos, también hay que tener rapidez para ganar.

La edad para practicarlo no tiene que ser una en específico, sólo que mientras más chico[13] empieces, vas adquiriendo más elasticidad, coordinación, control de la vela y sentido del equilibrio. De todos modos, no tengas miedo de hacer osos[14] si estás empezando y mejor concéntrate en este rollo; sólo hay que tener mucha disciplina. Además, la verdad, no es tan complicado como parece y, eso sí, es divertidísimo.

De cualquier forma, tienes que prepararte muy bien: primero, hay que tener una condición física excelente y, segundo, muchísima fuerza en tus piernas, brazos y abdomen, que es lo que más ejercitas. Para eso, antes de entrar al agua, es muy conveniente que hagas un poco de calentamiento para que no vayas a tener problemas con tus músculos, que sólo así estarán listos para ponerlos a prueba; puedes hacer sentadillas, abdominales, lagartijas[15], estiramientos y torsiones de tronco.

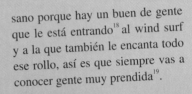

TIPS BÁSICOS

✳ Mantén el equilibrio en base a la velocidad y a la intensidad del viento.
✳ Conserva la ruta de la línea del viento.
✳ No luches contra el viento, sino ayúdate de él para ir en la dirección que quieras.
✳ Si no puedes pararte porque hay mucho viento, espérate a que baje un poco.
✳ Sé muy constante.

En México, hay varias asociaciones en las que puedes meterte para practicarlo más seguido dentro de diferentes categorías, por lo que igual encuentras un equipo de cuates que van desde los doce años hasta uno de gente mayor a los treinta años, además de que hay grupos de ligeros, pesados, masters y novatos. Como quien dice, ¡hay de todo para todos! Otra cosa de lo más padre[16] es que estás en pleno contacto con la natu-

raleza porque siempre vas a estar rodeado de viento, agua, sol y con unos paisajes a tu alrededor que de plano ¡no te los acabas[17]!, además de que el ambiente es de lo más

sano porque hay un buen de gente que le está entrando[18] al wind surf y a la que también le encanta todo ese rollo, así es que siempre vas a conocer gente muy prendida[19].

Sobre las partes del cuerpo que ejercitas, te sirve muchísimo para los brazos, piernas y tórax, aunque igual te fortalece los hombros, el pecho y las pompas[20]. Como quien dice, ¡todo!

Así que ya lo sabes, para pasarte unos fines de semana ¡otro rollo! en medio de un súper ambiente, haciendo ejercicio y agarrando un color envidiable, el wind surf es... ¡la mejor opción!

---

[11] **mejorando** *improving*
[12] **lo prendidísimo** *más importante*
[13] **chico** *joven, pequeño*
[14] **hacer osos** *cometer errores*
[15] **largartijas** *push ups*
[16] **padre** *nice (México)*
[17] **no te los acabas** *increíble*
[18] **entrando** *practicando*
[19] **prendida** *interesante*
[20] **las pompas** *buttocks*

Comprensión

A ¿Es verdad? ¿Sí o no?

1. El *wind surf* ha ido agarrando (logrando) más fuerza (más popularidad) en México.
2. Desgraciadamente necesitas de muchas cosas para hacer *wind surf*.
3. Hay que pensar en más cosas cuando uno hace *wind surf* que cuando uno hace *surfing* (tabla).
4. Nadie nace siendo un campeón en ningún deporte. Hay que aprender, practicar y mejorar con el tiempo y la experiencia.
5. Hay una edad específica para practicar el *wind surf*.
6. El *wind surf* parece más complicado de lo que es.

B Agua, aire y diversión. Contesten.

1. ¿Cuáles son algunas ventajas del *wind surf*?
2. ¿Cuáles son algunas cosas esenciales para hacer *wind surf*?
3. ¿Por qué le conviene a uno llevar un *wet suit*?
4. ¿Por qué se debe llevar guantes?
5. ¿Cuál es lo fundamental del *wind surf*?
6. ¿Qué se organiza cada fin de semana?
7. ¿Qué dice el artículo sobre la gente que practica el *wind surf*?

C Le hace falta. Hagan lo siguiente.

1. Dé una lista de las cosas que hay que hacer para prepararse para el *wind surf*.
2. Prepare una lista de los grupos para quienes hay asociaciones de *wind surf*.

Comunicación

A Para hacer *wind surf*. Imagínese que Ud. va a empezar a hacer *wind surf*. Prepare una lista de las cosas que necesitará y que comprará.

B Nos gustaría… Trabaje con un(a) compañero(a) de clase. Decidan si Uds. creen que les gustaría el *wind surf*. ¿Por qué sí o por qué no?

PURA Y SIMPLE!

Ligera, fácil de aparejar y de cómoda navegación: es la tabla de los 90. Desde hace 10 años BIC Sport está e la cresta del progreso tecnológico, y jamás fue tan accesible.

● En campeonatos internacionales, clu escuelas de vela o centros de vacaciones los cuatro puntos del planeta, las tablas BI las disfrutan pequeños y mayores.

● Indispensable compañera de los días playa, la tabla satisface en todas las con diciones.
Cascos fiables, accesorios cómodos y diseñ simpático.
La seducción de una BIC

APAREJO JUNIOR 3 m²

RACE tec

LITE tec

ACS

Hace y hacía   *Expressing Duration of Time*

1. The expression *hace* is used with the present tense to express an action that began sometime in the past but continues into the present. Observe and analyze the following examples.

> **¿Cuánto tiempo hace que tú estás aquí?** *How long have you been here?*
>
> **Hace un año que estoy aquí.** *I have been here for a year.*

2. Note that in English, the present perfect tense "has been" is used. But in Spanish, the present tense must be used. English uses the present perfect tense because the action began in the past. Spanish uses the present tense because the action actually continues into the present. Note too, that *desde hace* as well as *hace* can be used.

> **Hace un año que estoy aquí.** *I have been here for a year.*
>
> **Estoy aquí desde hace un año.** *I have been here for a year.*

3. The expression *hacía* is used with the imperfect tense to express an action that had been in effect until something else interrupted it. Observe and analyze the following sentence.

> **Hacía dos años que ellos vivían en México cuando la compañía los trasladó a Puerto Rico.**

Ejercicios

A **¿Cuánto tiempo hace?** Contesten.

1. ¿Cuánto tiempo hace que Ud. vive en la misma casa?
2. ¿Cuánto tiempo hace que Ud. conoce a su mejor amigo(a)?
3. ¿Cuánto tiempo hace que Ud. asiste a la misma escuela?
4. ¿Cuánto tiempo hace que Ud. estudia español?
5. ¿Cuánto tiempo hace que Ud. estudia con el mismo (la misma) profesor(a) de español?

La Calle del Cristo en el Viejo San Juan, Puerto Rico

Actividades culturales. Contesten según se indica.

1. ¿Cuánto tiempo hace que están presentando la misma obra? (año y medio)
2. ¿Cuánto tiempo hace que están poniendo (presentando) la misma película? (sólo cuatro días)
3. ¿Cuánto tiempo hace que están exhibiendo los cuadros impresionistas? (un mes)
4. ¿Cuánto tiempo hace que el equipo está jugando en este estadio? (un par de años)
5. ¿Cuánto tiempo hace que están construyendo el nuevo parque de atracciones? (más de un año)

C **Mi hermano José.** Completen.

1. Hacía dos años que mi hermano José ___ (estudiar) francés cuando decidió que quería aprender el español.
2. Hacía mucho tiempo que él ___ (decir) que quería ir a Princeton cuando de repente decidió que quería ir a Harvard.
3. Hacía sólo dos días que él ___ (estar) de vacaciones cuando él conoció a Amalia.
4. Pero hacía un año entero que él ___ (salir) con Teresa cuando conoció a Amalia.
5. Y ahora, hace dos meses que él ___ (salir) con Amalia.
6. Hacía un mes que Teresa no le ___ (hablar) cuando ella decidió que no estaba enfadada con él.
7. Y ahora, hace un mes que Teresa ___ (salir) conmigo, el hermano mayor de Joselito.

Acabar de

Expressing the Idea of Having Just Done Something

The expression *acabar de* followed by an infinitive means "to have just." *Acabar de* is used in two tenses only, the present and the imperfect. Observe the following sentences.

Él acaba de salir.	*He has just left.*
Ellos acababan de salir.	*They had just left.*

Ejercicio

¡Qué confusión! Contesten.

1. ¿Acabas de volver a casa?
2. ¿Acaba de volver María también?
3. ¿Acaban Uds. de hacer un viaje?
4. ¿Acaban Uds. de visitar a sus parientes?
5. ¿Acababan Uds. de entrar en la casa cuando sonó el teléfono?
6. ¿Acababas de contestar el teléfono cuando alguien tocó a la puerta?

El imperfecto del subjuntivo

Expressing Emotions and Opinions About Past Events

1. The imperfect subjunctive of all verbs is formed by dropping the *-on* ending of the third person plural, *ellos(as)* form of the preterite tense of the verb.

PRETERITE	hablaron	comieron	pidieron	tuvieron	dijeron
STEM	hablar-	comier-	pidier-	tuvier-	dijer-

2. To this stem, you add the following endings: *-a, -as, -a, -amos, -aís, -an.*

INFINITIVE	HABLAR	COMER	PEDIR	TENER	DECIR
yo	hablara	comiera	pidiera	tuviera	dijera
tú	hablaras	comieras	pidieras	tuvieras	dijeras
él, ella, Ud.	hablara	comiera	pidiera	tuviera	dijera
nosotros(as)	habláramos	comiéramos	pidiéramos	tuviéramos	dijéramos
vosotros(as)	*hablarais*	*comierais*	*pidierais*	*tuvierais*	*dijerais*
ellos, ellas, Uds.	hablaran	comieran	pidieran	tuvieran	dijeran

IRREGULAR VERBS			
ANDAR	anduvieron	anduvier-	anduviera
ESTAR	estuvieron	estuvier-	estuviera
TENER	tuvieron	tuvier-	tuviera
PODER	pudieron	pudier-	pudiera
PONER	pusieron	pusier-	pusiera
SABER	supieron	supier-	supiera
QUERER	quisieron	quisier-	quisiera
VENIR	vinieron	vinier-	viniera
HACER	hicieron	hicier-	hiciera
LEER	leyeron	leyer-	leyera
OÍR	oyeron	oyer-	oyera
DECIR	dijeron	dijer-	dijera
CONDUCIR	condujeron	condujer-	condujera
TRAER	trajeron	trajer-	trajera
IR	fueron	fuer-	fuera
SER	fueron	fuer-	fuera

Los usos del imperfecto del subjuntivo

Expressing Emotions and Opinions About Past Events

1. The same rules that govern the use of the present subjunctive govern the use of the imperfect subjunctive. It is the tense of the verb in the main clause that determines whether the present or imperfect subjunctive must be used in the dependent clause. If the verb of the main clause is in the present or future tense, the present subjunctive is used in the dependent clause.

> **Quiero que ellos me lo digan.**
> **Será necesario que nosotros lo sepamos para mañana.**

2. When the verb of the main clause is in the preterite, imperfect, or conditional, the imperfect subjunctive must be used in the dependent clause.

> **Yo insistí en que ellos estuvieran.**
> **Quería que ellos me lo dijeran.**
> **Sería necesario que nosotros lo supiéramos.**

Ejercicios

A Los padres de Felipe. Contesten.

1. ¿Insistieron sus padres en que él continuara con sus estudios?
2. ¿Insistieron en que él aprendiera el español?
3. ¿Querían que él hiciera un viaje al graduarse?
4. ¿Preferían que él viajara con un grupo de estudiantes?
5. ¿Exigieron que él recibiera buenas notas para poder hacer el viaje?

B Ella quería que... Sigan el modelo.

> **ir al teatro**
> *Ella quería que yo fuera al teatro.*

1. ir a la taquilla del teatro
2. comprar las entradas
3. seleccionar los asientos
4. pagar con mi tarjeta de crédito

C Nuestro querido profesor. Sigan el modelo.

> **hablarle en español**
> *Nuestro profesor insistió en que le habláramos en español.*

1. hablar mucho
2. pronunciar bien
3. llegar a clase a tiempo
4. aprender la gramática
5. escribir composiciones
6. leer novelas
7. trabajar mucho
8. hacer nuestras tareas

D **Las finanzas.** Completen.

1. Ella quiere que yo cambie dinero.
   Ella quería que yo ___ dinero.
2. Ella te pide que hables con el cajero.
   Ella te pidió ___.
3. Ella me aconseja que tenga cheques
   de viajero.
   Ella me aconsejó ___.
4. Ella insiste en que el banco le haga cambio.
   Ella insistió ___.
5. Ella les dice que pongan su dinero en el banco.
   Ella les dijo ___.

E **Posiblemente.** Hagan una sola oración.

1. Él aprendió la letra de la canción. (Era necesario…)
2. Él la cantó sin acompañamiento. (Era imposible…)
3. Alguien tocó la guitarra o el acordeón. (Era importante…)
4. Los otros bailaron. (Era mejor…)
5. Todos se divirtieron. (Era probable…)

F **Sería imposible.** Contesten según se indica.

> ¿Él te acompaña?
> *Sería imposible que él me acompañara.*

1. ¿Él tiene bastante dinero?
2. ¿Él va a España?
3. ¿Él hace el viaje contigo?
4. ¿Él aprende el español?
5. ¿Él trabaja en España?

El subjuntivo con expresiones indefinidas

Expressing Whoever, Whatever, Whenever, Wherever and However

1. Many words can be made indefinite by adding the suffix *-quiera* to the word.
   Note the following.

quienquiera	*whoever*	**cuando quiera**	*whenever*
dondequiera	*wherever*	**como quiera**	*however*
adondequiera	*(to) wherever*	**cualquiera**	*whatever*

2. The subjunctive follows such indefinite expressions when uncertainty is
   implied. Observe and analyze the following.

> **Quienquiera que seas, adondequiera que vayas y cuando quiera que
> salgas, como quiera que vayas y dondequiera que estés, espero que
> tengas suerte y que te diviertas.**
>
> *Whoever you may be, wherever you may go and whenever you may leave,
> however you may go and wherever you may be, I wish you luck and hope
> you enjoy yourself.*

Ejercicio

 **Dondequiera que vayas.** Completen.

1. Quienquiera que lo ___ (saber), nos lo debe decir.
2. Tú sabes que yo te ayudaré con cualquier problema que ___ (tener).
3. Dondequiera que tú ___ (estar), estaré a tu lado.
4. Cuandoquiera que tú ___ (necesitar) mi ayuda, llámame.

El subjuntivo en cláusulas relativas

Expressing the Known and the Unkown

1. A relative clause modifies or describes a noun. If the noun refers to a definite person or thing, the indicative is used in the relative clause. If the noun refers to an indefinite person or thing, the subjunctive is used in the relative clause.

> **Donato tiene un amigo que habla español.**
> **Donato quiere un amigo que hable español.**
> **Yo tengo un amigo que juega bien al básquetbol.**

Note that the *a personal* is omitted when the noun is indefinite and after the verb *tener*.

2. The subjunctive is used in a relative clause that modifies a superlative statement or a negative expression.

> **Es el mejor libro que exista en el mundo.**
> **No hay nadie que lo haga como él.**

Ejercicios

A ¿A quién buscan? Sigan el modelo.

> **hablar español**
> *El señor Salas busca una señora que hable español.*
> *La señorita Robles conoce a una señora que habla español.*

1. poder trabajar ocho horas al día
2. conocer varias computadoras
3. saber programar
4. tener experiencia

B Opiniones. Contesten.

1. ¿Es Nueva York la ciudad más cosmopolita que exista en el mundo?
2. ¿Es el *Quijote* el mejor libro que haya en el mundo?
3. ¿Es verdad que él no tiene absolutamente nada que sea de valor?
4. ¿Dices que no hay nadie que tenga más talento que él?
5. ¿No hay ninguna capital de provincia que sea tan bonita como Pamplona?

EL TANGO

ANTES DE LEER

Ud. va a leer algo que parece poesía. Pero no es una poesía. Es la letra de una canción. Además es una canción a cuya música se puede bailar. Al leer la letra de la canción, decida Ud. si está hablando un joven o una persona mayor. ¿Le parece que el señor que está hablando es un poco nostálgico?

VOCABULARIO

la orquesta

el cantor, el cantante

el violín   el organillo

el bandoneón

la danza, el baile

La banda de amigos (la barra) está bailando.
Están bailando al compás de un organillo.
Están bailando en la esquina de la calle.

la boda *wedding*

el recuerdo la memoria *memory*	**disfrutar** gozar de, aprovechar *to enjoy*
alejarse ir lejos, distanciarse *to leave*	**idolatrar** adorar *to adore*
acudir ir, venir *to go*	

Ejercicios

A **Bailes e instrumentos.** Contesten.

1. ¿Son danzas el tango y el mambo?
2. ¿Cuáles son tres instrumentos musicales?
3. ¿Qué es un conjunto de músicos?
4. ¿Quién canta?
5. ¿Cuál es la fiesta que acompaña al casamiento?

B **¿Qué hace él?** Completen.

1. Él es un tipo muy bueno. Siempre quiere ___ de las tentaciones malas.
2. Él ___ adonde lo necesitan.
3. Él tiene ___ muy buenos de todo lo que ha hecho en su vida.
4. Él está muy contento y ___ de la vida.
5. Él ___ a sus hijos.

INTRODUCCIÓN

El tipo de tango que más fama tiene y ha tenido en el mundo es el tango rioplatense, o sea, el tango argentino. El tango empezó como una danza pero hoy es danza y canción. Sus primeras interpretaciones aparecieron a principios de este siglo. Tiene sus orígenes en las calles rioplatenses. Se practicaba en las esquinas de los barrios pobres al compás de organillos. En aquel entonces, sólo los hombres bailaban el tango. Originalmente, esta danza tenía mala reputación porque los que la bailaban vivían en su gran mayoría al margen de la ley. Pero poco a poco, el tango se fue convirtiendo en un baile más popular. Se practicaba dentro de las familias, durante una boda, por ejemplo. Fue en esas celebraciones familiares que la mujer pasó a formar parte de la pareja. Al organillo se le añadió el bandoneón, como instrumento de acompañamiento. El bandoneón era un instrumento popular entre los inmigrantes italianos que en aquella época iban a la Argentina en busca de una vida mejor. Estos inmigrantes eran pobres, y durante sus pocas horas libres no les costaba nada tocar su viejo bandoneón y bailar un tango en una fiesta callejera.

El tango siguió siendo una diversión de los pobres hasta la Primera Guerra Mundial cuando se introdujo en Europa. En Europa tuvo mucho éxito. Logró una popularidad enorme en las "boîtes" o los "cabarets" de Montmartre en París. Llegó a ser popular también en las grandes salas de fiestas y en los espectáculos que se presentaban en muchas capitales europeas. Los de la alta sociedad europea se divertían bailando un buen tango.

Con el éxito del tango en las salas de fiestas y en los espectáculos, el cantor pasó a tener cada vez más importancia. La letra fue revitalizada. La figura de Carlos Gardel, el famoso tanguista, se convirtió en el símbolo de una danza y de un canto. En la orquesta

El barrio italiano en Buenos Aires, Argentina, en 1936

del tango tienen importancia el bandoneón y los violines. Aún los grandes compositores, como el ruso Igor Stravinski y el inglés William Walton, han empleado el tango en su obra.

La música es un arte, la danza es un arte y también lo es la literatura. Si la letra de una canción no es precisamente literatura, a veces se parece mucho a una poesía lírica. Fue del poeta argentino, Pascual Contursi, de origen italiano, que surgió la idea de adaptar versos a la música del tango. Lo que sigue es la letra de un tango famoso. A ver si Ud. cree que es poesía.

LECTURA

ADIÓS MUCHACHOS

Adiós muchachos, compañeros de mi vida
Barra° querida, de aquellos tiempos
Me toca a mí hoy emprender° la retirada
Debo alejarme de mi buena muchachada°.

barra   *grupo de amigos (término argentino)*
emprender   *undertake*
muchachada   *grupo de jóvenes*

Adiós muchachos, ya me voy y me resigno:
Contra el destino nadie la talla°
Se terminaron para mí todas las farras°
Mi cuerpo enfermo no resiste más.

nadie la talla   *no one can win*
farras   *revelry, sprees*

Acuden a mi mente°, recuerdos de otros tiempos
De los bellos momentos
Que antaño° disfruté
Cerquita de mi madre, santa viejita,
Y de mi noviecita
Que tanto idolatré.

mente   *mind*

antaño   *en el pasado*

Comprensión

A El tango. ¿Sí o no?

1. El tango famoso es el tango argentino.
2. El tango es sólo un baile.
3. El canto siempre era una parte importante del tango.
4. El tango tuvo su origen entre la gente acomodada (rica) de Buenos Aires.
5. El tango tuvo su origen en Europa.
6. A principios de este siglo, muchos italianos emigraron a la Argentina.
7. Al principio, sólo los hombres bailaban el tango.
8. El tango siempre gozó de buena reputación.
9. El tango argentino llegó a Europa durante la Primera Guerra Mundial.

B Adiós muchachos. Contesten.

1. El señor que está hablando en la canción, ¿es joven o viejo?
2. ¿Con quiénes está hablando?
3. Cuando dice "barra querida", ¿a quiénes se está refiriendo?
4. ¿Qué va a hacer él?
5. ¿De quiénes debe alejarse?
6. Para él, ¿qué se terminó?
7. ¿Por qué?
8. ¿Qué acude a su mente?
9. ¿Cómo son sus recuerdos?
10. ¿Él disfrutó de la vida?
11. ¿Cerca de quiénes era feliz?

Comunicación

A Su destino. En la canción, el señor habla de su destino. Explique qué puede ser su "destino".

B Otros bailes. Hay danzas o cantos en los Estados Unidos que también tienen una historia interesante—"el jitter bug", "el charleston", "el rock", "los blues", "el jazz", "el break", por ejemplo. Escoja uno que le interesa a Ud. y prepare un informe corto sobre su historia.

C Carlos Gardel. El más famoso cantante hispanoamericano según el libro *Récords y datos latinoamericanos*, publicado en Panamá, es Carlos Gardel. Él nació en Toulouse, Francia, en 1890 pero llegó a la Argentina a los dos años de edad. Fue en la Argentina donde él desarrolló su talento. Carlos Gardel grabó su primer disco en 1913, acompañándose con la guitarra. Fue una de las primeras grabaciones que utilizó un sistema acústico. El primer tango cantado fue *Mi noche triste* en 1917. Gardel lo estrenó en el famoso teatro Empire de Buenos Aires. Ahora, prepare una biografía corta sobre un(a) cantante norteamericano(a).

Carlos Gardel

MI ADORADO JUAN

Miguel Mihura

ANTES DE LEER

Vamos a leer una escena de una comedia española. En la escena hay tres personajes: una muchacha joven, Irene; su padre y un amigo de su padre. Pero están hablando de un cuarto personaje, Juan. ¿Quién es este Juan? Pues, es un amigo de Irene. Vamos a ver si su padre lo conoce o no, y si le agrada el amigo de su hija.

VOCABULARIO

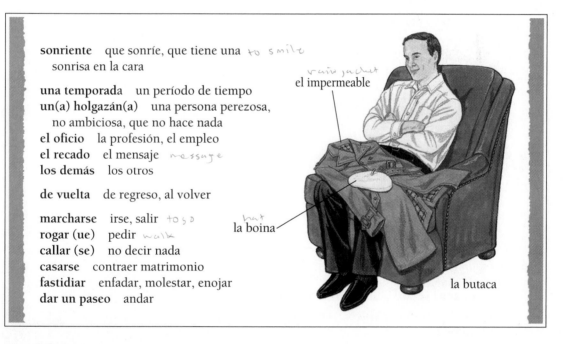

sonriente   que sonríe, que tiene una *to smile* sonrisa en la cara

una temporada   un período de tiempo
un(a) holgazán(a)   una persona perezosa, no ambiciosa, que no hace nada
el oficio   la profesión, el empleo
el recado   el mensaje   *message*
los demás   los otros

de vuelta   de regreso, al volver

el impermeable *rain jacket*

marcharse   irse, salir   *to go*
rogar (ue)   pedir   *walk*
callar (se)   no decir nada
casarse   contraer matrimonio
fastidiar   enfadar, molestar, enojar
dar un paseo   andar

la boina *hat*

la butaca

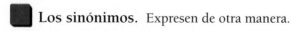

Ejercicio

Los sinónimos.   Expresen de otra manera.

1. Ella se sentó en una *silla grande y cómoda.*
2. Ella me *pidió* hacer algo.
3. Pero yo *no dije nada.*
4. Yo no dije nada *a los otros* tampoco.
5. Creo que el episodio le *enfadó.*
6. Él novio no tiene *profesión.*
7. Le gusta *andar* por el parque.
8. Es *perezoso.*
9. Menos mal que *se va* el lunes.
10. Pero estará *de regreso* mañana.
11. Se marchó sin dejar *un mensaje.*

INTRODUCCIÓN

Cuando uno disfruta de una noche libre, es agradable y a veces informativo ir al teatro a ver una obra teatral. Pero, por lo general, no se puede esperar hasta el último momento porque frecuentemente las entradas están agotadas—es decir que no quedan más. Por consiguiente es necesario ir a la taquilla a reservar las plazas de antemano, sobre todo en Madrid, una ciudad que ha tenido un resurgimiento fenomenal de actividades y eventos culturales. A Madrid se le llama la capital cultural de Europa.

El dramaturgo Miguel Mihura nació en esta ciudad en 1906. Hijo de un actor, Mihura conoció el teatro desde muy joven; de niño le encantaba ver ensayar a su padre. Durante su vida Mihura escribió dieciséis

Miguel Mihura

comedias, la mayoría de ellas después de 1950. Además de ser dramaturgo Mihura escribió cuentos, artículos para varios periódicos y los guiones de más de treinta películas. Miguel Mihura murió en 1977.

Su comedia *Mi adorado Juan* ganó el Premio Nacional de Teatro para la temporada teatral de 1955-56 en Madrid. La comedia está dividida en dos actos y cada acto está dividido en dos cuadros o escenas. Aquí tenemos un trozo del primer acto en que el padre de la protagonista, Irene, quiere saber más acerca del amigo de su hija, el adorado Juan.

LECTURA

Mi adorado Juan

(Por la puerta del foro° aparece Irene. Es una muchacha de unos veinticinco años, bonita, sonriente, que viste con sencillez pero con gusto. Lleva puesto un impermeable y un sombrerillo o boina, que se empieza a quitar al entrar.)

    IRENE: Hola, buenas tardes.

    PALACIOS: ¡Ah! ¿Estás ya de vuelta?

    IRENE: Sí, papá… Acabo de volver. ¿Querías algo?

    PALACIOS: Te prohibí que salieras.

    IRENE: Creí que era una broma°…

    PALACIOS: ¡Yo no gasto bromas, Irene!

    IRENE: ¡Qué lástima! ¡Con lo bien que se pasa°! (Y saluda a Emilio.) ¿Qué tal, Emilio?…

    MANRÍQUEZ: Ya ves…

    PALACIOS: ¡Quiero hablar contigo seriamente!

    IRENE: ¿Más aun?

    PALACIOS: Más aun.

    IRENE: ¿Siempre de lo mismo?

    PALACIOS: Siempre de lo mismo.

    IRENE: Estoy a tu disposición, papá.

    (Y se sienta cómodamente en una butaca.)

foro *upstage*

broma *joke*

con lo bien que se pasa
    considering all the fun it is

MANRÍQUEZ: ¿Me marcho, profesor?

PALACIOS: No. Le ruego que se quede.

MANRÍQUEZ: Como usted quiera, profesor.

(El Doctor Palacios se sienta en el sillón de su mesa, Irene en una butaca y Manríquez en otra. Hay una pausa.)

IRENE: Estoy preparada, papá. Puedes empezar cuando desees.

PALACIOS: Pues bien, Irene… Desde hace una temporada, en lugar de portarte° como lo que eres, como una señorita inteligente, juiciosa° y formal, hija de un científico famoso, te estás portando como una peluquera° de señoras.

MANRÍQUEZ: Exactamente.

IRENE: ¿Ah, sí? ¡Qué ilusión!

PALACIOS: ¿Por qué ilusión?

IRENE: Me encanta parecer una peluquerita de señoras… ¡Son tan simpáticas y tan alegres! ¡Tienen tantos temas distintos de conversación…!

PALACIOS: ¿Quieres callar?

IRENE: Sí, papá.

PALACIOS: Desde que tu pobre madre faltó°, tú has hecho sus veces° y has llevado la casa° y siempre he estado orgulloso° de ti… Por mi parte jamás te he negado nada… Ningún capricho°….Ningún deseo… Pero esto sí, Irene. Te prohibo nuevamente, y esta vez muy en serio, que vuelvas a verte con ese hombre.

IRENE: Pero, ¿quieres explicarme por qué?

PALACIOS: Porque ni siquiera sé quién es, ni lo que hace.

IRENE: No importa. Yo tampoco. Pero ya lo sabremos algún día.

PALACIOS: ¡No sabes aún de lo que vive!

IRENE: Él vive de cualquier manera… No tiene ambiciones ni necesidades… Su manjar° preferido es el queso y duerme mucho… Y como está casi siempre en el café, apenas necesita dinero para vivir…

MANRÍQUEZ: Entonces es un holgazán.

PALACIOS: Claro que sí.

IRENE: Nada de holgazán, papaíto… A él le gusta trabajar para los demás, pero sin sacar provecho de° ello… sin que se le note que trabaja°… Él dice que trabajar mucho, como comer mucho, es una falta de educación. ¡Son cosas de Juan!

PALACIOS: ¡Pero no tiene oficio!

IRENE: ¿Cómo que no? Es el número uno de su promoción°.

PALACIOS: ¿De qué promoción?

IRENE: ¡Cualquiera lo sabe!° A él no le gusta hablar nunca de promociones… Eso me lo dijo un amigo suyo, en secreto.

PALACIOS: ¡Pero con un hombre así serás desgraciada!

IRENE: Si estoy con él no me importa ser desgraciada… Estoy segura que ser desgraciada con él, debe ser la mayor felicidad.

PALACIOS: Me has dicho varias veces que iba a venir a hablarme y no ha venido, ¿por qué?

portarte   *behave*

juiciosa   *mature*

peluquera   *beautician*

faltó   *murió*

has hecho sus veces   *have taken her place*

has llevado la casa   *have managed the house*

orgulloso   *proud*

capricho   *whim*

manjar   *comida*

sacar provecho de   *beneficiarse de*

sin que se le note que trabaja   *without anyone noticing that he works*

promoción   *grupo*

cualquiera lo sabe   *¿Quién sabe?*

IRENE: Es que se le olvida… Pero ya vendrá.

PALACIOS: Si se quiere casar contigo, ¿cómo se le puede olvidar una cosa así?

IRENE: Le fastidian las ceremonias y la formalidad.

PALACIOS: ¿Y cómo pretendes casarte con un hombre al que le fastidian el trabajo y la formalidad? ¡Vamos, contesta!

IRENE: ¿Quieres de verdad que te conteste?

PALACIOS: Sí, claro… Te lo exijo.

IRENE: Pues justamente porque vivo contigo y con Manríquez y estoy de formalidad hasta la punta del pelo… Justamente porque toda mi vida he sido formal, seria y respetuosa y he frenado° con mi educación todos mis sentimientos… Y ahora quiero sentir y padecer° y reír y hablar con la libertad de esa peluquerita de señoras a que tú antes te referías… Juan no es formal, no es, si quieres, trabajador; no tiene una profesión determinada; no se encierra en un laboratorio para hacer estudios profundos sobre biología; no es ambicioso, y el dinero y la fama le importan un pimiento°… Pero yo le adoro… Y quiero que tú se lo digas, papá, que hables con él, que le convenzas para que se case conmigo, porque la verdad es que no tiene ningún interés en casarse…

frenado   *held back, restrained*
padecer   *sufrir*

le importan un pimiento *don't mean a thing*

PALACIOS: ¿Pero ahora resulta que no quiere casarse contigo?

IRENE: No, papá… ¡Pero si ahí está lo malo! Él dice que no ha pensado en casarse en su vida, que no quiere echarse obligaciones, y que se encuentra muy a gusto en el bar jugando al dominó con sus amigos…

MANRÍQUEZ: Pero, ¿es que también juega al dominó?

IRENE: Es campeón de su barrio.

PALACIOS: ¡Pues qué maravilla de novio, hijita!

IRENE: Por eso, papá, tú tienes que ayudarme, para que si quiere seguir jugando al dominó, lo haga aquí, en nuestra casa, conmigo y contigo, después de cenar, y si Manríquez quiere, que haga el cuarto…

MANRÍQUEZ: Eso es una impertinencia, Irene.

IRENE: Perdóname… No he querido ofenderte.

PALACIOS: Entonces tú estás loca, ¿verdad?

IRENE: Sí, papá, estoy loca por él… ¿Qué quieres que le haga?

PALACIOS: Pues, muy bien. Quiero arreglar este asunto° inmediatamente. ¿Dónde estará ahora ese sujeto?

asunto *matter*

IRENE: No lo sé. Hemos ido juntos dando un paseo… Después me dejó y se fue… Cualquiera sabe dónde está.

PALACIOS: Pero después de veros, ¿no habéis quedado en nada?

IRENE: Él nunca queda en nada, papá.

PALACIOS: ¿No le puedes llamar por teléfono a ninguna parte?

IRENE: Sé el teléfono de una vecina de su casa que le da los recados… A lo mejor está allí.

(Y al decir esto ya ha empezado a marcar un número en el teléfono que hay sobre la mesa.)

Comprensión

A Irene. Contesten.

1. ¿Cómo es Irene?
2. ¿Qué lleva ella?
3. ¿Con quién está hablando ella?
4. ¿Cómo está su padre?
5. ¿De qué le quiere hablar?
6. ¿Cuál es la profesión del padre de Irene?
7. ¿Quién es el amigo de su padre?
8. Según el padre de Irene, ¿cómo es ella?
9. Pero, ¿cómo se está portando ahora?
10. ¿Está muerta la madre de Irene?
11. ¿Por qué ha estado orgulloso de Irene su padre?
12. Pero, ¿qué le prohíbe?

B El amigo de Irene. Corrijan las oraciones falsas.

1. El padre de Irene ha conocido a su amigo.
2. El amigo sabe lo que hace.
3. Irene también sabe lo que hace su amigo.
4. El amigo pasa mucho tiempo en su oficina.
5. Al amigo le gusta trabajar para sí mismo.
6. El amigo quiere que todo el mundo sepa que trabaja.
7. El amigo dice que trabajar mucho es señal de educación.

C Juan. Contesten.

1. ¿Por qué quiere Irene que su padre le diga a Juan que se case con ella?
2. En vez de casarse y tener obligaciones, ¿qué prefiere hacer Juan?
3. ¿Dónde quiere Irene que él juegue al dominó?
4. ¿Cómo quiere arreglar el asunto inmediatamente el padre de Irene?
5. ¿Sabe Irene dónde está su amigo?
6. ¿Dónde le puede llamar por teléfono?

Comunicación

A Y Juan. Prepare una conversación telefónica entre Irene y la vecina de su amigo. ¿Qué le dice? ¿Qué le pregunta?

B Lo que pasa. Prepare una escena de la comedia. Por fin Irene ha hablado con su adorado Juan y él ha venido a su casa a conocer a su padre. ¿Qué pasa?

CHAPTER

4

PASAJES

OBJETIVOS

In this chapter you will do the following:

1. contrast different stages of life, from childhood to old age
2. discuss important family ceremonies and events
3. review how to express future events and conditions, to make indirect statements, and to refer to people and things already mentioned
4. read and discuss newspaper articles about social events, wedding announcements, and obituaries
5. introduce information with expressions such as "so that," "unless," "perhaps," and "maybe," and use time expressions
6. read and discuss the following literary works: a short story, "El niño al que se le murió el amigo" by Ana María Matute, and two poems, "Cosas del tiempo" by Ramón de Campoamor, and "En paz" by Amado Nervo

CULTURA

EVENTOS Y CEREMONIAS

INTRODUCCIÓN

Shakespeare habló de las siete edades del hombre. Los niños nacen. Luego, forman parte de la tradición religiosa de su gente. Llegan a la adolescencia. Aprenden un oficio o una profesión. Después se casan. Tienen hijos. Se jubilan o se retiran. Y, al final del viaje, mueren.

En todas las culturas hay ceremonias y eventos especiales para marcar el paso de la persona por las diferentes etapas de la vida. Las ceremonias pueden ser festivas y alegres, solemnes y majestuosas, o tristes y sombrías. La religión frecuentemente juega un papel central en las ceremonias. Hasta las personas que no se consideran muy religiosas tienden a tomar parte en las ceremonias religiosas que acompañan a estos "pasajes" de la vida.

"El Velorio" de Francisco Oller

VOCABULARIO

el bautizo

el marido   la esposa

los cónyuges

el velorio

el parto acción de nacer, el nacimiento

la aparición la acción de aparecer, de estar presente

las amonestaciones el anuncio por la iglesia de los nombres de personas que van a casarse

la esquela el anuncio de la muerte en un periódico

el alma el espíritu, la esencia de una persona

hacerse cargo tomar el mando, la responsabilidad

parir/dar a luz producir un bebé

protagonizar tener, hacer el papel principal

pertenecer a ser parte integrante de, ser miembro de

enterrar poner bajo tierra

librarse hacerse libre

Ejercicios

A **El nacimiento.** Expresen de otra manera.

1. La señora va a *tener su bebé* hoy mismo.
2. Esperamos que *el nacimiento* no sea difícil.
3. La doctora Morales va a *tomar el mando* del parto.
4. Todos esperan *la presentación* del bebé.
5. El bebé va a *tener el papel principal* en este evento.

B **Ceremonias.** Completen.

1. El bebé está en la iglesia para su ___. Hoy lo van a cristianar.
2. Patricia y Julio se casan pronto, ya han publicado las ___.
3. Después de la boda, los ___ salen en su viaje de novios.
4. Ese coche ___ a los novios, es un regalo de los padres.
5. Don Elías murió anoche. Yo vi ___ en el periódico esta mañana.
6. Esta noche es ___, y yo voy a asistir.
7. Vamos a rezar por ___ del muerto.
8. Mañana lo van a ___.
9. Estuvo muy enfermo y sufrió mucho. Ahora puede ___ del dolor.

« Recuerdo »
de la
Primera Comunión
del niño

Alberto Luis Puente Garduño

efectuada el día 12 de mayo de 1994 a las 8 horas, en la Iglesia de San Juan Bautista, en (Coyoacán), y recibida de manos de Monseñor José Mercado Villalón. Siendo su padrino el señor

Luis Gómez Puente

PASAJES

En los países hispanos, la tradición religiosa es mayormente cristiana y predominantemente católica. No obstante, también hay significativas poblaciones judías e islamitas que observan sus propias tradiciones. Otro elemento importante es el indígena. Los primeros americanos también tienen sus propias costumbres y ceremonias para marcar los eventos principales de la vida.

Claro está que el primer evento o "pasaje" es el que nos trae al mundo—el nacimiento. En los países industrializados el nacimiento de un bebé casi siempre tiene lugar en un hospital, en la presencia y con la ayuda de un médico especialista en obstetricia. Pero en las áreas rurales, especialmente en los pueblos indígenas de Latinoamérica, la persona que ayuda a la madre a dar a luz es una "comadrona" o "partera", una señora con mucha experiencia en estos asuntos. Hoy día en los EE.UU., es bastante común que el padre acompañe a su esposa cuando ella da a luz al niño. En las culturas hispanas esto no es frecuente y en las comunidades muy tradicionales, es rarísimo.

En los países hispanos la primera ceremonia para el recién nacido generalmente es el bautizo. Si la familia es pobre, el bautizo es poca cosa. Pero si la familia tiene dinero, entonces hay fiesta. Muy importantes son los padrinos. Muchas veces, los padrinos de bautizo son los mismos que sirvieron de padrinos en la boda de los padres. La selección de padrinos es, a veces, una decisión económica también. Se espera que los padrinos puedan ayudar al niño en el futuro si fuera necesario.

Pasan los años, y el o la joven pasa por otras etapas de la vida, marcadas por ceremonia. Si es católico, la primera comunión a los seis o siete años, y la confirmación entre los doce y los dieciocho años. Si es protestante, la confirmación a los doce o trece años, y si es judío, y es varón, la circuncisión a los ocho días, y el bar mitzvah para los muchachos y el bat mitzvah para las muchachas, a los trece años. Las muchachas hispanas, al cumplir los quince años protagonizan un festejo en su honor, la fiesta de la quinceañera, que marca el pasaje de niña a mujer. Es parecido al "sweet-sixteen" norteamericano, pero mucho más ceremonioso, o a la aparición de las "debutantes" entre las familias adineradas.

"La comunión o…" de Jacobo Borges

"La boda" de Francisco de Goya

Un joven o una joven estudia, se prepara para un oficio o una profesión y, por lo general, se enamora, se compromete y se casa. En Norteamérica lo típico e ideal es el amor romántico que lleva al matrimonio. Pero no es así en todas las culturas. En muchas culturas los matrimonios suelen resultar de negociaciones entre familias en las que factores económicos y sociales tienen más importancia que el amor romántico entre los novios. Lo más común es que una pareja sea de la misma clase social, tenga la misma religión, y pertenezca a la misma comunidad. Los sociólogos hablan de la "endogamia", la selección de cónyuges dentro de una comunidad pequeña y homogénea.

Normalmente, los novios anuncian su intención de contraer matrimonio con el compromiso. Se informa a los familiares y a los amigos. En algunas iglesias protestantes y en la católica, se publican las amonestaciones en la parroquia* durante tres domingos consecutivos.

Bat mitzvah en una sinagoga de México D.F., México

Finalmente se casan. Se casan por la iglesia o por lo civil. En algunos países hispanos hay que casarse por lo civil, no importa si se va a casar por la Iglesia. Los padrinos, los pajes, las damas de honor y todos los invitados están allí para servir de testigos al enlace de los novios y de las dos familias. Los novios hacen el viaje de novios y pasan la luna de miel juntos. De esa manera comienza de nuevo el ciclo. Tienen hijos. Los hijos crecen y se casan. Algunos se divorcian, (aunque sigue siendo menos frecuente el divorcio en los países hispanos). Los hijos tienen hijos. Los nietos crecen. Hay aniversarios de boda; las bodas de plata y las de oro, que marcan las décadas de la unión de la pareja. Y se llega por fin al final del viaje, al último pasaje, a la muerte.

Un funeral en Sipán, Perú

En los países hispanos el velorio en casa era tradicional, con el cuerpo presente. La familia y los amigos acompañaban al difunto en la sala de su casa, y al día después de la muerte lo enterraban. Las familias judías siguen enterrando a sus muertos un día después. En los periódicos se publican las esquelas. Si la persona es muy importante o famosa, las esquelas son grandes y numerosas. Y en los aniversarios de la muerte, aparecen en los periódicos recordatorios que piden oraciones para el difunto.

* **parroquia** *parish*

Comprensión

A Las ceremonias. Contesten.

1. ¿Cómo se llama la especialización médica que trata del parto?
2. ¿Qué hace una comadrona o partera?
3. ¿Quiénes son muy importantes en el bautizo de un niño?
4. ¿Cuál es el equivalente hispano al "sweet sixteen" norteamericano?
5. ¿Qué es la "endogamia"?
6. ¿Cuál es la función de los pajes, las damas de honor, y los invitados en una boda?
7. En la cultura judía, ¿cuándo entierran a los muertos?

B Los comentarios. Comenten.

1. En la lectura se mencionan cuatro tradiciones religiosas en los países hispanos. ¿Cuáles son?
2. Explique por qué la selección de los padrinos es, a veces, una decisión económica.
3. En la tradición judía y en la cristiana, existen ceremonias que coinciden con el comienzo de la adolescencia. ¿Cuáles son?
4. ¿Qué son las "bodas de plata" y las "bodas de oro"?

Comunicación

A El casamiento. La "exogamia" es lo contrario de la "endogamia", la práctica de escoger un cónyuge de afuera de su propio grupo o comunidad. Con su grupo, preparen una lista de las ventajas y desventajas de la endogamia y de la exogamia.

B El fallecimiento. Prepare Ud. una esquela para alguna persona famosa.

C El amor. En la lectura se habla del "amor romántico": y de los factores económicos y sociales que influyen en el matrimonio. Escriba sus ideas sobre el "amor romántico" y sobre los factores económicos y sociales que influyen en la selección de un esposo o una esposa.

D La endogamia. Algunos sociólogos dicen que la "endogamia" todavía existe en los EE.UU. ¿Qué cree Ud. que quieren decir? ¿Tienen razón? ¿Qué opina Ud.?

MANUEL CERVANTES RODRÍGUEZ y
CARMEN BARCENAS DE CERVANTES

EN SU 25o. ANIVERSARIO PARTICIPAN EL

XV ANIVERSARIO DE
MARÍA SALOMÉ

Y EL ENLACE MATRIMONIAL DE
CONCEPCIÓN y GENARO JOSÉ

Y tienen el honor de invitar a Usted y a su apreciable Familia a tan jubiloso acto Religioso que se llevará a efecto el día 22 del presente a las 18:30 horas en la Iglesia de Nuestra Señora del Carmen, ubicada en Plaza del Estudiante No. 8.

México, D. F. a 22 de Enero

✝

EL SEÑOR INGENIERO
Carlos Alberto Ariza Bernal

DESCANSÓ EN LA PAZ DEL SEÑOR

Sus padres Carlos Arturo Ariza Niño y Lucía Bernal de Ariza, y sus hermanos: Germán López, María Isabel Ariza, Ana María, Andrés Eduardo López Ariza, Jorge Enrique Ariza Bernal, Marta Cecilia Insignares e Isabella Ariza Insignares, agradecen a sus amigos y relacionados la asistencia a las exequias que se efectuarán hoy viernes 1 de mayo, a las 3:00 p.m., en la iglesia de San Juan de Ávila. y luego acompañarlos a los Jardines del Recuerdo.

Velación: Capilla No. 2, San Juan de Ávila.

CEREMONIAS FAMILIARES

VOCABULARIO

el entierro

la tumba familiar

el velo

el acompañamiento

la viuda

el ramo

la pila

el traje de novia

el camposanto

Ejercicios

A ¿Cuál es la palabra? Completen.

1. Van a bautizar al niño con agua de la ___.
2. La novia lleva un precioso ___ blanco.
3. Ella también lleva un ___ de bellas flores.
4. Es díficil verle la cara a la novia porque lleva ___.

B Definiciones. Den la palabra que se define.

1. el cementerio, el lugar del último descanso
2. la acción de enterrar a un muerto
3. la esposa de un muerto
4. el lugar en un cementerio dedicado a los restos de los miembros de una familia
5. el grupo de personas que acompaña al muerto en los funerales

El bautizo

D. RUBÉN: Esos son los padrinos, don Abelardo Sánchez y su esposa doña Marina. Él es el dueño del hipermercado Américas.

DA. SARA: Ya están todos alrededor de la pila. Y ahora el cura le está echando agua bendita al bebé. Mira cómo llora, el pobrecito.

D. RUBÉN: Los padres están tan orgullosos de su príncipe.

DA. SARA: ¿Qué nombre le han dado al niño?

D. RUBÉN: Abelardo, igual que el padrino.

DA. SARA: No es ninguna coincidencia, ¿verdad?

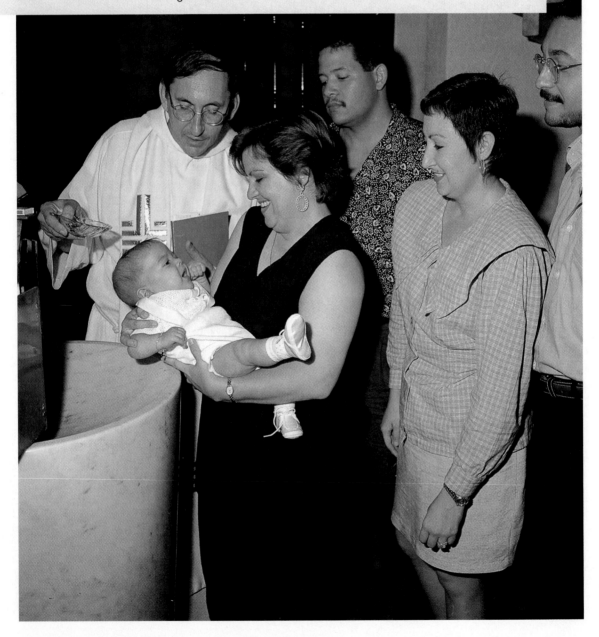

El matrimonio

RODRIGO: La novia es realmente preciosa.

ELENA: El traje que lleva habrá costado un dineral. Me gusta mucho el ramo de novia.

RODRIGO: ¿Quiénes son los pajes y las damas de honor?

ELENA: Todos son hermanos y hermanas de Diana y Nando.

RODRIGO: Mira, acaban de cambiar anillos.

ELENA: Nando le ha levantado el velo y la ha besado.

RODRIGO: Ya están casados. ¿Dónde es la recepción?

ELENA: En el Hotel Excélsior.

El velorio

MARTA: Allí está la viuda, doña Carmen.

FELIPE: Don Rafael se ve como dormido, ¿no crees?

MARTA: Noventa y dos años. Una larga vida.

FELIPE: ¿Viste las esquelas en los periódicos esta mañana? Yo vi más de una docena.

MARTA: ¿A qué hora es el entierro mañana?

FELIPE: A las diez, en el camposanto del pueblo. Allí tienen la tumba familiar.

MARTA: Habrá cientos de personas en el acompañamiento, sin duda.

Comprensión

A El bebito. Corrijan las oraciones falsas.

1. Don Rubén y doña Sara asisten a una boda.
2. Los padres del bebé son los señores Sánchez.
3. El bebé es un varón.
4. El bebé se llama Celsa.
5. Celsa es el nombre del padre también.

B La ceremonia. Completen.

1. El ___ probablemente ha costado mucho dinero.
2. Los hermanos y hermanas de los novios son ___ y ___.
3. Cada novio le pone un ___ en el dedo del otro.
4. El novio le dio un ___ a la novia.
5. Todos van al Excélsior para la ___.

C El sepelio. Escojan.

1. Don Rafael era el (esposo/hijo) de doña Carmen.
2. Él era muy (joven/viejo) cuando murió.
3. En los periódicos había (pocas/muchas) esquelas.
4. Mañana es el (funeral/el velorio).
5. En el camposanto la familia tiene su (casa/tumba).
6. Muchas personas van a tomar parte en (el acompañamiento/la esquela).

Comunicación

A La boda del año. Un canal de televisión en Latinoamérica les contrata a Ud. y a su compañero(a) para describir la boda de Gloria Lugo y Rolando Beltrán, dos famosos cantantes que están muy de moda. Preparen Uds. la descripción para la tele.

B Los multimillonarios. Ud. y su esposo(a) quieren que D. León Valladares y su esposa Da. Josefa sean padrinos de su hijita Mercedes. (Los Valladares son multimillonarios.) Hable con los Valladares. Su compañero(a) es el Sr. Valladares o la Sra. Valladares. Después, cambien de papel.

C El ilustre científico. Un periódico chileno le pide a Ud. un artículo con la descripción de los funerales de un ilustre científico norteamericano que vivía en su pueblo. Prepare el artículo. Incluya el día y la hora, quiénes asistieron, dónde fue el entierro, etc.

Abelardo Simón

Nació en la Ciudad de México, D. F., el día 13 de Diciembre de 1994, y fue bautizado el día 19 de Enero de 1995, en la Parroquia del Santo Niño de Praga.

Sus Padres:
Simón Lara Tejeda
y
Celsa Correa de Lara

Sus Padrinos:
Abelardo Sánchez García
y
Marina Cervantes de Sánchez

Padrino de Oleos:
Sr. Cura Pro. D. José Álvarez

Marisela
y
Juan David

No existe nada más grande para dos almas que sentir que han sido unidas para toda la vida, para fortalecerse el uno al otro en todo momento, para descansar el uno en el otro en toda tristeza, para asistirse mutuamente en todo dolor y para estar juntos en muchos y preciosos instantes…

RECUERDO DE NUESTRO MATRIMONIO
Parroquia de San José
Diciembre 11 de 1994
Matagalpa, Nicaragua

FÓRMULAS

¡Enhorabuena!

Cuando nace un bebé, es normal felicitar a los padres diciéndoles:

> ¡Enhorabuena! ¡Felicitaciones!

Y, claro, siempre se les dice que el bebé es bello, no importa lo feo que sea. Se dice:

> ¡Qué bello!
> ¡Ay, si es un ángel!
> ¡Qué preciosidad!

También se le hace caricias al bebé diciéndole cosas como:

> Rico, dame una sonrisita.
> Preciosa, qué ojos tienes.
> Eres tan bella como tu mamá.
> Muñequita, eres adorable.

Las bodas también tienen sus fórmulas. Las felicitaciones se les dan a los novios. Se les dice:

> Les deseamos mucha felicidad.
> ¡Qué sean siempre felices!
> ¡Qué tengan toda clase de dicha!
> Felicitaciones.

A los padres de los novios, especialmente durante los saludos formales o durante la recepción, se debe comentar sobre los deseos por la felicidad de los novios y sobre la belleza de la boda.

> **¡Qué bella pareja!**
> **Estarán Uds. muy orgullosos, y con razón.**

La muerte tiene sus ceremonias y ritos. Uno debe dirigirse a la familia del difunto* con expresiones de dolor como:

> **Sentido pésame.**
> **Le acompañamos en el dolor.**
> **Le expreso mi profunda condolencia.**

Sentido pésame.

Y la persona que recibe las felicitaciones o los pésames siempre los agradece diciendo personalmente o por escrito:

> **Gracias.**
> **Se lo agradezco.**
> **Cuánto le agradezco su fina cortesía.**

Comunicación

A **Muy diplomáticamente.** Ud. está asistiendo a un bautizo. La madre del bebé le saluda. Responda apropiadamente.

B **Unas personas muy distinguidas.** En la recepción después de la boda, le presentan a Ud. a los padres de la novia. Diga algo cortés y apropiado.

C **Que en paz descanse.** Se murió el abuelo de su amigo. Después del funeral, Ud. se acerca a los padres de su amigo. Diga algo apropiado para la ocasión.

D **¡Qué honor!** Unos amigos hispanos le piden a Ud. que sea padrino o madrina de su hijo(a). Responda.

---

* **el difunto**   *el muerto*

El futuro
Verbos regulares

Expressing Future Events

1. The future tense of regular verbs is formed by adding the personal endings to the entire infinitive of the verb. Review the forms of the future tense of regular verbs.

INFINITIVE	ESTUDIAR	BEBER	ESCRIBIR
yo	estudiaré	beberé	escribiré
tú	estudiarás	beberás	escribirás
él, ella, Ud.	estudiará	beberá	escribirá
nosotros(as)	estudiaremos	beberemos	escribiremos
vosotros(as)	estudiaréis	beberéis	escribiréis
ellos, ellas, Uds.	estudiarán	beberán	escribirán

2. The future tense is used in the same way in Spanish as in English, to express an event or action that will take place in the future. Some adverbial expressions used to express future time are:

> mañana (por la mañana, por la tarde, por la noche)
> pasado mañana
> de hoy en ocho días

> la semana
> el mes $\Big\}$ que viene
> el año
> el verano

> Ellos nos llamarán mañana por la noche.
> Pero yo los veré mañana por la tarde.
> Paco y yo iremos allá temprano.

3. There is another way to express future time. The expression *ir a* + infinitive is frequently used in Spanish instead of the future tense. It is used in the same way as the English expression "to be going to."

> Ellos nos van a llamar mañana por la noche.
> Pero yo los voy a ver mañana por la tarde.
> Paco y yo vamos a ir allá temprano.

Ejercicios

A **Hoy, sí. Mañana, no.** Sigan el modelo.

Hoy estudio, pero mañana no estudiaré.

1. Hoy me levanto temprano, ___.
2. Hoy tomo el desayuno en casa, ___.
3. Hoy mamá nos lleva a la escuela, ___.
4. Hoy nos dan un examen en español, ___.
5. Hoy jugamos al baloncesto, ___.
6. Hoy recibimos uniformes, ___.
7. Hoy las clases terminan a las dos, ___.
8. Hoy cenamos en un restaurante, ___.
9. Hoy leo después de comer, ___.

Un colegio, La Paz, Bolivia

B **¿Adónde irás un día?** Preguntas personales.

1. ¿Adónde viajarás algún día?
2. ¿Cuánto tiempo pasarás allí?
3. ¿Qué cosas verás?
4. ¿Te quedarás en un hotel o con amigos?
5. ¿Qué monumentos o museos visitarás?
6. ¿Qué platos típicos comerás?

El futuro
Formas irregulares

Expressing More Future Events

1. The following frequently-used verbs have an irregular root in the future tense.

HACER	**har-**	VENIR	**vendr-**
DECIR	**dir-**	PONER	**pondr-**
QUERER	**querr-**	SALIR	**saldr-**
SABER	**sabr-**	TENER	**tendr-**
PODER	**podr-**	VALER	**valdr-**

2. The future tense endings are the same for all verbs, regular or irregular.

INFINITIVE	DECIR	PODER	SALIR
yo	diré	podré	saldré
tú	dirás	podrás	saldrás
él, ella, Ud.	dirá	podrá	saldrá
nosotros(as)	diremos	podremos	saldremos
vosotros(as)	diréis	podréis	saldréis
ellos, ellas, Uds.	dirán	podrán	saldrán

Ejercicios

El Estadio Santiago Bernabéu, Madrid, España

A **¿Qué hará el campeón?** Cambien en el futuro.

1. Él nunca dice nada.
2. Pero puede jugar.
3. El problema es que no quiere.
4. Tenemos que rogarle.
5. Le decimos que no ganamos sin él.
6. Y que todo el mundo viene a verle jugar.
7. Vale la pena intentarlo.
8. Si no, nunca sabemos.

B **Hay que ser positivos.** Contesten con *sí* y el futuro.

1. ¿Se va a poner el uniforme?
2. ¿Va a estar en forma?
3. ¿Va a poder jugar?
4. ¿Todos van a venir al estadio?
5. ¿Van a tener entradas para todos?
6. ¿Le van a enseñar a jugar?
7. ¿Él va a hacer todo lo necesario?
8. ¿Va a ganar?
9. Y tú, ¿vas a estar contenta?

C **La boda.** Cambien en el futuro.

1. Toda la familia asistió a la misa nupcial.
2. Todos los invitados fueron al banquete en honor de los recién casados.
3. Sirvieron una comida fabulosa.
4. Todos los invitados se divirtieron.
5. Después de la fiesta, la pareja salió de viaje.
6. Pasaron su luna de miel en México.
7. Después de quince días en México, volvieron a casa y abrieron todos sus regalos.
8. Tuvieron que agradecerles a todos sus familiares y a todos sus amigos por los regalos que les habían dado.

El condicional o potencial
Formas regulares e irregulares

Expressing Conditions

---

1. The conditional, like the future tense, is formed by adding the appropriate personal endings to the entire infinitive. The personal endings for the conditional are the same endings used for *-er* and *-ir* verbs in the imperfect tense. Review the following forms.

INFINITIVE	ESTUDIAR	BEBER	ESCRIBIR
yo	estudiaría	bebería	escribiría
tú	estudiarías	beberías	escribirías
él, ella, Ud.	estudiaría	bebería	escribiría
nosotros(as)	estudiaríamos	beberíamos	escribiríamos
vosotros(as)	*estudiaríais*	*beberíais*	*escribiríais*
ellos, ellas, Uds.	estudiarían	beberían	escribirían

2. Verbs having an irregular root in the future tense have the same irregular root in the conditional.

HACER	haría	VENIR	vendría
DECIR	diría	PONER	pondría
QUERER	querría	SALIR	saldría
SABER	sabría	TENER	tendría
PODER	podría	VALER	valdría

3. The conditional is used in Spanish as it is in English, to express what would or would not happen under certain circumstances or "conditions." The conditional in English is usually expressed by "would."

Yo lo llamaría, pero no tengo tiempo.   *I would call him, but I don't have time.*

Ejercicio

¿Qué harías en las montañas? Contesten.

1. ¿Esquiarías o patinarías en la nieve?
2. ¿Tendrías frío, o no te molestaría el frío?
3. ¿Te quedarías en un hotel o en una caravana?
4. ¿Llevarías comida o comerías en un restaurante?
5. ¿Cómo harías el viaje, en tren, en coche o en autobús?
6. ¿Sabrías bajar por las pistas para expertos o no?
7. ¿Cuántas horas podrías esquiar sin cansarte?
8. ¿Saldrías para las pistas por la mañana o por la tarde?

Oraciones indirectas   *Indirect Discourse*

1. Indirect discourse refers to indirect statements. Look at the following examples.

DIRECT DISCOURSE	INDIRECT DISCOURSE
Yo hablaré con Susana.	**Te digo que yo hablaré con Susana.**

2. When the verb of the main clause is in the present tense—*digo*, the verb in the dependent clause that follows is in the future—*hablaré*. If the verb of the main clause is in the preterite, the verb in the dependent clause is in the conditional.

> **Yo te digo que hablaré con Susana.**
> **Yo te dije que hablaría con Susana.**

MAIN CLAUSE	DEPENDENT CLAUSE
Present	Future
Preterite	Conditional

> **Digo que vendré mañana.**
> **Dije que vendría mañana.**

Ejercicio

Siempre cumplo. Sigan el modelo.

> **¿Vendrás mañana?**
> *Ya dije que vendría mañana.*

1. ¿Viajarás con el grupo?
2. ¿Irás en el coche?
3. ¿Tendrás bastante tiempo?
4. ¿Podrás conducir?
5. ¿Sabrás cómo ir?
6. ¿Pondrás los materiales en el coche?
7. ¿Volverás con el grupo?

Los pronombres de complemento directo e indirecto

Referring to People and Things Already Mentioned

1. A direct object is the direct receiver of the action of a verb. An indirect object receives the action of the verb indirectly or secondarily. In Spanish, the pronouns *me, te,* and *nos* function as both direct and indirect object pronouns. Note that in Spanish the object pronoun precedes the conjugated form of the verb.

¿Te vio Teresa?	Sí, me vio.
¿Te dio un libro?	Sí, me dio un libro.

2. The third person singular and plural pronouns for direct and indirect objects are not the same. The direct object pronouns are *lo, la, los, las.* The direct object pronouns replace the names of persons, places, or things. Look at the following sentences.

Conozco el Museo Antropológico.	Lo conozco.
Conozco la playa de Luquillo.	La conozco.
Conocí a Ramón en el museo.	Lo conocí en el museo.
Conocí a Marta en la playa.	La conocí en la playa.

3. The third person indirect object pronouns are *le* and *les*. These pronouns replace both masculine and feminine nouns. Look at the following sentences.

Dorotea le dio un regalo a Pablo.
Y Pablo le dio un regalo a Dorotea.
Dorotea y Pablo les dieron regalos a sus padres.

4. Since *le* and *les* can refer to a number of different persons, they are often clarified by adding a prepositional phrase at the end.

Le hablé ⎱ a él. ⎰ Les hablé ⎱ a ellos. ⎰
a ella. a ellas.
a Ud. a Uds.

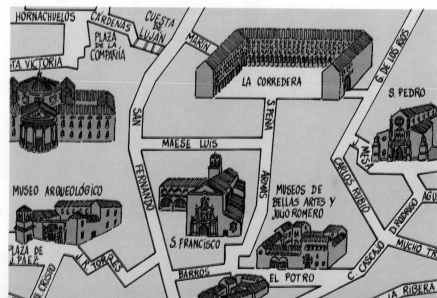

Puntos de interés, Córdoba, España

Ejercicios

A Una invitación. Contesten.

1. ¿Te llamó Teresa anoche?
2. ¿Teresa te invitó a la fiesta?
3. ¿Te invitó a ti y a Jorge también?
4. Ella me conoce, ¿verdad?
5. ¿Ella me va a invitar también?

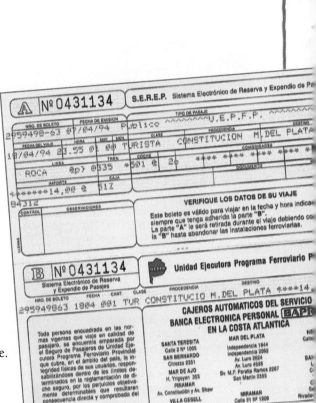

¡Fiesta! ¡Fiesta!

Día: *31-5*

Hora: *20:00* Lugar: *Calle Suárez 25*

Firma: *Teresa Calderón*

B En la fiesta. Completen.

Teresa ――― llamó a Luis y a mí. Ella
    1

――― invitó a la fiesta. Ella ――― llamó a ti también, y ――― invitó, ¿no? Perdón,
 2   3   4

ahora tengo que tocar el piano, porque Teresa ――― lo pidió. A mí ――― gusta
                                            5   6

mucho la música latina. ¿Y a ti ――― gusta también?
                                7

C ¡Al tren! Contesten con el pronombre apropiado.

1. ¿Sara tiene su boleto?
2. ¿El mozo lleva las maletas?
3. ¿El revisor saluda a Sara?
4. ¿El revisor mira el boleto?
5. ¿Sara le pregunta al revisor dónde está el asiento?
6. ¿El revisor le dice donde está?
7. ¿Sara lleva los libros en la mochila?
8. ¿Sara ve a los amigos en el tren?
9. ¿Ellos le hablan a Sara?
10. Y Sara, ¿les habla a ellos?
11. Desde la ventanilla, ¿ve Sara el paisaje?
12. ¿Ella les dice a los amigos que el paisaje es bello?

D En el aeropuerto. Completen.

El señor Sepúlveda llegó al mostrador de la línea

aérea en el aeropuerto. Él ――― habló al agente. Él ―――
                                1   2

habló en español. El señor Sepúlveda ――― dio las
                                       3

maletas al agente y el agente ――― puso en la báscula y
                                     4

――― pesó. El agente ――― dijo al señor Sepúlveda
 5   6

cuánto pesaban. El pasajero ――― dio su boleto al agente.
                             7

El agente ――― miró. Facturó el equipaje, y ――― dio el
             8   9

boleto y los talones al señor Sepúlveda. El agente ―――
                                           10

dio las gracias al pasajero y ――― deseó un feliz viaje.
                           11

Dos complementos
en la misma oración

Referring to People and Things
Already Mentioned

1. Very frequently both a direct and an indirect pronoun appear in the same sentence. When they do, the indirect object pronoun is always placed before the direct object pronoun and both pronouns precede the conjugated form of the verb.

> **Alicia me dio el informe.**　　　　**Alicia me lo dio.**
> **Y ella me regaló las fotografías.**　**Y ella me las regaló.**

2. The indirect object pronouns *le* and *les* change to *se* when used with the direct object pronouns *lo, la, los, las*. Because the pronoun *se* can mean *a él, a ella, a Ud., a ellos, a ellas,* and *a Uds.,* it is often clarified by a prepositional phrase.

> **La doctora le dio las radiografías**　**La doctora se las dio a ella**
> 　**a él.**　　　　　　　　　　　　　　**(a Ud.).**
> **La doctora les dio las radiografías**　**La doctora se las dio a ellas**
> 　**a ellos.**　　　　　　　　　　　　**(a Uds.).**

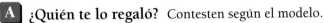

Ejercicios

A **¿Quién te lo regaló?** Contesten según el modelo.

> **¿Quién te regaló el saco de dormir?**
> *Mi tía me lo regaló.*

1. ¿Quién te regaló la carpa?
2. ¿Quién te regaló las sillas plegables?
3. ¿Quién te regaló el barquito?
4. ¿Quién te regaló la hamaca?
5. ¿Quién te regaló el remolque?
6. ¿Quién te regaló la cantimplora?
7. ¿Quién te regaló los juegos?

B **¿Te gusta?** Contesten según el modelo.

> **¿Te gusta el traje?**
> *Sí, mucho. ¿Quién te lo dio?*

1. ¿Te gustan los tenis?
2. ¿Te gustan las pelotas?
3. ¿Te gusta la raqueta?
4. ¿Te gusta la camisa?
5. ¿Te gusta el traje de baño?
6. ¿Te gustan las gafas de sol?
7. ¿Te gusta la crema protectora?
8. ¿Te gustan los esquís acuáticos?
9. ¿Te gusta el colchón de aire?

C **Una carta a la abuela.** Contesten con los pronombres apropiados.

1. ¿Le escribiste la carta a abuelita?
2. ¿Le mandaste la carta hoy?
3. ¿Le diste una copia de tu artículo?
4. ¿Le mandaste las fotos de la familia?
5. ¿Le diste nuestros saludos también?
6. ¿Ella te contestará la carta?

D **En la taquilla.** Completen con los pronombres.

Ayer fui a la taquilla para comprar entradas para unos amigos. Yo ——₁ compré. Pero cuando el taquillero ——₂ vendió, él me dijo que quedaban pocas. Yo llamé a Ramón y ——₃ dije. Ramón entonces ——₄ pidió que comprara una más. Volví a la taquilla y ——₅ pedí otra entrada al taquillero. Pero el taquillero ya ——₆ había vendido. Él ——₇ vendió a una señora momentos antes de que yo regresara.

LA BODA DE CHÁBELI

INTRODUCCIÓN

Los nacimientos y las bodas son los dos eventos que más alegría traen en todas las culturas. Las bodas se acompañan de mucha ceremonia y mucho festejo. Hay quienes "echan la casa por la ventana" cuando se trata de la boda de sus hijos. Por tradición, en la cultura hispana y en la occidental en general, los gastos de las bodas los cubren los padres de la novia. Y hay bodas que cuestan millones. La boda no es cuestión solamente del matrimonio de los novios, también les permite a las familias mostrar al mundo su posición social, su importancia, su rango.

Por eso, cuando se casan los hijos de personajes famosos, a todo el mundo le interesa.

Las bodas de los príncipes británicos aparecen en la televisión en todo el mundo. También llaman la atención las bodas de la "nueva aristocracia"—los personajes del mundo de la canción, del cine, del teatro y del deporte.

Cuando se casó la hija del cantante Julio Iglesias, la foto de los novios apareció en la portada de casi todas las revistas españolas e hispanoamericanas; *Semana, ¡Hola!, Diez Minutos, Pronto*, etc. Se informaban todos los detalles, hasta los más mínimos.

El siguiente artículo es de la revista *Diez Minutos*.

VOCABULARIO

la pareja   el marido o la esposa
el/la primogénito(a)   el primer hijo o la primera hija
las alianzas   los anillos
el taller   el lugar de trabajo de un arquitecto, escultor, etc.
el son   el sonido (música)
el impedimento   el obstáculo, la dificultad

acudir   venir a un lugar, reunirse
poseer   tener, ser dueño de
suscitar   promover, provocar, motivar
constar   consistir en
socorrerse   ayudar el uno al otro
fundirse   unirse, juntarse

enfundado(a)   metido en algo, en ropa muy estrecha
habilitado(a)   arreglado, renovado, preparado
confeccionado(a)   hecho, fabricado, elaborado

el escote
el corpiño
el encaje
los bordes de rush

Ejercicios

A **El traje de novia.** Contesten según el dibujo.

1. ¿Es un traje de novia o de novio?

2. ¿Son los bordes o es el corpiño?

3. ¿Es un escote o es el encaje?

4. ¿Es el escote o es el corpiño?

B **Expresiones equivalentes.** Pareen.

1. la pareja
2. las alianzas
3. el impedimento
4. socorrerse
5. fundirse
6. habilitado
7. confeccionado
8. enfundado

a. el obstáculo
b. ayudarse
c. unirse
d. los anillos
e. el esposo y la esposa
f. fabricado
g. preparado
h. metido

C **Una pareja.** Completen.

1. Los novios bailaron al ___ de los violines.
2. Todo el mundo ___ a la pista de baile para verlos.
3. Esta boda tenía que ___ gran interés entre el público.
4. El novio es riquísimo, él ___ millones de dólares.
5. Y ella es la primera hija del presidente, es su ___ .
6. Y su fortuna ___ de fábricas, apartamentos, bancos e industrias.

Chábeli se casó de blanco, por lo civil y en una antigua fábrica de cemento.

Los novios del año realizarán su viaje de luna de miel por Europa

Al enlace acudieron los padres de los novios con sus respectivas parejas.

Doscientos cincuenta y dos invitados fueron testigos, el pasado día once de septiembre, de la ceremonia por la que se unieron en matrimonio civil, Chábeli, primogénita de Julio Iglesias e Isabel Preysler, y Ricardo Bofill júnior, hijo del arquitecto catalán del mismo nombre y de la actriz italiana Serena Vergano, cuyo correcto apellido es el de Maggiora-Vergano. La boda se celebró en Sant Just Desvern, junto a Barcelona, en el taller de arquitectura que allí posee el padre del novio. El Taller había sido una antigua fábrica de cemento, en donde los viejos silos fueron rehabilitados en viviendas y oficinas…

Increíble expectación

La expectación suscitada por la boda hizo que miles de personas (cerca de tres mil, según datos de la policía) se congregaran en los alrededores, formando un pasillo humano larguísimo, en medio del cual

Retrato de una nueva familia

Los novios cortan la tarta nupcial.

La ceremonia

Los novios entraron del brazo de sus respectivos padrinos en el despacho habilitado para la boda, a los sones de música de Bach interpretada al clavicordio. Tras unas palabras del juez Llovet pasó la juez Castellví a preguntar a los asistentes si existía algún impedimento. Al no hallar respuesta afirmativa, procedió a leer los artículos correspondientes ("el hombre y la mujer tienen los mismos derechos y obligaciones, ambos deben respetarse, socorrerse, ser fieles, etc.") y a continuación les formuló la clásica pregunta de si deseaban contraer matrimonio el uno con el otro. Tras las respuestas afirmativas les declaró marido y mujer, hicieron el intercambio de las clásicas alianzas de oro y se fundieron en un beso. Las primeras palabras de Chábeli ya casada, dirigiéndose a la juez fueron: "¿Puedo besarle otra vez?" Y tras el gesto afirmativo de aquélla volvió a besar apasionadamente a Ricardo. Los asistentes rompieron en risas y aplausos.

fueron pasando a duras penas en sus automóviles la mayoría de los invitados.

Los nervios de la novia

Chábeli,… se levantó ese día a las doce del mediodía. Estaba nerviosa porque dijo que, a pesar de la hora en la que se había levantado, había dormido poco. Enfundada en un pantalón vaquero corto y con una camiseta blanca de algodón, y calzando zapatillas de deporte,… desayunó solamente un zumo de naranja…

Los vestidos

El vestido de la novia era un modelo de Valentino, confeccionado por María Rosa Salvador, de Dafnis… constaba de un corpiño ajustado, al estilo de la ropa interior de nuestras bisabuelas, de organza natural y encaje de Valenciennes, con escote en forma de corazón, que dejaba los hombros al descubierto. La falda era de gran volumen, confeccionada con tres capas de organza y encaje con los bordes de rush.

Comprensión

A **Dos familias se unen.** Contesten.

1. ¿Quién es el novio?
2. ¿Cómo se llama la novia?
3. ¿Quién es el padre de la novia?
4. ¿Por qué es famoso él?
5. ¿Cuál es la profesión del novio?
6. ¿De dónde es la familia del novio?
7. ¿Es española la madre del novio?
8. ¿Cuál era la profesión de la madre del novio?
9. ¿En qué pueblo o ciudad tuvo lugar la boda?
10. ¿Quién es el mayor de los hijos de Julio Iglesias?
11. ¿Cuántos testigos asistieron a la boda?

B **¿Cuál es la palabra?** Completen.

1. El apellido de la madre de la novia es ___.
2. El taller de arquitectura era antes una ___.
3. Convirtieron los viejos silos en ___.
4. Más de ___ personas fueron a ver pasar los novios.
5. La persona que hizo el traje de la novia era ___.
6. La juez preguntó si existía algún ___ al matrimonio.

C **Algunos informes.** ¿Dónde dice...?

1. que los padres de los novios se han divorciado
2. que los novios no tuvieron una boda religiosa
3. por qué era difícil para los invitados llegar al lugar de la boda
4. lo que vestía la novia la mañana de la boda
5. el instrumento musical que se usó
6. quiénes casaron a los novios
7. la "clásica pregunta" que se les hace a los novios
8. lo que hizo reírse y aplaudir a las personas

D **Mucho interés.** Explique por qué hubo tanto interés en esta boda.

Comunicación

A **Una entrevista.** Prepare con un(a) compañero(a) de clase una entrevista con una de las 3.000 personas que fueron a ver el espectáculo. Ud. dará la entrevista y su compañero(a) contestará. Después cambien de papel.

B **Chábeli.** Ud. va a tomar el papel de Chábeli. Su compañero(a) le va a entrevistar la mañana de la boda. Luego cambien de papel.

ANUNCIOS SOCIALES

INTRODUCCIÓN

Los pasajes de la vida se marcan con ceremonia. Por costumbre se espera que haya testigos. Se quiere informar a todas las personas que pudieran tener interés. Una manera de informar a un amplio público es por medio del periódico. Se anuncian los nacimientos, los cumpleaños, las bodas y las muertes.

VOCABULARIO

el ave picuda, la cigüeña

el festejo

los concurrentes

la cobijita

el marco   lo que rodea una cosa
el/la heredero(a)   el/la hijo(a)
el/la bisnieto(a)   el/la hijo(a) de un nieto o una nieta
el/la extinto(a)   el/la señor(a) que murió
el Magisterio Fiscal   maestros de las escuelas públicas

participar   comunicar, notificar o informar
efectuar   hacer, realizar, tener lugar

obsequiar   dar, regalar
degustar   probar alimentos, especialmente alimentos finos y elegantes
lucir   brillar, ser espléndido
llevar a cabo   hacer, realizar
allegado(a)   cercano, próximo, se dice de los parientes e íntimos amigos
abnegado(a)   se dice de la persona generosa que hace sacrificios por los demás

Ejercicios

A ¿Qué es? Contesten según los dibujos.

1. ¿Es un ave picuda o un canario?

2. ¿Es un festejo o un entierro?

3. ¿Son los concurrentes o las cobijitas?

4. ¿Es un marco o un festejo?

B ¿Cuál es la palabra? Completen con la palabra apropiada.

1. Los nietos de doña Flor tienen hijos, así es que ella tiene ___.
2. Para su cumpleaños, le ___ a doña Flor exquisitos regalos.
3. Todas las personas ___ a doña Flor asistieron al festejo.
4. Y allí sirvieron deliciosos platos que todos los concurrentes ___.
5. Doña Flor siempre piensa en los demás y hace lo que puede por ellos. Es una persona muy ___.
6. Durante muchos años fue maestra en una escuela pública, y muchos amigos del ___ asistieron al festejo.
7. Doña Clara Calles, gran amiga de doña Flor, murió recientemente, y todos sus amigas pensaron en la ___.

C Los sinónimos. Escojan el sinónimo.

1. participar   a. regalar
2. efectuar   b. probar
3. obsequiar   c. realizar
4. degustar   d. informar

MATRIMONIO

Aspillaga Barros-
Claverie Jaramillo

Michel Claverie Bartet, Marta Jaramillo de Claverie, Pedro Aspillaga Salas y Ana María Barros de Aspillaga participan a Ud. el matrimonio de sus hijos Rodrigo Aspillaga Barros y María Paz Claverie Jaramillo y le invitan a la ceremonia religiosa que se efectuará, con misa de precepto, en la Iglesia de los Sagrados Corazones de Alameda (Avda. Bernardo O'Higgins 2062), el día sábado 25 de abril a las 20.00 horas.

La feliz pareja, Rodrigo y María Paz

BODAS DE ORO

Hoy celebran 50 años de matrimonio don Benjamín Saavedra Camus y la señora Inés Marchant de Saavedra, en compañía de sus hijos, nietos, bisnietos y hermanos.

Norma de Cardona Recibirá la Visita del Ave Picuda

En bonito festejo organizado por Yolanda M. de Téllez, fue felicitada por la espera de su primer bebé la señora Norma Téllez de Cardona.

Al baby shower asistieron amistades y familiares allegadas de Norma. La amplia estancia de la casa donde se llevó a cabo la celebración, lucía espléndidamente adornada de flores. Todo ello, sirvió de marco a la convivencia*. Posteriormente, Norma abrió cada uno de los regalos que le obsequiaron sus invitadas, los cuales iban desde zapatitos hasta cobijitas para cubrir a su frágil heredero.

Norma con su mamá

Las distinguidas concurrentes degustaron deliciosos platillos, acompañados de refrescantes bebidas. Ya llegada la noche se retiraron a sus hogares.

Asistieron Adela González de Márquez, Alicia Salas, María de Jesús C. de Longoria, Escolástica V. de Solorio y Vicky de Guerrero.

---

*convivencia *reunión*

NECROLÓGICOS

SOF. 1ro. ESNA. OSWALDO MALDONADO JARJUIRI-ESPOSO, LIZ, PAMELA, WILLIAM, JESMY HIJOS, LOS PADRES POLÍTICOS, HERMANOS, HERMANOS POLÍTICOS, TÍOS, PRIMOS, SOBRINOS Y DEMÁS FAMILIARES DE LA QUE EN VIDA FUE QUERIDA ESPOSA Y ABNEGADA MADRE:

✝ SRA. PROF. EMMA ROJAS DE MALDONADO

(Q. E. P. D.)

INVITAN AL MAGISTERIO FISCAL DE LA PAZ, ARMADA BOLIVIANA, RESIDENTES VALLEGRANDINOS, ORUREÑOS, PROVINCIA ALONZO DE IBÁÑEZ, HUANUNI, AMIGOS E INSTITUCIONES A LAS QUE PERTENECIÓ, SE DIGNEN ASISTIR A LA MISA DE RÉQUIEM QUE EN SUFRAGIO DEL ALMA DE LA EXTINTA Y RECORDANDO EL PRIMER AÑO DE SU LLORADO FALLECIMIENTO, SE MANDARÁ A OFICIAR EL DÍA MIÉRCOLES 10 DEL PTE. A HRS. 18:45 PM. EN LA CATEDRAL METROPOLITANA, NUESTRA SEÑORA DE LA PAZ (PLAZA MURILLO).

FAVOR DE COMPROMETER A LA GRATITUD DE LA FAMILIA DOLIENTE.

LA PAZ, MARZO 8

EL DUELO SE DESPIDE EN LA PUERTA DEL TEMPLO.

Comprensión

A **Los anuncios sociales.** Contesten.

1. ¿Quiénes se casan?
2. ¿Quiénes anuncian la boda?
3. ¿Cómo se llaman los novios?
4. ¿Dónde tendrá lugar la boda?
5. ¿Será una ceremonia religiosa o civil?
6. ¿Cuál es la fecha de la boda?
7. ¿Quiénes celebran un aniversario?
8. ¿Cuántos años llevan de casados?
9. ¿Quiénes les acompañan en la celebración?

B **La visita del ave picuda.** Escojan.

1. El segundo artículo es de un periódico ___.
   a. español   **b.** chileno   **c.** mexicano

2. La señora Norma de Cardona va a ___.
   a. casarse   **b.** tener un bebé   **c.** tener un cumpleaños

3. La casa donde se celebraba el evento estaba adornada de ___.
   a. flores   **b.** cuadros   **c.** fuentes

4. El "frágil heredero" se refiere a un ___.
   a. regalo   **b.** bebé   **c.** platillo

5. En la celebración les sirvieron a los invitados ___.
   a. zapatitos y cobijitas   **b.** flores y marcos   **c.** platillos y bebidas

6. Al llegar la noche, los invitados a la celebración ___.
   a. abrieron sus regalos   **b.** regresaron a sus casas   **c.** empezaron a comer

C **El aniversario de la muerte.** Contesten.

1. ¿Cuándo murió la Sra. Rojas de Maldonado?
2. ¿Cómo se llama su esposo?
3. ¿A quiénes, en especial, invitan a la misa?
4. ¿Cuándo y dónde será la misa?
5. ¿Dónde terminará el evento?

Comunicación

A **Una boda.** Un periódico español le ha pedido que prepare una descripción de una típica boda norteamericana. Escriba la descripción.

B **Un baby shower.** Prepare una invitación a las amigas de Gloria Benavides a un "baby shower". En la invitación deben aparecer: el evento y la fecha, la hora y lugar del evento, los tipos de regalos que deben traer, que es un secreto.

"Entierro de un hombre ilustre" de Mario Urteaga

El subjuntivo en cláusulas adverbiales

Using the Subjunctive After Certain Conjunctions

1. The subjunctive is always used after the following conjunctions because the information that follows is not necessarily real.

para que	*so that*	**con tal de que**	*provided that*
de modo que	*so that, in such a way that*	**sin que**	*unless, without*
de manera que	*so that, in such a way that*	**a menos que**	*unless*

Victoria no irá a menos que tú vayas.
Ella haría el viaje con tal de que fuéramos en tren.

2. The tense of the verb in the main clause determines the tense of the subjunctive in the dependent clause.

MAIN CLAUSE	DEPENDENT CLAUSE
Present Future	Present subjunctive
Preterite Imperfect Conditional	Imperfect subjunctive

Una clase en una universidad, Madrid, España

Ejercicio

 **La profesora.** Completen.

1. La doctora Ramírez siempre presenta la lección de modo que todos nosotros ___ (comprender).
2. La doctora Ramírez presentó la lección ayer de modo que todos nosotros ___ (comprender).
3. Nadie entiende a menos que ella la ___ (presentar) claramente.
4. Nadie entendería a menos que ella la ___ (presentar) claramente.
5. Ella siempre nos explica todo de manera que ___ (estar) bien claro.
6. Ayer ella nos explicó todo de manera que ___ (estar) bien claro.

El subjuntivo con conjunciones de tiempo   *Using Time Expressions*

1. The subjunctive is used with adverbial conjunctions of time when the verb of the main clause is in the future since it is uncertain if the action in the adverbial clause will really take place. When the verb in the main clause is in the past, the indicative is used since the action of the clause has already been realized.

> **Ella nos hablará cuando lleguemos.**
> **Ella nos habló cuando llegamos.**

2. Some frequently used adverbial conjunctions of time are:

cuando	*when*
en cuanto	*as soon as*
tan pronto como	*as soon as*
hasta que	*until*
después de que	*after*

3. The conjunction *antes de que,* "before," is an exception. *Antes de que* is always followed by the subjunctive. The imperfect subjunctive is used after *antes de que*, when the verb of the main clause is in the past.

> **Ellos saldrán antes de que nosotros lleguemos.**
> **Ellos salieron antes de que nosotros llegáramos.**

Ejercicios

A **¿Cuándo la vieron?** Completen.

—¿Vieron Uds. a la senadora?
—Sí, la vimos en cuanto ella ____ (llegar) al aeropuerto.
—¿Y le hablaron?
—No, no pudimos. Pero le hablaremos tan pronto como ella ____ (estar) libre.
—Después de que Uds. ____ (hablar) con ella, vuelvan aquí en seguida.
—Bien, volveremos aquí cuando ____ (acabar) de hablar con ella.
—Y no se olviden, no vuelvan aquí hasta que le ____ (explicar) la situación a la senadora.
—Entendido. Pero antes de que nosotros ____ (salir) otra vez, queremos tomar un cafecito.

B **¿En el futuro o en el pasado?** Hagan los cambios necesarios.

1. Ella me vio cuando volví.
   _____ verá _____.
2. Yo le hablaré antes de que regrese.
   _____ hablé _____.
3. Ellos me llamaron en cuanto recibieron la noticia.
   _____ llamarán _____.
4. Y yo se lo agradeceré tan pronto como me informen.
   _____ agradecí _____.

El subjuntivo con *aunque* — *Expressing* Although

The conjunction *aunque,* "although," may be followed by the subjunctive or the indicative depending upon the meaning of the sentence. Study the following sentences.

> **Ellos jugarán aunque haga mucho frío.**
> **Ellos jugarán aunque hace mucho frío.**

In the first sentence, the subjunctive is used to indicate that it is not very cold now but that they will play even if it gets very cold. The indicative is used in the second sentence because it is a fact that it is very cold and, although it is very cold, they will still play.

Ejercicio

¿Lo hacemos o no? Contesten según el modelo.

> **Hace muchísimo frío. ¿Vas a jugar?**
> *Sí, voy a jugar aunque hace mucho frío.*

1. No tienes un boleto. ¿Vas al concierto?
2. No sé si el carro tiene bastante gasolina. ¿Vas a ir en el carro?
3. Podría llover. ¿Vendrá Diana con nosotros?
4. Subieron los precios de las entradas. ¿Todavía vamos?
5. Y si hay mucho tráfico, ¿qué? ¿Iremos o no?
6. No sé si Paco Mendes va a tocar. ¿Vas a ir?
7. Tito no tiene dinero. ¿Lo vas a llevar al concierto?
8. Y si la profesora nos da tarea, ¿todavía vamos a ir?

El Centro de Bellas Artes, San Juan, Puerto Rico

El subjuntivo con *quizás,* *tal vez y ojalá*

Introducing Statements With Perhaps *or* Maybe

1. The expressions *quizá(s),* "perhaps," and *ojalá,* "I wish, would that," are always followed by the subjunctive.

> **Quizás nos llamen hoy.**
> **Ojalá nos inviten a la fiesta.**
> **Ojalá (que) nos invitaran a la fiesta.**

Note that *ojalá* can be followed by either the present or the imperfect subjunctive.

2. The expression *tal vez,* "perhaps," can be followed by either the subjunctive or the future indicative.

> **Tal vez lleguen hoy.**
> **Tal vez llegarán hoy.**

Ejercicios

A **¡Ojalá!** Contesten según el modelo.

> **¿Se casarán?**
> *Ojalá que se casen.*

1. ¿Anunciaron su compromiso?
2. ¿Se casarán?
3. ¿Les servirás de padrino (de dama de honor)?
4. ¿Tendrán una recepción?
5. ¿Harán un viaje de novios?
6. ¿Serán felices?
7. ¿Tendrán algunos niños?

B **¿Nos acompañarán?** Contesten según el modelo.

> **¿Nos acompañarán los chicos?**
> *No sé. Quizás nos acompañen.*

1. ¿Iremos en autobús?
2. ¿Nos darán de comer?
3. ¿Serán baratas las entradas?
4. ¿Estaremos allí toda la tarde?
5. ¿Veremos cosas interesantes?
6. ¿Don Felipe explicará los detalles?
7. ¿Va a hacer mucho calor?
8. ¿Volveremos temprano?
9. ¿Será interesante la visita?

La colocación de los pronombres de complemento con el infinitivo y el gerundio

Referring to People and Things Already Mentioned

1. The direct and indirect object pronouns precede a conjugated verb in Spanish.

Ella me lo dice.	**Ella me lo dijo.**
Ella se lo dirá.	**Ella se lo ha dicho.**

2. However, when a direct or indirect object pronoun is used with an infinitive, *-ar, -er, -ir,* or a gerund, *-ando, -iendo*, the pronoun or pronouns may either be attached to the infinitive or gerund, or they may precede the auxiliary verb that accompanies the infinitive or gerund. Look at the following sentences.

INFINITIVE

Ella me lo quiere decir.	**Ella quiere decírmelo.**
Ella me lo va a decir.	**Ella va a decírmelo.**
Ella me acaba de decir el nombre.	**Ella acaba de decirme el nombre.**

GERUND

Ella me lo estaba diciendo.	**Ella estaba diciéndomelo.**
Ahora ella se lo está diciendo a ellos.	**Ahora ella está diciéndoselo a ellos.**
Ella les sigue hablando.	**Ella sigue hablándoles.**

Note that when two pronouns are attached to the infinitive, the infinitive carries a written accent mark to maintain the same stress. A gerund carries a written accent if either one or two pronouns is attached.

Ejercicios

A **En el teatro.** Contesten con pronombres.

1. ¿Quiere ver la comedia Joaquín?
2. ¿Está diciendo a su amiga que la comedia es interesante?
3. ¿Joaquín va a comprar las entradas?
4. ¿Acaba de comprar las entradas en la taquilla?
5. ¿Está mostrando las entradas a la acomodadora?
6. ¿La acomodadora está llevando a los jóvenes a sus asientos?
7. ¿Los jóvenes pueden oír a los actores desde sus asientos?
8. ¿Los actores están interpretando sus papeles bien?

Una sala de conciertos en el Teatro Colón, Buenos Aires, Argentina

B **En el mostrador del aeropuerto.** Sigan el modelo.

> Ella está hablando al agente.
> *Ella le está hablando.*
> *Ella está hablándole.*

1. El agente está atendiendo a la cliente.
2. Ella está hablando al agente.
3. Ellos están discutiendo su reservación.
4. Ella quiere pagar el boleto ahora.
5. Ella quiere un asiento en el pasillo.
6. El agente puede reservarle el asiento.
7. El agente quiere ver su tarjeta de crédito.
8. La señora le está dando la tarjeta de crédito.
9. El agente acaba de llenar el boleto.
10. El agente está indicando la puerta de salida a la señora.

Los pronombres de complemento con el imperativo
Referring to People and Things Already Mentioned

The direct and indirect object pronouns are always attached to affirmative commands, formal or familiar. The pronouns precede negative commands.

FORMAL

Hábleme Ud.	No me hable Ud.
Dígamelo ahora.	No me lo diga ahora.
Désela Ud. a Ramón.	No se la dé Ud. a Ramón.

FAMILIAR

Háblame.	No me hables.
Dímelo ahora.	No me lo digas ahora.
Dásela a Ramón.	No se la des a Ramón.

Note that the command carries a written accent when either one or two pronouns are added to it.

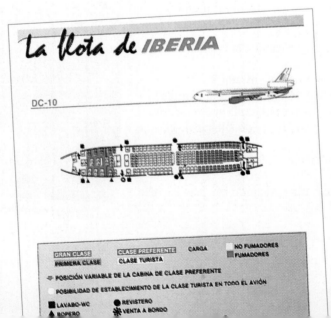

La flota de IBERIA

DC-10

GRAN CLASE   CLASE PREFERENTE   CARGA   NO FUMADORES
PRIMERA CLASE   CLASE TURISTA   FUMADORES

POSICIÓN VARIABLE DE LA CABINA DE CLASE PREFERENTE

POSIBILIDAD DE ESTABLECIMIENTO DE LA CLASE TURISTA EN TODO EL AVIÓN

LAVABO-WC   REVISTERO
ROPERO   VENTA A BORDO

Ejercicios

A **El partido del domingo.** Sigan el modelo.

> Yo voy a organizar el partido.
> *¡Qué bien! ¡Organízalo!*

1. Yo voy a llamar a los jugadores.
2. Voy a preparar el campo.
3. Voy a comprar un balón.
4. Voy a arreglar las porterías.
5. Voy a buscar unos árbitros.
6. Voy a limpiar los uniformes.
7. Voy a darle un uniforme a Pablo.
8. Voy a pedirle zapatillas a don Braulio.
9. Voy a invitar a los maestros.

B **¡No, nunca!** Contesten según el modelo.

> ¿Debo invitar a Emilio?
> *No, no lo invites.*

1. ¿Debo invitar a las chicas?
2. ¿Debo hablarles?
3. ¿Debo decirles la verdad?
4. ¿Debo cambiar la fecha?
5. ¿Debo prepararles la merienda?
6. ¿Debo prestarles los discos?
7. ¿Debo servirles refrescos?
8. ¿Debo preocuparme?

C **¡No lo haga!** Cambien del negativo al afirmativo.

1. No se la dé Ud.
2. No se lo diga Ud.
3. No lo compren Uds.
4. No me lo repita Ud.
5. No nos lo explique Ud. otra vez.
6. No le escriba Ud.
7. No se lo mencionen Uds.
8. No lo escuche Ud.

D **Dice el director.** Sigan el modelo.

> Pienso recomendarlo.
> *No estoy de acuerdo. No lo recomiende Ud.*

1. Pienso repararlas.
2. Pienso informarles.
3. Pienso contratarlos.
4. Pienso decírselo.
5. Pienso despedirlos.
6. Pienso cambiarlas.
7. Pienso telefonearlos.
8. Pienso preguntárselo.

El niño al que se le murió el amigo

Ana María Matute

Antes de leer

Uno de los pasajes que no se marca con ninguna ceremonia, y que a veces ocurre sin que nadie se dé cuenta en el momento, es el fin de la niñez. Algo ocurre, y de repente, el niño pasa a ser algo más, un ser más consciente, casi una persona mayor. Algunos dicen que es la pérdida de la inocencia. Es cuando ya no se cree en Santa Claus, o cuando las realidades de la vida acaban con las fantasías. El evento que marca este pasaje en la vida del niño en el cuento que sigue es dramático y triste.

Vocabulario

la valla, la cerca

el quicio de la puerta

el pozo

los juguetes

las canicas

el polvo

El niño estiró los brazos.   Y puso los codos en las rodillas.

Ejercicio

El niño. Contesten según los dibujos.

1. ¿Qué juguetes son estos?

2. ¿Qué divide las propiedades?

3. ¿Dónde está el niño?

4. ¿Qué estiró el niño?

5. ¿De dónde sacan el agua?

6. ¿Qué tiene el niño en la ropa?

7. ¿Dónde puso el niño sus codos?

INTRODUCCIÓN

Ana María Matute

Ana María Matute nació en la capital española en 1926. Hizo sus estudios en las dos principales ciudades de su país, Madrid y Barcelona. Su primera novela, *Los Abel*, se publicó en 1947. Diez años más tarde se publicó *Los niños tontos*, donde aparece "El niño al que se le murió el amigo".

LECTURA

El niño al que se le murió el amigo

Una mañana se levantó y fue a buscar al amigo, al otro lado de la valla. Pero el amigo no estaba, y, cuando volvió, le dijo la madre: "El amigo se murió. Niño, no pienses más en él y busca otros para jugar". El niño se sentó en el quicio de la puerta, con la cara entre las manos y los codos en las rodillas.

"El volverá", pensó. Porque no podía ser que allí estuviesen las canicas, el camión y la pistola de hojalata, y el reloj aquel que ya no andaba, y el amigo no viniese a buscarlos. Vino la noche, con una estrella muy grande, y el niño no quería entrar a cenar. "Entra niño, que llega el frío", dijo la madre. Pero, en lugar de entrar, el niño se levantó del quicio y se fue en busca del amigo, con las canicas, el camión, la pistola de hojalata y el reloj que no andaba. Al llegar a la cerca, la voz del amigo no le llamó, ni le oyó en el árbol, ni en el pozo. Pasó buscándole toda la noche. Y fue una larga noche casi blanca, que le llenó de polvo el traje y los zapatos. Cuando llegó el sol, el niño, que tenía sueño y sed, estiró los brazos y pensó: "Qué tontos y pequeños son esos juguetes. Y ese reloj que no anda, no sirve para nada". Lo tiró al pozo, y volvió a la casa, con mucha hambre. La madre le abrió la puerta, y dijo: "Cuánto ha crecido este niño, Dios mío, cuánto ha crecido". Y le compró un traje de hombre, porque el que llevaba le venía muy corto.

Después de Leer

Comprensión

A **¿Qué pasó?** Contesten.

1. Cuando se levantó el niño, ¿a quién fue a buscar?
2. ¿Adónde fue a buscarlo?
3. ¿Estaba el amigo?
4. ¿Qué le aconsejó la madre?
5. ¿Dónde se sentó el niño?

B **Lo que hizo el niño.** Completen.

1. El niño creía que volvería su ___.
2. Creía que vendría a buscar sus ___.
3. El niño se quedó afuera y no entró a ___.
4. La madre le dijo que entrara porque hacía ___.
5. En lugar de entrar, el niño se fue ___ del amigo.

C **Opiniones y comentarios.** Comenten.

1. Hay un momento en que el fin de la inocencia parece ocurrir. ¿Cuál es?
2. Hay una frase casi poética, que no tiene sentido literal. ¿Qué querrá decir: "Y fue una larga noche casi blanca que le llenó de polvo el traje y los zapatos"?
3. Interprete la frase de la madre al final del cuento.
4. ¿Cree Ud. que el traje que llevaba el niño realmente le quedaba corto? Explique.

Comunicación

A **El fin de la niñez.** Para muchos de nosotros ha habido un evento que nos ha marcado el final de la niñez. Piense Ud. en el momento en que Ud. dejó de ser niño(a) y descríbalo en español.

B **Nos mudamos.** No es solamente la muerte de un amigo la que puede doler (*ache*) sino la separación. Lo más común es que nos mudamos de un pueblo y perdemos a los amigos, o que un buen amigo tiene que mudarse con la familia. ¿Esto le ha pasado a Ud? Describa cómo se sintió.

C **Los juguetes.** Los juguetes de los niños son a veces curiosos: el reloj que no anda, por ejemplo. Con un(a) compañero(a) comparen todos los "juguetes raros" que tenían cuando eran niños y presenten la lista a la clase.

COSAS DEL TIEMPO

Ramón de Campoamor

ANTES DE LEER

Se ha dicho que para los jóvenes, la juventud es eterna. Pero todos sabemos que los años pasan y dejan sus huellas. Lo que ocurre es que vemos las diferencias en otros pero no en nosotros mismos. Además de los pasajes dramáticos de la vida, también existe ese otro pasaje largo, inexorable, constante, que es el sencillo transcurso del tiempo que nos hace cambiar a todos, poco a poco, día tras día.

INTRODUCCIÓN

Ramón de Campoamor (1817–1901) nació en Navia, un pueblecito de Asturias en el norte de España. Estudió latín y filosofía en la Universidad de Santiago de Compostela, y más tarde estudió medicina en Madrid y leyes, pero nunca terminó su carrera. Su verdadera vocación eran las letras.

Campoamor es un poeta que dice mucho con pocas palabras. Y casi siempre nos provee una moraleja. Las poesías de Campoamor han sido muy populares en todo el mundo hispano por su humor—un humor a veces dulce, pero también mordaz.

Ramón de Campoamor

Cosas del tiempo

Pasan veinte años; vuelve él,
Y al verse, exclaman él y ella:
(—¡Santo Dios! ¿y éste es aquél?…)
(—¡Dios mío! ¿y ésta es aquélla?…)

DESPUÉS DE LEER

Comprensión

¿Quién vuelve? Contesten.

1. ¿Quién vuelve?
2. ¿A quién ve?
3. ¿Cuánto tiempo hace que no se ven?
4. ¿Se reconocen?
5. ¿Han cambiado?
6. ¿Qué dice cada uno para indicar que el otro ha cambiado?

Comunicación

A **Un entremés.** Un entremés es una pieza teatral corta y divertida de un solo acto. Los hermanos Quintero fueron dramaturgos españoles que escribieron un entremés titulado *Mañana de sol*. Este entremés está basado en el breve poema de Campoamor, *Cosas del tiempo*. Con su grupo busquen la obra de los Quintero y presenten una lectura dramática de la obra a la clase.

B **Un cuento.** Con su grupo, traten de escribir un breve cuento en el que el personaje principal es un señor o una señora de edad avanzada. La persona ve a alguien que cree reconocer pero ya hace muchos años que no se ven. ¿Dónde se encuentran? ¿Cómo se reconocen? ¿Qué dicen? ¿Cómo se habían conocido antes? ¿Por qué hace tantos años que no se ven?

EN PAZ

Amado Nervo

ANTES DE LEER

Hay quienes pueden morir conformes con lo que ha sido su destino en la vida. Ven acercarse el final de su existencia sin rencores, sin amargura. Saben que la vida ofrece de todo, de lo bueno igual que de lo malo, de lo bello y de lo feo. Busque en la siguiente poesía las bellas metáforas que emplea el poeta para describir las etapas de la vida.

VOCABULARIO

la miel

Las abejas extraen néctar de las flores.
Del néctar hacen miel.

la faz, la cara

El cura va a bendecir a todos.
El cura acaricia al bebé.
El tiene una cara (faz) angélica.

Los labradores están cosechando los vegetales.

el ocaso puesta del sol, decadencia, final de la vida
la hiel amargura, trabajos, adversidades
las lozanías tiempos de vigor, robustez, fuerza

fallido(a) frustrado(a), no logrado(a), no conseguido(a)
inmerecido(a) injusto(a), no merecido(a)
rudo(a) duro(a), tosco(a), riguroso(a)

Ejercicios

A **El día se acaba.** Completen.

1. El día se acaba. Se pone el sol. Es el ___.
2. Y el camino a casa no es bueno. Es un camino ___.
3. Pero allí comeremos sabrosas tostadas con ___.
4. Esa miel que ___ las abejas de las flores es muy dulce.
5. ¡Mira! Los campesinos acaban de ___ las papas.
6. Ay, los últimos rayos del sol me ___ la cara.

B **¡Se dice así!** Expresen de otra manera.

1. El religioso *consagra* la obra del filántropo.
2. Por poco se ve *frustrada* la obra.
3. Las quejas no son válidas; son *injustas*.
4. Si una ciudad tiene vida, éstas son *las épocas de vigor*.
5. Con estas renovaciones, la ciudad tiene una nueva *cara*.

INTRODUCCIÓN

Amado Nervo (1870–1919) nació en México. Estudió para sacerdote en el Seminario de Jacona pero en 1891 dejó la carrera religiosa. Entró en el servicio diplomático de su país a principios del siglo XX y pasó gran parte de su vida en Madrid, París, Buenos Aires y Montevideo, donde murió mientras servía de embajador de México en el Uruguay. Aunque el autor escribió en varios géneros, se destacó como poeta. En las poesías de su madurez se le nota una preocupación por la muerte y el amor.

Amado Nervo

LECTURA

En paz

Muy cerca de mi ocaso, yo te bendigo, Vida,
porque nunca me diste ni esperanza fallida
ni trabajos injustos, ni pena inmerecida;

porque veo al final de mi rudo camino
que yo fui el arquitecto de mi propio destino;
que si extraje las mieles o la hiel de las cosas,
fue porque en ellas puse hiel o mieles sabrosas;
cuando planté rosales, coseché siempre rosas.

…Cierto, a mis lozanías va a seguir el invierno;
¡mas° tú no me dijiste que mayo fuese eterno!
Hallé sin duda largas las noches de mis penas;
mas no me prometiste tú sólo noches buenas;
y en cambio tuve algunas santamente serenas…

Amé, fui amado, el sol acarició mi faz.
¡Vida, nada me debes! ¡Vida, estamos en paz!

mas *but*

Después de leer

Comprensión

A **La vida.** Escojan.

1. ¿A quién se dirige el poeta en este poema?
   a. a Dios
   b. a la muerte
   c. a la vida

2. ¿Por qué dice el poeta "muy cerca de mi ocaso"?
   a. Habla por la tarde y se va a poner el sol.
   b. Se están acercando sus días finales.
   c. Él vive muy cerca de allí.

3. ¿Qué quiere decir el autor cuando dice que es "arquitecto de su propio destino"?
   a. Toma responsabilidad por lo bueno y malo de su vida.
   b. Está contento con los edificios que ha construido.
   c. Siempre ha sabido adonde dirigirse.

B **Otro significado.** ¿Qué significa…?

1. "si extraje las mieles o la hiel de las cosas, fue porque en ellas puse hiel o mieles sabrosas"
2. "cuando planté rosales, coseché siempre rosas"
3. "el invierno"
4. "mayo"
5. "a mis lozanías va a seguir el invierno"
6. "mas tú no me dijiste que mayo fuese eterno"

C **Lo que dice el poeta.** Contesten.

1. ¿Tenía el autor noches de pena?
2. ¿Cómo las encontró?
3. ¿Tuvo sólo noches de pena?
4. ¿Qué dice el poeta en cuanto al amor?

Comunicación

A **Una feliz conclusión.** Amado Nervo dice que la vida no le debe nada y que "estamos en paz". En sus propias palabras explique por qué el poeta ha llegado a esa feliz conclusión.

B **Los embajadores.** Ha sido muy común en los países hispanos que autores y poetas representen a su país como miembros del cuerpo diplomático. Con su grupo, busquen cuantos ejemplos puedan. Preparen una lista de autores, de sus países y de los cargos diplomáticos que han tenido.

5

SUCESOS Y ACONTECIMIENTOS

OBJETIVOS

In this chapter you will do the following:

1. learn about the involvement of Spain in the history of the United States
2. learn about social problems in Spain and Latin America
3. learn to handle petty crime situations such as having one's pocket picked, and how to report these crimes to the local police
4. learn to express agreement or disagreement, and to discuss subjects such as the news, social problems, etc., with others
5. review how to tell what you and others have done recently, and how to express affirmative and negative ideas
6. learn the differences between *sino* and *pero*; talk about actions completed before other actions; express what one would have done under certain circumstances; describe what will happen before something else occurs; describe people, things, and exceptional qualities
7. learn about the ballad as an important Spanish literary form
8. read and discuss a romance, "Abenámar," and a *corrido*, "En Durango comenzó"

ACONTECIMIENTOS HISTÓRICOS

INTRODUCCIÓN

Las actualidades son acontecimientos o sucesos que tienen lugar en la actualidad— en el presente, hoy. Hay también aconteci- mientos importantes que tuvieron lugar en el pasado—acontecimientos o sucesos históricos. Al estudiar la historia de nuestro país, es imprescindible tomar en cuenta la enorme influencia española en ella—una influencia que empezó no años, sino siglos antes de la llegada de los ingleses.

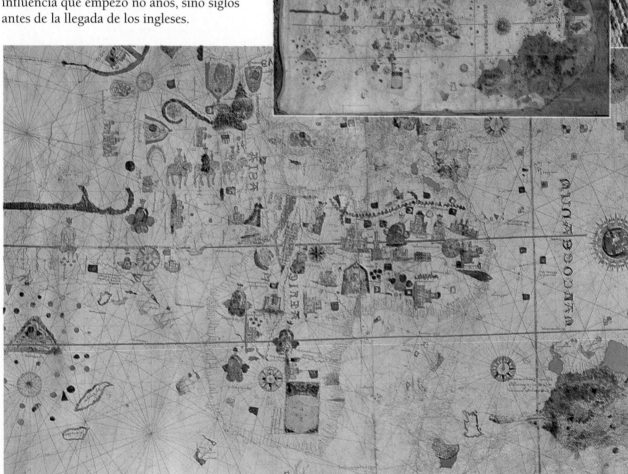

Mapa del mundo (1500), por Juan de la Cosa, cartógrafo de Cristóbal Colón

VOCABULARIO

la corona

la bandera

el navegante

el marino

la flotilla

la tripulación

la desembocadura

las carabelas

redondo

el globo

Los conquistadores desembarcaron.

imprescindible absolutamente necesario   **el apoyo** la ayuda
renombrado(a) famoso(a), muy conocido(a)

Ejercicios

A **La navegación.** Contesten.

1. ¿Cuántas carabelas había en la flotilla?
2. ¿Está hablando con su tripulación el navegante?
3. ¿Se ve la desembocadura del río?
4. ¿Desembarcan los marinos?
5. ¿Cuántas banderas hay en las carabelas?

B **¿Cuál es la palabra?** Escojan.

1. Los tres barcos de Cristóbal Colón eran ___.
   a. carabelas **b.** caramelos

2. Hay ocho barcos en la ___ del almirante.
   a. pastilla **b.** flotilla

3. La ciudad de Nueva York está en la ___ del río Hudson.
   a. boca **b.** desembocadura

4. El capitán Nemo era ___.
   a. un gran navegante **b.** una gran tripulación

5. El globo no es cuadrado; es ___.
   a. rectangular **b.** redondo

6. Los conquistadores ___ en cuanto llegaron al puerto.
   a. despegaron **b.** desembarcaron

7. ___ de España es amarilla y roja.
   a. La bandera **b.** La corona

8. El rey y la reina llevan ___.
   a. banderas **b.** coronas

C **Palabras derivadas.** Escojan.

1. descubrir
2. fundar
3. desembarcar
4. navegar
5. llegar
6. viajar
7. entrar
8. colonizar
9. explorar
10. imaginar

   a. la fundación, el fundador
   b. la colonia, la colonización, el colono
   c. la imaginación
   d. el descubrimiento, el descubridor
   e. la exploración, el explorador
   f. el viaje, el viajero
   g. la navegación, el navegante
   h. la entrada
   i. el desembarque
   j. la llegada

LOS ESPAÑOLES EN LA AMÉRICA DEL NORTE

Un acontecimiento histórico de transcendental importancia es la llegada de los españoles a las Américas y su exploración del Nuevo Mundo. Una parte vital de este Nuevo Mundo son los Estados Unidos de América. He aquí una lista de algunos de los sucesos más significativos de este importantísimo período en la historia de esta nación.

Todo el mundo sabe que los españoles descubrieron y colonizaron la mayor parte de Centro y Sudamérica. Menos conocido es el hecho de que los españoles también exploraron y colonizaron gran parte de la América del Norte. Al dar una ojeada[1] a los hechos históricos ya citados, aprendemos

---

[1] **ojeada**   *quick glance*

1492 ✦ CRISTÓBAL COLÓN
al mando de una flotilla de tres carabelas—la Pinta, la Niña y la Santa María—sale de Palos de Moguer (Huelva) el 3 de agosto y llega a la isla de Guanahaní el 12 de octubre. Funda la primera colonia española, "Navidad", en La Española (Santo Domingo).

1513 ✦ JUAN PONCE DE LEÓN
el gobernador de Puerto Rico, llega a la Florida.

1526 ✦ LUCAS VÁZQUEZ DE AYLLÓN
establece una colonia, San Miguel de Guadalupe, en Carolina del Sur.

1533 ✦ FORTÚN JIMÉNEZ
llega a las costas de California.

1527–1534 ✦ ÁLVARO NÚÑEZ CABEZA DE VACA
explora el área desde Tampa, Florida, hasta el golfo de California.

1539–1542 ✦ HERNÁN DE SOTO
pasa por las Carolinas y llega hasta Coosa (Birmingham, Alabama).

1540–1542 ✦ FRANCISCO VÁZQUEZ DE CORONADO
viaja por el territorio de Arizona y Nuevo México.

1540 ✦ GARCÍA LÓPEZ DE CÁRDENAS
miembro de la expedición de Coronado, es el primer europeo que ve el Gran Cañón del Colorado.

1541 ✦ DE SOTO
cruza el río Misisipí y entra en Arkansas y, después, Oklahoma. **Coronado** llega hasta el centro de Kansas.

1542 ✦ JUAN RODRÍGUEZ CABRILLO
un portugués que navega bajo la bandera española, desembarca en San Diego, California.

1543 ✦ BARTOLOMÉ FERRELO
a cargo de la expedición de Rodríguez Cabrillo, quien murió en las islas del canal de Santa Bárbara, navega hasta la desembocadura del río Rogue en Oregón.

1607
Los ingleses fundan Jamestown en Virginia, la primera colonia británica en lo que hoy son los EE.UU.

1620
En Plymouth, Massachusetts, los ingleses fundan una colonia.

Juan Ponce de León

que en 1512, don Juan Ponce de León, el gobernador de Puerto Rico, llegó a la Florida en busca de la fuente de la juventud. Poco después, Lucas Vázquez de Ayllón fundó una colonia en Carolina del Sur, mientras Álvaro Núñez Cabeza de Vaca exploraba todo el sudoeste desde Tampa, Florida, hasta el golfo de California. Durante los años siguientes Hernán de Soto y Francisco Vázquez de Coronado viajaron por toda la región sur, sur-central y suroeste de lo que hoy son los Estados Unidos. Sólo hay que fijarse en las fechas para ver que había colonias españolas un siglo antes de la fundación de Jamestown por los ingleses.

Casa de Cristóbal Colón, República Dominicana

Réplica de la Santa María, España

Se ha dicho que quien escribe la historia determina la verdad. Durante muchos años, se les enseñaba a los estudiantes norteamericanos que la primera colonia europea en lo que hoy son los Estados Unidos fue Jamestown. La verdad es que en la Florida y en toda la zona del suroeste hasta e incluso California, los colonos eran hispanos y el primer idioma europeo que se habló en estas tierras fue el español, y no el inglés.

¡Otros hechos históricos interesantes sobre el descubrimiento y la colonización del Nuevo Mundo! Cristóbal Colón, el navegante genovés, tenía la idea revolucionaria de que el mundo era un globo, que era redondo, y presentó su teoría a Isabel la Católica, la reina de España. Ella le dio el apoyo[2] material y moral que necesitaba. El tres de agosto de 1492, Colón y los hermanos Pinzón salieron del puerto de Palos de Moguer en tres carabelas con tripulaciones de marinos españoles. Colón era el capitán de la *Santa María*, y los Pinzón, los capitanes de la *Pinta* y la *Niña*. Colón pensaba descubrir una ruta más rápida para llegar a la India y conseguir[3] especias. Cuando llegó a las Américas no creía haber llegado a un "Nuevo Mundo" sino a la India. Por eso, las islas adonde llegaron Colón y sus marinos españoles se nombraron, "las Indias". Colón hizo cuatro viajes a las Américas y fue él quien fundó la primera colonia europea en el Nuevo Mundo. La fundó durante su primer viaje, en la isla de La Española, hoy Santo Domingo.

El verdadero nombre del famoso navegante italiano Cristóbal Colón era Cristóforo Colombo. Pero, como hizo sus viajes con barcos y tripulaciones españoles, patrocinado[4] por la Corona española, decidió españolizar su nombre. Los historiadores ingleses y norteamericanos siempre han insistido en señalar la nacionalidad italiana del gran almirante.

No obstante, cuando los navegantes italianos Sebastiano y Giovanni Caboto exploraron las costas de Norteamérica y Groenlandia, patrocinados por la Corona inglesa, los historiadores olvidaron su nacionalidad italiana y hablaron de otra gran hazaña[5] británica. Los italianos Giovanni y Sebastiano Caboto se conocen en la historia por sus nombres anglicanizados, John y Sebastian Cabot. Los antepasados de los renombrados[6] Cabot de Massachusetts son Giovanni y Sebastiano Caboto.

Italianos y holandeses, navegaban bajo la bandera británica, y portugueses e italianos bajo la española. La verdad es que la tremenda obra de descubrimiento y colonización del continente norteamericano se debe a la imaginación, a la dedicación y al valor de individuos de muchos países.

---

[2] **apoyo**   *help, support*
[3] **conseguir**   *to get, obtain*
[4] **patrocinado**   *sponsored*

[5] **hazaña**   *deed*
[6] **renombrados**   *famosos*

Comprensión

A Fechas. Completen.

1. Los españoles llegan a la costa del estado de Oregón en ___.
2. La primera colonia británica en los EE.UU. se establece en el año ___.
3. Un explorador español es el primer europeo que ve el Gran Cañón del Colorado en ___.
4. Los españoles llegan a lo que hoy es Alabama en ___.
5. Probablemente el primer europeo que toca tierra en los EE.UU. lo hace en la Florida, en ___.

B Nombres. Escojan.

1. ___ estableció una colonia en Santo Domingo.
   a. Colón   b. Cabeza de Vaca   c. Coronado

2. ___ murió en la costa de California.
   a. De Soto   b. Cabrillo   c. Ferrelo

3. El primer gobernador de Puerto Rico fue ___.
   a. Ponce de León   b. Vázquez de Ayllón   c. Cabeza de Vaca

4. El primero de los exploradores que tocó tierra en California fue ___.
   a. De Soto   b. Colón   c. Cabrillo

5. El puerto de donde partió Colón en su primer viaje fue ___.
   a. Guadalupe   b. San Diego   c. Palos

C Los colonizadores. Contesten.

1. ¿Qué saben todos acerca de la historia del Nuevo Mundo?
2. ¿Cuál es un hecho menos conocido?
3. ¿Por cuánto tiempo había habido colonias españolas en la América del Norte cuando se fundó Jamestown?
4. ¿Quiénes fueron los primeros colonos europeos de la América del Norte?
5. ¿Y cuál fue el primer idioma europeo que se habló en las Américas?

Isabel la Católica, reina de España

D El descubrimiento. Corrijan.

1. Colón tenía la idea revolucionaria de que la tierra era un rectángulo.
2. Colón hizo sus expediciones patrocinado por la Corona italiana.
3. Los hermanos Pinzón eran italianos.
4. Los hermanos Pinzón eran los capitanes de la Santa María.
5. Los marinos a bordo de las carabelas de Colón eran ingleses.

E Colón. Contesten.

1. ¿Cuántos viajes hizo Colón al Nuevo Mundo?
2. ¿Qué buscaba?
3. ¿Dónde y cuándo fundó Colón la primera colonia europea del Nuevo Mundo?
4. ¿Por qué cambió Cristóforo Colombo su nombre a Cristóbal Colón?
5. ¿Quiénes les cambiaron los nombres a Sebastiano y Giovanni Caboto?
6. ¿De quiénes son antepasados los famosos navegantes italianos Sebastiano y Giovanni Caboto?

Comunicación

A Los viajes. Aquí tiene Ud. el itinerario de los cuatro viajes de Cristóbal Colón. Sea Ud. cartógrafo y dibuje un mapa de los viajes de Colón.

Primer viaje	1492–1493 Cuba y La Española (Haití y la República Dominicana)
Segundo viaje	1493–1496 Dominica, Guadalupe, Antigua, Puerto Rico
Tercer viaje	1498–1500 Trinidad, Tobago, Granada
Cuarto viaje	1502–1504 Honduras, Panamá

B Las colonias españolas. En 1492, Colón llegó a las Américas. Con este viaje patrocinado por la reina Isabel la Católica, empezó la expansión española.

Por unos cuatro siglos España dominó gran parte del mundo. Perdió sus últimas colonias (Cuba, Puerto Rico, Guam y las Filipinas) en 1898 durante su guerra contra los Estados Unidos.

Durante el reinado de Felipe II en el siglo XVI, se decía "En el imperio español nunca se pone el sol". Explique por qué.

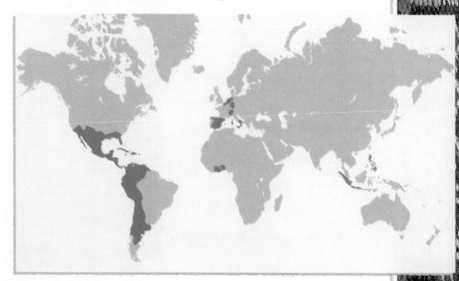

Un crimen

Vocabulario

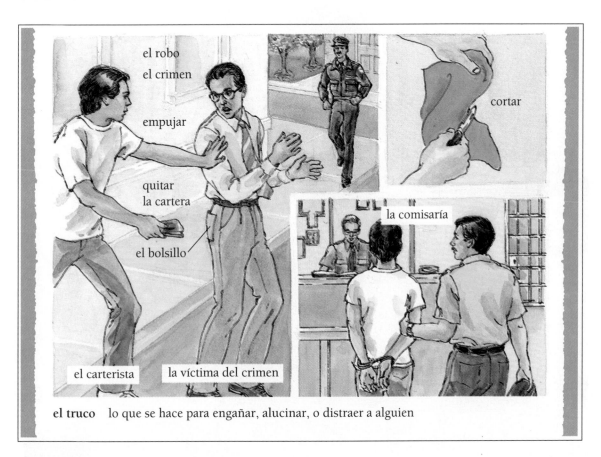

el robo
el crimen

empujar

quitar
la cartera

el bolsillo

cortar

la comisaría

el carterista

la víctima del crimen

el truco   lo que se hace para engañar, alucinar, o distraer a alguien

---

Ejercicio

Un robo. Contesten.

1. ¿Hay muchos robos donde tú vives?
2. ¿Hay carteristas?
3. ¿Hay que protegerse de los carteristas sobre todo cuando hay mucha gente—en una muchedumbre, por ejemplo?
4. ¿Cuál es el truco de los carteristas?
5. ¿Son agradables los trucos?
6. ¿Qué les quitan los carteristas a sus víctimas?
7. ¿Es cortés empujar a una persona cuando quieres avanzar?
8. ¿Adónde va uno(a) a denunciar un robo?

En la comisaría

MANUELA: Quiero denunciar un robo.

POLICÍA: ¿Cuál es el nombre de la víctima?

MANUELA: ¿La víctima? Soy yo, Manuela Contreras. Me robaron en el metro.

POLICÍA: ¿Cuándo?

MANUELA: Hace unos quince minutos.

POLICÍA: ¿Dónde?

MANUELA: En Independencia.

POLICÍA: ¿El ladrón llevaba algún arma?

MANUELA: No, que sepa yo. Era carterista. No me di cuenta de que me robaba.

POLICÍA: ¿Ud. puede explicar lo que pasó?

MANUELA: Sí, había mucha gente en el andén. Alguien me empujó. Creí que quería avanzar. Algunos momentos más tarde, cuando ya estaba en el metro, noté que alguien me había abierto el bolso.

POLICÍA: Claro. Es un truco de los carteristas. Trabajan en pares. Uno le empuja para distraerle mientras el otro le abre el bolso y le quita la cartera. ¿Cuánto dinero llevaba Ud.?

MANUELA: Unos 6.000 pesos y mis tarjetas de crédito.

POLICÍA: ¿Me podría dar una descripción del delincuente?

Comprensión

A En la comisaría. Contesten.

1. ¿Qué denunció Manuela?
2. ¿Fue a la comisaría?
3. ¿Quién le robó?
4. ¿Dónde le robó?
5. ¿Cuántas personas había?
6. ¿Por qué la empujaron?
7. Mientras un individuo la empujaba, ¿qué hacía el otro?
8. ¿Qué le quitaron?
9. ¿Cuánto dinero perdió?
10. ¿Podía dar una descripción de los carteristas?

B Palabras derivadas. Escojan.

1. denunciar
2. robar
3. armar
4. empujar
5. distraer
6. describir
7. explicar
8. avanzar

a. el empuje
b. el avance
c. la denuncia
d. la explicación
e. el robo
f. la distracción
g. la descripción
h. el arma

Comunicación

A El/La locutor(a). Ud. es el/la locutor(a) del noticiero de un canal de televisión en Costa Rica. Acaban de cometer un crimen. Descríbalo y dé los siguientes detalles.

el nombre de la víctima, su domicilio, el tipo de crimen, lugar del crimen, cuándo tuvo lugar, (la hora exacta), el número de individuos involucrados, las consecuencias, una descripción del criminal o de los criminales

B En la comisaría. Imagínese que Ud. está en Colombia y que ha sido el/la víctima de un crimen. Ud. va a la comisaría a denunciar el crimen. Un(a) compañero(a) de clase será el/la agente de policía. Preparen una conversación.

EL ACUERDO Y EL DESACUERDO

Podemos usar las siguientes expresiones para indicar que estamos de acuerdo con algo o con alguien:

> Yo estoy de acuerdo con Ud. (con eso).
> Yo tengo la misma opinión que Ud.
> A mi parecer, Ud. tiene razón.

Estoy de acuerdo.

Para expresar que no estamos de acuerdo, podemos decir:

> No estoy de acuerdo con José Luis.
> Francamente estoy en contra de su idea.
> Yo tengo una opinión completamente contraria a la suya.
> No apruebo tal proyecto.
> No me convence nada.
> No estoy convencido(a).

Ejercicio

¿De acuerdo o no? Indiquen si están de acuerdo o no.

1. Es mejor vivir en una región donde no hace ni mucho frío ni mucho calor.
2. Se debe reducir las horas de trabajo de 40 a 35 horas por semana.
3. El gobierno debe mantener o subvencionar todas las universidades para que no sea necesario pagar matrícula.
4. Se debe hacer todo lo posible para eliminar el hambre y la miseria en el mundo.
5. Se debe permitir a los jóvenes conseguir (obtener) su permiso de conducir antes de que cumplan los 15 años.
6. Debemos tener cursos obligatorios en el verano.
7. Deben exigirles a los estudiantes que tomen por lo menos seis cursos cada semestre.
8. Debemos tener clases seis días a la semana.
9. Se debe imponer la pena de muerte, o sea, la pena capital en todos los estados de los EE.UU.
10. Es necesario tener campañas o programas contra los conductores que conducen sus vehículos después de haber tomado (bebido) alcohol.
11. Se debe subir el límite de velocidad en las autopistas.
12. Los profesores deben recibir mayor sueldo que los atletas.

¿SÍ O NO?

Si una persona le dice algo y Ud. quiere indicar que está de acuerdo, le puede decir:

Sí.	Precisamente.
Es verdad.	Exactamente.
Verdad.	¡Cómo no!
(Es) Cierto.	Eso sí.
Absolutamente.	Efectivamente.
Sin duda.	Entendido.
No hay duda.	Ud. tiene razón.
No cabe duda.	De acuerdo.
Seguro.	

Si Ud. quiere indicar que no sabe si está de acuerdo o no, puede decir:

Quizás.	Si lo dice Ud. (dices tú).
Puede ser.	¿Ud. cree? ¿Crees?
Es posible.	No sé si me convences.
Ya veremos.	
Si Ud. quiere (tú quieres).	

Y si Ud. quiere indicar que no está de acuerdo, puede decir:

No.	En mi vida.
De ninguna manera.	No puede ser.
Jamás.	No hay manera.
Absolutamente no.	Imposible.

Imposible.

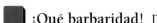

Ejercicio

¡Qué barbaridad! Den una reacción personal.

1. El año que viene, habrá clases los sábados.
2. Van a eliminar las vacaciones de verano.
3. No habrá exámenes finales.
4. No habrá más bailes en la escuela.
5. Van a obligar a los muchachos a llevar saco y corbata a clase.
6. La primera clase será al mediodía.
7. No habrá más buses escolares y todos los alumnos tendrán que ir a la escuela a pie.
8. No habrá más escuelas mixtas. Las muchachas irán a una escuela y los muchachos a otra.

Una conversación que continúa

Cuando discutimos los sucesos locales, o los grandes acontecimientos o las actualidades mundiales, no es raro que la conversación que entablamos dure por un período de tiempo.

Para comenzar una conversación, Ud. puede decir:

> **Oye, Josefa, ¿sabes que…? o ¿qué piensas de…?**
> **Pues, señor, ¿qué sabe de…? o ¿qué piensa de…?**

¿Sabes qué…?

¡Dime!

Si durante la conversación, Ud. quiere tomar la palabra, Ud. puede decir:

> **Yo pienso (creo) que…**
> **Escúchame, (informal)…**
> **Permítame decir(le) algo (más formal)**

Si Ud. quiere decir algo que tiene que ver con algo que otro acaba de decir, Ud. puede decir:

> **A propósito,…**
> **En cuanto a eso,…**

Y si Ud. quiere cambiar la conversación, Ud. puede decir lo siguiente antes de continuar con otro tema:

> **Cambiando el tema,…**

Ejercicio

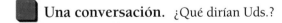

Una conversación. ¿Qué dirían Uds.?

1. para comenzar una conversación
2. para tomar la palabra durante una conversación
3. para cambiar la dirección de la conversación
4. para añadir algo a lo que otro acaba de decir

Comunicación

Permítame decirle… Trabajen en grupos de cuatro personas. Escojan temas un poco controversiales. Cada uno(a) de Uds. debe expresar sus opiniones.

El presente perfecto

Talking About What You and Others Have Done Recently

1. The present perfect tense is formed by using the present tense of the helping (auxiliary) verb *haber* and the past participle. Study the following forms of the present tense of the verb *haber*.

INFINITIVE	HABER
yo	he
tú	has
él, ella, Ud.	ha
nosotros(as)	hemos
vosotros(as)	*habéis*
ellos, ellas, Uds.	han

2. The past participle of regular verbs is formed by dropping the infinitive ending -*ar*, -*er*, -*ir*, and adding -*ado* to -*ar* verbs, and -*ido* to both -*er* and -*ir* verbs.

hablar	habl-	hablado
comer	com-	comido
vivir	viv-	vivido

3. The following important verbs have irregular past participles.

ABRIR	**abierto**	FREÍR	**frito**	PONER	**puesto**
CUBRIR	**cubierto**	ROMPER	**roto**	VOLVER	**vuelto**
DESCUBRIR	**descubierto**	VER	**visto**	DECIR	**dicho**
ESCRIBIR	**escrito**	MORIR	**muerto**	HACER	**hecho**

4. Study the forms of the present perfect tense of regular and irregular verbs.

INFINITIVE	HABLAR	PEDIR	HACER
yo	he hablado	he pedido	he hecho
tú	has hablado	has pedido	has hecho
él, ella, Ud.	ha hablado	ha pedido	ha hecho
nosotros(as)	hemos hablado	hemos pedido	hemos hecho
vosotros(as)	*habéis hablado*	*habéis pedido*	*habéis hecho*
ellos, ellas, Uds.	han hablado	han pedido	han hecho

5. The present perfect tense is used to express a past action without reference to a particular time. It usually denotes an occurrence that continues into the present or relates closely to the present. Observe and analyze the following sentences.

Su madre ha estado enferma.   *His mother has been ill.*

6. The adverb *ya* frequently accompanies a present perfect verb.

Ellos ya han salido.   *They have already left.*

Ejercicios

A **Un robo.** Contesten según se indica.

1. ¿Le han robado? (Sí)
2. ¿Le han hecho daño (herido)? (No)
3. ¿Alguien ha llamado a la policía? (Sí)
4. ¿Él ha denunciado el robo en la comisaría? (Sí)
5. ¿Han llegado los policías al lugar del robo? (Sí)
6. ¿Han detenido a los maleantes? (No)
7. ¿Han identificado a los carteristas? (No)
8. ¿Roberto les ha dado una descripción de los carteristas? (Sí)

B **Ya han salido.** Contesten según el modelo.

> ¿Van a salir?
> *Pues, es que ya han salido.*

1. ¿Van a hacer la maleta?
2. ¿Van a salir?
3. ¿Van a visitar a sus abuelos?
4. ¿Van a ver a sus primos?
5. ¿Van a volver?

C **Viajes personales.** Preguntas personales.

1. ¿Has hecho algunos viajes?
2. ¿Adónde has ido?
3. ¿Qué ciudades o países has visitado?
4. ¿Has conocido a mucha gente durante los viajes?
5. ¿Se han escrito?
6. ¿Se han visitado?
7. ¿Se han llamado por teléfono?

D **¡Qué suerte!** Completen con el presente perfecto.

1. Nuestro amigo Ricardo no ___ (tener) muy buena suerte.
2. ¿No? ¿Qué le ___ (pasar)?
3. No sé exactamente. Pero sé que lo ___ (llevar) al hospital.
4. ¿Ellos lo ___ (llevar) al hospital?
5. Pues, dime. ¿Se ___ (poner) enfermo o _ (tener) un accidente?
6. No sé. Pregúntale a Teresa. Ella le ___ (hablar) a su novia.
7. Teresa, ¿qué te ___ (decir) su novia?
8. Que ellos le ___ (hacer) unos rayos equis y que ella no ___ (recibir) los resultados.

Las palabras negativas y afirmativas

Expressing Affirmative and Negative Ideas

1. The most frequently used negative words in Spanish are:

> nada   ni… ni
> nadie   ninguno (ningún)
> nunca

2. Review and contrast the following negative and affirmative sentences.

AFFIRMATIVE	NEGATIVE
Yo sé que él tiene algo.	Yo sé que él no tiene nada.
Yo sé que alguien está allí.	Yo sé que nadie está allí.
Yo sé que él ve a alguien.	Yo sé que él no ve a nadie.
Yo sé que él siempre está.	Yo sé que él nunca está.
Yo sé que él tiene o un perro o un gato.	Yo sé que él no tiene ni un perro ni un gato.
Yo sé que él tiene algún dinero.	Yo sé que él no tiene ningún dinero.

Note that *alguno* and *ninguno* shorten to *algún* and *ningún* before a masculine singular noun and carry a written accent.

3. In Spanish the placement of the negative word can vary and, unlike English, more than one negative word can be used in the same sentence.

> Él nunca va allá.   Él no va allá nunca.
> Nadie está.   No está nadie.
> Él nunca dice nada a nadie.

4. Note that the personal *a* must be used with *alguien* or *nadie* when either of these words is the direct object of the sentence.

> Él vio *a* alguien.   Él no vio *a* nadie.

5. *Tampoco* is the negative word that replaces *también*.

> Él lo sabe también.   Él no lo sabe. (Ni) yo tampoco.
> A mí no me gusta.   Ni a mí tampoco.

SIEMPRE COMPARTIENDO

Nunca tanto tan cerca.

Ejercicios

A **No lo he hecho yo.** Contesten en forma negativa.

1. ¿Has escrito algo?
2. ¿Has comprado algo?
3. ¿Has visto a alguien?
4. ¿Has llamado a alguien?
5. ¿Has viajado allí con frecuencia?
6. ¿Has estado allí muchas veces?

B **¡No, mil veces no!** Contesten.

1. ¿Estás haciendo algo?
2. ¿Estás leyendo algo?
3. ¿Estás llamando a alguien?
4. ¿Vas a hacerle una llamada a alguien?
5. ¿Vas a viajar algún día a la Luna?
6. ¿Te vas a comprar un yate y una avioneta?

C **El pobre bebé.** Den la forma negativa.

1. El bebé tiene algo en la boca.
2. El bebé está con alguien.
3. Alguien está con el bebé.
4. El bebé está jugando con el gato o con el perro.
5. El bebé tiene miedo de algo.
6. El bebé ve a alguien.
7. El bebé siempre quiere algo de alguien.

D **Los otros tampoco.** Den la forma negativa.

1. Él lo sabe y yo lo sé también.
2. Ella quiere ir y yo quiero ir también.
3. A él le gusta y a mí me gusta también.
4. Yo voy a ir y ellos van también.
5. Uds. lo van a hacer y nosotros también.

Sino y pero

Uses of Sino and Pero

1. *Sino* means "but" in the sense of "rather" or "on the contrary." It is used after a negative statement to contradict the negative statement.

> **Él no es rico, sino pobre.**
> **José no es rubio, sino moreno.**

2. *Pero* is used for "but" in all other cases.

> **Trabaja mucho pero no gana dinero.**

Ejercicio

No, todo lo contrario. Formen oraciones negativas.

> alto / bajo
> *Él no es alto, sino bajo.*

1. débil / fuerte
2. perezoso(a) / ambicioso(a)
3. gordo(a) / flaco(a)
4. interesante / aburrido(a)
5. simpático(a) / antipático(a)
6. generoso(a) / tacaño(a)

¡LA GORDURA PUEDE SER HEREDITARIA!
DESCUBRA CÓMO COMBATIRLA

LOS TITULARES

INTRODUCCIÓN

Si uno quiere informarse de las últimas noticias o actualidades, ¿qué puede hacer? Pues, puede comprar un periódico y leer los titulares en letras grandes de la primera plana. Si un titular le interesa, seguirá leyendo el subtítulo. Si el artículo le parece interesante leerá el primer párrafo, y para enterarse de todos los detalles del acontecimiento leerá el artículo entero. Pero son los titulares los que le llaman a uno la atención primero. No se puede menospreciar la importancia de un titular bien escrito. He aquí varios titulares de periódicos de España y Latinoamérica.

VOCABULARIO

el colectivo

el buque

el reloj

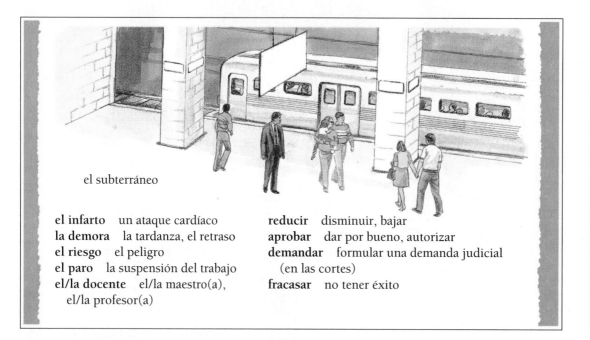

el subterráneo

el infarto   un ataque cardíaco
la demora   la tardanza, el retraso
el riesgo   el peligro
el paro   la suspensión del trabajo
el/la docente   el/la maestro(a),
   el/la profesor(a)

reducir   disminuir, bajar
aprobar   dar por bueno, autorizar
demandar   formular una demanda judicial
   (en las cortes)
fracasar   no tener éxito

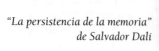

Ejercicios

A **¿Cuál es la palabra?** Identifiquen.

1. un tipo de minibús
2. lo contrario de aumentar
3. aparato que indica la hora
4. el retraso
5. el que enseña en una escuela
6. el metro
7. un ataque al corazón
8. el barco

B **Palabras derivadas.** Escojan.

1. parar
2. reducir
3. demandar
4. arriesgar
5. consumir
6. aprobar
7. fracasar

a. el consumo
b. la reducción
c. la aprobación
d. el riesgo
e. el paro
f. la demanda
g. el fracaso

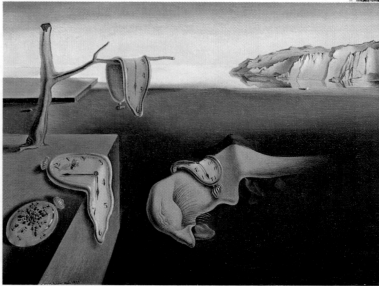

"La persistencia de la memoria"
de Salvador Dalí

El Clarín, Buenos Aires
sábado 29 de julio

Última hora

CONTRA EL RELOJ PARA APROBAR EL PRESUPUESTO*

Buenos Aires, jueves 15 de agosto

El Clarín, Buenos Aires

PARO GENERAL EN CHUBUT

Madrid, domingo 18 de junio **El País**

SANIDAD

El consumo de cigarrillos bajos en nicotina no reduce el riesgo de infarto

☆☆☆☆

Buenos Aires,
martes 3 de octubre

El Clarín

LOS CHOFERES TRABAJAN A CÓDIGO DESDE LA MEDIANOCHE

Demoras en el servicio de colectivos

Habrá inconvenientes hoy en el autotransporte de pasajeros de corta y media distancia en esta Capital y en el Gran Buenos Aires. Los choferes aplican, desde la medianoche, el trabajo a código, que producirá demoras en el servicio. La protesta se debe al fracaso de las negociaciones salariales con los empresarios. Podrían funcionar también con dificultad los subterráneos.

El País

Madrid, martes 5 de enero

EL SUPREMO DE EE.UU. ABRE LA VÍA PARA QUE LAS VÍCTIMAS DEL TABACO DEMANDEN A LAS COMPAÑÍAS

Montevideo, lunes 17 de septiembre

El País LOS DOCENTES HARÁN PAROS EN EL INTERIOR
En cambio, habrá clases en la Capital

el presupuesto   budget

Comprensión

Los titulares. Contesten.

1. ¿Cómo trabajaban los choferes?
2. ¿Qué habrá?
3. ¿A qué se debe la protesta?
4. ¿En qué ciudad habrá demoras?
5. ¿Dónde habrá un paro general?
6. ¿Dónde habrá paros de los docentes?
7. ¿Dónde habrá clases?
8. ¿Qué pueden hacer las víctimas del tabaco en los Estados Unidos?
9. ¿Qué riesgo corren los que fuman cigarrillos, aún los bajos en nicotina?

Comunicación

A **Los editores.** Imagínese que Ud. trabaja para un periódico americano. Prepare una versión en inglés de cada titular.

B **En español.** Lea los titulares en la primera plana de su periódico local. Escoja tres titulares. Prepare una versión en español de cada titular.

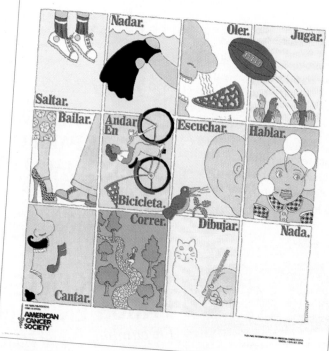

12 Cosas Que Podemos Hacer En Lugar De Fumar Cigarillos.

LOS SUCESOS

INTRODUCCIÓN

En los periódicos leemos las noticias mundiales que tratan de asuntos económicos, políticos, etc., de gran importancia en la arena internacional. Pero en los periódicos aparecen también muchos artículos sobre sucesos locales que sólo tienen interés en la región donde ocurren. En casi todas partes del mundo estos sucesos o acontecimientos locales son muy parecidos: accidentes, robos, asaltos, catástrofes naturales.

Incendio forestal, Chile

VOCABULARIO

las llamas

el navío, la nave

hundirse   la ola

el marino

un incendio   el naufragio

el/la maleante   el/la delincuente
la madrugada   primeras horas de la mañana

apoderarse de   tomar, hacerse dueño de una
  cosa ajena (de otro)
destruir   causar la destrucción
sobrepasar   exceder

ocasionar   causar
fallecer   morir
rescatar   salvar, acudir al socorro
  (a la ayuda)

los damnificados   víctimas,
  especialmente de una catástrofe

Ejercicios

A **Los sucesos.** Completen.

1. Un ___ o fuego tiene ___ y humo.
2. El ___ es un barco. Y otra palabra
que significa ___ es ___.
3. Un delincuente es un ___.
4. Es un crimen ___ del dinero que
le pertenece a otro.

5. Un ___ es un miembro de la tripulación
(un tripulante).
6. Llegó otro barco para ___ a las víctimas
del naufragio.
7. Un barco que se pierde es un ___.

B **Las noticias.** Expresen de otra manera.

1. *El barco se hundió.*
2. *Las víctimas* fueron trasladadas al
hospital municipal.
3. El accidente tuvo lugar a las dos de
la mañana.

4. Tenemos que ir a *salvar* a las víctimas.
5. Más de 100 personas *murieron.*
6. El número de damnificados *excedió* los mil.
7. El incendio *causó mucha destrucción en*
la ciudad.

Incendio destruye 3 edificios

El Universo, Guayaquil

BOGOTÁ, (EFE).- Un incendio producido por un cortocircuito arrasó[1] ayer tres edificios de apartamentos en Fontibón, un suburbio de Santafé de Bogotá, y dejó 800 damnificados, informaron las autoridades.

La alcaldía de Fontibón, en el Distrito Capital, dijo que la conflagración se registró[2] en una cuadra formada por edificios de apartamentos, y que las llamas fueron controladas después de cinco horas.

La Oficina Nacional para la Prevención y Atención de Desastres anunció en Santafé de Bogotá que enviará alimentos y tiendas de compaña para atender a los damnificados, que se han refugiado provisionalmente en una iglesia local y en la sede de un colegio.

[1] **arrasó**   *leveled*
[2] **registró**   *tuvo lugar*

 Comprensión

Un incendio. Den la siguiente información.

1. dónde se produjo el incendio
2. lo que causó el incendio
3. lo que el incendio destruyó
4. el número de damnificados
5. dónde se encuentra Fontibón
6. cuántas horas tomó para controlar las llamas

Víctimas por ola de calor en México

CHIHUAHUA, (EFE).- Una ola de calor, con temperaturas que sobrepasan los 40 grados, ocasionó la muerte de al menos 6 personas y la deshidratación de varias decenas en los estados mexicanos de Tamaulipas y Chihuahua, informaron las autoridades. La mayoría de las víctimas del intenso calor son niños, uno de los cuales, de 11 meses, falleció cuando se alcanzaron los 44 grados centígrados en el municipio de Bachiniva, Chihuahua.

Una anciana murió el jueves pasado por el calor en Chihuahua, capital del estado del mismo nombre.

Comprensión

Una ola de calor. Den la siguiente información.

1. lo que ocasionó víctimas en México
2. la temperatura que se sobrepasó
3. el número de personas que murieron
4. los estados mexicanos donde hubo víctimas
5. quiénes fueron la mayoría de las víctimas
6. la temperatura que se alcanzó en Bachiniva, Chihuahua

El Universo, Guayaquil

Dos ecuatorianos mueren en naufragio

CARACAS, (EFE).- Dos marinos ecuatorianos y un costarricense murieron el lunes al hundirse en aguas venezolanas el navío La Mafia, de bandera dominicana, informaron ayer las autoridades de Puerto Cabello, 250 kilómetros al oeste de Caracas.

El navío, que llevaba 600 toneladas de cemento del puerto de Chichiriviche (Venezuela) al de San Juan de Puerto Rico, se hundió la madrugada del lunes al abrírsele una vía de agua cuando capeaba un temporal[1].

Los cinco supervivientes del naufragio, que estuvieron catorce horas a la deriva[2], sujetos a unas tablas, identificaron a las víctimas como Jorge Macías, ecuatoriano y capitán del barco, y su compatriota y cocinero Fiolvi Macías.

El hundimiento fue tan rápido que los dos ecuatorianos no tuvieron tiempo de abandonar la nave, mientras que el costarricense Quizano Palacios desapareció cuando una ola lo lanzó de la tabla que lo mantenía a flote.

Pulovio Moreno y Alicio Otero, maquinistas del buque siniestrado[3], indicaron que fueron rescatados por la motonave Cavaliere Star, que venía de Port Everglades (EE.UU.) y los dejó en el puerto venezolano de Tucacas.

[1] **capeaba un temporal**   *weathering a storm*
[2] **a la deriva**   *adrift*
[3] **siniestrado**   *lost*

Comprensión

Un naufragio. Contesten.

1. ¿De qué nacionalidad eran los tres marinos que murieron en el naufragio?
2. ¿Cómo se llamaba el navío?
3. ¿Qué carga llevaba?
4. ¿De dónde salió?
5. ¿Adónde iba?
6. ¿A qué hora ocurrió el naufragio?
7. ¿Cuántos supervivientes hubo?
8. ¿Cuántas horas estuvieron a la deriva?
9. ¿Por qué no tuvieron tiempo de abandonar la nave los dos tripulantes ecuatorianos?
10. ¿Cómo fueron rescatados los dos maquinistas?

Comunicación

A **Los periodistas.** En grupos de cuatro, escriban varios titulares sobre cosas que han ocurrido en el colegio o en la ciudad. Luego, den los titulares a otro grupo para que escriban un artículo corto para cada titular.

B **Un acontecimiento.** Prepare Ud. un artículo para un periódico sobre un acontecimiento local o nacional.

El pluscuamperfecto

Talking About an Action Completed Prior to Another Action

1. The pluperfect tense is formed by using the imperfect tense of the auxiliary verb *haber* and the past participle. Study the following forms of the pluperfect tense.

INFINITIVE	LLEGAR	SALIR	HACER
yo	había llegado	había salido	había hecho
tú	habías llegado	habías salido	habías hecho
él, ella, Ud.	había llegado	había salido	había hecho
nosotros(as)	habíamos llegado	habíamos salido	habíamos hecho
vosotros(as)	*habíais llegado*	*habíais salido*	*habíais hecho*
ellos, ellas, Uds.	habían llegado	habían salido	habían hecho

2. The pluperfect tense is used the same way in Spanish as it is in English. The pluperfect describes a past action completed before another past action. Observe and analyze the following sentence.

> **Ellos ya habían salido cuando yo llegué.**
> *They had already left when I arrived.*

Note that both actions of the above sentence took place in the past. The action that took place first, "they had left," is in the pluperfect. The action that followed it, "I arrived," is in the preterite.

Ejercicios

A **Ya lo habían hecho.** Completen según el modelo.

> terminar
> **Cuando yo salí, ellos ya ___.**
> *Cuando yo salí, ellos ya habían terminado.*

1. cantar
2. bailar
3. ver el espectáculo
4. abrir los regalos
5. volver
6. servir la comida
7. comer
8. acostarse

B **Ya lo habían hecho.** Contesten según el modelo.

> ¿Escribirlo?
> *Pero ya lo habían escrito.*

1. ¿Escribirlo?
2. ¿Devolverlo?
3. ¿Romperlo?
4. ¿Verlo?
5. ¿Abrirlo?
6. ¿Cubrirlo?
7. ¿Descubrirlo?
8. ¿Ponerlo?
9. ¿Decirlo?
10. ¿Hacerlo?

C **Y yo después…** Formen oraciones según el modelo.

> **Ellos salieron antes. Yo salí después.**
> *Ellos ya habían salido cuando yo salí.*

1. Ellos llegaron antes. Yo llegué después.
2. Ellos volvieron antes. Yo volví después.
3. Ellos lo vieron antes. Yo lo vi después.
4. Ellos le hablaron antes. Yo le hablé después.
5. Ellos lo hicieron antes. Yo lo hice después.
6. Ellos terminaron antes. Yo terminé después.

D **Él había estado en España.** Completen.

1. Roberto _____ (estar) en España antes de ir a Francia.
2. Él _____ (conocer) a Madrid antes de conocer a París.
3. Él _____ (aprender) el español antes de estudiar el francés.
4. Él _____ (estudiar) en la Universidad de Madrid antes de matricularse en la Sorbona.

Palacio de Oriente, Madrid, España

El condicional perfecto

Expressing What One Would Have Done Under Certain Circumstances

1. The conditional perfect is formed by using the conditional of the auxiliary verb *haber* and the past participle. Study the following forms.

INFINITIVE	ESTUDIAR	RECIBIR	DECIR
yo	habría estudiado	habría recibido	habría dicho
tú	habrías estudiado	habrías recibido	habrías dicho
él, ella, Ud.	habría estudiado	habría recibido	habría dicho
nosotros(as)	habríamos estudiado	habríamos recibido	habríamos dicho
vosotros(as)	habríais estudiado	habríais recibido	habríais dicho
ellos, ellas, Uds.	habrían estudiado	habrían recibido	habrían dicho

2. The conditional perfect is used in Spanish, as it is in English, to state what would have taken place had something else not interfered or made it impossible. Observe and analyze the following sentences.

Él habría hecho el viaje pero tenía que trabajar.
He would have taken the trip but he had to study.

Yo habría salido pero empezó a llover.
I would have gone out but it started to rain.

Ejercicios

A **Durante el accidente.** Preguntas personales.

1. ¿Habrías salvado a las víctimas?
2. ¿Habrías arriesgado (*risked*) tu vida?
3. ¿Les habrías dado primeros auxilios a las víctimas?
4. ¿Les habrías pedido ayuda a otras personas?
5. ¿Habrías hablado con los socorristas?
6. ¿Habrías llevado a las víctimas al hospital?
7. ¿Habrías ayudado a los damnificados?

B **Yo lo habría hecho pero...**
Completen.

1. Yo ___ (comer) pero no tenía hambre.
2. Yo lo ___ (tomar) pero no tenía sed.
3. Yo ___ (dormir) pero no tenía sueño.
4. Yo lo ___ (comprar) pero la verdad es que no tenía bastante dinero.
5. Yo lo ___ (hacer) pero francamente tenía miedo.
6. Yo lo ___ (decir) pero me daba vergüenza.

C **Yo sé que ellos lo habrían hecho.** Completen.

1. Ellos ___ (salir) pero no salieron porque empezó a llover.
2. Nosotros ___ (ir) a la playa pero no fuimos porque hacía mal tiempo.

Víctimas del terremoto, México (1985)

3. Él me ___ (dar) el dinero pero no me lo dio porque no lo tenía.
4. Yo te lo ___ (decir) pero no te lo dije porque yo no tenía los resultados.
5. Él ___ (vivir) en la ciudad pero no vivía en la ciudad porque era imposible hallar un apartamento.

El futuro perfecto

Describing What Has Happened Before Something Else

1. The future perfect tense is formed by using the future tense of the auxiliary verb *haber* and the past participle. Study the following forms of the future perfect.

INFINITIVE	HABLAR	IR	VER
yo	habré hablado	habré ido	habré visto
tú	habrás hablado	habrás ido	habrás visto
él, ella, Ud.	habrá hablado	habrá ido	habrá visto
nosotros(as)	habremos hablado	habremos ido	habremos visto
vosotros(as)	*habréis hablado*	*habréis ido*	*habréis visto*
ellos, ellas, Uds.	habrán hablado	habrán ido	habrán visto

2. The future perfect tense is used to express a future action that will be completed prior to another future action. Observe and analyze the following sentences.

> **Desgraciadamente ellos no estarán. Habrán salido antes de nuestra llegada.**

Note in the above sentences that the people will not be present at some time in the future. They will not be present because they will have already left before our arrival. Their departure precedes our arrival even though both actions will be in the future. This tense is seldom used.

Ejercicio

■ **¿Qué habrás hecho antes de verme?**
Contesten.

1. Antes de verme, ¿habrás hablado con Juan?
2. Antes de verme, ¿lo habrás invitado?
3. Antes de verme, ¿habrás comprado las entradas para el teatro?
4. Antes de verme, ¿habrás llamado al restaurante?
5. Antes de verme, ¿habrás hecho una reservación?

Los adjetivos apocopados · *Shortened Forms of Adjectives*

1. Several adjectives in Spanish have a shortened form when they precede a masculine singular noun. They drop the *-o* ending. Observe the following.

bueno	Roberto es un buen tipo.
malo	No es un mal tipo.
primero	Él vive en el primer piso de una casa de apartamentos.
tercero	Sus abuelos viven en el tercer piso.

2. The adjective *grande* becomes *gran* when it precedes either a masculine or feminine noun in the singular. The shortened form, *gran*, conveys the meaning "great" or "famous" rather than "big" or "large." Observe the following.

un hombre grande	*a big man*
un gran hombre	*a great man*
una mujer grande	*a big woman*
una gran mujer	*a great woman*

3. The number *ciento* is shortened to *cien* before a masculine or feminine noun.

Él tiene cien libros en su biblioteca.
Cada uno de sus cien libros tiene más de cien páginas.

4. The word *Santo* is shortened to *San* before a masculine saint's name unless the name of the saint begins with *To-* or *Do-*.

San Pedro	**Santo Domingo**	**Santa María**
San Alfonso	**Santo Tomás**	**Santa Teresa**

Biblioteca Nacional, Madrid, España

Ejercicio

 Miguel de Cervantes Saavedra. Completen.

1. Cervantes es más que un ___ (bueno) novelista. Es un ___ (grande) novelista.
2. En el ___(primero) capítulo de su novela *El Ingenioso hidalgo don Quijote de la Mancha*, Cervantes describe al ___ (grande) caballero andante, don Quijote.
3. Cuando don Quijote salió de su pueblo la ___ (primero) vez, salió sin escudero. La segunda vez salió con un vecino, Sancho Panza. Sancho le sirvió de escudero. Don Quijote sabía que un ___ (grande) caballero andante como él no podía viajar por el mundo sin escudero.
4. El pobre Sancho no tenía ___ (ninguno) deseo de conquistar todos los males del mundo. Él quería volver a casa.
5. Esta ___ (grande) novela de Cervantes es muy larga. Tiene más de ___ (ciento) páginas. La verdad es que tiene casi ___ (ciento) capítulos.

Don Quijote y Sancho Panza

El sufijo *-ísimo(a)* — *Describing Exceptional Qualities*

1. The suffix *-ísimo(a)* can be added to adjectives to give the meaning "most," "very," or "extremely."

guapo	Aquel señor es guapísimo.	Aquella señora es guapísima.
simpático	Es simpatiquísimo.	Es simpatiquísima.

2. If the adjective ends in a consonant, add *-ísimo(a)* directly to the singular form. If it ends in a vowel, drop the vowel before adding *-ísimo(a)*.

fácil	El examen es facilísimo.
bueno	La profesora es buenísima.

Ejercicio

Es fabuloso. Contesten según el modelo.

> Él es muy alto, ¿no?
> *Sí, es altísimo.*

1. Él es guapo, ¿no?
2. Y es interesante también, ¿no?
3. Me parece que es rico, ¿no?
4. Y su novia es muy guapa, ¿no?
5. Ella es muy simpática, ¿no?

UN ROMANCE Y UN CORRIDO

ANTES DE LEER

Vamos a leer dos poemas que tratan de acontecimientos históricos—uno en España y el otro en
México. El primero ocurrió en el siglo XV y el
otro en el siglo XX. Antes de leer los poemas hay
que conocer el fondo histórico.

España: En 711, los moros invadieron a España.
Vinieron del norte de África y no salieron hasta
1492, cuando el último rey moro, Boabdil, fue
expulsado de Granada. Durante la conquista de
España, los árabes construyeron mezquitas y
palacios bellísimos, sobre todo en Andalucía:
en Sevilla, Córdoba y Granada. La influencia
cultural árabe en la península ibérica es enorme.
En la lengua española hay muchas palabras que
comienzan en *al*; *el alcázar*, por ejemplo, es un
palacio. Estas palabras son todas de origen árabe
—*alcázar, almohada, alhambra*.

México: En México, a principios de este siglo,
precisamente en 1910, estalló una revolución.

"Campamento Zapatista" de Fernando Leal

Esta revolución fue una reacción contra la dictadura de Porfirio Díaz. Éste había
defendido su posición durante unos 33 años mediante una fuerte represión contra
toda oposición. Desde 1906 los obreros organizaban huelgas. En 1910, diversos
grupos se pusieron bajo el mando de Francisco I. Madero y se levantaron contra
Porfirio Díaz. El dictador no pudo vencer las fuerzas revolucionarias y el 25 de
mayo de 1911 renunció el poder y huyó del país. Madero fue elegido presidente
fácilmente, pero no logró satisfacer los deseos de las distintas facciones que
existían. En el mismo año de 1911, Emiliano Zapata se levantó con un grupo de
campesinos en Morelos, gritando "¡Tierra y Libertad!" Madero murió asesinado y
Victoriano Huerta tomó el poder.

Venustiano Carranza, el gobernador del estado de Coahuila, no reconoció al
nuevo gobierno. Consiguió el apoyo de viejos líderes revolucionarios como
(Francisco) Pancho Villa cuyo verdadero nombre era Doroteo Arango, Emiliano
Zapata y Álvaro Obregón. En julio de 1914, Huerta dejó el poder. Pancho Villa y
Emiliano Zapata entraron en la Ciudad de México con el deseo de establecer un
gobierno favorable a los obreros y campesinos. Carranza consiguió el apoyo de
Obregón, quien derrotó a Villa, y obtuvo la presidencia del país. El amigo de ayer
llegó a ser el enemigo de hoy.

Emiliano Zapata fue asesinado durante la revolución por el coronel Jesús
Guajardo. Pancho Villa murió asesinado en 1923, después de la revolución.

el alcázar

la mezquita

el rey

el monte

la laguna

la bolsa

gritar

El sargento gritó.

nacer   venir al mundo
labrar   trabajar la tierra
casarse   contraer matrimonio

la vida   el tiempo que vive una persona
la muerte   el final de la vida
el/la moro(a)   el/la árabe

la mentira   lo contrario de la verdad
el/la cautivo(a)   el/la prisionero(a),
   el/la preso(a)
la huerta   el huerto, el jardín
la viuda   mujer cuyo esposo (marido)
   ha muerto
el golpe   el choque entre dos cuerpos

Ejercicios

A **¿Cuál es la palabra?** Completen.

1. El ___ de España es Juan Carlos de Borbón.
2. El ___ es un palacio árabe.
3. La ___ es un edificio religioso islámico (mahometano).
4. La vida siempre termina con ___.
5. Cada persona ___, vive y ___.
6. El sargento ___ algo y todos lo oyeron.
7. Los árabes del norte de África eran conocidos como ___.
8. Los campesinos ___ la tierra.
9. En ___ crecen flores y legumbres.
10. El niño se cayó y se dio un ___ fuerte en la cabeza.
11. Ella se casó en 1950 y su marido murió hace poco. Ella es ___.

B **Los soldados del rey.** Contesten según se indica.

1. ¿Dónde estaba el rey moro? (en el alcázar)
2. ¿Qué llevaba el sargento en la bolsa? (provisiones)
3. ¿Dijo la verdad? (no, una mentira)
4. ¿Dónde está la huerta? (a orillas de la laguna)

C **Expresiones equivalentes.** Den otra palabra.

1. hablar en voz muy alta
2. el palacio
3. el jardín
4. el preso
5. la montaña
6. el lago pequeño
7. lo contrario de la verdad
8. trabajar
9. un edificio religioso mahometano

"La batalla contra los moros en Jerez"
de Francisco de Zurbarán

INTRODUCCIÓN

Durante la Edad Media en España, la gente se informaba de lo que pasaba por medio de los juglares que iban de castillo en castillo y transmitían las noticias en forma de verso. Recitaban cantares de gesta. Estos casi siempre trataban de hazañas guerreras. El romance, o lo que llamamos *ballad* en inglés, se deriva de los antiguos cantares de gesta. Algunos romances "juglarescos" fueron compuestos por los juglares a partir del siglo XIV. Muchos de ellos narraban acontecimientos que acababan de ocurrir y estimulaban la imaginación de quienes los escuchaban. Ciertos romances juglarescos llamados "moriscos" tratan de la vida árabe en España. Otros llamados "fronterizos" tratan de las relaciones guerreras entre caballeros cristianos y moros. El romance que sigue "Abenámar, Abenámar" es un romance fronterizo. En este romance el Rey Juan II, el padre de Isabel la Católica, le habla al moro, Abenámar. Abenámar, le muestra al rey los edificios importantes de la ciudad de Granada. Esta ciudad ya había sido sitiada por los españoles. Luego, el rey le habla a la ciudad de Granada como si fuera una señora con quien él quisiera casarse. Es interesante notar la respuesta de Granada y el significado de su respuesta.

El corrido es una composición popular mexicana. Se deriva, y sigue la tradición, del antiguo romance español que los conquistadores trajeron a América. El corrido tiene un carácter muy descriptivo. Hay muchos tipos de corridos. Algunos hablan de hechos y eventos locales. Otros de personajes legendarios y de momentos históricos. Los más famosos cuentan relatos de la Revolución mexicana. El corrido que sigue "En Durango comenzó" trata de Pancho Villa, una figura importante de la Revolución mexicana.

Juglares de la Edad Media

❧ Abenámar

Patio de los Leones, La Alhambra,
Granada, España

¡Abenámar, Abenámar,
moro de la morería,
el día que tú naciste
grandes señales° había!   señales *signs*
Estaba la mar en calma,
la luna estaba crecida°:   crecida *full*
moro que en tal signo nace,
no debe decir mentira.—
Allí respondiera el moro,
bien oiréis lo que decía:
—Yo te lo diré, señor,
aunque me cueste la vida,
porque soy hijo de un moro
y una cristiana cautiva;
siendo yo niño y muchacho
mi madre me lo decía:
que mentira no dijese,
que era grande villanía°:   villanía *cosa no honrada ni*
por tanto pregunta, rey,   *honesta*
que la verdad te diría.
—Yo te agradezco, Abenámar,
aquesa° tu cortesía.   aquesa *aquella*
¿Qué castillos son aquéllos?
¡Altos son y relucían!
—El Alhambra era, señor,
y la otra la Mezquita;
los otros los Alixares,
labrados a Maravilla.
El moro que los labraba
cien doblas° ganaba al día,   doblas *monedas antiguas*
y el día que no los labra
otras tantas se perdía;
desque los tuvo labrados,
el rey le quitó la vida,
porque no labre otros tales
el rey del Andalucía.
El otro es Generalife,
huerta que par no tenía;
el otro Torres Bermejas,
castillo de gran valía°.—   valía *valor*
Allí habló el rey don Juan,
bien oiréis lo que decía:
—Si tú quisieses°, Granada,   quisieses *quisieras*
contigo me casaría;

daréte en arras° y dote°
a Córdoba y a Sevilla.
—Casada soy, rey don Juan,
casada soy, que no viuda;
el moro que a mí me tiene,
muy grande bien me quería.

arras   *thirteen coins the groom
gives to the bride*
dote   *dowry*

EN DURANGO COMENZÓ

En Durango comenzó
su carrera de bandido
En cada golpe que daba
Se hacía el desaparecido°

Cuando llegó a La Laguna
Robó la estación de Horizonte
Del entonces lo seguían
Por los pueblos y los montes

Un día ya en el nordoeste
Entre Tirso y la Boquilla
Se encontraban acampanadas°
Las fuerzas de Pancho Villa

Gritaba Francisco Villa
El miedo no lo conozco
Que viva Pancho Madero
Y que muera Pascual Orozco

Gritaba Francisco Villa
En su caballo tordillo°
En la bolsa traigo plata
Y en la cintura casquillo°.

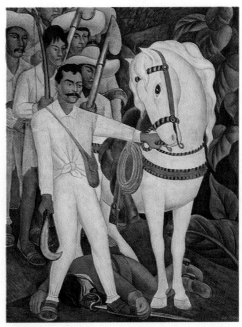

"*Emiliano Zapata,*" *de Diego Rivera*

se hacía el desaparecido
played a disappearing act

acampanadas   *in great
danger*

Pancho Villa

tordillo   *dapple-gray*

casquillo   *empty shells,
cartridges*

Comprensión

A Abenámar. Contesten.

1. ¿Cómo se llama el moro con quien está hablando el Rey Juan II?
2. ¿Qué había en el cielo el día que nació el moro?
3. ¿Cómo estaba la mar?
4. ¿Y la luna?
5. ¿Qué no debe decir el moro?
6. ¿De quién es hijo el moro?
7. ¿Por qué no mentía nunca?
8. ¿Qué le muestra Abenámar al rey?
9. ¿Qué tiene el Generalife?
10. ¿Con quién, o con qué, habla el rey?
11. ¿Le contesta negativa o afirmativamente?

B Edificios árabes. Den la siguiente information.

Prepare una lista de los edificios que el moro Abenámar le mostró al Rey Juan II.

C La respuesta de Granada. Analicen.

¿Cuál es el significado de la respuesta negativa que le dio la ciudad de Granada al Rey Juan II?

D El corrido. Contesten.

1. ¿Dónde comenzó Pancho Villa su carrera?
2. ¿Qué carrera comenzó?
3. ¿Qué robó al llegar a La Laguna?
4. ¿Quiénes lo seguían?
5. ¿Dónde lo seguían?
6. ¿Dónde se encontraban acampanadas las fuerzas de Pancho Villa?
7. ¿Qué gritó Pancho Villa?
8. ¿En qué estaba montado?
9. ¿Qué tenía en la bolsa?
10. ¿Y en la cintura?

El Generalife, palacio moro, Granada, España

Patio de la Acequia en el Generalife

E **De otra manera.** ¿Cómo se expresa lo siguiente en el corrido?

1. Pancho Villa les causaba daño a sus enemigos, las autoridades del gobierno.
2. Pero las autoridades no lo pudieron encontrar.
3. Yo no temo a nada ni a nadie.

F **Buscando información.** Hagan lo siguiente.

1. Prepare una lista de los lugares mencionados en el corrido y búsquelos en un mapa de México.
2. Dé el nombre de un amigo y el de un enemigo de Pancho Villa.

Comunicación

A **Un edificio moro.** Mire las fotografías de los edificios moros que aparecen en esta lección. Escoja una y descríbala.

B **Los árabes en España.** Prepare un informe sobre la influencia de los árabes en España.

C **El moro Abenámar.** Escriba un párrafo dando un resumen de lo que sucedió en el romance "Abenámar".

D **Pancho Villa.** En un párrafo, escriba lo que Ud. aprendió sobre Pancho Villa al leer el corrido "En Durango comenzó".

Pancho Villa, Emiliano Zapata y sus seguidores

6

LOS VALORES

OBJETIVOS

In this chapter you will do the following:

1. learn what values are important to Hispanics, both young and old, and compare them with yours
2. learn other uses of the definite and indefinite articles, and of the prepositional pronouns
3. read and discuss a letter to the editor published in a Spanish newspaper, and an article about bullfighter Francisco Rivera Ordóñez
4. learn how to explain what you hope has happened and what you hoped would have happened, discuss contrary-to-fact situations, indicate ownership, and point out people and things
5. read and discuss an excerpt from *Zalacaín el Aventurero* by Pío Baroja, and a short story, "Mi padre" by Manuel del Toro

LOS VALORES

INTRODUCCIÓN

Los valores son ideas abstractas que los miembros de una cultura aceptan sobre lo que se considera bueno, deseable y apropiado, o, por lo contrario, malo, indeseable e inapropiado. Cada persona desarrolla sus propias metas (goles) y ambiciones, pero la cultura provee normas generales a sus miembros. Los valores no indican específicamente lo que el individuo debe hacer, pero sí dan una guía para evaluar a las personas, las ideas, y los eventos en cuanto a su mérito, su moral o su "valor". Los valores de una cultura no cambian de repente. Rara vez cambian durante la vida de un solo individuo.

Con ciertas variantes y grados o niveles de importancia, algunos de los valores predominantes en la cultura occidental son: la importancia de la familia, el honor, la dignidad, el individualismo, la generosidad, la comodidad material, la igualdad de todas las personas, el nacionalismo, la eficiencia, la fe en la ciencia. Ahora bien, una cultura puede tener ciertos valores a pesar de que no se respeten. Se puede hablar del valor de la igualdad al mismo tiempo que se cree que su propio grupo es superior a otros. Se puede hablar del honor, y portarse de forma deshonrada. Lo importante es que las culturas y las sociedades tienen sus propios valores, y esos valores no son siempre los mismos. Al no conocer los valores de una cultura podemos cometer errores graves cuando tratamos con sus miembros.

"Tamalada", de Carmen Lomas Garza

VOCABULARIO

el/la desconocido(a)   una persona a quien uno no conoce

el parentesco   relación, conexión familiar

el ascenso   promoción en el empleo

los recursos   bienes, medios de subsistencia

el eje   persona, cosa, o circunstancia que constituye el centro de algo

la deshonra   deshonor, descrédito

lanzarse   tirarse, como se lanza una pelota

girar   dar vueltas

compartir   dividir, repartir algo entre varias personas

recoger   dar protección a un niño, recolectar, juntar

hacerse cargo de   tomar la responsabilidad

la gota

el mendigo

los trapos

Ejercicios

A **Los valores.** Completen.

1. La familia de Joselito es muy pobre y no tiene los ___ para mantener al niño.
2. Vamos a ___ al pequeño y traerlo a vivir con nosotros. Mira la ropa que tiene, el pobrecito se viste de ___. Parece un ___.
3. Y yo me ___ de ayudarle con sus estudios.
4. Joselito es de nuestra familia, no es un ___.
5. Su madre es la sobrina de mi cuñado, así es que existe un ___.
6. No importa, aunque no tuviera una ___ de nuestra sangre, todavía lo recogeríamos.
7. Tenemos bastante para ___ con el niño.
8. Y no nos vamos a preocupar del dinero, ganaré más porque acabo de recibir un ___.
9. No, tenemos que traerlo aquí, proteger el nombre de la familia y evitar la ___.
10. La familia es el ___ en torno al cual gira nuestra vida.

B **Palabras afines.** Pareen.

1. la deshonra
2. suntuosamente
3. el reflejo
4. la jerarquía

a. reflection
b. hierarchy
c. dishonor
d. sumptuously

LOS VALORES

La verdad es que no debemos hablar de la cultura hispánica, sino de las culturas hispánicas. España y la veintena de repúblicas hispanoamericanas no comparten todas los mismos valores. En algunos países hispanos la población mayoritaria es indígena, sin una gota de sangre española. En otros, hay tanta herencia italiana, alemana y africana como española. No obstante, hay muchos valores que todos tienen en común.

La familia

La familia es, ha sido siempre y probablemente seguirá siendo el eje en torno al cual gira la vida del hispano. El viejo refrán dice que "la sangre llama". Esto quiere decir que el parentesco impone obligaciones. Estas obligaciones pueden parecer muchas veces injustas y hasta inmorales. Por ejemplo, si soy dueño de una fábrica o un comercio, ¿a quién voy a emplear primero? ¿A alguien que viene de la calle, o a un pariente? ¿Y a quién le voy a dar un ascenso? ¿Al hijo de mi primo, o a un desconocido? Por otra parte, esta obligación requiere que yo haga todo lo necesario para defender el buen nombre de la familia. Si un hijo de mi primo ha hecho algo que puede traernos deshonra, y si sus padres no tienen los recursos, yo tomo la responsabilidad de proteger nuestro nombre.

Como ya se sabe, la familia nuclear era antes casi desconocida en los países hispanos. La familia hispana consistía en tíos, abuelos, primos, cuñados, nietos y biznietos, muchos de ellos, a veces, viviendo en la misma casa.

Hoy, como tantas otras cosas, la estructura familiar también está cambiando. La familia nuclear ya no es tan rara en España y Latinoamérica. No obstante, en una fiesta familiar todavía se ve, con mucha frecuencia, a cuatro generaciones alrededor de la mesa, gozando del calor humano que provee una familia numerosa.

Existen diferencias de significado en las denominaciones de los parientes en las culturas hispanas y anglosajonas. Para los hispanos, es más importante la generación que el parentesco exacto. Los hijos de los tíos son "primos hermanos". No hay primos terceros o cuartos. Si los primos son de la generación de los padres, se les llama "tíos". Y al hermano del abuelo, se le llama "tío abuelo".

Es muy común, especialmente en áreas rurales, que se "recoja" a los hijos de parientes pobres. Si los padres no pueden mantener a sus hijos, los parientes se hacen cargo de ellos. A veces, los niños recogidos no son realmente parientes, sino sólo vecinos. Aunque, a decir verdad, muchas veces se les trata como algo menos que un hijo y algo más que servidumbre[1].

La importancia de la familia se nota también en la costumbre de llevar los apellidos de la familia de la madre al igual que los del padre. Todos quieren saber quiénes son "tu gente". Y también se nota en el máximo tabú de faltarle el respeto a la madre. El insulto mayor en la cultura hispana es el insulto a la madre. Ha llegado a tal extremo que a veces se evita mencionar a la familia, y mucho menos a la madre.

La generosidad

La generosidad es un valor común a muchas culturas. El norteamericano es famoso por la manera en que abre las puertas de su casa al extraño; el árabe, el chino, el africano, todos valoran la generosidad. ¿Quién no ha oído de la costumbre del "potlatch", según la cual el indígena de Norteamérica regala todos sus bienes a sus vecinos, quedándose sin nada?

La generosidad del hispano es también un reflejo del orgullo. El español, por ejemplo, lucha sinceramente por pagar la cuenta en un café o restaurante. El anglosajón echa los dados[2], y si gana, no tiene que pagar la cuenta. El español también juega. Juega a las monedas, y si gana, paga. Es que no quiere "quedar mal". Sin tener dinero para sus propias necesidades, da una limosna al mendigo en la calle. ¿Es generosidad, o es orgullo?

La dignidad

Legendario es el exagerado sentido de "dignidad" del castellano viejo. En los cuentos antiguos abundan ejemplos, como el caso del hidalgo[3] "venido a menos[4]" que, aunque esté pasando hambre, anda por la calle con un palillo en la boca para que todos crean que acaba de comer suntuosamente. La dignidad también tiene que ver con el rol que la persona hace en la sociedad. El rol que asume la persona requiere ciertos modales y comportamiento. El norteamericano suele ser bastante flexible en cuanto a jerarquías. El director de una gran empresa se pone trapos para trabajar en su jardín, juega al sóftbol con los empleados, va a la pizzería con la familia, todos en blue jeans y tenis, deja que todos lo llamen por su nombre de pila. El director hispano suele ser siempre mucho más formal, conforme con la importancia de su posición. Su posición le indicará cómo debe vestirse, donde puede comer, con quiénes puede divertirse y el respeto con que los demás deben tratarlo.

[1] **servidumbre** *sirvientes*
[2] **echa los dados** *throw the dice*
[3] **hidalgo** *nobleman*
[4] **venido a menos** *having lost status*

Zapatería, México D.F.

Comprensión

A **La familia.** Contesten.

1. ¿Por qué dice el autor que debemos pensar en "las culturas hispánicas"?
2. ¿Cuál es el grupo mayoritario en algunos países hispanos?
3. ¿Qué tiende a ser el centro de la vida hispana?
4. ¿Cuál es el refrán que se refiere a las obligaciones familiares?
5. ¿En qué consistía antes la tradicional familia hispana?

B **El parentesco.** Completen.

1. En una fiesta hispana podría haber parientes de varias ___.
2. Para los hispanos, llamar a uno tío o primo depende de la ___ de la persona.
3. Un primo hermano es el ___ de un tío.
4. A veces se ___ a los hijos de parientes pobres que no los pueden mantener.
5. Los niños recogidos no son siempre de la familia, a veces, son sólo ___.
6. La generosidad del hispano puede ser reflejo del ___.
7. Un tío abuelo es el ___ del abuelo.
8. Los hispanos suelen llevar ___ apellidos.

C **Más costumbres.** Contesten con *sí* o *no*.

1. El español echa los dados para no tener que pagar la cuenta.
2. El hispano da una limosna hasta cuando necesita el dinero.
3. Los norteamericanos suelen ser más flexibles que los hispanos en cuanto a jerarquías.
4. La familia nuclear no existe en los países hispanos.
5. A los niños recogidos se les trata siempre como si fueran hijos de la familia.
6. El "potlatch" es una costumbre de los indígenas de Centroamérica.

Atlixco, Puebla, México

Comunicación

A **El potlatch.** Busque información sobre la costumbre del "potlatch". Prepare un breve informe para presentar a la clase.

B **Un tabú.** En la cultura hispana el insulto a la madre es un tabú. ¿Existe este tabú en otras culturas? Con su grupo discuta la existencia de este tabú.

C **¿Quién paga?** El juego para determinar quien paga o no paga, existe en la cultura norteamericana y la hispana. Describa las diferencias y diga lo que Ud. opina. ¿Cuál de las costumbres, la hispana o la americana, prefiere Ud. y por qué?

EL QUE INVITA PAGA

VOCABULARIO

el pelado

Los dos señores están jugando a las monedas.

las monedas

adivinar   predecir, descubrir
agradar   dar gusto, gustar
dar vergüenza   hacer sentir la
 humillación, ponerse roja la cara

Ejercicio

Se dice así.   Exprese de otra manera.

1. ¿Puedes *descubrir* lo que tengo en la mano?
2. Es algo que te va a *gustar*.
3. No quiero nada de ti. No soy un *pobre*.
4. Eso me *humilla*.

GERARDO: Insisto. Dame la cuenta.

MAURICIO: De ninguna manera. Yo te invité. El que invita paga.

GERARDO: Pero tú nunca dejas que nadie pague. No puedo permitirlo.

MAURICIO: Pues, ¿por qué no jugamos a las monedas? Cada uno se pone de cero a tres monedas en la mano. Entonces adivinamos por turnos el total de monedas. El que gana paga.

GERARDO: Bueno. Pero no me agrada nada. Esto me está dando vergüenza. Van a creer que soy un pelado.

Comida Típica Boliviana e Internacional

REPOSTERÍA ALEMANA EL BATAN

TERESA ROMERO LÓPEZ

Calle Landaeta 402 - Telf. 320853

LA PAZ – BOLIVIA

DIA	MES	AÑO
9	3	

RUC 04550714

Señor(es) .... m-7 ....

Por lo siguiente:

FACTURA
ORIGINAL

Nº 003972

DEBE

Cantidad	DETALLE	IMPORTE	
4	platos		
2	tumbos	80	00
2	shop	10	00
2	A min	12	00
		6	00
		108	00
	TOTAL Bs.	108	00

Comprensión

¿Verdad o no? Contesten con *sí* o *no*.

1. Gerardo quiere pagar la cuenta.
2. Mauricio no tiene ningún inconveniente en que Gerardo pague.
3. Mauricio dice que él tiene que pagar porque él invitó.
4. Gerardo dice que está bien que Mauricio pague.
5. A Gerardo le gusta mucho la idea del juego.
6. Gerardo está muy molesto con esta situación.

Comunicación

El juego de las monedas. Explique en sus propias palabras el "juego de las monedas".

LENGUAJE

INVITACIONES

> Te invito a tomar café.

Para invitar a una persona a comer o a tomar algo, se dice:

> **Te invito a tomar…**
> **Quiero convidarte a un…**

Esto quiere decir que Ud. va a pagar.

Para evitar un problema como el de Mauricio, hay que contestar:

> **Te acompaño pero esta vez yo te invito, o no voy.**

Para sólo sugerir que vayan a tomar algo, se puede decir:

> **¿Te apetece tomar algo?**
> **Tengo mucha sed (hambre), voy a tomar algo.**
> **¿Qué te parece si entramos al café (la cafetería, etc.)?**

Si realmente quieres pagar, sin que haya mucho teatro, lo más fácil es decirle al camarero en voz baja:

> **Me trae Ud. la cuenta a mí y a nadie más, por favor.**

Comunicación

Mire, quiero… Ud. está en un café con sus amigos y no quiere que ninguno de ellos pague la cuenta. Escriba una nota para el camarero. Indíquele quién es Ud. y lo que quiere.

Usos especiales del artículo
El sentido general

Talking To and About Other People and Things

In English, when we use an abstract noun or a noun in a generic or general sense, we do not use an article. In Spanish, the definite article is required before nouns used in a general sense and before abstract nouns. Compare the following Spanish and English sentences.

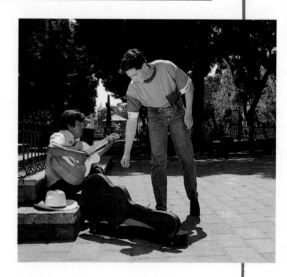

Los mendigos son pobres.	*Beggars are poor.*
Los cobardes tienen miedo.	*Cowards are afraid.*
La gente tiene que trabajar.	*People have to work.*
La bondad es una virtud.	*Kindness is a virtue.*

Ejercicio

 Las clases de ciencias. Completen.

En ___₁ clases de ciencias aprendemos mucho. En ___₂ clase de biología, por ejemplo, estudiamos ___₃ amebas y ___₄ paramecios. En la clase de química aprendemos algo sobre ___₅ sustancias químicas y cómo afectan a ___₆ seres humanos. ___₇ hidrógeno y ___₈ oxígeno son necesarios para la vida humana. En la clase de física estudiamos ___₉ materia y ___₁₀ energía.

El artículo

Addressing People and Referring to People

1. The definite article must be used with titles in Spanish when speaking about someone.

   El señor Antúñez es abogado.
   La esposa del señor Antúñez, la doctora Antúñez, es médica.
   La doctora Antúñez trabaja en una clínica.

2. The article is not used with a person's title when speaking directly to the person.

   —Buenos días, señor Antúñez.
   —Hasta mañana, doctora Antúñez.

Ejercicios

A En el consultorio de la médica.

Completen con el artículo cuando sea necesario.

—Buenos días, ___ señor Gaona.

—Buenos días, ___ señorita Flores.

—¿Cómo se siente Ud. hoy?

—Bastante bien, gracias. ¿Está ___ doctora Antúñez?

—Lo siento. En este momento ___ doctora Antúñez no está. Tuvo que ir a la clínica para una reunión con ___ doctor Cela.

—¿Sabe Ud. a qué hora va a volver?

—Por lo general, ___ doctora Antúñez vuelve de la reunión a las dos y media. Voy a llamarla por teléfono.

—¡Aló! ___ señorita Vélez, ¿me puede hacer un favor? Cuando salga ___ doctora Antúñez, dígale que me llame. Ah, está allí. Le hablaré. Soy yo, Marta Flores, ___ doctora Antúñez. Estoy con ___ señor Gaona. Quiere saber cuándo Ud. vuelve… Bien. Se lo diré. Lo siento, ___ señor Gaona, pero ___ doctora Antúñez no vuelve esta tarde. Pero lo puede atender mañana a las dos.

—Entonces vuelvo mañana. Muchas gracias, ___ señorita Flores.

—Hasta mañana, ___ señor Gaona.

B ¿Qué hace la doctora Antúñez? Contesten.

1. ¿Quién busca a la doctora?
2. ¿Quién le habla al señor en el consultorio?
3. ¿Está la doctora o no?
4. ¿Dónde está la doctora?
5. ¿Con quién está ella?
6. ¿Quién llama por teléfono?
7. ¿Quién contesta el teléfono?
8. ¿Quién volverá mañana?

DR. ANTONIO ROBLES CERDA

ONCOLOGÍA MÉDICA
RADIOTERÁPIA

CED. PROF. 495192

S. S. A. 61798

PROVIDENCIA 1218-402 A
COL. DEL VALLE 03100 D. F.
TEL. 559-63-48

ALTAMIRA NUM. 317 PTE.
TAMPICO, TAMAULIPAS
TEL. 12-34-28

El artículo con los días de la semana

Days of the Week

In Spanish, the definite article is used with the days of the week to convey the meaning "on". Observe the following examples.

Tengo clases los lunes.   *I have classes on Mondays.*
El domingo voy al campo.   *On Sunday I'm going to the country.*

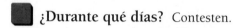

Ejercicio

¿Durante qué días? Contesten.

1. ¿Qué días tienes clase de español?
2. ¿Y qué días no tienes clases?
3. ¿Qué haces los sábados?
4. ¿Adónde vas los domingos?
5. Y esta semana, ¿qué haces el sábado?
6. Y, ¿adónde vas el domingo?
7. Algunas personas dicen que deben tener clases los sábados.
   Tú, ¿qué crees?

LECCIONES Y DEBERES

ASIGNATURAS	Exponer o Redactar	TEMAS
LUNES Matemáticas		Ejercicios en la página 235.
MARTES Historia		Leer el capítulo 9 y contestar las preguntas.
MIÉRCOLES Inglés		Estudiar para el examen el jueves.
JUEVES Química		Ir al laboratorio.
VIERNES Lenguaje		Escribir una composición sobre mis metas personales.
SÁBADO Geografía		Dibujar un mapa.
DOMINGO		

El artículo con los verbos reflexivos

Referring to Articles of Clothing and Parts of the Body

1. In Spanish when referring to parts of the body and articles of clothing, the definite article is used with the reflexive pronoun. Observe the following examples.

Yo me lavo las manos antes de comer.	*I wash my hands before eating.*
Después de comer, me cepillo los dientes y me lavo la cara.	*After eating, I brush my teeth and wash my face.*

2. Note also that the object noun is usually in the plural in English when the subject is plural. In Spanish, the noun is in the singular. Observe the following sentences.

Nosotros nos ponemos el casco para trabajar.	*We put on our hardhats to work.*
Y nos quitamos la corbata y la gorra.	*And we take off our ties and caps.*

Since each person has only one hardhat, one tie, and one cap, the singular form is used, not the plural.

Ejercicio

 **Por la mañana.** Completen.

1. Cuando me levanto, me lavo ___.
2. Y me cepillo ___.
3. Cuando hace frío, todos nos ponemos ___ para salir.
4. Cuando llegamos a la escuela, mi hermano y yo nos quitamos ___.
5. El profesor Pérez no ve muy bien y tiene que ponerse ___.

El artículo indefinido

1. The indefinite article is omitted in Spanish when the verb *ser* is followed by an unmodified noun that denotes a profession or nationality. In English, the indefinite article is used. Observe the following sentences.

La señorita Valladares es abogada.	*Ms. Valladares is a lawyer.*
La señora Herrera es viuda.	*Mrs. Herrera is a widow.*
José Romero es viudo.	*José Romero is a widower.*

2. The indefinite article must be used whenever the noun that follows the verb *ser* is modified.

La señorita Valladares es una abogada muy hábil.	*Ms. Valladares is a very able lawyer.*
El señor Herrera es un viudo muy joven.	*Mr. Herrera is a very young widower.*

Ejercicio

¿Qué y cómo? Sigan el modelo.

> **¿Qué es la doctora Rosas?** (médica)
> *Es médica. Y es una médica excelente.*

1. el señor Garcés (electricista)
2. la señorita Bernales (bióloga)
3. el señor Martín (contable)
4. la señora Robles (ingeniera)
5. la señorita Chávez (periodista)
6. el señor Marcos (secretario)

La sala de redacción de un periódico en México D.F.

Los pronombres con la preposición

Using a Pronoun After a Preposition

1. A prepositional pronoun follows a preposition, *a, de, en, con, sin*, etc. In Spanish, the prepositional pronouns are the same as the subject pronouns except for *mí* and *ti* (*yo* and *tú*).

SUBJECT PRONOUNS	PREPOSITIONAL PRONOUNS	SUBJECT PRONOUNS	PREPOSITIONAL PRONOUNS
yo	mí	nosotros(as)	nosotros(as)
tú	ti	*vosotros(as)*	*vosotros(as)*
él	él	ellos	ellos
ella	ella	ellas	ellas
Ud.	Ud.	Uds.	Uds.

Fernando vive cerca de mí.
Ellos siempre salen con nosotros.
Allí está Josefina. ¿Quién está con ella?

2. With the preposition *con, mí* becomes *conmigo*, and *ti* becomes *contigo*.

Yo quería ir al centro contigo, pero
saliste muy temprano.
¿Quieres ir conmigo mañana?

Ejercicios

A **¿Para quién es todo esto?** Contesten con *sí* y el pronombre apropiado.

1. Esta mochila, ¿es para Gabriela?
2. ¿Para quién es la linterna? ¿Para ti?
3. ¿La carpa es para los muchachos?
4. ¿Es para mí el botiquín?
5. Los sacos de dormir son para Uds., ¿verdad?
6. ¿Esas botas son para Eduardo?
7. La mesita es para nosotros, ¿no?
8. ¿Es para las chicas ese bote?
9. ¿Para quién es el hornillo? ¿Para Ud.?

B **¿Quién va con quién?** Contesten según se indique. Usen pronombres.

1. ¿Quién va con Ud.? (Antonia)
2. ¿Y quién va a ir conmigo? (Fernando)
3. ¿Los niños van con Uds.? (sí)
4. ¿Quién va contigo? (Ernesto)
5. ¿Las chicas van con Teresa? (no)
6. ¿Pepe va con los muchachos? (sí)

Una carta al director

Introducción

A veces, hay conflictos porque los valores de una cultura se oponen a los de otra cultura. El resultado puede ser tan grave como una guerra, o puede ser relativamente insignificante, solamente un malentendido entre individuos. Se ha comentado desde hace siglos sobre "el orgullo y la dignidad" del hispano. Estos valores probablemente hicieron que España entrara en guerra contra los Estados Unidos en 1898. Todo el mundo, incluso los españoles, sabía que España jamás podría ganar. Pero rendirse sin luchar hubiera sido deshonroso e indigno.

La carta que sigue la escribió un profesor norteamericano a un periódico español. En

"The Charge of the Rough Riders at San Juan Hill",
de Frederick Remington

la carta, se nota que el profesor no necesariamente comparte los mismos valores que el guía español.

Vocabulario

el carné

Guía Oficial
Dirección General de Turismo

nombre: José Ignacio Escobar
Guía trilingüe
Español, Inglés, Francés
Firma:

2.000 ropa
1.000 comida
200 cine
200 transporte
300 teléfono
——————
3.700

el presupuesto

la bondad

perpleja

El guía cobró 4.000 pesetas.
Era inflexible.
Rehusó bajar su precio.

El señor se marchó.

el afecto   la devoción, la amistad
el cargo   la responsabilidad
el trayecto   la distancia, el camino

autorizar   dar la autorización, permitir

proponer   hacer una propuesta

terminantemente   categóricamente,
   de manera concluyente

Ejercicios

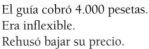

A **¿Cuál es la palabra?** Completen.

1. Yo los quiero mucho. Les tengo mucho ___.
2. Han sido tan buenos conmigo. Siempre me han tratado con ___.
3. Y hoy yo soy responsable por ellos. Yo estoy a ___ de ellos.
4. Yo pago lo que sea necesario. Lo pagaré de mi propio ___.

B **Expresiones equivalentes.** Expresen de otra manera.

1. Su jefe es *muy rígido*.
2. Ella le *expuso* un plan excelente.
3. Y él lo *rechazó*.
4. Él se negó a estudiarlo *de manera concluyente*.

C **Más expresiones equivalentes.** Pareen.

1. autorizar
2. cobrar
3. el trayecto
4. el carné
5. perplejo

a. recibir dinero
b. el documento de identidad
c. dar permiso
d. la distancia
e. confuso

CARTAS

AL DIRECTOR

Sr. Director:
Primero, quiero indicarles a Ud. y a sus lectores que siempre he tenido gran afecto por España y los españoles. Durante los quince años que llevo enseñando español en mi país, he llevado grupos de estudiantes a España casi cada año. Los españoles siempre nos han tratado con cortesía y bondad.

Pero el verano pasado ocurrió algo que me ha dejado un poco confuso. Se lo explicaré.

Yo tenía a mi cargo un grupo de veintidós estudiantes de secundaria. Todos los muchachos hablaban español bastante bien. Fuimos a visitar un monumento importante. Yo tenía un presupuesto bastante limitado. Me habían indicado que las visitas con guías costaban cierta cantidad. Como llegamos tarde, el último grupo de la mañana ya había comenzado su visita. Un señor se nos acercó. Nos dijo que era guía oficial y nos mostró su carné. Él dijo que era "guía trilingüe" y que cobraba una cantidad bastante por encima de la tarifa por visitas oficiales. Yo le dije que me parecía mucho. Él me contestó que era porque los guías de las visitas oficiales sólo hablaban español, y él era "guía trilingüe" y estaba autorizado a cobrar la cantidad que había mencionado. Yo le dije que sí, que entendía, pero que no queríamos que hablara ni inglés ni francés, sólo español, como los guías para las visitas oficiales. Iban a cerrar pronto, y el tiempo se nos iba. Yo le dije que llevara a los muchachos y que hablaríamos después.

Después de la visita el señor vino a cobrar. Yo le dije que me parecía justo que él cobrara más, pero que lo que él quería era mucho. Le propuse que dividiéramos en dos la diferencia entre la tarifa "oficial" y lo que él quería, y yo lo pagaría con mucho gusto. Él rehusó terminantemente.

—Soy guía trilingüe, y ésa es la tarifa.

—Pero sólo me autorizan pagar la tarifa oficial.

—Entonces, es un regalo. Adiós.

Yo no pude creerlo. El señor dio la vuelta y empezó a marcharse. Yo fui detrás de él, tratando de pagarle. Y él repitió:

—Es un regalo.

Así estuvimos durante un trayecto de cien metros. Yo, con el dinero en la mano, ofreciéndoselo. Y él repitiendo aquello del "regalo". Yo todavía no lo entiendo. Ese señor había pasado hora y media con los estudiantes. Ellos estuvieron muy contentos con la visita. Yo quise ser justo con el señor. La diferencia entre las dos tarifas saldría de mi propio bolsillo*.

Yo les pregunto, ¿por qué fue tan inflexible ese señor? Lo que yo le propuse me parece sumamente razonable. ¿No les parece a Uds.?

Sigo perplejo. Espero que alguien me explique la curiosa conducta del guía.

*Filadelfia, Pensilvania
EE.UU.*

bolsillo pocket

Comprensión

A El guía. Contesten.

1. ¿Cuál es la profesión de la persona que escribe?
2. ¿Qué actitud muestra hacia España?
3. ¿Qué ha hecho muchas veces durante los últimos años?
4. ¿A quiénes han tratado los españoles con bondad?
5. ¿Cuándo ocurrió el incidente que cuenta el escritor?
6. ¿Qué eran las 22 personas que iban con el señor?
7. ¿Qué iban a visitar?

*Cúpula del Mihrab, Gran Mezquita
de Córdoba, España*

B Un incidente. Escojan.

1. El incidente le dejó al escritor ___.
   a. confuso   b. inflexible   c. autorizado

2. La habilidad de hablar español de los estudiantes era ___.
   a. casi nada   b. muy poca   c. bastante buena

3. Todos fueron a visitar ___.
   a. una universidad   b. un teatro   c. un monumento

4. Lo que era "limitado" era ___ que tenía el profesor.
   a. el tiempo   b. la paciencia   c. el dinero

5. El último grupo de la mañana ya había ___ la visita.
   a. comenzado   b. cancelado
   c. terminado

Ruinas de Medina Azara, Córdoba, España

*Real Monasterio de San Lorenzo
de El Escorial, España*

C **Un guía trilingüe.** Corrijan las oraciones falsas.

1. El guía le enseñó su dinero al señor.
2. El guía hablaba dos idiomas.
3. El guía cobraba menos que la tarifa oficial para grupos.
4. Además del español, el guía hablaba italiano y alemán.
5. El profesor quería que el guía hablara solamente inglés.
6. Los guías para las visitas oficiales hablaban inglés y francés.
7. Despúes de la visita, el guía vino a pagar.
8. El guía aceptó la propuesta del señor.

D **Análisis.** Expliquen.

1. ¿Por qué tenía prisa el profesor en comenzar la visita?
2. ¿Qué quería decir el profesor con "le dije que llevara a los muchachos y que hablaríamos después"?
3. ¿Cuál fue la proposición que le hizo el profesor al guía?
4. ¿Qué quería decir el guía con "es un regalo"?
5. Explique por qué el profesor no quería pagar la cantidad que quería cobrar el guía.

Comunicación

A **Un asunto personal.** Con su grupo, discutan y determinen si la propuesta del profesor fue "razonable" o no.

B **Un malentendido.** Escriba lo que Ud. considera el problema fundamental al que se refiere la carta del profesor. ¿Cuál ha sido el conflicto de valores?

Monasterio Abadía de Montserrat, Barcelona, España

C **Un lugar interesante.** Describa a la clase, en detalle, un lugar de interés turístico en su pueblo o ciudad.

D **Un anuncio.** Con su grupo, prepare un anuncio ofreciendo sus servicios como guía para turistas hispanos que visitan su estado. Incluya los lugares de interés, las horas y los días de visita y las tarifas.

Ávila, España

LA INFLUENCIA DE LA FAMILIA

INTRODUCCIÓN

En una cultura donde tanta influencia tiene la familia y donde el respeto a los padres es un valor universal, no es raro que un hijo siga los pasos del padre y del abuelo. Y si añadimos la importancia que tiene la valentía en la jerarquía de valores, es casi de esperar que Francisco Rivera Ordóñez, hijo de "Paquirri" y nieto de Antonio Ordóñez, se hiciera torero.

La siguiente entrevista viene de la revista *Hola*.

Antonio Ordóñez

"Paquirri"

el toreo

el torero

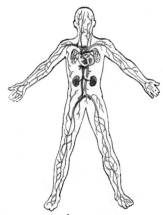

las venas

la casta   la clase, la calidad
la meta   el gol, el objetivo, el fin
la tontería   una cosa estúpida, una estupidez
el poder   la fuerza, la energía
la afición   la inclinación, el amor por alguien o algo

elegir   seleccionar, escoger
vengar   tomar venganza, vindicar

fluir   correr un líquido como el agua o la sangre
heredar   recibir de los padres, abuelos, etc.
estar dispuesto(a)   estar listo(a) o preparado(a) para hacer algo
asemejarse   ser parecido a
extrañar   sorprender, asombrar
aportar   dar, contribuir

taurino   que tiene relación con el toreo

Ejercicios

A **Expresiones equivalentes.** Expresen de otra manera.

1. A mí me *sorprende* mucho que sea torero.
2. Sé que siempre le ha interesado *el arte de torear*.
3. Pero no creía que iba a meterse en el mundo *de los toros*.
4. Ya sé que corre por sus *arterias* sangre taurina.
5. Y que *ha recibido* de su padre y su abuelo el deseo de torear.
6. Tiene una gran *inclinación* al toreo.

B **¿Cuál es la palabra?** Completen.

1. La ___ del torero es llegar a ser el número uno.
2. El muchacho es muy valiente, tiene mucha ___ de torero.
3. En eso se ___ mucho a su padre, es igual que él.
4. El chico ___ ___ a hacer cualquier cosa para triunfar.
5. Por sus venas ___ sangre de grandes toreros.

Antonio Ordóñez

LA MUERTE DE PAQUIRRI

Cuando se cumplen nueve años de la trágica muerte de Paquirri

FRANCISCO RIVERA ORDÓÑEZ

«Nunca elegí ser torero para vengar la muerte de mi padre, aquello fue un accidente.»

Ya han pasado nueve años desde la trágica muerte de Francisco Rivera, "Paquirri", en el coso[1] de Pozoblanco. Su hijo mayor, Francisco Rivera Ordóñez, a sus diecinueve años, ha heredado la afición familiar y está dispuesto a continuar con éxito la tradición.

Por sus venas fluye sangre taurina, pues es nieto, hijo y sobrino de toreros. Tras dos años como novillero, en los que fue dirigido por su apoderado[2] y abuelo, Antonio Ordóñez, Francisco nos habla ahora del pasado, del presente y del futuro.

—¿En qué momento te diste cuenta de que querías ser torero?

—Desde muy pequeño, pero cuando me decían "torea" sentía miedo y no quería. Ya a los dieciséis años comencé a ir al campo y a prepararme, hasta que mi abuelo me dijo: "Vas a debutar". Desde que recuerdo he oído hablar de mi padre, de mi abuelo, de mi tío, de toda la familia. Por tanto, era normal que sintiera curiosidad.

—¿A quién crees que te asemejas en el ruedo?

—No sé si me parezco más a mi padre o a mi abuelo, porque no les he visto torear. Lo que sí he visto han sido videos, pero no es igual. Creo que tengo mi propio estilo.

—¿Qué recuerdas del día que debutaste en Ronda?

—Ese día me di cuenta de la responsabilidad que tenía, porque la plaza estaba llena, y eso, allí, nunca había ocurrido en una novillada sin picadores[3]. El paseíllo[4] fue muy duro.

—¿Cuáles han sido los consejos[5] que has recibido de tu abuelo?

—Que esto es muy difícil, que lo más fácil es que yo no sea torero. Mi abuelo conoce esto bien y sabe lo difícil que es.

[1] **en el coso**   *una plaza de toros*
[2] **apoderado**   *manager*
[3] **novillada sin picadores**   *novice bullfight*
[4] **el paseíllo**   *el desfile de toreros*
[5] **consejos**   *advice*

> ## «Mi abuelo ha sido siempre mejor torero que mi padre, pero mi padre era más valiente, tenía más poder y mucha casta»

—**Vuestras relaciones actuales parecen no ser todo lo buenas que se desearía.**

—No. Lo que ocurre es que he cambiado de apoderado. Mi abuelo me había dicho que cuando creyera que estaba preparado para volar me dejaría. Y es lo que ha pasado. En la última época, él me protegía demasiado, sufría mucho cuando me veía torear y pasaba malos ratos. Mi abuelo es mi amigo, mi consejero[6] y ha sido casi mi padre, aunque también tengo a mi madre, claro.

—**Si tuvieras que elegir entre dos toreros: Paquirri y Antonio Ordóñez, ¿con cuál te quedarías?**

> ## «La separación de mi abuelo y mía tenía que ocurrir; él me dijo que cuando estuviera preparado me dejaría volar»

—Considero más bonito el toreo que hacía mi abuelo. Creo que es la forma de torear adecuada. Mi abuelo ha sido mejor torero que mi padre. Sin embargo, mi padre tenía más poder, era más valiente y, además, tenía mucha casta. Mi abuelo ha sido el número uno de todos los tiempos. No hay más vuelta de hoja[7]. Por eso no es de extrañar que diga que mi abuelo es mejor que mi padre.

—**¿A qué aspiras en la vida?**

—Lo que me motiva y a lo que aspiro es a ser más que mi abuelo. Es difícil, casi imposible, pero ésa es mi meta.

—**¿Se puede pensar que elegiste este camino quizá para vengar la muerte de tu padre en el ruedo[8]?**

—Cuando tenía diez años y murió mi padre decidí ser torero. Pero que yo sea torero para vengar la muerte de mi padre es una tontería. En ese caso sería exterminador de toros. La muerte de mi padre me ha afectado y marcado en la misma medida que puede afectar a cualquier niño al que se le muera su padre. La muerte de mi padre no ha tenido nada que ver en mi decisión de torear. Al contrario. Yo nunca he pensado en ello, sino en la gloria que aportó mi padre al toreo… ¿Y si mi padre hubiese perdido la vida en un coche, entonces ya nunca me hubiera podido montar en uno?

[6] **consejero**   *advisor*
[7] **No hay más vuelta de hoja**   *no ifs, ands, or buts*
[8] **el ruedo**   *bullring*

Una corrida de Toros

Comprensión

A **Paquirri.** Contesten.

1. ¿Cuál era el verdadero nombre de "Paquirri"?
2. ¿Cuál era su profesión?
3. ¿Dónde murió Paquirri?
4. ¿Qué relación existe entre Paquirri y Francisco Rivera Ordóñez?
5. ¿Cuál es la edad de Francisco Rivera Ordóñez?
6. ¿Qué ha heredado él de su padre?
7. ¿Qué parientes de Francisco han tenido la misma profesión?
8. ¿Cuántos años hace que Francisco es torero?

B **El joven Francisco.** Completen.

1. Antonio Ordóñez es el ___ del joven Francisco.
   a. padre   **b.** tío   **c.** abuelo

2. El joven comenzó a prepararse para su profesión cuando tenía ___ años.
   a. nueve   **b.** dieciséis   **c.** diecinueve

3. El joven Francisco cree que su estilo es ___.
   a. como el de su padre   **b.** como el de su abuelo
   c. original en él mismo

4. Franciso se dio cuenta de su responsabilidad cuando ___.
   a. debutó en Ronda   **b.** su abuelo se lo dijo   **c.** murió su padre

5. El primer apoderado de Francisco era también su ___.
   a. padre   **b.** tío   **c.** abuelo

6. "Vuestras relaciones" son las relaciones entre ___.
   a. Paquirri y su hijo   **b.** El joven Francisco y su abuelo
   c. Paquirri y Antonio Ordóñez

7. Más que nada, el joven Francisco quiere ___.
   a. ser mejor que su abuelo   **b.** vengar a su padre   **c.** no ser torero

C **¿Sí o no?** Corrijan las oraciones erróneas.

1. El padre, el tío y el abuelo de Francisco han sido todos toreros.
2. Paquirri murió en la plaza de toros de Ronda.
3. Francisco se preparaba para su profesión en la ciudad.
4. Francisco debutó en la plaza de toros de Pozoblanco.
5. Su abuelo le decía que el toreo era muy fácil.
6. El abuelo pasaba malos ratos cuando veía torear a su nieto.
7. El joven cree que su padre era mejor torero que su abuelo.
8. Francisco tenía dieciséis años cuando se murió su padre.
9. La muerte de su padre no influyó en su decisión de torear.

D **¿Dónde dice…?** Busquen.

1. quién fue su primer apoderado
2. cómo fue su debut como torero
3. lo que el joven piensa del toreo de su padre
4. lo que dice del toreo de su abuelo
5. cuándo decidió hacerse torero
6. lo que lo motivó a hacerse torero

Comunicación

A **Hemingway.** El famoso autor norte-americano Ernest Hemingway escribió mucho sobre los toros. Una de sus últimas obras fue *The Long Hot Summer,* en la que habla de una temporada taurina con Antonio Ordóñez.
Lea la obra y prepare un resumen en español.

B **Debate.** Muchas personas creen que la corrida de toros es salvaje y que se debe prohibir. Muchos españoles dicen lo mismo del boxeo. Dividan su grupo en dos y preparen un debate sobre el tema: ¿Prohibir el boxeo o la corrida? ¿Por qué o por qué no?

Ronda, España

El presente perfecto del subjuntivo

Expressing Feelings About What Has Happened

1. The present perfect subjunctive is formed by the present subjunctive of the auxiliary verb *haber* and the past participle. Study the following forms of the present perfect subjunctive.

INFINITIVE	HABLAR	COMER	VIVIR
yo	haya hablado	haya comido	haya vivido
tú	hayas hablado	hayas comido	hayas vivido
él, ella, Ud.	haya hablado	haya comido	haya vivido
nosotros(as)	hayamos hablado	hayamos comido	hayamos vivido
vosotros(as)	*hayáis hablado*	*hayáis comido*	*hayáis vivido*
ellos, ellas, Uds.	hayan hablado	hayan comido	hayan vivido

2. The present perfect subjunctive is used when the action in the dependent clause occurred before the action in the main clause.

Me alegro mucho de que tú hayas venido. *I'm very glad that you have come.*

Dudo que ellos lo hayan visto. *I doubt that they have seen it.*

Ejercicios

A Un buen estudiante. Contesten según el modelo.

> **¿Luis ha recibido una nota alta?**
> *Es posible que haya recibido una nota alta.*

1. ¿El profesor le ha felicitado?
2. ¿Ha ganado Luis un premio?
3. ¿Le han dado una beca?
4. ¿Tú también has recibido un sobresaliente?
5. ¿Yo he sacado una nota buena también?
6. ¿Hemos sido los mejores de la escuela?

B **No, no lo creo.** Contesten con *no, no creo.*

1. ¿La viuda ha llegado?
2. ¿Ella llamó?
3. ¿El hijo ha ido a buscarla?
4. ¿Los parientes la vieron salir?
5. ¿Ella ha indicado cómo viene?
6. ¿Uds. la han conocido?
7. ¿Se habrá perdido?
8. ¿Yo le di malas direcciones?

C **El informe.** Completen con el presente perfecto del subjuntivo.

Aunque es posible que ellos ___ (terminar) la obra, nosotros lo dudamos.
                                    1

Primero, es difícil que los materiales ___ (llegar) a tiempo. Y, segundo, no es
                                           2

posible que ___ (poder) pagar a todos los empleados a tiempo. Los bancos se
              3

negaron a ayudarlos, y es probable que ___ (tener) que vender alguna
                                           4

maquinaria. Quizás ellos ___ (encontrar) dinero en
                            5

otra parte, pero es dudoso.

Para que su negocio funcione...

AL CONTADO

Pesetas Centimos

Cuente con todo nuestro apoyo.

El Banco Bilbao Vizcaya le ofrece toda una serie de soluciones para que usted consiga los mejores resultados en su negocio.

Productos financieros, equipos tecnológicos y servicios especializados para el comercio, con el eficaz complemento de nuestra experiencia en el servicio a la pequeña y mediana empresa.

Toda una línea de apoyo para que su negocio funcione.

BBV

BANCO BILBAO VIZCAYA

El pluscuamperfecto del subjuntivo

Expressing Feelings About What Had Happened

1. The pluperfect subjunctive is formed with the imperfect subjunctive of the auxiliary verb *haber* and the past participle. Study the forms of the pluperfect subjunctive.

INFINITIVE	HABLAR	COMER	VIVIR
yo	hubiera hablado	hubiera comido	hubiera vivido
tú	hubieras hablado	hubieras comido	hubieras vivido
él, ella, Ud.	hubiera hablado	hubiera comido	hubiera vivido
nosotros(as)	hubiéramos hablado	hubiéramos comido	hubiéramos vivido
vosotros(as)	hubierais hablado	hubierais comido	hubierais vivido
ellos, ellas, Uds.	hubieran hablado	hubieran comido	hubieran vivido

2. The pluperfect subjunctive is used after a verb in a past tense that requires the subjunctive, when the action of the verb in the subjunctive occurred prior to the action of the verb in the main clause.

Me sorprendió que ellos hubieran hecho tal cosa.

It surprised me that they had (would have) done such a thing.

Ejercicios

A **La Guardia civil.** Completen con el pluscuamperfecto del subjuntivo.

1. Temíamos que ellos ___ (volver).
2. Pero nos alegramos de que la Guardia civil ___ (venir).
3. Yo dudaba que ellos ___ (poder) regresar a casa.
4. Nadie creía que los guardias civiles ___ (arrestar) a los ladrones.
5. Era increíble que ellos ___ (encontrar) a todos.

Una guardia civil

B **Lo dudo.** Contesten con *Dudo que* y el pluscuamperfecto del subjuntivo.

1. ¿Ellos habían conseguido muchos clientes nuevos?
2. ¿Ramírez había recibido un contrato?
3. ¿La empresa había vendido todo el producto?
4. ¿Tú habías conocido al director?
5. ¿El tesorero había pedido dinero prestado al banco?
6. ¿Nosotros habíamos comprado sus acciones (*stocks*)?
7. ¿Yo había recibido su informe anual?

Cláusulas con *si*

Discussing Contrary-to-Fact Situations

1. *Si* (if) clauses are used to express contrary-to-fact conditions. *Si* clauses conform to a specific sequence of tenses. Study these examples.

Si tengo tiempo, iré al cementerio.	*If I have time I will go to the cemetery.*
Si tuviera tiempo, iría al cementerio.	*If I had time I would go to the cemetery.*
Si hubiera tenido tiempo, habría ido al cementerio.	*If I had had time, I would have gone to the cemetery.*

2. The sequence of tenses for *si* clauses is as follows.

MAIN CLAUSE	*SI* CLAUSE
Future	Present indicative
Conditional	Imperfect subjunctive
Conditional perfect	Pluperfect subjunctive

Ejercicios

A **¿Qué harías?** Contesten.

1. Si cierran la escuela la semana que viene, ¿qué harás?
2. Si te dieran un carro nuevo, ¿adónde irías?
3. Si tú fueras un gran atleta, ¿con qué equipo jugarías?
4. Si tú hubieras podido hablar con Abrahán Lincoln, ¿qué le habrías dicho?
5. Si tú no hubieras decidido estudiar español, ¿qué otra asignatura habrías escogido?
6. Si cualquier persona aceptara tu invitación a un baile, ¿a quién invitarías?
7. Si encuentras un millón de dólares en la calle, ¿qué harás?

Recoletos, cementerio en Buenos Aires, Argentina

B **Lo que haré, haría o habría hecho si…**
Completen.

1. pagar
   Yo trabajaré en la muralla si me ___.
   Juana también trabajaría si le ___.
   Y el sábado pasado, tú habrías trabajado si te ___.

2. pedir
   Yo visitaré el cementerio si mi abuela me lo ___.
   Paco también iría si su abuela se lo ___.
   Y la semana pasada, todos nosotros habríamos ido si abuela nos lo ___.

3. ir
   Yo recogeré las flores si ___ al campo.
   Ella también recogería las flores si ___ al campo.
   Y sé que Uds. habrían recogido las flores si ___ al campo.

4. recibir
   Yo asistiré a la corrida si ___ una entrada.
   Y tú también asistirías a la corrida si ___ una entrada.
   El domingo pasado todos los chicos habrían asistido a la corrida si ___ una entrada.

5. hacer
   Yo saldré del caserío si ___ un esfuerzo.
   Tú saldrías del caserío también si ___ un esfuerzo.
   Los chicos habrían salido del caserío si ___ un esfuerzo.

El mío, el tuyo, el suyo, el nuestro y el vuestro   *Expressing Ownership*

1. A possessive pronoun replaces a noun that is modified by a possessive adjective. The possessive pronoun must agree in number and gender with the noun it replaces. Possessive pronouns are accompanied by definite articles.

POSSESSIVE ADJECTIVE	POSSESSIVE PRONOUN
mi, mis	el mío, la mía, los míos, las mías
tu, tus	el tuyo, la tuya, los tuyos, las tuyas
nuestro, nuestra, nuestros, nuestras	el nuestro, la nuestra, los nuestros, las nuestras
vuestro, vuestra, vuestros, vuestras	*el vuestro, la vuestra, los vuestros, las vuestras*
su, sus	el suyo, la suya, los suyos, las suyas

Yo tengo mi mochila, no la tuya.   *I have my knapsack, not yours.*

2. Note that the definite article is often omitted after the verb *ser*.

> **Estos libros son de Marta. Son suyos. No son míos.**

To emphasize whose they are, the article can be used.

> **Éstos son los míos y aquéllos son los tuyos.**

Ejercicios

A **¿Suyos o míos?** Cambien al pronombre posesivo.

1. Carlos viajó en su carro y yo viajé en mi carro.
2. Llegamos a la fiesta en casa de Nilda. Su casa está muy cerca de nuestra casa.
3. Nilda tocó sus discos y Carlos tocó sus discos.
4. Yo también toqué mis discos.
5. Los chicos dejaron sus mochilas en el suelo y yo dejé mi mochila allí también.
6. Nilda quería escribir algo pero no tenía una pluma y tú le diste tu pluma.

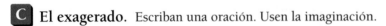

B **En la estación de ferrocarril.**
Completen.

NORA: Sara, no tengo mi boleto. ¿Tú tienes ___?

SARA: Claro que sí. Yo lo puse en mi bolsa, y tú lo pusiste en ___.

NORA: Ay, ¿y mis maletas? No sé dónde están ___.

SARA: Allí están mis maletas, ¿ves? Y ___ están al lado de ___, cerca del mostrador.

NORA: Ah, sí. Donde está tu mochila. Mi mochila no es tan grande como ___. ___ es muy pequeña.

SARA: Sí, pero mira mis maletas y tus maletas. Mis maletas son pequeñas. ___ son enormes comparadas con ___.

C **El exagerado.** Escriban una oración. Usen la imaginación.

> **Mi carro es grande.**
> *El tuyo es grande, pero el mío es ___.*

1. Mis padres son ricos.
2. Mi profesora es excelente.
3. Mis amigas son inteligentes.
4. Mi madre es senadora.

D **Porque son así.** Completen.

1. Es nuestra maleta, porque ___ es grande y verde.
2. Es mi boleto, porque ___ lleva mi nombre.
3. Es tu anorak, porque ___ es viejo.
4. Son mis patines, porque ___ son grises.
5. Son mis botas, porque ___ son así.

El suyo, la suya, los suyos, las suyas

Expressing Ownership

1. The possessive pronouns *el suyo, la suya, los suyos,* and *las suyas* also replace a noun that is modified by a possessive adjective. Whenever it is unclear to whom the possessive pronoun is referring, a prepositional phrase is substituted for clarification.

EL SUYO	LA SUYA	LOS SUYOS	LAS SUYAS
el de él	la de él	los de él	las de él
el de ella	la de ella	los de ella	las de ella
el de Ud.	la de Ud.	los de Ud.	las de Ud.
el de ellos	la de ellos	los de ellos	las de ellos
el de ellas	la de ellas	los de ellas	las de ellas
el de Uds.	la de Uds.	los de Uds	las de Uds.

2. In a sentence such as *Elena lleva el suyo*, the intended meaning is "Elena is wearing hers," since the subject of the sentence is the person who is wearing her own garment. If the intended meaning were "Elena is wearing his (sweater, etc.)," it would be stated as *Elena lleva el de él*, in order to avoid confusion.

Ejercicio

Él tiene la suya. Sigan los modelos.

> Ramón tiene su entrada.   *Ramón tiene la suya.*
> Ramón tiene la entrada de Elena.   *Ramón tiene la de ella.*

1. Ramón está en su asiento.
2. Él está guardando el asiento de Elena.
3. Ahora, ella tiene su entrada.
4. Los amigos buscan sus asientos.
5. Ellos tienen el programa de Elena y el de Ramón.
6. Y Ramón no tiene su programa.

CONCIERTO *13* CICLO I

...STA NACIONAL DE ESPAÑA

...vacewsky   *director*
...Michigan

...er *Obertura de "Oberón, J 306"* • Stanislaw Skro-
...cierto (Estreno en España) • Dimitri Shostakovich
...enor, opus 10

CONCIERTO *14* CICLO II

...STA NACIONAL DE ESPAÑA

...uid Rorry   *director*

M a y o
5 • 6 • 7
CONCIERTO *18* CICLO II

ORQUESTA Y CORO NACIONALES DE ESPAÑA

Aldo Ceccato   *director*

Robert Schumann *El Paraíso y La Peri, opus 50*

M a y o
12 • 13 • 14
CONCIERTO *19* CICLO I

ORQUESTA NACIONAL DE ESPAÑA

Jorge Velázco   *director*
Silvia Torán   *piano*

Rodolfo Halffter *Dos ambientes sonoros* (Estreno en España) • Felix
Mendelssohn-Bartholdy *Concierto para piano y orquesta núm. 1 en sol*
...*1 en de menor, opus 68*

Los pronombres demostrativos   *Pointing Out People and Things*

1. The demonstrative pronouns are the same as the demonstrative adjectives, except that they carry a written accent mark to distinguish them from the adjectives.

ADJECTIVES	PRONOUNS
este, esta, estos, estas	éste, ésta, éstos, éstas
ese, esa, esos, esas	ése, ésa, ésos, ésas
aquel, aquella, aquellos, aquellas	aquél, aquélla, aquéllos, aquéllas

Este libro es excelente, me gusta mucho éste.
Ese libro es aburrido, no me gusta ése para nada.

2. Remember *ése, ésa,* etc., refer to things near the person spoken to and not very far from the speaker. *Aquél, aquélla,* etc., refer to things distant from both the speaker and the person spoken to.

Ejercicio

¿Este coche o aquél? Completen.

1. Este coche es más caro que ___ (allá).
2. Pero esta camioneta no es tan buena como ___ que tú tienes.
3. El mecánico ___ (allá) me dijo que el motor es excelente.
4. Pero otro mecánico, ___ aquí, dice que usa mucho aceite.
5. También me gusta ___ modelo aquí.

ZALACAÍN EL AVENTURERO

Pío Baroja

ANTES DE LEER

El filósofo y académico español Salvador de Madariaga (1886–1978) escribió que "… la clave de sus emociones y el motor de sus actos puros… son, respectivamente: para el inglés, 'fairplay', para el francés, 'le droit'*; para el español, 'el honor'."

Mucho se ha escrito sobre el sentido de honor del español. Ese sentido de honor que se refleja en el orgullo. Dijo un francés que en España siempre habría una monarquía porque cada español se considera un rey. Además de su natural orgullo y su sentido del honor siente una tremenda lealtad hacia la familia y el buen nombre de la familia. El honor de la familia se defiende hasta la muerte. No importa que se trate de una familia de nobles o de la más pobre de las familias.

El trozo que sigue es de la novela *Zalacaín el Aventurero* de Pío Baroja. El protagonista, Martín Zalacaín, nace en un caserío cerca de un pueblo del norte de España. Es de una familia muy pobre. Su padre muere joven en una epidemia de viruelas. Martín es un niño pequeño cuando muere el padre. Mientras los demás niños se educan en la escuela, Martín aprende en la calle. Un día, el hijo de una familia rica lo llama "ladrón". Y es verdad, porque Martín robaba fruta de los árboles de esa familia. Pero el niño, no contento con llamar ladrón a Martín, dice: —Toda tu familia es de ladrones. —Lo demás nos lo cuenta Pío Baroja.

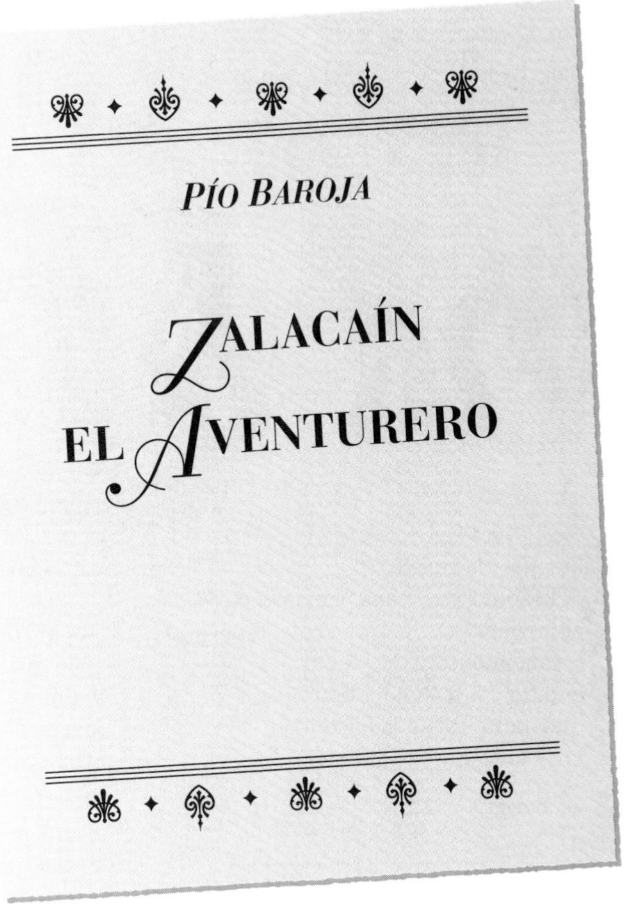

_____

* **le droit**   *the right*

PÍO BAROJA

ZALACAÍN EL AVENTURERO

un cementerio

una cruz

una muralla

el tejado

un caserío

una gallina

un huevo

la piedra

el cartelón

la pared

un pato

una bofetada

un puñetazo

un empujón

la villa   la ciudad

el/la soltero(a)   una persona no casada

el/la viudo(a)   persona cuyo esposo(a) está muerto(a)

el odio   la aversión, la antipatía, la animosidad, la hostilidad

el/la ladrón(a)   el/la que roba

atravesar   cruzar

adivinar   tratar de descubrir alguna cosa ignorada, descubrir el futuro

soñar (ue)   representar en la fantasía, lo que sucede mientras dormimos

habitar   vivir, residir

pertenecer a   ser posesión de

asustar   causar miedo

matar   quitarle la vida a alguien

Ejercicios

A **El cementerio.** Contesten.

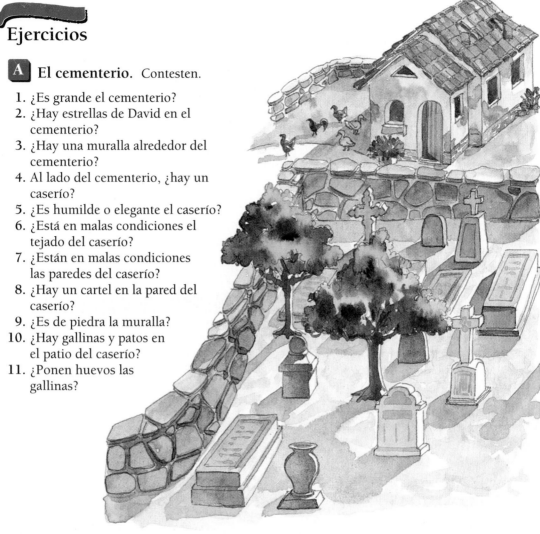

1. ¿Es grande el cementerio?
2. ¿Hay estrellas de David en el cementerio?
3. ¿Hay una muralla alrededor del cementerio?
4. Al lado del cementerio, ¿hay un caserío?
5. ¿Es humilde o elegante el caserío?
6. ¿Está en malas condiciones el tejado del caserío?
7. ¿Están en malas condiciones las paredes del caserío?
8. ¿Hay un cartel en la pared del caserío?
9. ¿Es de piedra la muralla?
10. ¿Hay gallinas y patos en el patio del caserío?
11. ¿Ponen huevos las gallinas?

B **Unas definiciones.** Identifiquen.

1. un golpe dado con el puño
2. un golpe dado en la cara con la mano abierta
3. la mano cerrada
4. un golpe brusco que causa movimiento
5. lo contrario de amor o cariño

C **¿Cuál es la palabra?** Completen.

1. Cuando no sabes algo por cierto, a veces tienes que ___.
2. Ese caserío ___ a una familia pobre.
3. Una familia pobre ___ este caserío.
4. La madre tiene cinco hijos. Era ___ hasta los 25 años y luego se casó. Su marido murió hace poco. Hace unos meses que la pobre señora es ___.
5. La pobre mujer ___ cada noche con una vida mejor, menos penosa, con menos miseria.
6. El ___ cuando roba casi siempre le ___ a su víctima.
7. El ladrón le roba a su víctima. El asesino la ___.

INTRODUCCIÓN

Pío Baroja nació en San Sebastián en el País Vasco en 1872. Estudió para médico, carrera que ejerció por poco tiempo en un pueblo muy pequeño. Fue también propietario de una panadería. Finalmente, se dedicó a lo que quería hacer—escribir. Escribió más de cien novelas. Cuando Hemingway recibió el Premio Nobel de literatura dijo que Baroja, y no él, lo debía recibir.

En sus novelas Baroja ha creado millares de personajes, algunos inolvidables. Le encantan los vagabundos, los aventureros, los hombres cínicos y resentidos que desprecian la sociedad. Critica tanto en su obra que se ha dicho que no cree en nada. Nadie ha escapado su censura—ni los políticos, ni los militares, ni los religiosos, ni los aristócratas. Sin embargo, hay en su obra cierta simpatía hacia los oprimidos, los no-conformistas, los miserables. Baroja viajó mucho y durante sus viajes observó, sobre todo, la vida de los de la clase baja.

Pío Baroja

El trozo que sigue de su novela famosa *Zalacaín el Aventurero* describe la juventud de un muchacho pobre y oprimido en el norte de España .

LECTURA

ZALACAÍN EL AVENTURERO

CÓMO VIVIÓ Y SE EDUCÓ MARTÍN ZALACAÍN ◆ Un camino en cuesta baja° de la Ciudadela pasa por encima del cementerio y atraviesa el portal de Francia. Este camino, en la parte alta, tiene a los lados varias cruces de piedra° que terminan en una ermita° y por la parte baja, después de entrar en la ciudad, se convierte en calle. A la izquierda del camino, antes de la muralla, había hace años un caserío viejo, medio derruido° con el tejado terrero° lleno de pedruscos y la piedra arenisca de sus paredes desgastada por la acción de la humedad y del aire. En frente de la decrépita y pobre casa, un agujero°indicaba donde estuvo en otro tiempo el escudo°, y debajo de él se adivinaban, más bien que se leían, varias letras que componían una frase latina: *Post funera virtus vivit.*

En este caserío nació y pasó los primeros años de su infancia Martín Zalacaín de Urbia, el que más tarde había de ser llamado Zalacaín, el Aventurero; en este caserío soñó sus primeras aventuras y rompió los primeros pantalones.

en cuesta baja	*going downhill*
cruces de piedra	*stone crosses*
ermita	*hermitage*
derruido	*pulled down*
terrero	*mud, earthen*
un agujero	*hole*
el escudo	*coat-of-arms*

Una villa en España

Los Zalacaín vivían a pocos pasos de Urbia, pero ni Martín ni su familia eran ciudadanos; faltaban a su casa unos metros para formar parte de la villa.

El padre de Martín fue labrador, un hombre oscuro y poco comunicativo, muerto en una epidemia de viruelas°; la madre de Martín tampoco era mujer de carácter; vivió en esta oscuridad psicológica normal entre la gente del campo, y pasó de soltera a casada a viuda en absoluta inconsciencia. Al morir su marido quedó con dos hijos, Martín y una niña menor llamada Ignacia.

El caserío donde habitaban los Zalacaín pertenecía a la familia de Ohando, familia la más antigua, aristocrática y rica de Urbia.

Vivía la madre de Martín casi de la misericordia de los Ohando.

En tales condiciones de pobreza y de miseria, parecía lógico que, por herencia y por la acción del ambiente, Martín fuese como su padre y su madre, oscuro, tímido y apocado°, pero el muchacho resultó decidido, temerario° y audaz°.

En esta época los chicos no iban tanto a la escuela como ahora, y Martín pasó mucho tiempo sin sentarse en sus bancos. No sabía de ella más sino que era un sitio oscuro, con unos cartelones blancos en las paredes, lo cual no le animaba a entrar. Le alejaba también de aquel modesto centro de enseñanza el ver que los chicos de la calle no le consideraban como uno de los suyos a causa de vivir fuera del pueblo y de andar siempre hecho un andrajoso°.

Por este motivo les tenía odio; así que cuando algunos chiquillos de los caseríos de extramuros entraban en la calle y comenzaban a pedradas° con los ciudadanos, Martín era de los más encarnizados° en el combate; capitaneaba las hordas bárbaras, las dirigía y hasta las dominaba.

Tenía entre los demás chicos el ascendiente de su audacia y de su temeridad. No había rincón del pueblo que Martín no conociera. Para él Urbia era la reunión de todas las bellezas, el compendio de todos los intereses y magnificencias.

Nadie se ocupaba de él, no compartía con los demás chicos la escuela y huroneaba° por todas partes. Su abandono° le obligaba a

viruelas *smallpox*

apocado *cobarde*
temerario *reckless, bold*
audaz *bold*

andrajoso *in rags*

a pedradas *throwing stones*
encarnizados *furiosos*

huroneaba *exploraba*
abandono *neglect*

formarse sus ideas espontáneamente y a templar la osadía° con la prudencia.

Mientras los niños de su edad aprendían a leer, él daba la vuelta a la muralla, sin que le asustasen las piedras derrumbadas° ni las zarzas° que cerraban el paso.

Sabía donde había palomas torcaces° e intentaba coger sus nidos, robaba fruta y cogía moras y fresas silvestres°.

A los ocho años Martín gozaba de una mala fama, digna ya de un hombre. Un día al salir de la escuela Carlos Ohando, el hijo de la familia rica que dejaba por limosna° el caserío a la madre de Martín, señalándole con el dedo gritó:

—¡Ése! Ése es un ladrón.

—¿Yo? —exclamó Martín.

—Tú, sí. El otro día te vi que estabas robando peras en mi casa. Toda tu familia es de ladrones.

Martín, aunque respecto a él no podía negar la exactitud del cargo, creyó que no debía permitir este ultraje° dirigido a los Zalacaín y abalanzándose° sobre el joven Ohando le dio una bofetada morrocotuda°. Ohando contestó con un puñetazo, se agarraron los dos y cayeron al suelo; se dieron de trompicones°, pero Martín, más fuerte, tumbaba° siempre al contrario. Un alpargatero° tuvo que intervenir en la contienda y a puntapiés° y a empujones separó a los dos adversarios. Martín se separó triunfante y el joven Ohando, magullado y maltrecho° se fue a su casa.

La madre de Martín, al saber el suceso, quiso obligar a su hijo a presentarse en casa de Ohando y a pedir perdón a Carlos, pero Martín afirmó que antes lo mataría. Ella tuvo que encargarse de dar toda clase de excusas y explicaciones a la poderosa familia.

Desde entonces, la madre miraba a su hijo como a un réprobo°.

—¿De dónde ha salido este chico así? —decía, y experimentaba al pensar en él un sentimiento confuso de amor y de pena, sólo comparable con el asombro y la desesperación de la gallina cuando empolla huevos de pato y ve que sus hijos se zambullen° en el agua sin miedo y van nadando valientemente.

osadía	*daring*
derrumbadas	*fallen*
zarzas	*brambles*
palomas torcaces	*wild doves*
moras y fresas silvestres *wild blackberries and strawberries*	
dejaba por limosna *gave as charity*	
ultraje	*abuso*
abalazándose	*rushing, falling upon*
morrocotuda	*dura, fuerte*
trompicones	*golpes*
tumbaba	*knocked down*
alpargatero	*shoemaker*
puntapiés	*kicking*
magullado y maltrecho *bruised and battered*	
réprobo	*criminal*
zambullen	*dive*

Aldea del norte de España

Comprensión

A **Martín.** Contesten.

1. ¿Por qué no eran ciudadanos de Urbia los Zalacaín?
2. ¿A quiénes pertenecía el caserío donde habitaban los Zalacaín?
3. ¿Cómo era la familia de los dueños?
4. ¿Qué sabía Martín de la escuela?
5. ¿Por qué los muchachos de la escuela no consideraban a Martín como uno de los suyos?
6. ¿De qué fama gozaba Martín cuando sólo tenía ocho años?
7. ¿Quién lo llamó "ladrón"? ¿Por qué?
8. ¿Qué pasó cuando lo llamó "ladrón"?
9. ¿Fue a su casa a pedir perdón Martín?
10. ¿Quién lo hizo? ¿Cómo?

Vejer de la Frontera, Andalucía, España

B **La familia de Martín.** Hagan lo siguiente.

1. Dé una descripción de la casa de los Zalacaín.
2. Describa a la familia de Martín.
3. Describa a Martín. Mencione sus características.
4. Describa la reacción de la madre de Martín ante su carácter y su comportamiento.

Comunicación

A **La biografía.** Escriba la biografía de Zalacaín el Aventurero.

B **El reportero.** Imagínese que Ud. es reportero(a) del periódico en el pequeño pueblo de Urbia. Ud. está encargado(a) de escribir un artículo para la edición de mañana sobre este suceso o acontecimiento.

C **Soy sociólogo(a).** Imagínese que trabaja como sociólogo(a). Analice la influencia del ambiente en que vivía Zalacaín sobre el desarrollo de su carácter.

D **Le aconsejo que…** Imagínese que trabaja como psicólogo(a) y dígale a Martín lo que debe hacer. Dele consejos.

MI PADRE

Manuel del Toro

ANTES DE LEER

La valentía, la bravura, es un valor que se estima en la cultura hispana como en todas las culturas. Pero hay una gran diferencia entre la persona valiente y el "bravucón", el tipo que constantemente muestra su fuerza y su falta de miedo. El bravucón es, casi siempre, valiente en apariencia solamente. En el cuento que sigue veremos a un "guapo", un típico bravucón, tratando de impresionar a los demás con su fanfarronería. Y veremos a un valiente de verdad. El niño del cuento aprende una importante lección sobre la verdad y las apariencias.

Campo, Puerto Rico

VOCABULARIO

la sien

el mentón

la cicatriz

el barril de macarelas

Los hombres tallaban con una baraja.

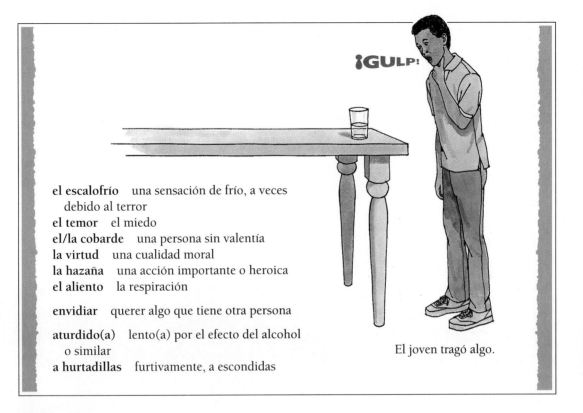

el escalofrío   una sensación de frío, a veces debido al terror
el temor   el miedo
el/la cobarde   una persona sin valentía
la virtud   una cualidad moral
la hazaña   una acción importante o heroica
el aliento   la respiración

envidiar   querer algo que tiene otra persona

aturdido(a)   lento(a) por el efecto del alcohol o similar
a hurtadillas   furtivamente, a escondidas

El joven tragó algo.

Ejercicios

A **¿Cuál es la palabra?** Completen.

1. Rogelio tiene miedo de todo, es un ___.
2. Se le ve el ___ en los ojos.
3. Y le dan ___ como si hiciera mucho frío.
4. Ni puede respirar, le falta el ___.
5. Le gusta escuchar los cuentos de las ___ de los héroes.
6. Pobre Rogelio, les ___ a los héroes porque no puede ser como ellos.

B **Unas definiciones.** Dé la palabra que se define.

1. un conjunto de pedazos de cartón que se usa para el póker y otros juegos
2. una vasija de madera que se usa para guardar vinos, pescado, etc.
3. la marca que queda después de curarse una herida
4. en estado confuso, sin todas sus facultades
5. la fuerza o el valor moral, la integridad
6. de manera furtiva, sin dejar que se note
7. hacer que una cosa pase por la boca

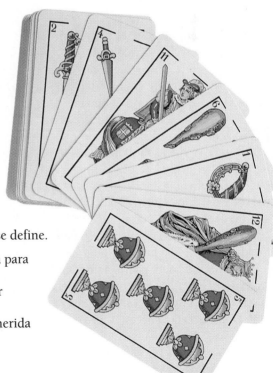

Introducción

En el mundo hispano ha habido grandes figuras literarias que sobresalieron en otros campos también. Pío Baroja era médico y panadero. Salvador de Madariaga era estadista. Gabriela Mistral era maestra de escuela rural. Alonso de Ercilla era soldado. Rómulo Gallegos, Manuel Azaña y Juan Bosch fueron presidentes de sus repúblicas. José Martí era héroe nacional. Docenas de literatos hispanos han servido en el cuerpo diplomático.

El cuento que sigue, "Mi padre", del puertorriqueño Manuel del Toro, apareció en *Asomante*, la revista literaria de la facultad de graduados de la Universidad de Puerto Rico en Río Piedras.

Muchos poetas, dramaturgos, cuentistas y críticos importantes han contribuido a *Asomante*.

La obra literaria de Manuel del Toro no es abundante. Como tantos otros intelectuales hispanos, el señor del Toro se ha dedicado a otra profesión, pero ha mantenido su vocación de escritor.

En "Mi padre" el autor evoca un Puerto Rico rural casi desaparecido. Es el Puerto Rico del "jíbaro", el campesino sencillo que se dedicaba al cultivo del tabaco y a la agricultura.

Lectura

Mi padre

De niño siempre tuve el temor de que mi padre fuera un cobarde. No porque le viera correr seguido de cerca por un machete como vi tantas veces a Paco el Gallina y a Quino Pascual. ¡Pero era tan diferente a los papás de mis compañeros de clase! En aquella escuela de barrio donde el valor era la virtud suprema, yo bebía el acíbar° de ser el hijo de un hombre que ni siquiera usaba cuchillo. ¡Cómo envidiaba a mis compañeros que relataban una y otra vez sin cansarse nunca de las hazañas de sus progenitores°! Nolasco Rivera había desarmado a dos guardias insulares. A Perico Lugo le dejaron por muerto en un zanjón° con veintitrés tajos de perrillo°. Felipe Chaveta lucía una hermosa herida desde la sien hasta el mentón.

Mi padre, mi pobre padre, no tenía ni una sola cicatriz en el cuerpo. Acababa de comprobarlo con gran pena mientras nos bañábamos en el río aquella tarde sabatina en que como de costumbre veníamos de voltear las talas de tabaco°. Ahora seguía yo sus pasos hundiendo mis pies descalzos en el tibio polvo del camino y haciendo sonar mi trompeta. Era ésta un tallo de amapola° al que mi padre con aquella mansa habilidad para todas las cosas pequeñas había convertido en trompeta con sólo hacerle una incisión longitudinal.

el acíbar   *bitterness*

sus progenitores   *sus padres*
un zanjón   *a ditch*
tajos de perillo   *los cortes con un cuchillo*

las talas de tabaco   *tabacco stalks*

un tallo de amapola   *a stalk of a poppy*

Al pasar frente a La Aurora me dijo:

—Entremos aquí. No tengo cigarros para la noche.

Del asombro por poco me trago la trompeta. Porque papá nunca entraba a La Aurora, punto de reunión de todos los guapos del barrio. Allí se jugaba baraja, se bebía ron y casi siempre se daban tajos. Unos tajos de machete que convertían brazos nervudos en cortos muñones°. Unos tajos largos de navaja que echaban afuera intestinos y se entraba la muerte.

Después de dar las buenas tardes, papá pidió cigarros. Los iba escogiendo uno a uno con fruición° de fumador, palpándolos° entre los dedos y llevándolos a la nariz para percibir su aroma. Yo, pegado al mostrador forrado de zinc, trataba de esconderme entre los pantalones de papá. Sin atreverme a tocar mi trompeta, pareciéndome que ofendía a los guapetones hasta con mi aliento, miraba a hurtadillas de una a otra esquina del ventorrillo°. Acostado sobre la estiba de arroz° veía a José el Tuerto comer pan y salchichón echándole los pellejos al perro sarnoso que los atrapaba en el aire con un ruido seco de dientes. En la mesita del lado tallaban con una baraja sucia Nolasco Rivera, Perico Lugo, Chus Maurosa y un colorado que yo no conocía. En un tablero colocado sobre un barril se jugaba dominó. Un grupo de curiosos seguía de cerca las jugadas. Todos bebían ron.

Fue el colorado el de la provocación. Se acercó a donde estaba papá alargándole la botella de la que ya todos habían bebido.

—Dése un palo, don.

—Muchas gracias, pero yo no puedo tomar.

—Ah, ¿conque me desprecia porque soy un pelao?

—No es eso, amigo. Es que no puedo tomar. Déselo usted en mi nombre.

—Este palo se lo da usted o ca… se lo echo por la cabeza.

Lo intentó pero no pudo. El empellón° de papá lo arrojó contra el barril de macarelas°. Se levantó aturdido por el ron y por el golpe y palpándose el cinturón con ambas manos dijo:

—Está usted de suerte, viejito, porque ando desarmao.

—A ver, préstenle un cuchillo. —Yo no podía creer pero era papá el que hablaba.

Todavía al recordarlo un escalofrío me corre por el cuerpo. Veinte manos se hundieron en las camisetas sucias, en los pantalones raídos, en las botas enlodadas, en todos los sitios en que un hombre sabe guardar su arma. Veinte manos surgieron ofreciendo en silencio de jíbaro encastado° el cuchillo casero, el puñal de tres filos, la sevillana corva°…

—Amigo, escoja el que más le guste.

—Mire, don, yo soy un hombre guapo pero usté es más que yo. Así dijo el colorado y salió de la tienda con pasito lento.

Pagó papá sus cigarros, dio las buenas tardes y salimos. Al bajar el escaloncito escuché al Tuerto decir con admiración:

—Ahí va un macho completo.

Mi trompeta de amapola tocaba a triunfo. ¡Dios mío que llegue el lunes para contárselo a los muchachos!

muñón *lo que queda de un brazo o pierna amputada*

fruición *el placer, la anticipación de un placer*
palpándolos *tocar algo con las manos para saber cómo es*

ventorrillo *bodega*
la estiba de arroz *montón de sacos de arroz*

el empellón *shove*

el barril de macarelas *barrel of mackerel*

jíbaro encastado *un puro y legítimo campesino puertorriqueño*
el cuchillo casero, el puñal de tres filos, la sevillana corva *tres tipos de cuchillo*

Comprensión

A No era cobarde. Completen.

1. El niño creía que posiblemente su padre fuera un ___.
2. A Paco el Gallina y a Quino Pascual muchas veces les corrían detrás con un ___.
3. El padre del niño era muy ___ a los padres de sus amigos.
4. La virtud más importante para los niños de la escuela era el ___.
5. Y el padre del niño no usaba ___.

B Las cicatrices. Contesten.

1. ¿Qué les había quitado Nolasco Rivera a unos guardias insulares?
2. ¿Qué dejaron en el cuerpo de Perico Lugo?
3. ¿Qué tenía Felipe Chaveta entre la sien y el mentón?
4. ¿Cuántas cicatrices llevaba el padre del niño?
5. ¿En qué día de la semana ocurrió este incidente?
6. ¿Qué acababan de hacer padre e hijo antes de bañarse?

C Lo qué pasó. Escojan.

1. La trompeta del niño era de ___.
   a. parte de una planta   b. madera y metal   c. papel

2. ¿Dónde consiguió el niño la trompeta?
   a. La compró en La Aurora.   b. Su padre se la hizo.
   c. El niño la encontró en la escuela.

3. El padre entró en La Aurora para ___.
   a. jugar baraja   b. tomar ron   c. comprar cigarros

4. ¿Quiénes se reunían en La Aurora?
   a. Los bravucones del barrio.   b. Los alumnos de la escuela.
   c. Los músicos del pueblo.

5. ¿Qué es lo que palpaba y olía el padre?
   a. Las talas de tabaco.   b. Los cigarros.   c. Las macarelas.

6. ¿Con qué frecuencia entraba el padre a La Aurora?
   a. Nunca entraba.   b. De vez en cuando.
   c. Todas las noches.

7. ¿Qué hacía José el Tuerto?
   a. Jugaba baraja.   b. Dormía.   c. Comía.

8. ¿Cuántas personas jugaban baraja?
   a. Tres.   b. Cuatro.   c. Cinco.

9. ¿Qué le ofrece uno de los hombres al padre?
   a. Un trago de ron.   b. Un cigarro.   c. Un árbol.

10. ¿Por qué no acepta el padre?
    a. Porque no fuma.   b. Porque no bebe.
    c. Porque no tiene hambre.

D **Quiere decir.** ¿Qué querrá decir…?

1. ¡Dese un palo!
2. … ando desarmao
3. usté es más guapo que yo
4. Ahí va un macho completo.
5. Mi trompeta de amapola tocaba a triunfo.

E **¿Qué es?** Comenten.

1. La palabra "colorado" normalmente quiere decir "con color o rojo". En Puerto Rico el inglés ha tenido mucha influencia en el habla. ¿Qué quiere decir "colorado" en el cuento cuando se refiere a una persona?
2. Describa "La Aurora" en sus propias palabras.
3. ¿Cuál habrá sido el oficio del padre?

Comunicación

A **Mi papá.** Imagínese que Ud. es el niño del cuento. ¿Qué le va a decir a los amiguitos cuando vuelva a la escuela?

B **No es cobarde.** Este tema de la persona que parece ser cobarde, pero que no lo es, es bastante frecuente en la literatura, el teatro y el cine. Piense en un ejemplo y escriba un resumen en español del cuento, drama o película.

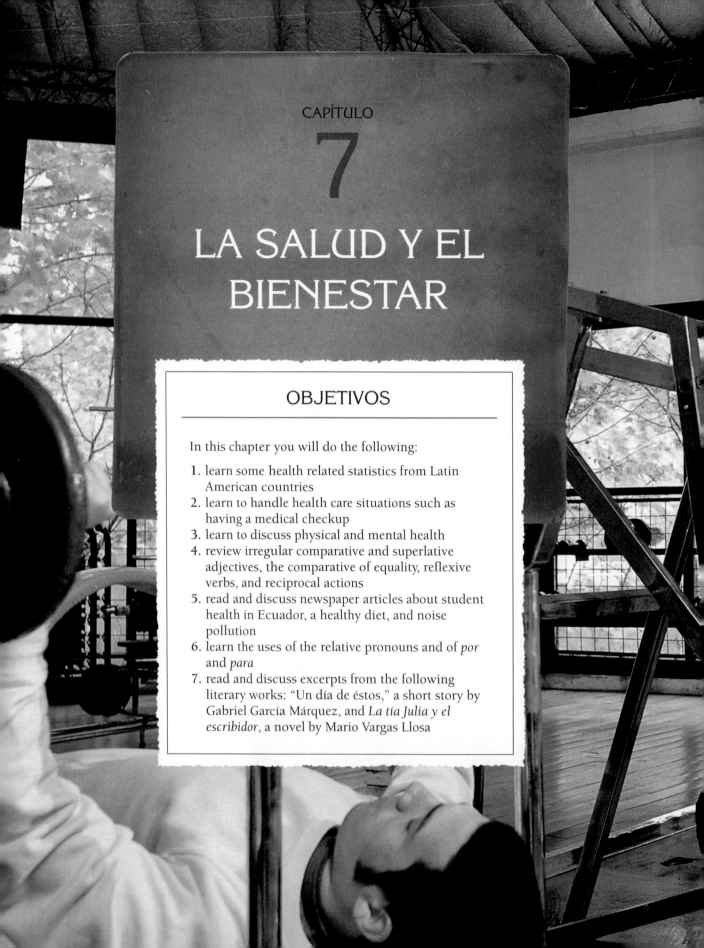

CAPÍTULO

7

LA SALUD Y EL BIENESTAR

OBJETIVOS

In this chapter you will do the following:

1. learn some health related statistics from Latin American countries
2. learn to handle health care situations such as having a medical checkup
3. learn to discuss physical and mental health
4. review irregular comparative and superlative adjectives, the comparative of equality, reflexive verbs, and reciprocal actions
5. read and discuss newspaper articles about student health in Ecuador, a healthy diet, and noise pollution
6. learn the uses of the relative pronouns and of *por* and *para*
7. read and discuss excerpts from the following literary works: "Un día de éstos," a short story by Gabriel García Márquez, and *La tía Julia y el escribidor*, a novel by Mario Vargas Llosa

ESTADÍSTICAS SOBRE LA SALUD

INTRODUCCIÓN

En la América Latina hay 19 repúblicas.
Hay grandes diferencias entre ellas, hasta
en el nivel de su desarrollo industrial y
económico. No cabe duda que el nivel del
desarrollo influye en los servicios médicos
disponibles para los ciudadanos. En la mayoría de las grandes ciudades hay hospitales
modernos con el equipo más avanzado. Pero
en muchas zonas rurales y aisladas hay una
falta de personal y servicios médicos.

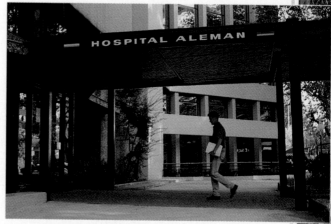

Hospital, Buenos Aires, Argentina

VOCABULARIO

los alimentos

el pescado

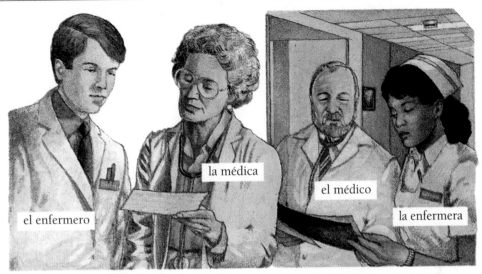

el enfermero

la médica

el médico

la enfermera

inscribir   matricular

estatal   del estado, del gobierno
médico(a)   de la medicina

alimenticio(a), alimentario(a)   de los alimentos
pesquero(a)   del pescado
diario(a)   de cada día

Ejercicios

A ¿Cuál es la palabra? Completen.

1. El cirujano es un ___ especialista.
2. El ___ ayuda o asiste al médico.
3. Los cereales, la carne y los huevos son todos ___.
4. El atún y las sardinas son ___.
5. La industria ___ es importante en los países que tienen mucha costa.
6. Es importante tener una buena dieta ___.
7. No es un hospital privado. Es ___.
8. Los que están gravemente enfermos necesitan de mucha atención ___.

B Palabras derivadas. Escojan.

1. asistir
2. consumir
3. contener
4. caracterizar
5. extraer
6. exportar
7. inscribir
8. matricular

a. la inscripción
b. la extracción
c. la asistencia, el/la asistente(a)
d. la matrícula
e. el consumo, el consumidor
f. la característica
g. la exportación
h. el contenido

ALGUNAS ESTADÍSTICAS MÉDICAS Y ALIMENTARIAS INTERESANTES

Dentistas

México es el país con el mayor número de dentistas.

Uruguay es el país con la mayor proporción de dentistas: 8 por cada mil habitantes.

Guatemala es el país con el menor número de dentistas.

Honduras es el país con el menor número de dentistas por cada mil habitantes.

Médicos y enfermeros

Argentina es el país latinoamericano con el mayor número de médicos. También cuenta con la mayor proporción de médicos por cada mil habitantes; 26,7.

Guatemala es el país que cuenta no sólo con el menor número de médicos pero también el menor número por cada mil habitantes: 1,2.

México es el país con el mayor número de enfermeras.

Uruguay es el país con el mayor número de enfermeras por cada mil habitantes.

La República Dominicana es el país que cuenta con el menor número de enfermeras. Y también es el país que tiene el menor número de enfermeras por cada mil habitantes: 0,9.

Estudiantes de medicina

México es el país latinoamericano con el mayor número de estudiantes de medicina.

El Salvador es el país con el menor número de estudiantes matriculados en medicina.

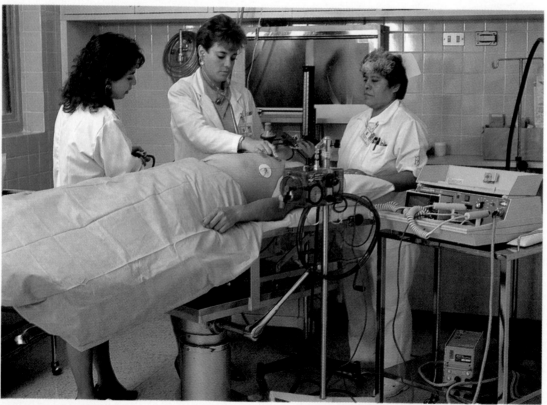

Hospital, Puebla, México

Hospital, Puebla, México

Argentina es el país cuyos habitantes tienen el mayor consumo diario de proteínas; con una regimen alimenticio de 112,8 g. por habitante, de los cuales el 67% es de origen animal.

La República Dominicana es el país donde la dieta de la población tiene el menor contenido de proteínas: 46,3 g. por habitante, de los cuales el 38% es de origen animal.

Clínica rural, México

Hospitales

Argentina es el país con el mayor número de hospitales.

Honduras es el país que tiene el menor número de hospitales.

En Hispanoamérica existen dos países en los que el Estado ha asumido el control total de los hospitales; Uruguay y Cuba. Es decir, en esas naciones el 100% de los centros de asistencia médica son estatales.

La República Dominicana es el país con la menor proporción de hospitales del gobierno; sólo el 40,7 % de los hospitales existentes son propiedad del Estado.

Argentina es el país que cuenta con el mayor número de camas por hospital.

Paraguay es el país con el menor número de camas por hospital.

Alimentos

Argentina es el país cuya dieta alimenticia tiene el más alto contenido de calorías: 3.368 calorías diarias, promedio aritmético anual.

Ecuador es el país con el menor número de calorías consumidas: 2.081 calorías diarias, promedio aritmético anual.

Producción agropecuaria

Argentina es el país con la mayor producción de carne y siempre se ha caracterizado por ofrecerle al mundo productos de este tipo de una calidad extraordinaria.

Chile es el país con mayor producción pesquera. Sus volúmenes de extracción lo han colocado en el séptimo lugar de la producción mundial.

Argentina es el país que tradicionalmente ha exportado la mayor cantidad de productos comestibles.

México es el país con el mayor volumen de productos comestibles importados.

Hacienda, Las Pampas, Argentina

Botes pesqueros, Antofagasta, Chile

Comprensión

En Latinoamérica. Den algunos datos sobre los siguientes países.

1. Argentina
2. Honduras
3. Cuba
4. Uruguay
5. Ecuador
6. Chile
7. la República Dominicana
8. México

Comunicación

A **Los comestibles.** Prepare Ud. una lista de todos los alimentos o comestibles que pueda identificar en español. De esta lista, decida cuáles son altos en calorías y cuáles son bajos en calorías. Decida cuáles son buenos para la salud y cuáles no son muy buenos para la salud.

B **¡Qué mal me siento!** Ud. se siente mal. Vaya a la farmacia. Descríbale los síntomas al/a la farmacéutico(a) (un[a] compañero[a] de clase) y pregúntele qué le puede recetar. El/La farmacéutico(a) le va a hacer algunas preguntas sobre su salud y le va a recomendar algo para aliviar sus síntomas.

C **En la consulta.** Trabajando con un(a) compañero(a) de clase, imagínense que están en la sala de consulta de un médico. Decidan quién va a ser el/la médico(a) y quién va a ser el/la paciente. El/La paciente quiere un examen médico. Preparen una conversación.

LA SALUD

VOCABULARIO

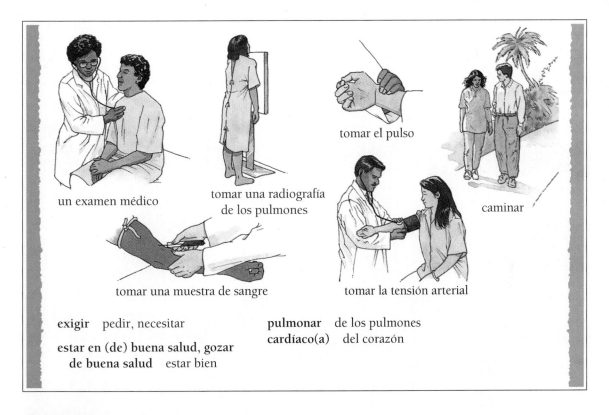

un examen médico

tomar una radiografía de los pulmones

tomar el pulso

caminar

tomar una muestra de sangre

tomar la tensión arterial

exigir pedir, necesitar

estar en (de) buena salud, gozar de buena salud estar bien

pulmonar de los pulmones
cardíaco(a) del corazón

Ejercicios

A Cosas de la salud. ¿Sí o no?

1. La tensión arterial crónicamente alta o elevada es peligrosa.
2. Hay que introducir una jeringa para tomar una muestra de sangre.
3. Los rayos equis son una radiografía.
4. Caminar es una actividad física.
5. Comer entre comidas es bueno para la salud.

B ¿Cuál es la palabra? Den la palabra apropiada.

1. de los pulmones
2. del corazón
3. andar a pie
4. la presión arterial

Un examen médico

MARCOS: Acabo de hacerme un examen médico.

CRISTINA: ¿Por qué?

MARCOS: Porque quiero jugar al fútbol con el equipo de la escuela y exigen un examen físico completo.

CRISTINA: ¿Qué te hizo el médico?

MARCOS: Pues, me tomó el pulso y la tensión.

CRISTINA: ¿Y?

MARCOS: Todo normal. Sabes, el médico me dijo que muchos adolescentes también tienen una tensión arterial elevada. Es algo que yo no sabía.

CRISTINA: ¿Te tomó una muestra de sangre?

MARCOS: Sí, y no me gustó nada, pero quería hacerme un análisis de la sangre.

CRISTINA: ¿Tienes los resultados?

MARCOS: Sí, me dijo que todo está normal—el nivel de colesterol, de azúcar, etc.

CRISTINA: ¿Te tomó una radiografía de los pulmones?

MARCOS: Sí. Salió negativa, ningún problema pulmonar. Y el electrocardiograma, también normal. No tengo problemas cardíacos.

CRISTINA: Entonces, mi amor, estás muy bien de salud.

MARCOS: Sí. Estoy muy bien de salud y de forma.

¡Estoy en forma!

CRISTINA: Siempre estás en forma porque haces ejercicios. Nunca en mi vida he visto a nadie que haga tanto ejercicio como tú.

MARCOS: Sí, me gusta caminar y hacer jogging. Y escojo con mucho cuidado los alimentos que como. Sigo una dieta buena.

CRISTINA: Me imagino que comienzas el día con un buen desayuno.

MARCOS: Ah, sí. Yogur, cereales. Tomo tres comidas al día y no como entre comidas.

CRISTINA: ¿Nunca?

MARCOS: Casi nunca.

CRISTINA: Pues, estoy de acuerdo contigo. La salud personal es muy importante. Estar en forma está muy "in".

Comprensión

A **Un examen físico.** Contesten.

1. ¿Qué acaba de hacerse Marcos?
2. ¿Por qué?
3. ¿Qué le ha hecho el médico?
4. ¿Ha recibido Marcos los resultados?
5. ¿Cuáles son los resultados?
6. ¿Tiene problemas o trastornos?
7. ¿Está siempre en forma Marcos?
8. ¿Qué hace para mantenerse en forma?
9. ¿Cuándo come?
10. ¿Come entre comidas?

B **La salud de Marcos.** Den la siguiente información.

1. la tensión arterial de Marcos
2. su nivel de colesterol
3. el resultado de su radiografía pulmonar
4. el resultado de su electrocardiograma
5. el deporte que quiere practicar
6. los ejercicios que le gustan
7. el número de comidas que come cada día

Comunicación

A **La consulta.** En sus propias palabras, describa una consulta con el médico.

B **Me pongo en forma.** Explique todo lo que Ud. hace para mantenerse en forma.

C **La higiene personal.** Converse con un(a) compañero(a) de clase sobre la importancia de la higiene personal. Expliquen lo que Uds. hacen para mantener una buena higiene personal.

D **Un formulario médico.** Completen el siguiente formulario médico. Escriban en otro papel.

CLÍNICA SAN BERNARDO

ORDEN DE INGRESO

Número { Documento: _____
Historia Clínica: _____
Registro Movimiento Enfermos: _____

Asegurado
Beneficiario

NOMBRE Y APELLIDOS:_____

DIAGNÓSTICO PROVISIONAL _____

FACULTATIVO QUE ORDENÓ EL INGRESO: _____

PLANTA: _____ HABITACIÓN: _____ CAMA NÚMERO: _____

SERVICIO: _____

Compañía de Seguros_____

Nº de Póliza [ ][ ][ ][ ][ ][ ][ ][ ][ ][ ] PROCEDENCIA { URGENCIA [ ]
CONSULTA [ ]
OTRAS [ ]

INGRESO

Día___ de_____ de 1.9___ hora_____

MOTIVO: _____

_____
El Médico de guardia.

ALTA

Día___ de _____ de 1.9___ hora_____

CAUSA: _____

_____
El Jefe de la Clínica.

LENGUAJE

La salud

Si quiere saber cómo está alguien, le puede preguntar:

¿Cómo está Ud.?	¿Cómo te sientes?
¿Cómo le va?	¿Cómo estás?
¿Cómo se siente Ud.?	¿Cómo te va?
	¿Qué tal?

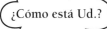

Si alguien le hace una de estas preguntas a Ud., puede contestar de varias maneras:

POSITIVO	NEGATIVO
Estoy muy bien, gracias.	Así, así.
Muy bien.	No me siento bien.
	Estoy enfermo(a).
	Tengo ___.

Sin embargo, hay que señalar que por lo general uno contesta que está bien hasta cuando no sea verdad. Solemos discutir nuestro verdadero estado de salud sólo con gente que conocemos bien.

Si Ud. se despide de alguien que está enfermo, le puede decir:

¡Cuídese bien!
¡Cuídate bien!

Hay muchas expresiones que podemos usar para describir nuestro estado físico. Algunas son:

Tengo hambre.
Él no tiene mucho apetito.
Ella está cansada (agotada, rendida, molida).
Yo no duermo bien.
No puedo dormirme.
No puedo conciliar el sueño.
Tengo un hambre que me mata.
Come como un pájaro.
Paso la noche dando vueltas en la cama.

Ejercicios

A **¿Estás enfermo(a)?** Preguntas personales.

1. ¿Cómo estás hoy?
2. ¿Estás en forma?
3. ¿Qué haces para mantenerte en forma?
4. ¿Conoces a alguien que esté enfermo? ¿Qué tiene?
5. ¿Cómo te sientes cuando tienes un resfriado?
6. ¿Estás cansado(a)?
7. ¿Duermes bien o no?
8. ¿Te duermes en cuanto te acuestas o no?
9. ¿Te gusta comer?
10. ¿Siempre tienes apetito?
11. ¿Te gusta comer entre comidas?

B **¿Cómo se dice?** Expresen de otra manera.

1. ¿Qué tal?
2. Muy bien.
3. No estoy muy bien.
4. Tengo mucha hambre.
5. ¡Qué sueño tengo!
6. No duermo bien.
7. No puedo dormirme.

EL ESTADO MENTAL

El estado mental tiene mucho que ver con nuestra salud y nuestro bienestar. Hay cosas que nos ponen contentos y otras que nos ponen tristes o deprimidos. Para expresar nuestra felicidad o nuestra tristeza, podemos decir:

> Estoy contento(a).
> Estoy alegre.
> Estoy (Soy) feliz.
> Estoy de buen humor.
> Estoy de mal humor.
> Estoy triste.
> Estoy deprimido(a).
> Estoy nervioso(a), preocupado(a).

Hay muchas cosas que nos pueden hacer infelices, que nos afectan negativamente porque nos molestan.

> Esto me molesta. Me fastidia.
> Esto me enfada, me enoja, no me alegra.
> Esto me da rabia, me pone furioso(a).

Ejercicios

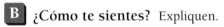

A **¿Cómo estás?** Preguntas personales.

1. Hoy, ¿estás contento(a) o triste?
2. ¿Estás siempre contento(a)?
3. Hoy, ¿estás de buen humor o de mal humor?
4. ¿Siempre estás de buen humor?
5. ¿Estás enfadado(a) o enojado(a) ahora? Si contestas que sí, ¿por qué? ¿Qué o quién te ha enojado o enfadado?

B **¿Cómo te sientes?** Expliquen.

1. Tu hermanito(a) siempre está haciendo cositas que a ti no te gustan.
2. Tu amigo(a) te pidió prestada la bicicleta. Se la prestaste y la perdió. La dejó en alguna parte pero no se acuerda dónde.
3. Un(a) buen(a) amigo(a) está muy enfermo(a).
4. Acabas de recibir una noticia muy buena.
5. Acabas de recibir una noticia muy mala.
6. Has ganado la lotería.
7. Has recibido tres notas muy malas.
8. Una persona a quien conoces acaba de morir.

C **Me molesta.** Completen.

1. Él me enfada cuando ___.
2. Me molesta saber que ___.
3. Ella me da rabia cuando ___.
4. Yo estaba furioso(a) porque ___.
5. Mis padres se ponen furiosos cuando yo ___.
6. Estoy deprimido(a) porque ___.

Comunicación

A **Estoy alegre.** Con un(a) compañero(a) de clase, comenten sobre las cosas que les molestan, les ponen contentos, les dan rabia y los deprimen. Luego digan lo que cada uno(a) hace cuando siente estas emociones. Indiquen si se comportan de la misma manera o no.

B **¿Mauricio y Mayela?** Mauricio y Mayela descubren que mañana van a tener un examen de historia importantísimo. La profesora de historia es bastante exigente y nunca avisa cuando va a dar un examen. ¿Cómo se sienten Mauricio y Mayela? Con un(a) compañero(a) de clase, preparen una conversación entre Mayela y Mauricio en la que describen sus reacciones.

El comparativo y el superlativo Formas irregulares

Making Comparisons

1. Review the comparative and superlative forms of the following adjectives.

bueno(a)	mejor	el/la mejor
malo(a)	peor	el/la peor
grande	mayor	el/la mayor
pequeño(a)	menor	el/la menor

2. *Menor* and *mayor* are used to refer to age and quantity. For size *más grande* or *más pequeño* are usually used.

> Si no me equivoco, su hermana es la mayor de la familia.
> La mayor parte de sus parientes vive(n) en Los Ángeles.
> Su familia es más grande que la nuestra.

3. *Mejor* and *peor* are also used as adverbs.

bien	mejor	el mejor
mal	peor	el peor

> El médico dice que estará mejor mañana.
> El enfermo está peor hoy.

Ejercicios

A La familia Ugarte. Contesten.

1. Emilio tiene 18 años y su hermana Pepita tiene dieciséis. ¿Quién es menor? ¿Quién es mayor?
2. Emilio y Pepita tienen muchos primos. Su prima Lupita tiene sólo ocho meses, mientras que su primo Paco tiene unos 25 años. De todos sus primos, ¿quién es la menor? ¿Quién es el mayor?
3. Emilio no se siente muy bien hoy. Tiene catarro. ¿Cómo estará mañana?

B **¿El mayor o el menor?** Preguntas personales.

1. ¿Cómo estás hoy? Y mañana, ¿estarás mejor o peor?
2. En tu escuela, ¿cuál es la mejor nota que se puede recibir?
3. ¿Y cuál es la peor?
4. ¿En qué curso recibes la mejor calificación?
5. ¿Y la peor?
6. ¿Quién es menor, tu madre o tu padre?
7. ¿Quién es el/la mayor de tu familia?
8. ¿Y quién es el/la menor de tu familia?
9. ¿Vive la mayor parte de tus parientes en la misma región o no?

El comparativo de igualdad   *Comparing People and Things*

1. Very often we compare two items that have the same characteristics. Such a comparison is called the comparison of equality. In English we use the expression "as… as". In Spanish *tan… como* is used with either an adjective or an adverb.

> **José es tan deportista como su hermana.**
> **Él juega tan bien como ella.**

2. The comparison of equality can also be used with nouns. In English we use "as much as," "as many as." In Spanish the expression *tanto… como* is used with nouns. *Tanto* must agree with the noun it modifies.

> **Ella tiene tanta fuerza como él.**
> **Ella ha ganado tantos campeonatos como él.**

3. Note that when a pronoun follows a comparative construction either the subject pronoun or a negative word is used.

> **Ella juega mejor que yo.**
> **Ha ganado más trofeos que nadie.**

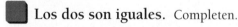

Ejercicio

Los dos son iguales. Completen.

1. Él hace ___ ejercicios ___ ella.
2. Ella ha corrido en ___ carreras ___ él.
3. Ella es ___ ágil ___ él.
4. El brócoli tiene ___ vitaminas ___ las judías verdes.
5. Las verduras son ___ buenas para la salud ___ las frutas.
6. Estos cigarrillos contienen ___ nicotina ___ los otros.
7. Estos cigarrillos son ___ dañinos para la salud ___ los otros.

Los verbos reflexivos
Formas regulares

Telling What People Do For Themselves

1. A reflexive verb is one in which the action of the verb is both executed and received by the subject.

   Me lavo.   *I wash myself.*

2. Since the subject also receives the action of the verb, an additional pronoun is used. This pronoun is called a reflexive pronoun. Review the following forms.

INFINITIVE	LAVARSE	BAÑARSE
yo	me lavo	me baño
tú	te lavas	te bañas
él, ella, Ud.	se lava	se baña
nosotros(as)	nos lavamos	nos bañamos
vosotros(as)	*os laváis*	*os bañáis*
ellos, ellas, Uds.	se lavan	se bañan

3. The following verbs have a stem change in both the present and preterite tenses.

   despedirse (i, i)
   vestirse (i, i)
   divertirse (ie, i)
   sentirse (ie, i)
   dormirse (ue, u)

4. Remember that a reflexive pronoun is used only when the subject also receives the action of the verb. If a person or object other than the subject receives the action of the verb, no reflexive pronoun is used. Look at the following sentences.

   María se lava.
   María lava el carro.

   Papá se acuesta.
   Papá acuesta al bebé.

   Ella se mira en el espejo.
   Ella mira al niño.

Ejercicios

A Algunas costumbres mías.
Contesten.

1. ¿A qué hora te acuestas?
2. ¿Te duermes en seguida o pasas la noche dando vueltas en la cama?
3. ¿A qué hora te levantas?
4. ¿Te despiertas fácilmente?
5. ¿Te bañas o te duchas antes de acostarte o después de levantarte?
6. ¿Te desayunas antes de salir para la escuela?
7. ¿Te cepillas los dientes después de tomar el desayuno?
8. ¿Te pones un uniforme para ir a la escuela?
9. ¿Te vistes elegantemente para ir a la escuela?
10. ¿Te diviertes con tus amigos en la escuela?
11. ¿Te despides de tus amigos cuando sales de la escuela?

B No me dormí.
Escriban las siguientes oraciones en el pretérito.

1. Juan se acuesta a las diez y media.
2. Se duerme en seguida.
3. Desgraciadamente, yo no me duermo en seguida.
4. ¿A qué hora se acuestan Uds.?
5. ¿Y a qué hora se levantan?
6. Nosotros nos desayunamos en casa.
7. ¿Te desayunas en casa o en la escuela?
8. Juan se despide de sus padres antes de salir para la escuela.
9. Juan y sus amigos se divierten mucho en la escuela.

C ¿Reflexivo o no?
Completen con el pronombre reflexivo cuando sea necesario.

1. Yo ___ acuesto a las once de la noche.
2. Yo ___ baño antes de acostarme.
3. Mamá ___ lava al bebé y luego papi ___ acuesta al bebé.
4. Cada mañana yo ___ despierto a mi hermano. Si no lo hiciera yo, él no ___ despertaría nunca.
5. Mi perrito tiene el pelo muy largo. Yo ___ cepillo al perrito tres o cuatro veces a la semana.

El sentido recíproco

Discussing Reciprocal Actions

A reciprocal verb expresses a mutual action or relationship. In English you use "each other" or "one another." In Spanish, you use a reflexive pronoun.

Ellos se vieron pero no se hablaron.	*They saw one another but they didn't speak to one another.*
Nos besamos en la mejilla.	*We kissed each other on the cheek.*
Los dos hermanos se parecen mucho.	*The two brothers look a lot like each other.*

Ejercicio

Se conocieron en la fiesta.
Completen.

1. Él me vio y yo lo vi. Nosotros ___ ___ en la tienda por departamentos.
2. Ella me conoció y yo la conocí. Nosotros ___ ___ en la fiesta de Alejandro.
3. Ella le escribió a él y él le escribió a ella. Ellos ___ ___ la semana pasada.
4. Él la quiere y ella lo quiere. Ellos ___ ___.
5. El niño ayuda a la niña y la niña ayuda al niño. Los niños ___ ___ mucho.
6. Carlos encontró a María y María encontró a Carlos. Ellos ___ ___ por casualidad en la esquina de Madero y Correo.

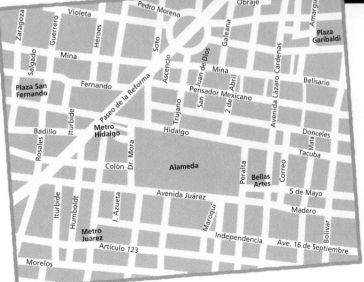

SALUD ESTUDIANTIL

INTRODUCCIÓN

Recientemente el Ministerio de Educación del Ecuador ha tomado varias medidas relacionadas con la salud de los alumnos en las instituciones educativas del país. Han prohibido el uso (el consumo) y la venta (el expendio) de cigarrillos en las escuelas.

Han establecido reglamentos respecto a los alimentos que se permiten consumir en las escuelas y también sobre cómo deben ser manipulados estos alimentos.

El artículo que sigue apareció en un periódico de Quito.

VOCABULARIO

el aula

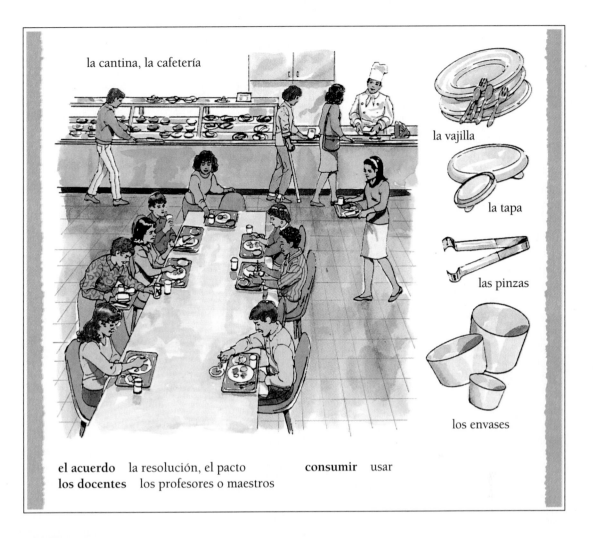

la cantina, la cafetería

la vajilla

la tapa

las pinzas

los envases

el acuerdo   la resolución, el pacto   **consumir**   usar
los docentes   los profesores o maestros

Ejercicios

A **En la escuela.**   Completen.

1. Los ___ enseñan y los alumnos aprenden.
2. Los alumnos están sentados en filas en el ___.
3. Sirven el almuerzo en la cafetería. Para no tocar los sándwiches con las manos, las señoras los sirven con ___.
4. El envase tiene una ___ para cerrarlo.
5. Las tazas, los platos, etc. son ___.

B **Se dice así.**   Expresen de otra manera.

1. Han llegado a *una resolución*.
2. *Los maestros* enseñan a los alumnos.
3. Enseñan a los alumnos en *la sala de clase*.
4. En la escuela *usan* mucho papel.

Libreta Salud estudiantil y no se fumará en colegios

QUITO—El Ministerio de Educación expidió tres acuerdos mediante los cuales se procurará[1] mejorar[2] la calidad de vida de miles de estudiantes de los diferentes establecimientos educativos del país.

Mediante el Decreto 2368, se regula y establece oficialmente la Libreta de Salud Integral en todo el país, la misma que tendrá un costo de 1.000 sucres y servirá como único documento legal para la matrícula de primer año en los tres niveles del sistema educativo; con el respectivo seguimiento de los 5 a los 18 años de edad.

Prohibido fumar

El segundo acuerdo tiene relación con la prohibición de consumir cigarrillos y alcohol en los establecimientos de todos los niveles educativos del país, dentro y fuera del aula. Para este efecto, se mantendrá en los locales educativos un estricto control del uso y abuso del cigarrillo y alcohol, por parte de los docentes.

Igualmente, se prohíbe el expendio[3] de cigarrillos y alcohol en los establecimientos y se responsabilizará a las autoridades de los mismos, por el fiel cumplimiento de esta norma.

Reglamento

El tercer Decreto, N° 2371, habla de la expedición del reglamento para el manejo y administración de bares en establecimientos educativos del país; el mismo establece que los alimentos y bebidas que se expendan deben ser naturales y frescos, sin fermentación, cuyas características físicas, químicas y biológicas, no atenten contra la salud de los consumidores.

Los alimentos procesados industrialmente, deben poseer el Registro Sanitario con fecha de preparación y caducidad[4]. Los alimentos deben transportarse en envases limpios y con tapa de seguridad. Deben ser manipulados para su expendio con pinzas limpias, inoxidables[5] y servido en vajillas desechables[6] o fundas[7] plásticas originales.

[1] **se procurará** *will try to*	[4] **la caducidad** *expiration*
[2] **mejorar** *improve*	[5] **inoxidables** *rustproof*
[3] **el expendio** *sale, distribution*	[6] **desechables** *disposable*
	[7] **fundas** *wrappers*

Comprensión

A **Última noticia.** Contesten.

1. ¿Qué expidió el Ministerio de Educación?
2. ¿Dónde?
3. ¿Qué prohíbe el segundo acuerdo?
4. ¿Qué se mantendrá en las escuelas?
5. ¿Cómo deben ser los alimentos que se sirven en las escuelas?
6. ¿Qué deben poseer los alimentos procesados industrialmente?
7. ¿Cómo deben transportarse?
8. ¿Cómo deben ser servidos?

B **Los reglamentos.** ¿Sí o no?

1. Se puede fumar fuera de las aulas pero no dentro de ellas.
2. Se prohíbe la venta de los cigarrillos en las escuelas.
3. Los envases para los alimentos no tienen que tener tapa de seguridad.
4. En las escuelas tienen que servir los alimentos en envases.
5. Tienen que servir los alimentos en vajillas desechables o fundas plásticas originales.

Comunicación

A **Debe tener.** Prepare Ud. una lista de las reglas que debe tener su escuela para procurar mejorar la calidad de vida de los estudiantes.

B **Yo creo que…** Escriba un párrafo en el que explica por qué son buenos o malos los nuevos decretos del gobierno ecuatoriano.

LA DIETA

INTRODUCCIÓN

Hoy en día a mucha gente le gusta mantenerse en forma y gozar de buena salud. Para conservarse en forma hay que mantener un peso apropiado y comer bien. Hay que comer alimentos que contienen vitaminas, minerales, hidratos de carbono (carbohidratos), proteínas, etc.

En la revista *Vanidades*, hay una columna titulada *Dieta—Buenos consejos,* escrita por la doctora Estrella Mederos-Sibila. Aquí hay una pregunta con las respuestas que aparecieron en un número reciente.

VOCABULARIO

los camarones

el pescado

el marisco

el pavo

el pollo

el pellejo

la carne molida

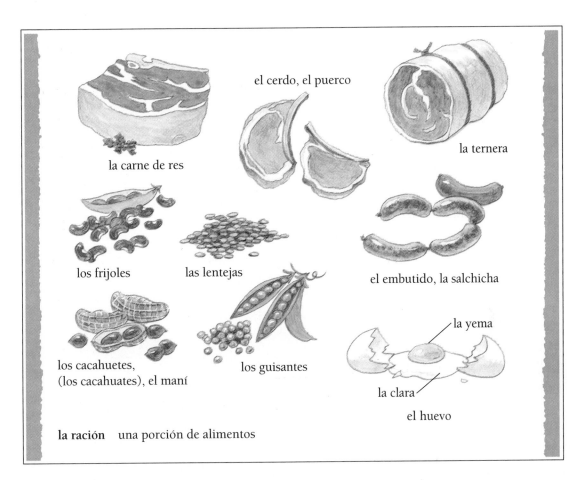

el cerdo, el puerco

la carne de res

la ternera

los frijoles   las lentejas

el embutido, la salchicha

los cacahuetes,
(los cacahuates), el maní

los guisantes

la yema

la clara

el huevo

la ración   una porción de alimentos

Ejercicio

Las comidas.   ¿Sí o no?

1. El pollo y el pavo son aves.
2. La ternera es un pescado.
3. Los camarones y la langosta son mariscos.
4. Las sardinas y el atún son pescados.
5. La carne de res es del puerco.
6. Se preparan hamburguesas con carne molida.
7. La salchicha es un embutido.
8. Los frijoles son legumbres.
9. Los guisantes son verdes y redondos.
10. Los cacahuetes tienen cáscara.
11. El huevo contiene una yema y una clara.
12. El huevo tiene pellejo.

dieta

BUENOS CONSEJOS

LAS MEJORES PROTEÍNAS

¿Cuáles son las proteínas mejores, más sanas?

Sin duda las que contienen menos grasa. En ese caso, trate de dar preferencia a las siguientes:

- pescados y mariscos
- pollo y pavo sin pellejo
- pavo molido (sólo 15% de grasa)
- carne de res (vacuno), ternera, carnero y cerdo (puerco) sin grasa

Coma raciones pequeñas, de 7 oz o menos al día. Coma también proteínas vegetales, como la contenida en las legumbres: frijoles, lentejas, guisantes, mantequilla de maní (cacahuete) o tofú. Y sólo dos yemas de huevo a la semana (incluyendo las que necesite para hornear[1] o preparar platos mixtos).

Por otra parte, restrinja el consumo de: camarones, pollo frito, pato, carne molida con su grasa, embutidos e hígado[2] y otras vísceras[3].

[1] **hornear** *to bake*
[2] **hígado** *liver*
[3] **vísceras** *innards*

Comprensión

A **Los buenos alimentos.** Contesten.

1. ¿Contienen grasa algunas proteínas?
2. ¿Es mejor comer las proteínas que contienen más o menos grasa?
3. ¿Cómo se debe comer el pollo?
4. ¿Contienen grasa las carnes como la carne de res y de cerdo?
5. ¿Es aconsejable comer raciones grandes o pequeñas?
6. ¿Cuáles son algunas legumbres que contienen proteínas?
7. ¿Se debe comer muchas o pocas yemas de huevo a la semana?
8. ¿Para qué se usan mucho las yemas de huevo?
9. ¿Cuáles son algunos alimentos que se debe evitar o por lo menos comer muy poco?

B **¿Cuál es otra palabra?** Escojan.

1. la carne molida
2. la carne de res
3. el cerdo
4. el cacahuete
5. el embutido

a. el bife
b. la salchicha, el chorizo
c. el maní, el cacahuate
d. la carne picada
e. el puerco

Comunicación

A **Una comida sana.** Con dos compañeros(as), planifiquen una comida buena y sana para la clase. Presenten el menú a la clase.

B **Un sondeo.** Entreviste a cuatro compañeros(as) para descubrir sus comidas y bebidas preferidas. Tome apuntes y escriba un resumen de los resultados. Luego, dígale a la clase quién, en su opinión, sigue la mejor dieta, la más sana. También indique quién, en su opinión, sigue la peor dieta, la menos sana. Defienda sus opiniones.

La contaminación por el ruido

Introducción

Se habla mucho de la contaminación del ambiente. Desgraciadamente, todos estamos expuestos a la contaminación por el ruido. Muchísima gente sufre de trastornos auditivos. Todos los que trabajan en lugares ruidosos pueden sufrir una pérdida de audición. Muchos jóvenes, sobre todo los que tocan su música a todo volumen, sufren de problemas auditivos.

El artículo que sigue apareció en la revista *Eres* de México. Es una revista dedicada en particular a la juventud.

Vocabulario

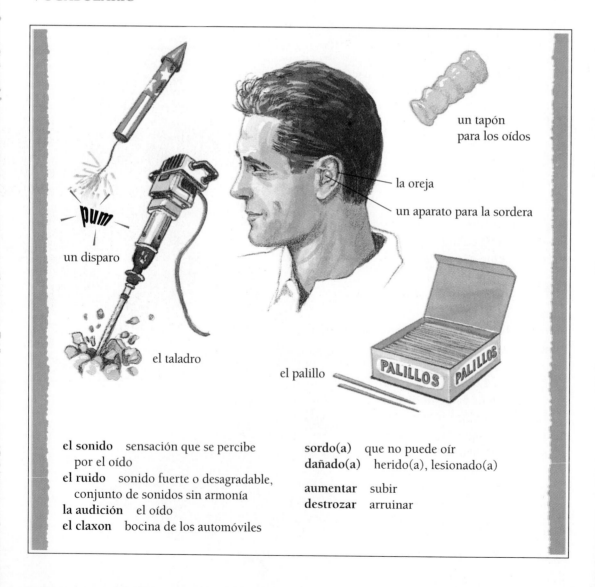

un tapón para los oídos

la oreja

un aparato para la sordera

pum

un disparo

el taladro

el palillo

PALILLOS

el sonido   sensación que se percibe por el oído
el ruido   sonido fuerte o desagradable, conjunto de sonidos sin armonía
la audición   el oído
el claxon   bocina de los automóviles

sordo(a)   que no puede oír
dañado(a)   herido(a), lesionado(a)

aumentar   subir
destrozar   arruinar

Ejercicios

A ¿Cuál es la palabra? Completen.

1. Él ha sufrido una pérdida de audición casi total. Es ___ y tiene que llevar ___.
2. Un ___ puede ser agradable pero el ___ es casi siempre desagradable.
3. Un ___ nos puede proteger contra ruidos peligrosos y dañinos.
4. Un sonido fuerte como el del ___ de una pistola cerca de la oreja puede ___ el oído.
5. El ___ es una máquina ruidosa que se usa en lugares de construcción.
6. En las ciudades el ruido que causan los ___ de muchos coches puede ser muy desagradable.
7. Un ___ es para los dientes, no para los oídos.
8. Él no habla, sino que ___.

B Una expresión equivalente. Escojan.

1. aumentar
2. un aparato
3. el claxon
4. gritar
5. destrozar
6. la audición

a. levantar mucho la voz
b. subir, elevar
c. la máquina
d. derrotar, destruir, arruinar
e. el oído
f. la bocina

Cómo protegernos...
de la contaminación por el

Por Pilar Obón

¡Ruido!

Por si no lo sabes, hoy somos 20% más sordos, en general, que hace algunos años. No sólo ha aumentado grueso la contaminación por ruido, sino que somos mucho más ruidosos que antes, posiblemente debido al estrés que nos hace gritar, pegarnos al claxon, poner el estéreo o el compact a todo volumen, etcétera.

La pérdida del oído, ya sea parcial o total, es el resultado más común del acto casi suicida de exponernos a altos volúmenes de sonido, igual si éstos proceden de una motoconformadora[1] que de un walkman al tope[2]. Algunas cosas te causan pérdida inmediata del oído, como por ejemplo un disparo que suene a unos cuantos centímetros de tu tímpano, que es súper delicado. Pero la mayoría de los ruidos que nos afectan, van causando una pérdida gradual de la audición que para colmo[3], es difícil detectar,

porque ocurre tan lentamente que casi no te das cuenta.

Las primeras que se afectan, son las frecuencias que están en la parte superior de la escala. Probablemente necesitas ir a checarte la audición si eres incapaz de escuchar el tic-tac de un reloj, palabras aisladas en una conversación o una música tocada a bajo volumen. Otros signos de alarma son dolor, un zumbido[4] en el oído, o una sensación de embotamiento[5] después de escuchar ruidos muy fuertes. A veces, lo que se pierde es la capacidad para escuchar algunos sonidos que vibran en una frecuencia específica. Así como tu lengua[6] tiene papilas especializadas para captar el sabor amargo o el dulce, tu oído posee también células específicas para ruidos

determinados, más graves o más agudos[7]. Si algunas de esas células son dañadas, entonces perderás la capacidad de escuchar en la frecuencia en la que ellas están especializadas en captar.

NO SOLO SORDO SINO...
La contaminación por ruido no solamente puede causar que te quedes sordo o sorda como una tapia[8], fíjate. Checa que también puede provocarte una notable elevación en la presión sanguínea[9], acrecentar[10] tu neura, disminuir tus reflejos y tu capacidad para el trabajo e, incluso, producirte una elevación de los niveles de colesterol, de azúcar en la sangre y de la producción de ácidos en el estómago, con ulcerosas consecuencias.

---

[1] **motoconformadora**   *road grader*
[2] **al tope**   *at the highest level*
[3] **colmo**   *limit*
[4] **zumbido**   *buzzing, ringing*
[5] **embotamiento**   *dullness, drowsiness*
[6] **lengua**   *tongue*
[7] **agudos**   *sharp*
[8] **tapia**   *wall*
[9] **la presión sanguínea**   *la tensión arterial*
[10] **acrecentar**   *aumentar*

Y todavía no terminamos. Según varios estudios realizados en Estados Unidos, se ha comprobado que los niños y jóvenes que se encuentran en escuelas ubicadas en zonas muy ruidosas, son lentos para aprender, no entienden nada y tienen muchas dificultades para concentrarse. Si los niños son pequeños y los ruidos muy fuertes, pueden incluso confundir el sonido de algunas letras y tener problemas de lenguaje. ¿Qué tal?

COMO PROTEGERTE

A menos que quieras terminar usando un aparatito para sordera o un cono pegado a tu oreja, tienes que comenzar a protegerte de la contaminación por ruido, sobre todo si vives en una ciudad muy poblada y sonorífera. Aquí tienes algunos tips:

➤ Favor de no traer el walkman a todo volumen pegado en los oídos. Perderás tu audición antes de mucho tiempo.

➤ Cuando vayas a la disco procura salirte a ratos o irte a descansar a un sitio menos ruidoso (el baño, por ejemplo) de cuando en cuando. Se supone que uno no debe soportar un ruido de ese tamaño por más de dos horas seguidas.

➤ El programa de la televisión no va a ser más interesante si le subes todo el volumen, así que trata de escucharlo a su volumen normal.

➤ El estéreo, compact y demás artilugios[11] de sonido se hicieron para que los disfrutes, no para que destroces tu tímpano y el de los demás. Muchos se sienten ¡importantísimos! yendo en un coche cuyo estéreo puede escucharse a tres cuadras. En realidad, están demostrando terrible tontería. No sólo corren el peligro de quedarse sordos, sino también de hacer más lentos sus reflejos y atontarse a tal grado que se estrellarán sin remedio a la primera emergencia. ¡Bájenle!

➤ Si estás expuesto o expuesta a una gran cantidad de ruido, lo mejor es irte a checar más o menos cada seis meses con un especialista.

➤ Y hablando del oído, favor de no andarse metiendo palillos ni pasadores con el objeto de limpiarse la cerilla[12], porque en una de ésas, te llevas el tímpano y para qué quieres. Si sientes tapados[13] los oídos ver con el doctor para que te haga una limpieza.

➤ Si vas a ir a un lugar con ruido excesivo (una fábrica con maquinaria pesada, por ejemplo), unos tapones para los oídos pueden serte de gran utilidad.

➤ Finalmente…

¡NO GRITEN!

((((((RUIDOS Y DECIBELES))))))

Seguramente sabes que el sonido se mide en decibeles, unidad que se abrevia db. El problema es que un sonido se vuelve **DIEZ VECES MAYOR** con cada aumento de 10 decibeles. Esto significa, por ejemplo, que un sonido de 80 decibeles no es el doble de uno de 40 db, sino que es **CUARENTA VECES** más fuerte. Lo ideal para el oído humano son 50 db. Al llegar a 70 db, se afecta tu sistema nervioso. Una exposición prolongada a 85 db causa pérdida del oído y 120 decibeles provocan dolor. Más de 180 decibeles son capaces de derrumbar[14] un edificio de concreto. Aquí tienes una mini-tabla para que cheques los niveles de sonido.

✖ 30 db: murmullos suaves.
✖ 40 db: música tocada a bajo volumen o conversación normal.
✖ 60 db: trasteo[15] en la cocina, licuadora, batidora, etc.
✖ 80 db: taladro cercano.
✖ 90 db: gritos destemplados[16], escándalo de cláxones y tráfico en general.
✖ 100 db: discotecas, música en vivo, principalmente de rrrrrrrock.
✖ 120 db: motoconformadoras, perforadoras de pavimento.
✖ 150 db: despegue de un avión.
✖ 180 db: lanzamiento de terrible cohete espacial.

[11] **artilugios**	*gadgets*	[14] **derrumbar**	*knock down*
[12] **la cerilla**	*wax*	[15] **trasteo**	*bustle*
[13] **tapados**	*clogged*	[16] **destemplados**	*excesivos*

Comprensión

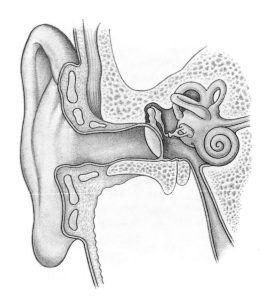

A **El ruido y la sordera.** ¿Sí o no?

1. Hoy hay más sordos que antes.
2. Somos más ruidosos que antes.
3. Es imposible sufrir una pérdida inmediata de la audición.
4. El tímpano es una membrana tensa situada en el interior del oído.
5. Es difícil herir o dañar el tímpano.
6. El oído posee células específicas para ciertos ruidos.
7. Un sonido de 80 decibeles es el doble de uno de 40 db.

B **Los ruidos.** Contesten.

1. ¿Está aumentando o bajando la contaminación por ruido?
2. ¿Qué nos hace hacer el estrés?
3. ¿En qué resulta la exposición a altos volúmenes de sonido?
4. ¿Qué causan la mayoría de los ruidos?
5. ¿Cuáles son algunos síntomas que indican la pérdida de la audición?
6. Además de la sordera, ¿cuáles son otras condiciones que pueden provocar la contaminación por ruido?
7. ¿Qué unidad se usa para medir el sonido?
8. ¿Cuántas veces más fuerte es un sonido de 80 decibeles que uno de 40?

C **Un análisis.** Expliquen.

¿Cómo y por qué es posible perder la capacidad de oír ciertos sonidos?

D **¿Cuál es la palabra?** Completen.

1. Los sonidos de ___ decibeles provocan dolor.
2. Lo ideal para el oído humano son sonidos de ___ decibeles.
3. Los sonidos que llegan a ___ decibeles afectan el sistema nervioso.

Comunicación

A **Protección.** Prepare Ud. una lista de precauciones que puede tomar para protegerse contra la contaminación por ruido.

B **¿Es malo el ruido?** Trabajando con un(a) compañero(a) de clase, preparen una lista de ruidos. Luego, determinen cuáles son agradables/desagradables; inofensivos/peligrosos.

ESTRUCTURA II

El pronombre relativo *que*   *Combining Sentences*

1. Relative pronouns replace nouns or pronouns and are used to join two short sentences. The most common relative pronoun is *que*. It can be used as a subject or an object. It can refer to a person or thing.

   SUBJECT

   La señora está hablando. La señora ganó el concurso.
   La señora que está hablando ganó el concurso.

   El trofeo está en la mesa. El trofeo es para ella.
   El trofeo que está en la mesa es para ella.

   OBJECT

   El concurso es importantísimo. Ella ganó el concurso.
   El concurso que ella ganó es importantísimo.

   Tú conociste a la señora. La señora ganó el concurso.
   Tú conociste a la señora que ganó el concurso.

2. The relative pronoun *que* is used after a short preposition when it refers to a place or thing.

   Es el concurso de que yo te hablaba el otro día.
   Es el concurso en que participó.

3. *Quien* and *quienes* refer only to people. They are usually used as the object of a preposition. When used as an indirect object, *quien(es)* must be preceded by the preposition *a*.

   La señora que tú conociste es la tía de Jaime.
   La señora a quien tú conociste es la tía de Jaime.

   El señor de quien tú me hablas es periodista.
   Las señoras con quienes yo trabajé eran mexicanas.

Ejercicios

A **El señor que se mantiene en forma.** Formen una sola oración.

> El señor es médico. El señor se mantiene en forma.
> *El señor que se mantiene en forma es médico.*

1. El señor es médico. El señor está haciendo ejercicios.
2. El señor hace ejercicios. Los ejercicios son rigurosos.
3. Él va al gimnasio. El gimnasio tiene el mejor equipo.
4. Él sigue un régimen alimenticio. El régimen es muy estricto.
5. Él sigue un régimen. El régimen es rico en carbohidratos y fibra.
6. Él está leyendo un libro. El libro trata de la nutrición y la forma física.
7. Ese señor escribió el libro. Ese señor está hablando ahora.

B **¿De quién o de qué hablas?**
Completen.

1. El libro de ___ tú me hablas es de ella.
2. Ella es la señora ___ vino a la fiesta anoche, ¿no?
3. Sí, es la señora ___ tú conociste en la fiesta.
4. ¿Es la misma señora con ___ yo hablaba?

El que, la que, los que, y las que

Specifying Who or What Is Being Referred To

1. The longer pronouns, *el que, la que, los que,* and *las que,* are used to add emphasis. They mean "who," "the one(s)," or "that" in English.

De todos los libros, el que estoy leyendo ahora es el más interesante.	*Of all the books, the one (that) I am reading now is the most interesting.*
De todas mis hermanas, la que tiene más talento es mi hermana mayor.	*Of all my sisters, the one who has the most talent is my older sister.*

Note that these pronouns agree in gender and number with the word they refer to.

2. The pronouns *el que, la que, los que,* and *las que* often begin a sentence. Observe the following.

El que habla ahora es mi hermano.	*The one who is talking now is my brother.*
La que hablará mañana es mi hermana.	*The one who will speak tomorrow is my sister.*
Los que hablaron ayer fueron mis padres.	*The ones who spoke yesterday were my parents.*

Note the sequence of tenses in the above sentences. If the verb following *el que* is in the present or future, the present tense of *ser* is used in the main clause. If the verb that follows *el que* is in the preterite, the preterite of *ser* is used in the main clause.

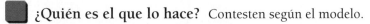

Ejercicio

¿Quién es el que lo hace? Contesten según el modelo.

> ¿Quién está haciendo calentamiento? (Mi primo)
> *El que está haciendo calentamiento es mi primo.*

1. ¿Quién está haciendo ejercicios? (mi amigo)
2. ¿Quién hizo los ejercicios aeróbicos? (su novia)
3. ¿Quién ganó la carrera? (José)
4. ¿Quién salió primero? (José)
5. ¿Quiénes ganarán el campeonato? (Los Tigres)
6. ¿Quiénes recibirán la Copa Mundial? (ellos)
7. ¿Quién presentará (otorgará) el trofeo? (la directora)

329

Lo que, cuyo

Referring to Previously Stated Ideas

1. The neuter relative pronoun *lo que* is used to refer to a previously stated idea, situation or event, or to one that will be stated later. It is equivalent to the English "what."

> **Lo que necesito es más dinero.**   *What I need is more money.*
> **Lo que me encanta es leer**   *What I like is to read a good book.*
> **un buen libro.**
> **Lo que me gustaría hacer**   *What I'd like to do is go to the movies.*
> **es ir al cine.**

2. The relative pronoun *cuyo* expresses possession and corresponds to the English "whose" or "of which." Note that *cuyo* agrees with the noun it modifies.

> **El señor cuya hija está hablando**   *The man whose daughter is*
> **ahora, es el director de la**   *speaking now is the*
> **compañía.**   *director of the company.*
> **Tiene una gran compañía cuyo**   *He has a large company, the name*
> **nombre he olvidado.**   *of which I have forgotten.*

Ejercicios

A **Lo que te hace falta.** Sigan el modelo.

> Necesito más dinero.
> *Lo que necesito es más dinero.*

1. Digo la verdad.
2. Necesito más dinero.
3. Tengo que comprarme un carro.
4. Dices la verdad.
5. Te hace falta dinero.

B **El señor rico cuyo dinero…** Completen.

1. El señor ___ tienda acabamos de visitar es muy rico.
2. Es un señor ___ recursos económicos son increíbles.
3. Es el señor ___ esposa conduce un Rolls.
4. Perdón. Su esposa es la señora ___ chófer conduce un Rolls.
5. Es el matrimonio ___ hijos tienen un Jaguar.
6. Es una familia ___ riqueza es increíble.

1. The prepositions *por* and *para* have very specific uses in Spanish. They are not interchangeable. These two prepositions are often translated into English as "for." Such a translation is quite restrictive, because these two words express many ideas in addition to "for."

   The preposition *para* is used to indicate destination or purpose.

El avión salió para Bogotá.	*The plane left for Bogotá.*
Este regalo es para María.	*This gift is for Mary.*
Ella estudia para abogada.	*She is studying to be a lawyer.*

2. The preposition *por*, in contrast to *para*, is more circuitous. Rather than expressing a specific destination, *por* conveys the meanings "through," "by," and "along."

Ellos viajaron por la América del Sur.	*They traveled through South America.*
Su barco pasó por las costas de las Galápagos.	*Their boat passed by the shores of the Galápagos.*
El ladrón entró en la casa por la ventana.	*The thief entered the house through the window.*

3. *Por* also has the meanings "in behalf of," "in favor of," and "instead of." Observe and analyze the difference in meaning in the following sentences.

Compré el regalo para mi madre.	*I bought the gift for my mother.* (I am going to give the gift to my mother.)
Compré el regalo por mi madre.	*I bought the gift for my mother.* (The gift is for another person, but my mother could not go out to buy it so I went for her.)

4. The preposition *por* is used after the verbs *ir, mandar, volver,* and *venir* in order to show the reason for the errand.

El joven fue a la tienda por pan.	*The young man went to the store for bread.*
Ellos mandaron por el médico.	*They sent for the doctor.*

Ejercicios

A Salen para Barcelona. Contesten.

1. ¿Va a salir para Barcelona Teresa?
2. ¿Va a viajar por Cataluña?
3. ¿Va a estudiar para enfermera en Barcelona?
4. ¿Va a andar por Las Ramblas Teresa?
5. ¿Va a comprar regalos para sus parientes?
6. Algunos amigos quieren que ella les compre algunas cositas y le dieron el dinero. ¿Va a comprar las cositas por ellos?

Las Ramblas, Barcelona, España

B Al mercado. Completen.

1. Hoy yo salí ___ el mercado a las ocho de la mañana.
2. Natalia no pudo ir así que yo fui ___ ella.
3. Cuando salí del mercado, di un paseo ___ el centro de la ciudad.
4. Pasé ___ las elegantes tiendas de la calle Serrano.
5. Entré en una de las tiendas y compré un regalo ___ mi madre. Se lo voy a dar mañana.
6. Cuando volví a casa, el hijo de Natalia vino ___ las cosas que yo le había comprado en el mercado.

Por y *para* con expresiones de tiempo

Expressing Duration

1. The preposition *para* is used to indicate a time deadline.

> **Ellos tienen que estar aquí para el día ocho.**   *They have to be here by the eighth.*

2. *Por,* in contrast to *para,* is used to define a period of time.

> **Van a estar aquí por una semana.**   *They are going to be here for a week.*

3. *Por* is also used to express an indefinite time.

> **Creo que ellos van a volver por diciembre.**   *I think they are going to return around December.*

Ejercicios

A **¿Para cuándo y por cuánto tiempo?** Contesten.

1. ¿Pueden Uds. llegar para las ocho?
2. ¿Y pueden tener los resultados para mañana?
3. Cuando vienen Uds. mañana, ¿pueden quedarse aquí por una semana?
4. La última vez que vinieron, Uds. estuvieron por dos semanas, ¿no?
5. ¿Piensan Uds. volver otra vez por Navidad?

B **Los árabes.** Completen.

Los árabes salieron del Norte de África ＿＿ España en el siglo ocho. Invadieron
₁

a España en el año 711, y estuvieron en el país ＿＿ unos ocho siglos. Viajaron
₂

＿＿ toda la Península Ibérica. Por eso, si uno hace un viaje ＿＿ España, verá
₃ ₄

la influencia de los árabes en casi todas partes del país. Pero si uno viaja ＿＿
₅

Andalucía en el sur del país, visitará sin duda la famosa Alhambra de Granada,

el Alcázar de Sevilla y la Mezquita de Córdoba, tres monumentos famosos de

los árabes. ＿＿ mañana yo tengo que preparar un informe sobre la influencia
₆

musulmana en España ＿＿ mi clase de español. Así que yo fui hoy a la
₇

biblioteca ＿＿ los libros que necesitaba ＿＿ hacer mis investigaciones.
₈ ₉

La Alhambra, Granada, España

Por y para con el infinitivo   Por *and* Para *With the Infinitive*

1. When followed by an infinitive, *para* expresses purpose and means "in order to."

> **Tengo que ir a la biblioteca para hacer mis investigaciones.**
>
> *I have to go to the library (in order) to do my research.*

2. When *por* is followed by an infinitive, it expresses what remains to be done.

> **No he terminado mi informe. Me queda mucho por hacer.**
>
> *I haven't finished my report. There is still a lot to do.*

3. The expression *estar para* means "to be about to" or "to be ready to."

> **Ellos están para salir pero no sé lo que van a hacer porque está para llover.**
>
> *They are about (ready to) leave but I don't know what they are going to do because it is about to rain.*

4. The expression *estar por* means "to be inclined to." It does not mean that the action will immediately take place.

> **Estoy por salir porque hace buen tiempo.**
>
> *I'm in the mood to go out because the weather is nice.*

Ejercicios

A **¿Estás listo(a) o dispuesto(a)...?**
Contesten.

1. ¿Quieres ir a tu cuarto para estudiar?
2. ¿Tienes que preparar un informe para mañana?
3. ¿Estás para trabajar o para divertirte?
4. Para el informe, ¿te queda mucho por hacer?
5. ¿Fuiste a la biblioteca por los libros que te hacían falta?
6. Yo estoy para salir. ¿Quieres que yo haga algo por ti?

Biblioteca del Congreso, Buenos Aires, Argentina

B **¿Listo(a) o dispuesto(a)?** Completen.

1. Ya me bañé y me vestí y estoy ___ salir.
2. ¡Ay, pero mira! Está ___ llover.
3. Tendré que subir ___ mi paraguas.
4. Quiero ir al teatro. ___ ir al teatro tendré que tomar un taxi porque no hay bus que pase ___ el teatro.
5. Me pregunto si tendré que hacer cola ___ comprar las entradas.
6. Estoy ___ divertirme. Al salir del teatro voy a visitar uno de los mesones de Cuchilleros.
7. Trabajé todo el día y todavía me queda mucho ___ hacer.

LAS CUEVAS DE LUIS CANDELAS

HORNO DE ASAR

CUCHILLEROS, 1
Teléfono 366 54 28
28005 MADRID

Otros usos de *por* y *para*

Other Uses of Por *and* Para

1. *Para* is used to express a comparison.

> **Para cubano él habla muy bien el inglés.**   *For a Cuban, he speaks English very well.*
> **Y para americano Roberto habla muy bien el español.**   *And for an American, Robert speaks Spanish very well.*

2. *Por* is used to express means, manner, or motive.

> **La carta llegó por correo aéreo.**   *The letter arrived by air mail.*
> **Los soldados lucharon por la libertad de su país.**   *The soldiers fought for the freedom of their country.*

3. *Por* is used to express "in exchange for."

> **Él me pagó cien dólares por el trabajo que hice.**   *He paid me a hundred dollars for the work I did.*
> **Él cambió pesos por dólares.**   *He exchanged pesos for dollars.*

4. *Por* is also used to express an opinion or estimation.

> **Yo lo tomé por francés pero es español.**   *I took him for French but he is Spanish.*

5. *Por* is used to indicate measure or number.

> **Las papas se venden por kilo.**   *They sell potatoes by the kilo.*
> **Este avión vuela a mil kilómetros por hora.**   *This plane flies 1000 kilometers per hour.*

Ejercicios

A ¿Comparado con quién? Completen.

1. ___ español, el señor Chaval habla muy bien el francés.
2. ___ argentina, la señora Filitti sabe mucho de los Estados Unidos.
3. Ella vino a Miami en avión. Dijo que el avión volaba a unos mil kilómetros ___ hora.
4. Ella cambió sus pesos ___ dólares antes de salir de la Argentina.
5. La primera vez que yo conocí a la señora Filitti, yo la tomé ___ italiana. La verdad es que ella es de ascendencia italiana pero hace años que su familia vive en la Argentina.
6. La señora Filitti sabe que a mí me gustan mucho los zapatos argentinos. Ella me trajo dos pares. No quería que yo le pagara pero yo le di el dinero ___ los zapatos.
7. Hoy llegó un paquete para la señora Filitti. El paquete llegó ___ correo aéreo.

B Un resumen. Contesten con *por* o *para*.

1. ¿Cuál es el destino del tren? ¿Barcelona?
2. ¿A quién vas a dar los dulces? ¿Al niño?
3. Cuando vendiste el carro, ¿te dieron mil dólares?
4. Es mexicano pero habla muy bien el inglés, ¿verdad?
5. ¿Cuándo piensas venir? ¿En abril?
6. ¿Te queda mucho o poco trabajo?
7. ¿Cuándo lo terminarás? ¿Mañana?
8. Ellos pasaron mucho tiempo en Cataluña, ¿verdad?
9. ¿Cómo mandaron el paquete que acabas de recibir? ¿Correo aéreo?

C Un resumen. Escriban las oraciones con *por* o *para*.

1. Andan *en* el parque.
2. Mañana salen *con destino a* Barcelona.
3. Los chicos van ahora *en la dirección de* la ciudad.
4. Tengo que estar allí *no más tarde de* las tres.
5. *A pesar de que es* viejo, viaja mucho.
6. Hay un montón de trabajo *que tengo que* terminar.
7. Papá no podía asistir, así que yo fui *en lugar de* él.
8. Los chicos corrieron *en* la calle.
9. Voy al mercado *en busca de* carne.
10. Mis padres lo pagaron *en vez de* mí.
11. Subimos al tren *con destino a* Granada.
12. *A pesar de que es* rico, no es generoso.
13. Nos gusta viajar *en* Colombia.
14. Estaremos en Cali *durante* siete días.

Un día de éstos

Gabriel García Márquez

Antes de leer

"Un día de éstos" del famoso autor colombiano Gabriel García Márquez tiene lugar en el gabinete o consulta de un dentista. Ud. verá por la descripción que es un gabinete viejo. El hijo del dentista le dice que le duele un diente (una muela) al alcalde y que éste quiere que el dentista se lo saque. El dentista detesta al alcalde. Lea lo que el dentista le hace.

Vocabulario

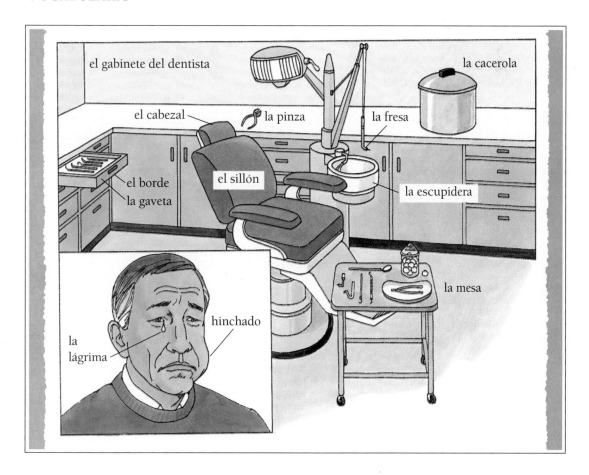

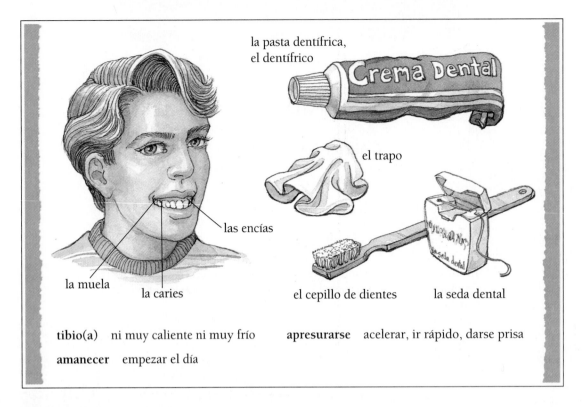

la pasta dentífrica, el dentífrico

el trapo

las encías

la muela   la caries

el cepillo de dientes   la seda dental

tibio(a)   ni muy caliente ni muy frío   **apresurarse**   acelerar, ir rápido, darse prisa

amanecer   empezar el día

Ejercicios

A **El gabinete del dentista.** Describan lo que Uds. ven en el gabinete del dentista.

B **La higiene dental.** Preguntas personales.

1. ¿Cómo se llama su dentista?
2. ¿Cuántas veces al año tiene Ud. una consulta con el dentista?
3. ¿Le hace un examen dental?
4. ¿Le limpia los dientes?
5. ¿Tiene Ud. muchas caries?
6. ¿Cuántas veces al día se cepilla Ud. los dientes?
7. ¿Tiene un cepillo de dientes suave?
8. ¿Usa Ud. una pasta dentífrica antitártaro?
9. ¿Utiliza Ud. la seda dental?

C **¿Cuál es la palabra?** Escojan la palabra.

1. Se debe enjuagar la boca con agua ___.
   a. helada   **b.** muy caliente   **c.** tibia

2. ___ es un diente.
   a. La caries   **b.** La muela   **c.** La encía

3. Amanece ___.
   a. por la noche   **b.** por la tarde   **c.** por la mañana

4. Él tiene que ___ porque tiene que ver al dentista a las nueve en punto.
   a. cepillarse los dientes   **b.** apresurarse   **c.** amanecer

INTRODUCCIÓN

Gabriel García Márquez es indudablemente uno de los más importantes escritores de la literatura hispánica. Es el más brillante exponente de la tendencia literaria contemporánea denominada "realismo mágico".

García Márquez nació en Aracataca, Colombia, en 1928. Estudió periodismo en la Universidad Nacional de Colombia en Bogotá y leyes en la Universidad de Cartagena. Ha sido periodista en Barranquilla, Bogotá y Cartagena. Ha trabajado también en Italia, España y México.

Inicialmente, Gabriel García Márquez escribió cuentos cortos para los periódicos donde trabajaba. Ahora escribe novelas. Ya ha escrito muchas. Una de las más famosas es *Cien años de soledad,* publicada en 1967. Otra novela popularísima de García Márquez es *El amor en los tiempos del cólera.* En 1982, García Márquez recibió el premio Nobel de Literatura.

"Un día de éstos" es un cuento de su obra *Los funerales de la Mamá Grande.* Para comprender esta selección hay que conocer el fondo histórico. La lucha entre liberales y conservadores en Colombia fue acompañada de mucha violencia. Comenzó en 1948 con el asesinato del candidato liberal y laborista José Eliecer Gaitán. Este suceso produjo un clima de terror por todo el país. En una sola década, murieron trágicamente más de 300.000 personas. García Márquez se ocupa de esta lucha fratricida en "Un día de éstos". El dentista le tiene tanto odio y rencor al alcalde que poder hacerle sufrir le da una gran satisfacción.

Gabriel García Márquez

UN DÍA DE ESTOS

El lunes amaneció tibio y sin lluvia. Don Aurelio Escovar, dentista sin título y buen madrugador°, abrió su gabinete a las seis. Sacó de la vidriera una dentadura postiza° montada aún en el molde de yeso° y puso sobre la mesa un puñado de instrumentos que ordenó de mayor a menor, como en una exposición. Llevaba una camisa a rayas, sin cuello, cerrada arriba con un botón dorado, y los pantalones sostenidos con cargadores° elásticos. Era rígido, enjuto°, con una mirada que raras veces correspondía a la situación, como la mirada de los sordos.

madrugador *early riser*
dentadura postiza *set of false teeth*
yeso *plaster*

cargadores *suspenders*
enjuto *lean*

Cuando tuvo las cosas dispuestas sobre la mesa rodó la fresa hacia el sillón de resortes y se sentó a pulir la dentadura postiza. Parecía no pensar en lo que hacía, pero trabajaba con obstinación, pedaleando en la fresa incluso cuando no se servía de ella.

Después de las ocho hizo una pausa para mirar el cielo por la ventana y vio dos gallinazos° pensativos que se secaban al sol en el caballete° de la casa vecina.

gallinazos *buzzards*
caballete *chimney cowl*

Siguió trabajando con la idea de que antes del almuerzo volvería a llover. La voz destemplada de su hijo de once años lo sacó de su abstracción.

—Papá.

—¿Qué?

—Dice el Alcalde que si le sacas una muela.

—Dile que no estoy aquí.

Estaba puliendo° un diente de oro. Lo retiró a la distancia del brazo y lo examinó con los ojos a medio cerrar. En la salita de espera volvió a gritar su hijo.

puliendo *polishing*

—Dice que sí estás porque te está oyendo.

El dentista siguió examinando el diente. Sólo cuando lo puso en la mesa con los trabajos terminados, dijo:

—Mejor.

Volvió a operar la fresa. De una cajita de cartón donde guardaba las cosas por hacer, sacó un puente° de varias piezas y empezó a pulir el oro.

puente *dental bridge*

—Papá.

—¿Qué?

Aún no había cambiado de expresión.

—Dice que si no le sacas la muela te pega un tiro°.

Sin apresurarse, con un movimiento extremadamente tranquilo, dejó de pedalear en la fresa, la retiró del sillón y abrió por completo la gaveta inferior de la mesa. Allí estaba el revólver.

—Bueno —dijo. —Dile que venga a pegármelo.

Hizo girar° el sillón hasta quedar de frente a la puerta, la mano apoyada en el borde de la gaveta. El Alcalde apareció en el umbral°. Se había afeitado la mejilla izquierda, pero en la otra, hinchada y dolorida, tenía una barba de cinco días. El dentista vio en sus ojos marchitos muchas noches de desesperación. Cerró la gaveta con la punta de los dedos y dijo suavemente:

—Siéntese.

—Buenos días —dijo el Alcalde.

—Buenos —dijo el dentista.

Mientras hervían los instrumentos, el Alcalde apoyó el cráneo en el cabezal de la silla y se sintió mejor. Respiraba un olor glacial. Era un gabinete pobre: una vieja silla de madera, la fresa de pedal y una vidriera con pomos de loza°. Frente a la silla, una ventana con un cancel de tela° hasta la altura de un hombre. Cuando sintió que el dentista se acercaba, el Alcalde afirmó los talones y abrió la boca.

Don Aurelio Escovar le movió la cara hacia la luz. Después de observar la muela dañada, ajustó la mandíbula con una cautelosa presión de los dedos.

—Tiene que ser sin anestesia —dijo.

te pega un tiro *he'll shoot you*

girar *turn around*
umbral *doorway*

pomos de loza *small porcelain bottles*

cancel de tela *cloth screen*

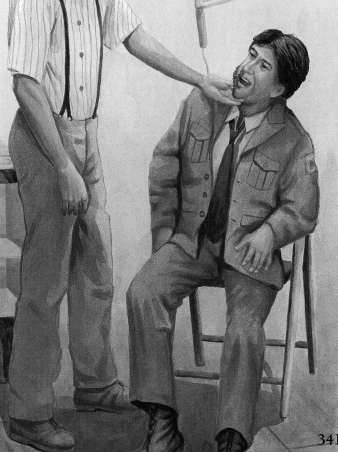

—¿Por qué?

—Porque tiene un absceso.

El Alcalde lo miró a los ojos. —Está bien —dijo, y trató de sonreír. El dentista no le correspondió. Llevó a la mesa de trabajo la cacerola con los intrumentos hervidos y los sacó del agua con unas pinzas frías, todavía sin apresurarse. Después rodó la escupidera con la punta del zapato y fue a lavarse las manos en el aguamanil°. Hizo todo sin mirar al Alcalde. Pero el Alcalde no lo perdió de vista.

Era un cordal inferior°. El dentista abrió las piernas y apretó la muela con el gatillo° caliente. El Alcalde se aferró° a las barras de la silla, descargó toda su fuerza en los pies y sintió un vacío helado en los riñones°, pero no soltó un suspiro. El dentista sólo movió la muñeca. Sin rencor, más bien con una amarga ternura, dijo:

—Aquí nos paga viente muertos°, teniente.

El Alcalde sintió un crujido° de huesos en la mandíbula y sus ojos se llenaron de lágrimas. Pero no suspiró hasta que no sintió salir la muela. Entonces la vio a través de las lágrimas. Le pareció tan extraña a su dolor, que no pudo entender la tortura de sus cinco noches anteriores.

Inclinado sobre la escupidera, sudoroso°, jadeante°, se desabotonó la guerrera° y buscó a tientas° el pañuelo en el bolsillo del pantalón. El dentista le dio un trapo limpio.

—Séquese las lágrimas —dijo.

El Alcalde lo hizo. Estaba temblando. Mientras el dentista se lavaba las manos, vio el cielo raso desfondado° y una telaraña° polvorienta con huevos de araña° e insectos muertos. El dentista regresó secándose las manos. —Acuéstese —dijo— y haga buches de agua de sal. El alcalde se puso de pie, se despidió con un displicente saludo militar, y se dirigió a la puerta estirando las piernas, sin abotonarse la guerrera.

—Me pasa la cuenta—dijo.

—¿A usted o al municipio?

El Alcalde no lo miró. Cerró la puerta, y dijo, a través de la red° metálica:

—Es la misma vaina°.

aguamanil	*washstand*
cordal inferior	*bottom wisdom tooth*
gatillo	*forceps*
se aferró	*clung to, grasped*
riñones	*kidneys*
muertos	*deaths (you have caused)*
crujido	*crackle, creak*
sudoroso	*sweaty*
jadeante	*panting*
guerrera	*military jacket*
a tientas	*groping*
cielo raso desfondado	*broken ceiling*
telaraña	*spiderweb*
araña	*spider*
red	*screen*
la misma vaina	*la misma cosa*

Después de leer

Comprensión

A El dentista. Contesten.

1. ¿Qué le dice al dentista su hijo?
2. ¿Qué quiere el dentista que su hijo le diga al alcalde?
3. ¿Qué le va a hacer el alcalde si no le saca la muela?
4. ¿Qué tomó el dentista de la gaveta inferior de su mesa?
5. Según el dentista, ¿cómo tenía que sacarle la muela?
6. ¿Qué le dijo el dentista al alcalde que hiciera?

B Descripciones. Hagan lo siguiente.

1. Describa al dentista.
2. Describa el gabinete del dentista.
3. Describa al alcalde mientras el dentista le sacaba la muela.

C ¿Qué quiere decir? Expliquen el significado.

1. Aquí nos paga veinte muertos, teniente.
2. El dentista le dio un trapo limpio.
   —Séquese las lágrimas —dijo.
3. —Me pasa la cuenta —dijo (el alcalde).
   —¿A Ud. o al municipio?
   —Es la misma vaina.

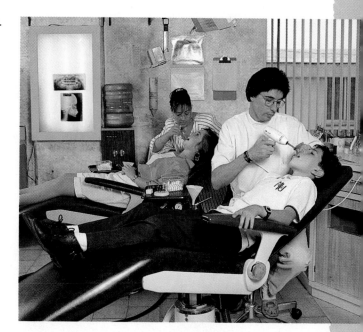

Comunicación

A El tema principal. En sus propias palabras, explique lo que Ud. considera el tema principal de este cuento.

B ¡Qué tensión! Entre el dentista y el alcalde hay mucha tensión. Prepare Ud. una lista de las acciones que introduce el autor para indicar esta tensión.

C La corrupción. En un párrafo corto, explique cómo García Márquez critica la corrupción que existe en el gobierno.

D Un debate. Con un(a) compañero(a) de clase preparen un debate. ¿Son justos y aceptables la venganza y el comportamiento del dentista o no? ¿Por qué?

LA TÍA JULIA Y EL ESCRIBIDOR

Mario Vargas Llosa

ANTES DE LEER

El trozo de la novela *La tía Julia y el escribidor* del famoso autor peruano Mario Vargas Llosa trata de un médico, el doctor Alberto de Quinteros. La acción tiene lugar en San Isidro, un suburbio de la clase acomodada de Lima, la capital del Perú. Al médico le interesa mucho estar en forma. Por consiguiente, frecuenta el Gimnasio Remigius que está a unas cuadras de su casa. En el gimnasio ve a su sobrino, Richard, un joven muy guapo. Esta tarde la sobrina del doctor, la hermana de Richard, va a casarse. Ella es una muchacha bellísima. Uds. descubrirán si su familia está satisfecha o no con el joven a quien ella ha escogido como marido.

VOCABULARIO

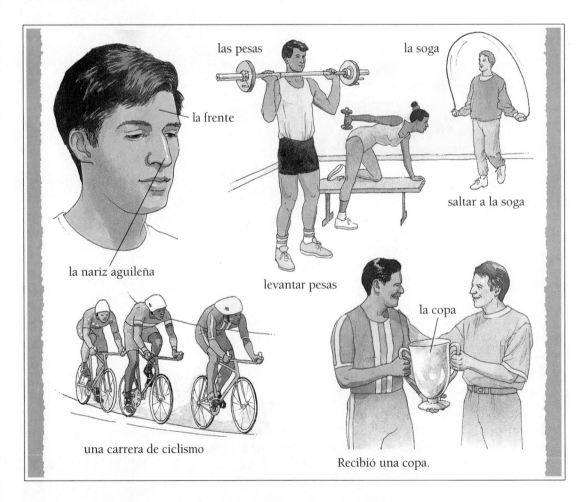

la frente

las pesas

la soga

la nariz aguileña

levantar pesas

saltar a la soga

una carrera de ciclismo

la copa

Recibió una copa.

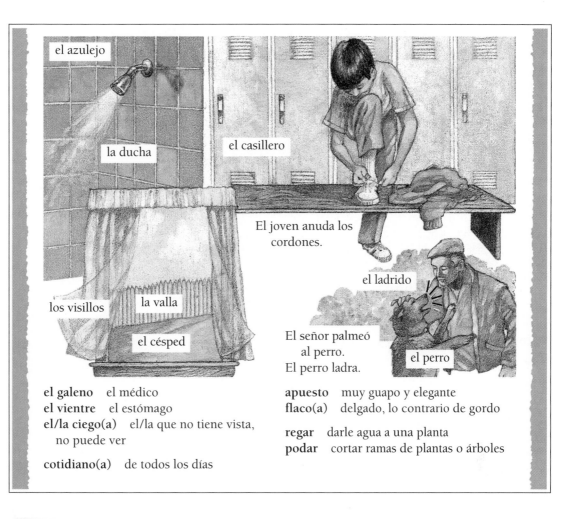

el azulejo

la ducha

el casillero

El joven anuda los cordones.

el ladrido

los visillos

la valla

el césped

El señor palmeó al perro.
El perro ladra.

el perro

el galeno   el médico
el vientre   el estómago
el/la ciego(a)   el/la que no tiene vista, no puede ver

cotidiano(a)   de todos los días

apuesto   muy guapo y elegante
flaco(a)   delgado, lo contrario de gordo

regar   darle agua a una planta
podar   cortar ramas de plantas o árboles

Ejercicios

A **En el gimnasio.** Contesten.

1. ¿Vas a un gimnasio?
2. Antes de hacer ejercicios fuertes, ¿calientas?
3. ¿Te gusta levantar pesas?
4. ¿Te gusta saltar a la soga?
5. ¿Te gusta el ciclismo?

6. Cuando vas al gimnasio, ¿pones tu ropa en un casillero?
7. ¿Anudas los cordones de tus tenis?
8. Después de hacer ejercicios, ¿tomas una ducha?

B **Una casa bonita.** Completen.

1. Los ___ cubren las ventanas.
2. Delante y detrás de la casa hay un ___ bonito.
3. Es necesario ___ y ___ el jardín si uno lo quiere mantener bonito.
4. Es una lástima que el ___ no pueda ver el jardín.
5. Alrededor del jardín hay una ___ de madera.
6. Ellos tienen un perro en el jardín. El perro no ___ mucho.

INTRODUCCIÓN

Mario Vargas Llosa, uno de los más famosos escritores hispano-americanos de hoy, nació en Arequipa, Perú, en 1936. Hizo sus estudios primarios en Cochabamba, Bolivia, y los secundarios en Lima. Se licenció en letras en la Universidad de San Marcos de Lima. Recibió su doctorado de la Universidad de Madrid. Vargas Llosa ha residido en París, Barcelona y Londres. Recibió el Premio Internacional de Literatura Rómulo Gallegos en 1967.

Durante un período turbulento en su país, Vargas Llosa fue candidato para la presidencia (1990). Casi todo el mundo creyó que él ganaría las elecciones pero al último momento salió victorioso Alberto Fujimori, el primer presidente de origen japonés de un país hispanoamericano.

Mario Vargas Llosa

LECTURA

La tía Julia y el escribidor

Era una de esas soleadas mañanas de la primavera limeña, en que los geranios amanecen más arrebatados°, las rosas más fragantes y las buganvilias más crespas°, cuando un famoso galeno de la ciudad, el doctor Alberto de Quinteros—frente ancha, nariz aguileña, mirada penetrante, rectitud y bondad en el espíritu—abrió los ojos y se desperezó° en su espaciosa residencia de San Isidro. Vio, a través de los visillos, el sol dorando el césped del cuidado jardín que encarcelaban vallas de crotos, la limpieza del cielo, la alegría de las flores, y sintió esa sensación bienhechora° que dan ocho horas de sueño reparador y la conciencia tranquila.

Era sábado y, a menos de alguna complicación de último momento con la señora de los trillizos°, no iría a la clínica y podría dedicar la mañana a hacer un poco de ejercicio y a tomar una sauna antes del matrimonio de Elianita. Su esposa y su hija se hallaban en Europa, cultivando su espíritu y renovando su vestuario°, y no regresarían antes de un mes. Otro, con sus medios de fortuna y su apostura°—sus cabellos nevados en las sienes° y su porte distinguido, así como su elegancia de maneras, despertaban miradas de codicia incluso en señoras incorruptibles—, hubiera aprovechado la momentánea soltería° para echar algunas canas° al aire. Pero Alberto de Quinteros era un hombre al que ni el juego, ni las faldas ni el alcohol atraían más de lo debido, y entre sus conocidos—que eran legión—circulaba este apotegma: "Sus vicios son la ciencia, su familia y la gimnasia".

arrebatados	*flushed*
crespas	*curled*
se desperezó	*stretched*
bienhechora	*kind*
trillizos	*triplets*
vestuario	*ropa*
apostura	*bearing*
sienes	*temples*
soltería	*single life*
echar canas	*have some fun*

Ordenó el desayuno y, mientras se lo preparaban, llamó a la clínica. El médico de guardia le informó que la señora de los trillizos había pasado una noche tranquila y que las hemorragias de la operada del fibroma habían cesado. Dio instrucciones, indicó que si ocurría algo grave lo llamaran al Gimnasio Remigius, o, a la hora de almuerzo, donde su hermano Roberto, e hizo saber que al atardecer se daría una vuelta° por allá. Cuando el mayordomo le trajo su jugo de papaya, su café negro y sus tostadas con miel de abeja°, Alberto de Quinteros se había afeitado y vestía un pantalón gris de corduroy, unos mocasines sin taco° y una chompa° verde de cuello alto. Desayunó echando una ojeada° distraída a las catástrofes e intrigas matutinas° de los periódicos, cogió su maletín deportivo y salió. Se detuvo unos segundos en el jardín a palmear a Puck, el engreído fox-terrier que lo despidió con afectuosos ladridos.

se daría una vuelta *he would stop by*
miel de abeja *honey*

taco *heel*
chompa *jersey*
ojeada *glance*
matutinas *de la mañana*

El Gimnasio Remigius estaba a pocas cuadras, en la calle Miguel Dasso, y al doctor Quinteros le gustaba andarlas. Iba despacio, respondía a los saludos del vecindario, observaba los jardines de las casas que a esa hora eran regados y podados, y solía parar un momento en la Librería Castro Soto a elegir algunos best-sellers. Aunque era temprano, ya estaban frente al Davory los infalibles muchachos de camisas abiertas y cabelleras alborotadas°. Tomaban helados, en sus motos o en los guardabarros° de sus autos sport, se hacían bromas y planeaban la fiesta de la noche. Lo saludaron con respeto, pero apenas los dejó atrás, uno de ellos se atrevió° a darle uno de esos consejos que eran su pan cotidiano en el Gimnasio, eternos chistes° sobre su edad y su profesión, que él soportaba con paciencia y buen humor: "No se canse mucho, doctor, piense en sus nietos". Apenas lo oyó pues estaba imaginando lo linda que se vería Elianita en su vestido de novia diseñado para ella por la casa Christian Dior de París.

cabelleras alborotadas *rumpled hair*
guardabarros *fenders*

se atrevió *dared*

chistes *jokes*

No había mucha gente en el Gimnasio esa mañana. Sólo Coco, el instructor, y dos fanáticos de las pesas, el Negro Humilla y Perico Sarmiento, tres montañas de músculos equivalentes a los de diez hombres normales. Debían de haber llegado no hacía mucho tiempo, estaban todavía calentando:

—Pero si ahí viene la cigüeña° —le estrechó la mano Coco.

—¿Todavía en pie, a pesar de los siglos?—le hizo adiós el Negro Humilla.

cigüeña *stork*

Perico se limitó a chasquear° la lengua y a levantar dos dedos, en el característico saludo que había importado de Texas. Al doctor Quinteros le agradaba esa informalidad, las confianzas que se tomaban con él sus compañeros de Gimnasio, como si el hecho de verse desnudos y de sudar° juntos los nivelara en una fraternidad donde desaparecían las diferencias de edad y posición. Les contestó que si necesitaban sus servicios estaba a sus órdenes, que a los primeros mareos o antojos° corrieran a su consultorio donde tenía listo el guante de jebe° para auscultarles la intimidad.

chasquear *click*

sudar *to sweat*

antojos *cravings*
jebe *elastic, rubber*

—Cámbiate y ven a hacer un poco de warm up —le dijo Coco, que ya estaba saltando en el sitio otra vez.

—Si te viene el infarto, no pasas de morirte, veterano —lo alentó Perico, poniéndose al paso de Coco.

—Adentro está el tablista° —oyó decir al Negro Humilla, cuando entraba al vestuario.

Y, en efecto, ahí estaba su sobrino Richard, en buzo° azul, calzándose las zapatillas. Lo hacía con desgano°, como si las manos se le hubieran vuelto de trapo, y tenía la cara agria y ausente. Se quedó mirándolo con unos ojos azules totalmente idos y una indiferencia tan absoluta que el doctor Quinteros se preguntó si no se había vuelto invisible.

—Sólo los enamorados se abstraen así—se acercó a él y le revolvió los cabellos. Baja de la luna, sobrino.

—Perdona, tío—despertó Richard, enrojeciendo° violentamente, como si lo acabaran de sorprender haciendo algo sucio—. Estaba pensando.

—Me gustaría saber en qué maldades—se rió el doctor Quinteros, mientras abría su maletín, elegía un casillero y comenzaba a desvestirse—. Tu casa debe ser un desbarajuste° terrible. ¿Está muy nerviosa Elianita?

Richard lo miró con una especie de odio súbito y el doctor pensó qué le ha picado a este muchacho. Pero su sobrino, haciendo un esfuerzo notorio por mostrarse natural, esbozó° un amago de sonrisa:

—Sí, un desbarajuste. Por eso me vine a quemar un poco de grasa°, hasta que sea hora.

El doctor pensó que iba a añadir: "de subir al patíbulo"°. Tenía la voz lastrada por la tristeza, y también sus facciones y la torpeza° con que anudaba los cordones y los movimientos bruscos de su cuerpo revelaban incomodidad, malestar íntimo, desasosiego°. No podía tener los ojos quietos: los abría, los cerraba, fijaba la vista en un punto, la desviaba, la regresaba, volvía a apartarla, como buscando algo imposible de encontrar. Era el muchacho más apuesto° de la tierra, un joven dios bruñido° por la intemperie—hacía tabla aun en los meses más húmedos del invierno y descollaba también en el basquet, el tenis, la natación y el fulbito—, al que los deportes habían modelado un cuerpo de esos que el Negro Humilla llamaba "locura de todos": ni gota de grasa, espaldas anchas que descendían en una tersa línea de músculos hasta la cintura de avispa y unas largas piernas duras y ágiles que habrían hecho palidecer de envidia al mejor boxeador. Alberto de Quinteros había oído con frecuencia a su hija Charo y a sus amigas comparar a Richard con Charlton Heston y sentenciar que todavía era más churro°, que lo dejaba botado en pinta°. Estaba en primer año de arquitectura, y según Roberto y Margarita, sus padres, había sido siempre un modelo: estudioso, obediente, bueno con ellos y con su hermana, sano, simpático. Elianita y él eran sus sobrinos preferidos y por eso, mientras se ponía el suspensor, el buzo, las zapatillas—Richard lo esperaba junto a las duchas, dando unos golpecitos contra los azulejos—el doctor Alberto de Quinteros se

tablista	*surfer*
buzo	*jogging suit*
con desgano	*reluctantly*
enrojeciendo	*blushing*
desbarajuste	*mess*
esbozó	*outlined*
grasa	*fat*
patíbulo	*scaffold*
torpeza	*slowness*
desasosiego	*uneasiness*
apuesto	*tanned*
bruñido	*tanned*
churro	*guapo*
botado en pinta	*better looking*

apenó al verlo tan turbado.

—¿Algún problema, sobrino? —le preguntó, como al descuido, con una sonrisa bondadosa—. ¿Algo en que tu tío pueda echarte una mano?

—Ninguno, qué ocurrencia —se apresuró a contestar Richard, encendiéndose de nuevo como un fósforo—. Estoy regio° y con unas ganas bárbaras de calentar.

regio *super*

—¿Le llevaron mi regalo a tu hermana? —recordó de pronto el doctor—. En la Casa Murguía me prometieron que lo harían ayer.

—Una pulsera bestial —Richard había comenzado a saltar sobre las losetas° blancas del vestuario—. A la flaca° le encantó.

losetas *tiles*
la flaca *the thin one*

—De estas cosas se encarga tu tía, pero como sigue paseando por las Europas, tuve que escogerla yo mismo. —El doctor Quinteros hizo un gesto enternecido:— Elianita, vestida de novia, será una aparición.

Porque la hija de su hermano Roberto era en mujer lo que Richard en hombre: una de esas bellezas que dignifican a la especie y hacen que las metáforas sobre las muchachas de dientes de perla, ojos como luceros, cabellos de trigo y cutis de melocotón, luzcan mezquinas. Menuda, de cabellos oscuros y piel muy blanca, graciosa hasta en su manera de respirar, tenía una carita de líneas clásicas, unos rasgos que parecían dibujados por un miniaturista del Oriente. Un año más joven que Richard, acababa de terminar el colegio, su único defecto era la timidez —tan excesiva que, para desesperación de los organizadores, no habían podido convencerla de que participara en el Concurso Miss Perú —y nadie, entre ellos el doctor Quinteros, podía explicarse por qué se casaba tan pronto y, sobre todo, con quien. Ya que el Pelirrojo Antúnez tenía algunas virtudes —bueno como el pan, un título de Business Administration por la Universidad de Chicago, la compañía de fertilizantes que heredaría y varias copas en carreras de ciclismo— pero, entre los innumerables muchachos de Miraflores y San Isidro que habían hecho la corte a Elianita y que hubieran llegado al crimen por casarse con ella, era, sin duda, el menos agraciado y (el doctor Quinteros se avergonzó por permitirse este juicio sobre quien dentro de pocas horas pasaría a ser su sobrino) el más soso° y tontito.

soso *dull, inane*

—Eres más lento para cambiarte que mi mamá, tío —se quejó Richard, entre saltos.

Cuando entraron a la sala de ejercicios, Coco, en quien la pedagogía era una vocación más que un oficio, instruía al Negro Humilla, señalándole el estómago, sobre este axioma de su filosofía:

—Cuando comas, cuando trabajes, cuando estés en el cine…, en todos los momentos de tu vida, y, si puedes, hasta en el féretro°: ¡hunde la panza°!

féretro *coffin*
hunde la panza *pull in the
belly*

—Diez minutos de warm ups para alegrar el esqueleto, Matusalén —ordenó el instructor.

Mientras saltaba a la soga junto a Richard, y sentía que un agradable calor iba apoderándose interiormente de su cuerpo, el doctor Quinteros pensaba que, después de todo, no era tan terrible tener cincuenta años si uno los llevaba así. ¿Quién, entre los amigos de su edad, podía lucir un vientre tan liso y unos músculos tan despiertos? Sin ir muy lejos, su hermano Roberto, pese a ser tres años menor, con su rolliza° y abotagada apariencia y la precoz curvatura de espalda, parecía llevarle diez. Pobre Roberto, debía de estar triste con la boda de Elianita, la niña de sus ojos. Porque, claro, era una manera de perderla. También su hija Charo se casaría en cualquier momento —su enamorado, Tato Soldevilla, se recibiría dentro de poco de ingeniero— y también él, entonces, se sentiría apenado° y más viejo. El doctor Quinteros saltaba a la soga sin enredarse ni alterar el ritmo, con la facilidad que da la práctica, cambiando de pie y cruzando y descruzando las manos como un gimnasta consumado. Veía, en cambio, por el espejo, que su sobrino saltaba demasiado rápido, con atolondramiento, tropezándose. Tenía los dientes apretados, brillo de sudor en la frente y guardaba los ojos cerrados como para concentrarse mejor. ¿Algún problema de faldas, tal vez?

—Basta de soguita, flojonazos —Coco, aunque estaba levantando pesas con Perico y el Negro Humilla, no los perdía de vista y les llevaba el tiempo—. Tres series de sit ups. Sobre el pucho, fósiles.

Los abdominales eran la prueba de fuerza del doctor Quinteros. Los hacía a mucha velocidad, con las manos en la nuca, en la tabla alzada a la segunda posición, aguantando la espalda a ras del suelo y casi tocando las rodillas con la frente. Entre cada serie de treinta dejaba un minuto de intervalo en que permanecía tendido, respirando hondo. Al terminar los noventa, se sentó y comprobó, satisfecho, que había sacado ventaja a Richard. Ahora sí sudaba de pies a cabeza y sentía el corazón acelerado.

—No acabo de entender por qué se casa Elianita con el Pelirrojo Antúnez —se oyó decir a sí mismo, de pronto—. ¿Qué le ha visto?

Fue un acto fallido y se arrepintió° al instante, pero Richard no pareció sorprenderse. Jadeando°—acababa de terminar los abdominales— le respondió con una broma:

—Dicen que el amor es ciego, tío.

—Es un excelente muchacho y seguro que la hará muy feliz —compuso las cosas el doctor Quinteros, algo cortado—. Quería decir que, entre los admiradores de tu hermana, estaban los mejores partidos de Lima. Mira que basurearlos° a todos para terminar aceptando al Pelirrojo, que es un buen chico, pero tan, en fin…

—¿Tan calzonudo°, quieres decir? —lo ayudó Richard.

—Bueno, no lo hubiera dicho con esa crudeza —aspiraba y expulsaba el aire el doctor Quinteros, abriendo y cerrando los brazos—. Pero, la verdad, parece algo caído del nido. Con cualquier otra sería perfecto, pero a Elianita, tan linda, tan viva, el pobre le llora. —Se sintió incómodo con su propia franqueza—. Oye, no lo tomes a mal, sobrino.

—No te preocupes, tío —le sonrió Richard—. El Pelirrojo es buena gente y si la flaca le ha hecho caso por algo será.

rollizo   *roly-poly*

apenado   triste

se arrepintió   *was sorry*
jadeando   *panting*

basurearlos   *throw them away like trash*
calzonudo   *estúpido*

DESPUÉS DE LEER

Comprensión

A Un día en la vida del doctor. Contesten.

1. ¿Qué tiempo hacía?
2. ¿Qué día era?
3. ¿Tenía que pasar el doctor Quinteros la mañana en la clínica?
4. ¿Cómo podría pasar la mañana?
5. ¿Dónde estaban su esposa y su hija?
6. ¿Qué tipo de hombre era el doctor Quinteros?
7. ¿Qué comió para el desayuno?
8. ¿Cómo fue al gimnasio?
9. ¿A quién encontró el médico en el gimnasio?
10. ¿Parecía estar de buen humor Richard?
11. ¿Quién iba a casarse? ¿Cuándo?
12. ¿Por qué no participó ella en el concurso de Miss Perú?
13. ¿Quién es Charo?
14. ¿Qué le dijo el doctor a su sobrino?
15. ¿Por qué no comprende el médico por qué su sobrina haya escogido al joven con quien se va a casar?
16. ¿Cómo le contesta Richard a su tío?

B ¿Cómo son? Den una descripción de los siguientes personajes.

1. Alberto de Quinteros
2. Richard
3. Elianita
4. Roberto de Quinteros

Comunicación

A En el gimnasio. Prepare Ud. una lista de todo lo que hizo el doctor Quinteros en el gimnasio.

B San Isidro. San Isidro es un barrio elegante entre el centro de Lima y el océano Pacífico. ¿Cómo alude el autor a la elegancia o al nivel de vida de los residentes de San Isidro? Cite algunos ejemplos.

C Elianita. Imagínese que Ud. es Elianita. Escriba un párrafo donde dice por qué se casa con El Pelirrojo.

CAPÍTULO

8

RAÍCES

OBJETIVOS

In this chapter you will do the following:

1. learn about the ethnic background of the people of Latin America and Spain
2. learn about indigenous groups in Spanish America
3. learn to express yourself politely
4. read and discuss a magazine article about the Mayan civilization, letters written by indigenous people of Latin America, and a magazine article about Jewish migration to the islands of the Caribbean during the seventeenth and eighteenth centuries
5. learn how to tell what was done by someone, describe what is done in general, talk about activities in the present and the past, and suggest group activities
6. read and discuss the following literary works: "La bomba," a song-poem, "Búcate plata," a poem by Nicolás Guillén, "El prendimiento de Antoñito el Camborio en el camino de Sevilla," a poem by Federico García Lorca and "¡Quién sabe!," a poem by José Santos Chocano

La herencia etnocultural de los hispanos

Introducción

En Hispanoamérica hay una gran diversidad étnica y racial. En 1992, los peruanos eligieron presidente de la República a don Roberto Fujimori, peruano de ascendencia japonesa. Rigoberta Menchú, maya guatemalteca, recibió el Premio Nobel de la Paz en 1992. El libertador de Chile y héroe nacional es el general Bernardo O'Higgins. Antonio Maceo, patriota y gran héroe militar cubano, era de ascendencia africana. Murió luchando contra los españoles en la guerra de la independencia cubana. Los españoles también son producto de diversas culturas y etnias.

Bernardo
O'Higgins

Roberto Fujimori

Rigoberta Menchú

Antonio Maceo

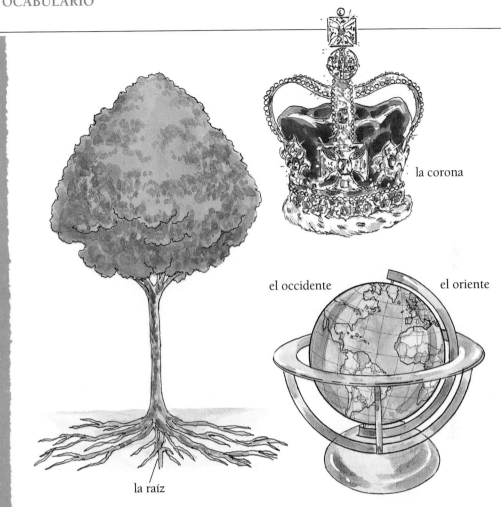

la corona

el occidente　el oriente

la raíz

la **ascendencia**　serie de antecesores de una persona

la **voz**　la palabra

el **genio**　el carácter, el temperamento

el **conocimiento**　las nociones, las ideas, el saber

el **quechua**, el **aymará**　pueblos indígenas y sus lenguas

la **mezcla**　la mixtura, la composición, la combinación

el **esfuerzo**　el empleo de la fuerza, el impulso, el trabajo

la **política**　la doctrina y la actividad de un gobierno

el **impulso**　el estímulo, la motivación

el **traficante**　el que trafica, el que compra y vende

el **maltrato**　el abuso, el trato duro o cruel

la **norma**　el modelo, lo típico

el **esclavo**　la persona sin libertad que tiene que trabajar para otro

la **antigüedad**　el tiempo antiguo

expulsar　echar, expeler, desterrar

enriquecerse　hacerse rico

musulmán(a)　islámico, mahometano

grato(a)　agradable, placentero(a)

forzado(a)　obligatorio(a), obligado(a) por la fuerza

Ejercicios

A **Sinónimos.** Expresen de otra forma.

1. El oro sirvió de *estímulo* a muchos conquistadores.
2. Ellos tuvieron que hacer un *trabajo* enorme para conquistar a los aztecas.
3. Después, vino el *abuso* de los indígenas.
4. *La doctrina y actividad* del gobierno era de defender a los indios.
5. No obstante, el abuso de los indígenas era *lo típico*.
6. Había poco que *el rey* podía hacer.
7. En el español moderno hay varias *palabras* indígenas.
8. El mestizaje es la *fusión* de sangre española con la indígena.

B **Lo contrario.** Den los antónimos de las siguientes palabras.

1. voluntario
2. desagradable
3. empobrecer
4. admitir
5. ignorancia

C **¿Cuál es la palabra?** Completen cada oración con una palabra apropiada.

1. Los ___ en esclavos buscaban a sus víctimas en África.
2. A los esclavos se les obligaba al trabajo ___.
3. El ___ de los indios y negros por los conquistadores era típico.
4. Algunos religiosos hicieron un gran ___ por proteger a los indígenas.
5. También la ___ oficial era bastante benévola, aunque en la práctica no siempre se respetó.
6. Los hijos de españoles e indígenas son mestizos; el mestizaje es la ___ de la sangre española con la indígena.
7. Hay latinoamericanos de ___ europea, indígena, negra y asiática.

D **¿Sí o no?** Corrijan.

1. Las raíces de los españoles están en las Américas.
2. España, Francia y los EE.UU. son países de oriente.
3. El Japón, la China y las Filipinas son países de occidente.
4. Los conquistadores se enriquecieron con el oro de América.
5. Los esclavos no gozan de la libertad.
6. La religión de los musulmanes es el islám.
7. El quechua y el aymará son lenguas europeas.

Hernán Cortés y los aztecas

LA HERENCIA ETNOCULTURAL DE LOS HISPANOS

 El español tiene sus raíces en Iberia, en Grecia, en Roma, en el norte de Europa y en África. Los árabes llegaron del norte de África en el año 711. En poco tiempo, conquistaron casi toda la Península Ibérica. No fue hasta 1492 que los cristianos pudieron expulsarlos de su último reino, el reino de Granada.

Los árabes estuvieron en la Península por casi ochocientos años. Eran dueños de todas las tierras entre Bagdad y Córdoba. Su influencia en España ha sido profunda. Dejaron incomparables monumentos artísticos, como, la Alhambra y el Generalife, de Granada, la Giralda de Sevilla y la Mezquita de Córdoba. Dejaron la lengua castellana enriquecida de voces árabes: alcázar, almohada, alcalde, ojalá y muchas más. Dejaron costumbres y tradiciones. Y dejaron su sangre y su genio. Sobre todo en "al Andalus", Andalucía, donde por más tiempo estuvieron.

La Giralda, Sevilla, España

Diseño islámico tallado en madera y márfil

Durante ocho siglos, los árabes y los cristianos se encontraron en una interminable, si bien intermitente, lucha para dominar la Península. Los cristianos conquistaron Jaén en 1246 y Sevilla en 1248, dejando muy reducido el territorio musulmán. A pesar de estas victorias, la lucha continuó hasta 1492.

Fernando e Isabel conquistaron el reino de Granada en 1492. Boabdil, el último rey moro, lloró de pena al abandonar su querida Granada. Y hoy, en la poesía árabe todavía se lamenta la pérdida de la riqueza y belleza de "al Andalus".

Fernando e Isabel expulsaron no solamente a los árabes sino también a los judíos que habían residido en España durante siglos. Tanto cristianos como judíos vivían en paz en los reinos árabes de España. El gran filósofo judío, Maimónides, por ejemplo, nació en Córdoba en 1135.

1492. Esta fecha, aunque para los españoles y los árabes recuerda la conquista de Granada, para casi todo el resto del mundo recuerda el viaje de Cristóbal Colón al Nuevo Mundo. Y para millones de negros africanos e indígenas americanos, el recuerdo de la llegada de europeos a las Américas no es nada grato.

Grandes grupos de indígenas vivían en las Américas, desde Alaska y el Canadá hasta la Tierra del Fuego. En el norte vivían los atapascos, apaches y seminoles. En las Antillas vivían los caribes y taínos; en México y Centroamérica, los aztecas y mayas. Y en Sudamérica estaban los quechuas, incas, guaraníes, araucanos, aymarás, patagones y muchos más. Las culturas de algunos de estos grupos, los aztecas, incas y mayas en particular, fueron bastante avanzadas. Los conocimientos de los mayas en la arquitectura, la escultura y la astronomía fueron realmente extraordinarios.

A diferencia de la América del Norte, en Latinoamérica la influencia indígena es significativa. En Bolivia, por ejemplo, la mayor parte de la población actual (54%) es indígena. Los pueblos quechua y aymará son los más numerosos. En Bolivia el español, aunque lengua oficial, es una lengua minoritaria.

Los europeos llegaron en el siglo XV y conquistaron los pueblos indígenas de toda la América. Pero hubo una diferencia importante entre las colonizaciones de Angloamérica y Latinoamérica. Mientras que hubo poca mezcla de las razas blanca e indígena en Norteamérica, en Latinoamérica era casi la norma. En varios países hispanos la población más numerosa hoy día es la mestiza (México, 55%), o sea, la población de sangre europea e indígena.

A pesar de los esfuerzos de religiosos como Fray Bartolomé de las Casas y la política benévola de la corona, los abusos y el maltrato de los indígenas era (y, lamentablemente sigue siendo), en muchas partes, muy común. No obstante, es importante notar que la política española con respecto a los indígenas fue mucho más benévola y justa que la política de los otros países colonizadores.

Durante cuatro siglos, catorce millones de negros fueron sacados de África por ingleses, portugueses, holandeses y españoles, y traídos a las Américas como esclavos. Es probable que los españoles trajeran a los primeros esclavos africanos para trabajar en las minas de La Española por el año 1502. Fray Bartolomé de las Casas, el gran defensor de los indios, dio impulso al horrible tráfico de esclavos negros cuando sugirió que ellos sustituyeran a los indios en el trabajo forzado, ya que, según él, eran más fuertes y

Los indios de Quisqueya

resistían mejor el calor y las fatigas. En 1517, el Emperador Carlos V les concedió a varias casas comerciales un monopolio para la importación de esclavos de África a las Antillas. Así fue que los primeros negros llegaron a Cuba, Puerto Rico, Santo Domingo y Jamaica.

Los traficantes en esclavos recogían su carga humana en las costas de África entre Ghana y Angola. Muchos esclavos eran del interior. En luchas entre tribus eran tomados prisioneros y vendidos en la costa a los traficantes blancos.

Las poblaciones de ascendencia africana en Latinoamérica se concentran en ciertas áreas: en las Antillas, en las costas del Caribe de México y Centroamérica, Colombia, Venezuela y sobre todo en el Brasil. Así como la mezcla de la sangre indígena con la española dio el mestizo, la fusión de la sangre española con la negra dio el mulato. Y de estas combinaciones han resultado muchas otras.

En Latinoamérica también hay importantes poblaciones europeas no españolas: italianos y rusos, serbocroatas, alemanes, ingleses e irlandeses. Y no solamente de Europa, sino del Medio Oriente y Asia han venido inmigrantes—libaneses y sirios, chinos, coreanos y japoneses.

El hispanoamericano es el fruto de toda esta rica variedad de razas y culturas, desde los romanos y fenicios de la antigüedad, los mayas, incas y aztecas precolombinos, los conquistadores españoles, hasta los inmigrantes de ayer y hoy, salidos de los viejos mundos de oriente y occidente en busca de una vida nueva en un nuevo mundo.

Comprensión

A ¿Quiénes son los hispanos? Contesten según la lectura.

1. ¿Cuánto tiempo estuvieron los árabes en España?
2. ¿Cuál fue la extensión del territorio árabe?
3. ¿Cuáles son algunos monumentos árabes en España?
4. Además de monumentos, ¿qué dejaron los árabes en España?
5. ¿En qué región de España estuvieron por más tiempo los árabes?
6. ¿A quiénes expulsaron Fernando e Isabel además de los árabes?

B La conquista árabe. Completen.

1. Los cristianos lucharon contra los ___ para dominar España.
2. La lucha duró unos ___ años.
3. En 1248, los cristianos conquistaron ___.
4. Antes de 1200, Jaén y Sevilla formaban parte del territorio ___.
5. En 1492, la lucha entre cristianos y musulmanes ___.
6. El nombre que los árabes dan a Andalucía es ___.
7. El último rey moro fue ___.

C ¿Sí o no? Corrijan según la lectura.

1. Cristóbal Colón viajó desde España al Viejo Mundo.
2. Los atapascos vivían en Sudamérica.
3. En el Caribe estaban los taínos.
4. Los guaraníes, araucanos y mayas son grupos europeos.
5. Los patagones sabían mucho de arquitectura.

D El Nuevo Mundo. Contesten según la lectura.

1. ¿Por qué no es grato para muchos el recuerdo del viaje de Colón?
2. ¿Qué trató de hacer Fray Bartolomé de las Casas?
3. ¿Cuál era la política de la Corona respecto a los indígenas?
4. ¿Quiénes traficaban en esclavos?
5. ¿En qué regiones de Latinoamérica se concentra la población negra?
6. ¿De dónde han venido inmigrantes a Latinoamérica?

Fray Bartolomé de las Casas

Comunicación

A Las poblaciones indígenas. Durante la conquista de las Américas las poblaciones indígenas del Caribe casi desaparecieron. Explique por qué.

B Fray Bartolomé de las Casas. Ud. y su grupo escriban la carta de las Casas a Carlos V en defensa de los indios.

LAS LENGUAS INDÍGENAS

VOCABULARIO

la vivienda

Es una vivienda humilde.

el entrenamiento

Los jóvenes están recibiendo entrenamiento.

En esta escuela rural alfabetizan a los indígenas.
Les enseñan a leer y a escribir.

el maya-quiché una lengua de los mayas guatemaltecos
los bisabuelos padres de los abuelos
el/la opresor(a) dominador(a), déspota, tirano(a)
Limón/Puerto Limón ciudad y provincia de Costa Rica

reconocer considerar y aceptar
influir tener influencia

étnico(a) con relación a una nación o raza
autóctono(a) indígena, natural, originario(a), aborigen
culpable responsable, que tiene la culpa

británico

Ejercicios

A **No hablan español.** Completen.

1. El programa de ___ les enseñará a todos a leer.
2. Son mayas y no hablan español. Hablan ___.
3. Ellos hablan una lengua ___.
4. Ellos forman parte del grupo ___ más grande del país.

B **El puesto de Andrés.** Expresen de otra manera.

1. Antes de tomar el puesto le darán *una preparación* especial.
2. Ellos *se dan cuenta* que el trabajo es difícil.
3. Tendrá que vivir en el campo en una *residencia* humilde.
4. Él habla inglés bastante bien, ya que es de ascendencia *inglesa*.
5. Los ingleses siempre *han tenido influencia* en este país.
6. Algunos han sido *responsables* por algunas injusticias.
7. Han sido libertadores y también *déspotas*.
8. Uno de ellos era el *padre del abuelo* de Andrés.

El voluntario y la directora del Cuerpo de Paz

DAVID: ¿En qué tipo de programa voy a trabajar?

PILAR: Es un programa de alfabetización en lenguas indígenas para personas mayores. Se trata de alfabetizar a la gente en su propio idioma.

DAVID: Y los que vamos a participar en el programa tenemos que aprender esas lenguas, ¿verdad?

PILAR: Claro. En tu caso, como vas a trabajar con unos grupos mayas, tienes que aprender el maya-quiché. Pero no te preocupes, aquí en el centro lo aprenderás.

DAVID: Pero yo creía que Guatemala era un país de habla española. ¿No es así?

PILAR: El español es la lengua oficial, pero se reconoce la importancia de las lenguas autóctonas y la necesidad de preservarlas y protegerlas. Además, en muchas escuelas hay programas de educación bilingüe.

DAVID: ¿Hay muchas personas de origen indígena en Guatemala?

PILAR: ¿Que si hay? El 50% de la población es indígena. Los indígenas son el mayor grupo étnico del país. Y muchos no hablan español.

DAVID: Pues, no lo sabía. Interesante. Y, ¿qué hacemos mañana?

PILAR: Mañana comienza el entrenamiento. Tendrás clases en maya-quiché por la mañana, de 7 a 12. Después del almuerzo, de 1 a 3, es el curso sobre cultura maya. Y de las 3:30 hasta las 5:30, metodología y técnicas de enseñar.

DAVID: Dos preguntitas: ¿Cómo llegaré al pueblo donde voy a trabajar, y dónde voy a vivir?

PILAR: Bueno, la única forma de llegar a tu lugar es tomar el bus al pueblo más cercano y después caminar. En cuanto a la vivienda, tendrás una casita como la de la gente de allí. Ya te lo explicaremos todo. Ahora debes conocer al equipo del centro y a los demás voluntarios.

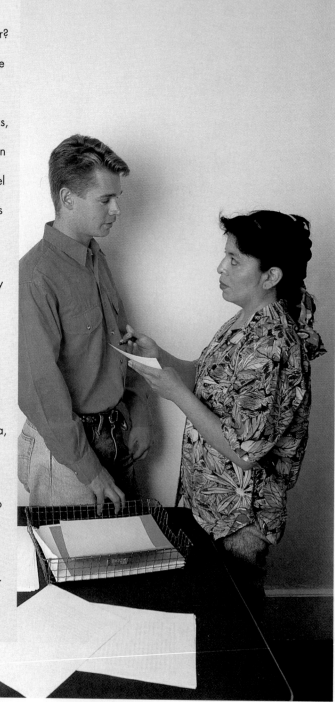

Los africanos en Latinoamérica

LUCIO: Yo no sabía que había tanta gente de ascendencia africana en Latinoamérica.

CELIA: Pues, sí. Hay mucha gente, y han influido mucho en las culturas de casi todos los países, especialmente en el Caribe, Centroamérica y el norte de Sudamérica.

LUCIO: Y tú, Celia. Eres costarricense, pero tu apellido es Taylor. ¿De dónde son tus padres?

CELIA: Mis padres son de aquí. Y mis abuelos también. Pero mis bisabuelos eran de Barbados. Vinieron a Centroamérica durante la construcción del Canal de Panamá. Cuando terminó la construcción, se quedaron.

LUCIO: ¿Tú hablas inglés, pues?

CELIA: Sí, hombre. Casi todos los que vivimos en Limón somos bilingües. Hablamos inglés y español. Y muchas de las costumbres y los gustos en comida, por ejemplo, nos vienen de Barbados, Jamaica, Trinidad y las otras islas.

LUCIO: Esto es interesantísimo. ¿Todos los negros latinoamericanos vienen de las islas británicas, entonces?

CELIA: No, no, no. Hay otros lugares en Centroamérica, como Limón, Bluefields en Nicaragua, y por supuesto, Belice, un país independiente, donde la lengua oficial es el inglés. La mayoría de la gente allí es de ascendencia africana. Sus antepasados vinieron con los ingleses. Pero, acuérdate que las poblaciones negras de Cuba, la República Dominicana, Puerto Rico, Venezuela, Colombia y otros países hispanoamericanos son importantes. Y ellos no tienen nada que ver con los ingleses.

LUCIO: Claro. El horrible tráfico en esclavos africanos. Los ingleses, portugueses, holandeses y españoles, todos fueron culpables. Llevaron a los africanos a trabajar en sus colonias.

CELIA: Y no te olvides de los franceses. Ellos llevaron esclavos a Haití. Fue en Haití donde por primera vez en la historia, los esclavos negros se levantaron contra sus opresores y establecieron una república independiente.

LUCIO: ¡Qué poco sé de todo esto!, Celia. Me parece que tengo mucho que aprender.

Comprensión

A | Trabajando en Guatemala. Escojan.

1. En su trabajo, David va a ___.
   a. enseñar a leer y a escribir   b. construir viviendas
   c. conducir un bus

2. Antes de comenzar a trabajar, David tiene que aprender ___.
   a. a conducir   b. una lengua autóctona   c. el español

3. El 50 por ciento de la población guatemalteca es ___.
   a. española   b. indígena   c. africana

4. La lengua oficial de Guatemala es el ___.
   a. maya-quiché   b. inglés   c. español

5. David va a tener ___ horas diarias de clase en maya-quiché.
   a. 2   b. 3   c. 5

B | Cuestión de lenguas. Completen.

1. Ellos creen que es importante ___ y ___ las lenguas indígenas.
2. En varias escuelas enseñan en español y otra lengua. Son programas ___.
3. Para ir al pueblo donde va a vivir, David va a tomar ___.
4. Él va a vivir en una ___ como los indígenas.
5. No les pagan mucho a David y a sus colegas porque son ___.

C | La influencia africana. Contesten.

1. ¿En qué partes de Latinoamérica se nota mucho la influencia africana?
2. ¿De dónde viene el apellido de Celia?
3. ¿Cuál es la nacionalidad de Celia?
4. ¿En qué trabajaron los bisabuelos de Celia?
5. ¿En qué parte de Costa Rica hablan inglés y español?
6. ¿Cuáles son tres lugares en Centroamérica donde la gente habla inglés?

D | Diferentes poblaciones. Completen.

1. En Belice, mucha gente es de ascendencia ___.
2. Muchas personas que se establecieron en Bluefields, Limón y Belice vinieron de las islas ___.
3. Cuba, la República Dominicana y Puerto Rico tienen importantes poblaciones ___.
4. Los ingleses, portugueses, holandeses, españoles y franceses, traficaron en ___.
5. La primera república negra, fundada por esclavos, fue ___.

Camareras del restaurante La Caña, Republica Dominicana

Para continuar una conversación

Cuando Ud. quiere cambiar el tema de una conversación, debe decir algo como:

Una cosa…

> Muy interesante. Ajá. Eh, quería hacerle una pregunta…
> Pues, no lo sabía. A propósito, ¿qué le parece si…
> No me digas. Interesante. Una cosa,…
> Ud. sabe mucho de eso. Ah, antes de que se me olvide…

Lo importante es que le indique a la persona que Ud. estaba escuchando y que tenía interés en lo que decía.

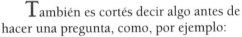

También es cortés decir algo antes de hacer una pregunta, como, por ejemplo:

> Eh, quería preguntarle, ¿cómo…?
> Por favor, una preguntita. ¿Qué…?
> Si me permite. ¿Cuál es…?

Las siguientes recomendaciones sobre la conversación vienen de *El libro de los buenos modales* por F.Y.R. Torralva Tomás:

> Es más importante saber escuchar que saber hablar.
> Escuchar con comprensión, tolerancia y amabilidad; no estar al acecho*
>   para cortar el hilo de la conversación.
> Podemos interrumpir y hacer una observación, pero con oportunidad, de
>   vez en cuando.
> Resulta molesto y grosero no parar de hablar, impidiendo que intervengan
>   los demás.
> El que habla debe dar la sensación de que quien escucha es un personaje
>   importante para él.
> No poner en primer término el "yo" y los propios problemas, o cuestiones
>   que sólo a nosotros pueden interesar.
> Saber cambiar el tema de la conversación cuando se aborden cuestiones
>   inoportunas.
> Hay que decir lo que se piensa, pero se debe pensar lo que se dice.

---

*estar al acecho   *to be on the alert*

Comunicación

A **Los buenos modales.** Dé Ud. ejemplos de personas que no siguieron las recomendaciones de *El libro de los buenos modales*. Indique como reaccionó Ud. ¿Cuáles de estas recomendaciones considera Ud. las más importantes?

B **Belice y Haití.** En la conversación entre Celia y Lucio se habló de Belice y de Haití. Escoja uno de los dos y prepare un breve informe sobre el país.

C **El canal de Panamá.** Mucha gente salió de Trinidad, Jamaica, Barbados y las otras islas británicas para trabajar en la construcción del Canal de Panamá. Busque datos y prepare un informe sobre la mano de obra que construyó el canal.

D **Los esclavos.** Se ha hablado mucho del trato de los indígenas de las Américas por los españoles y por los ingleses. Con su grupo, estudien las colonizaciones de las dos Américas y preparen un informe contrastándolas. Los profesores de historia y de estudios sociales les podrán ayudar.

La Habana, Cuba

Construcción del Canal de Panamá

ESTRUCTURA I

El participio presente
Expressing Actions in Progress

1. The present participle or gerund, "-ing" in English, is formed by dropping the ending of the infinitive and adding *-ando* to *-ar* verbs, and *-iendo* to *-er* or *-ir* verbs.

BAILAR	COMER	VIVIR
bail- bailando	com- comiendo	viv- viviendo

2. Many stem-changing verbs have a stem change in the present participle.

SENTIR	sintiendo	DECIR	diciendo
PREFERIR	prefiriendo	VENIR	viniendo
PEDIR	pidiendo	DORMIR	durmiendo

3. The following verbs have a *y* in the present participle.

CREER	creyendo	OÍR	oyendo
LEER	leyendo	CONSTRUIR	construyendo
TRAER	trayendo	DISTRIBUIR	distribuyendo

4. The present participle is used with the verb *estar* to form the progressive tenses. Review the forms of the present and imperfect progressive.

PRESENT PROGRESSIVE			
INFINITIVE	HABLAR	COMER	VIVIR
yo	estoy hablando	estoy comiendo	estoy viviendo
tú	estás hablando	estás comiendo	estás viviendo
él, ella, Ud.	está hablando	está comiendo	está viviendo
nosotros(as)	estamos hablando	estamos comiendo	estamos viviendo
vosotros(as)	*estáis hablando*	*estáis comiendo*	*estáis viviendo*
ellos, ellas, Uds.	están hablando	están comiendo	están viviendo

IMPERFECT PROGRESSIVE			
INFINITIVE	HABLAR	COMER	VIVIR
yo	estaba hablando	estaba comiendo	estaba viviendo
tú	estabas hablando	estabas comiendo	estabas viviendo
él, ella, Ud.	estaba hablando	estaba comiendo	estaba viviendo
nosotros(as)	estábamos hablando	estábamos comiendo	estábamos viviendo
vosotros(as)	*estabais hablando*	*estabais comiendo*	*estabais viviendo*
ellos, ellas, Uds.	estaban hablando	estaban comiendo	estaban viviendo

5. A progressive tense is used to describe an action that is actually taking place at the time in question. The most commonly used progressive tenses are the present and imperfect, and sometimes the future. The present progressive indicates what is taking place right now and the imperfect progressive is used to indicate what was actually taking place at the past time in question.

PRESENT PROGRESSIVE

En este momento, Susana está tocando el piano.
Ella está tocando el piano y su amigo está cantando.

IMPERFECT PROGRESSIVE

Mientras Susana estaba tocando el piano y su amigo
    estaba cantando, su hermano menor estaba comiendo
    un helado.

6. Note that the progressive tenses can also be formed with the verbs *ir, venir, andar, continuar,* and *seguir.*

Él va caminando.
Él viene cantando.
Ellos andan estudiando.
Ella continúa luchando.
Ellas siguen trabajando.

Ejercicios

A **En el teatro.** Contesten según se indica.

1. ¿Qué obra están presentando? (*Mi adorado Juan*)
2. ¿Está teniendo mucho éxito. (sí, muchísimo)
3. ¿Quién está haciendo el papel de Juan? (Víctor Salinas)
4. ¿Y quién está haciendo el papel de Inés? (Susana Cordiel)
5. ¿Te está picando el interés? ¿Quieres ir a verla? (sí)

B Una fiesta. Contesten.

1. ¿Está dando Marcos una fiesta?
2. ¿Están bailando sus amigos?
3. ¿Están escuchando discos y cintas?
4. ¿Todos se están divirtiendo mucho?
5. ¿Está sirviendo Marcos refrescos?
6. ¿Están comiendo todos?
7. ¿Están charlando juntos?
8. ¿Lo están pasando bien?

C El surf y el windsurf. Completen con el imperfecto progresivo.

1. El viento ___ (soplar).
2. Todos ___ (hacer) calentamiento.
3. Ellos ___ (ejercitar).
4. Los windsurfers ___ (llevar) guantes.
5. Pero los surfers no ___ (llevar) guantes.
6. Algunos ___ (esperar) las olas.
7. Otros ___ (correr) las olas.

D Lo que estaba haciendo en aquel entonces. Cambien en el imperfecto progresivo.

1. En aquel entonces, José vivía en el dormitorio de la universidad.
2. Estudiaba medicina en la Facultad de Medicina.
3. Cuando no asistía a clases, trabajaba en el hospital.
4. Trabajaba mucho pero no ganaba mucho dinero.
5. En aquel entonces, él salía con Yolanda.
6. Ella seguía cursos en la Facultad de Filosofía y Letras.
7. Cuando ella no estudiaba, daba clases de inglés.

E Están celebrando. Contesten según se indica.

1. ¿Qué están bailando? (el tango)
2. ¿Quiénes lo están bailando? (un grupo de amigos)
3. ¿Qué instrumento está tocando el señor? (el organillo)
4. ¿Dónde están bailando? (en la calle)
5. ¿Qué están celebrando? (una fiesta patronal)

Los adverbios que terminan en -*mente*

Describing How Actions Are Carried Out

1. An adverb modifies a verb, an adjective or another adverb. In Spanish, many adverbs end in -*mente*. To form an adverb from an adjective that ends in *e* or a consonant, you simply add -*mente* to the adjective. Study the following.

ADJECTIVE	+ *mente*	ADVERB
decente		decentemente
reciente		recientemente
principal		principalmente
general		generalmente

2. To form an adverb from an adjective that ends in -*o*, add -*mente* to the feminine -*a* form of the adjective.

FEMININE ADJECTIVE	+ *mente*	ADVERB
sincera		sinceramente
cariñosa		cariñosamente

3. When more than one adverb ending in -*mente* modifies a verb, only the last adverb carries the -*mente* ending. Study the following.

Él habló lenta y claramente.
Yo se lo digo honesta y sinceramente.

Ejercicios

A **Los adverbios.** Formen adverbios con los siguientes adjetivos.

1. triste
2. puntual
3. elegante
4. rápido
5. respetuoso
6. humilde
7. loco
8. discreto
9. rico
10. posible

B **¿Cómo lo hacen?** Contesten según el modelo.

> **¿Cómo habla Ramón? (lento/claro)**
> *Ramón habla lenta y claramente.*

1. ¿Cómo responde Luisa? (sincero/honesto)
2. ¿Cómo enseña la profesora? (claro/cuidadoso)
3. ¿Cómo se viste ella? (sencillo/elegante)
4. ¿Cómo conduce Pepe? (rápido/peligroso)
5. ¿Cómo se porta el niño? (cortés/respetuoso)

LOS MAYAS

INTRODUCCIÓN

Los mayas eran oriundos de Guatemala. De Guatemala pasaron a la península de Yucatán en México, a Belice y Honduras. La cultura de los mayas era aun más avanzada que la de los aztecas a quienes encontró Cortés cuando llegó a México. La arquitectura de los mayas era notable como atestiguan las famosas ruinas de templos y pirámides en Palenque, Uxmal, Tikal y Copán. Se sitúa el apogeo de su cultura y civilización en el año 250 después de Jesucristo. Poco antes del año 900 D. de J.C., desaparecen. Su desaparición ha sido un enigma. No se sabe precisamente cómo ni por qué desaparecieron. El artículo que sigue es de la revista *Mundo 21*. Nuevos descubrimientos arqueológicos indican que existe la posibilidad de que los mayas quisieron lograr una gran expansión territorial y que las confrontaciones bélicas que acompañaban esa expansión fueran la causa más importante de la decadencia del Imperio Maya.

VOCABULARIO

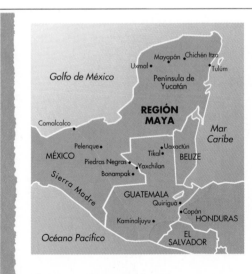

el soberano, el rey

el auge   el apogeo, la cima
la tarea   el trabajo, la labor
la meta   el objetivo

señalar   indicar
desarrollar   aumentar, perfeccionar

lograr   obtener, conseguir
soler (ue)   tener la costumbre
enfatizar   dar énfasis a

pacífico(a)   lo contrario de guerrero(a) o bélico(a)

Ejercicios

A **Expresiones equivalentes.** Expresen de otra manera.

1. Es necesario *indicar* a los mayas cuya cultura *se formó y se perfeccionó* en Centroamérica.
2. El período de verdadero *apogeo* del imperio maya empezó alrededor del año 250 después de Jesucristo.
3. El imperio empezó a decaer durante el reinado del *rey* Regidor.
4. *El objetivo* del equipo de arqueólogos es tratar de explicar la decadencia del imperio.
5. No es *un trabajo* fácil.
6. Hay que *dar énfasis al hecho de* que hay teorías diferentes para explicar la desaparición y destrucción del Imperio Maya.
7. Ellos *tenían la costumbre* de hacer la guerra.

B **Palabras derivadas.** Emparéen.

1. señalar
2. desarrollar
3. lograr
4. enfatizar

a. el desarrollo
b. el logro
c. el énfasis
d. la señal

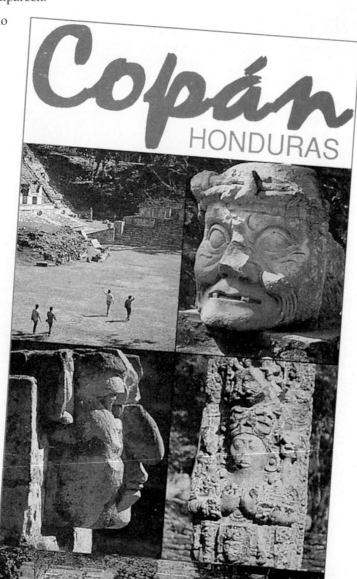

¿QUÉ PASÓ REALMENTE CON LA CIVILIZACIÓN MAYA?

por EULALIA DÍAZ   Ilustraciones: ARMANDO ESTÉVEZ

Los nuevos hallazgos[1] de las más recientes excavaciones efectuadas en Guatemala parecen indicar que un rey maya—cuya tumba y pertenencias han sido descubiertas en las selvas de Petén—trató de lograr una gigantesca expansión territorial que llegó a convertirse en una verdadera catástrofe bélica[2] y ecológica... ¡Posiblemente ésta sea una de las causas más importantes de la inexplicable decadencia del Imperio Maya!

El Dr. Arthur A. Demarest

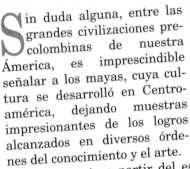

Vasijas polícromas

Sin duda alguna, entre las grandes civilizaciones precolombinas de nuestra América, es imprescindible señalar a los mayas, cuya cultura se desarrolló en Centroamérica, dejando muestras impresionantes de los logros alcanzados en diversos órdenes del conocimiento y el arte.

Precisamente a partir del estudio de los restos que han llegado hasta nuestros días de toda esta grandeza, desde hace mucho tiempo los historiadores han definido que el período de verdadero auge del imperio maya comenzó alrededor del año 250 D. de J.C. con el surgimiento de grandes ciudades y centros destinados a ceremonias rituales. Igualmente, los estudiosos concluyen que este desarrollo formidable terminó—al menos en el sur de Guatemala—poco antes del año 900 D. de J.C., de forma inexplicable...

¿Qué factores abalanzaron a este imperio floreciente[3], y en pleno auge, a la desintegración total? Hasta ahora los especialistas no habían podido formular una hipótesis sólida que fundamentase una respuesta lógica a esta incógnita[4]... pero los estudios realizados recientemente, han dado un giro[5] total a las investigaciones.

¡UN AMBICIOSO PROYECTO DE INVESTIGACIONES SE HA PUESTO EN MARCHA! SU OBJETIVO: ¡DEMOSTRAR QUE LOS MAYAS FUERON AUDACES[6] GUERREROS!

Un equipo de arqueólogos—bajo la dirección del doctor Arthur A. Demarest, de la Universidad de Vanderbilt, en Tennessee (Estados Unidos)—se ha dado a la tarea de desentrañar[7] los misterios de la civilización maya, como parte de las investigaciones del Proyecto Arqueológico Regional de Petexbatún, un programa que comenzó hace unos tres años y en el que participan especialistas de diferentes disciplinas científicas.

---

[1] **hallazgos** *descubrimientos*
[2] **bélica** *hostil, guerrero*

[3] **floreciente** *flourishing*
[4] **incógnita** *unknown*

[5] **giro** *turn*
[6] **audaces** *bold*
[7] **desentrañar** *get to the bottom of*

La Plaza de Dos Pilas antes del año 670 D. de J.C.

ción Guggenheim y el Museo Smithsonian, entre otras organizaciones.

LA IMPORTANCIA DE LOS JEROGLÍFICOS, PARA DESCIFRAR LA HISTORIA DE LOS MAYAS

Los Reyes mayas solían mandar a grabar[13] en jeroglíficos, inscritos en estelas[14] o monumentos públicos, todos los acontecimientos que ocurrían durante su reinado; asimismo, datos tales como su nacimiento, su matrimonio, los hijos que tenían, sus conquistas, adquisiciones, derrotas y hasta su muerte. La estela encontrada—grabada sobre piedra caliza[15]—seguramente encierra valiosos secretos sobre la historia de este pueblo, los que serán develados[16] por los expertos en escritura maya una vez que los jeroglíficos se descifren.

UN HALLAZGO TRASCENDENTAL PARA EL CURSO DE LAS INVESTIGACIONES: ¡UNA TUMBA REAL!

Adentrándose en la selva de Petén, (en Dos Pilas), el Dr. Demarest y su equipo hallaron recientemente lo que ellos mismos clasifican como "un tesoro arqueológico de valor incalculable." Se trata de una tumba al parecer de un personaje importante entre los antiguos mayas... de un rey cuyo nombre aún se desconoce hasta que sea revelado por la lectura de los jeroglíficos que aparecen en los objetos que le acompañaban, y al que los científicos han llamado Regidor II. La antigüedad de los restos hallados se estima en unos 1,200 años.

El objetivo central del proyecto consiste, precisamente, en demostrar que la naturaleza bélica de los mayas y sus esfuerzos expansionistas condujeron a la caída[8] y desaparición de la civilización, al menos en esa región de Guatemala... ¡y ya los científicos han comenzado a arribar[9] a las primeras conclusiones fundamentadas en el hallazgo de fosos, paredes y zanjas construidos por los mayas como obras militares o para la defensa!

Lograr esto no ha sido fácil; se han necesitado abundantes recursos humanos y materiales. Por ejemplo, en 1990 se sumaron a estas tareas más de veinte arqueólogos y técnicos, incluyendo catedráticos y estudiantes, tanto guatemaltecos como extranjeros, además de unos noventa trabajadores que colaboran con el equipo de expertos.

El amplio programa de estudios con que cuenta este magno empeño[10], se ha dividido para su mejor organización en unos seis subproyectos, cada uno de los cuales tiene sus propias metas, metodologías, equipos de investigación y codirectores. Toda esta organización cuenta con el respaldo[11] de prestigiosas instituciones, como son la propia Universidad de Vanderbilt y el Instituto de Antropología e Historia de Guatemala, patrocinados[12] por la Sociedad Geográfica Nacional de los Estados Unidos, la Funda-

La tumba real fue encontrada a más de 9.5 metros de profundidad, bajo las ruinas de la pirámide o templo funeral que se halla en la Gran Plaza de Dos Pilas, antigua capital de la región de Petexbatún. En su interior se encontró una osamenta[17]

[8] **caída** *downfall*	[11] **el respaldo** *backing, support*	[14] **estelas** *inscribed stone slabs*
[9] **arribar** *llegar*	[12] **patrocinados** *sponsored*	[15] **piedra caliza** *limestone*
[10] **empeño** *undertaking*	[13] **grabar** *engrave*	[16] **develados** *revealed*
		[17] **osamenta** *esqueleto, huesos*

Fortificaciones alrededor de Dos Pilas

Sin embargo, no todos los estudiosos están de acuerdo con esta hipótesis, y aunque muchos arqueólogos estiman que el reciente descubrimiento es un gran aporte a los estudios sobre los mayas, otros no están del todo dispuestos a aceptar la posibilidad de que la decadencia de ese imperio se debió a una rápida escalada bélica y a una desmedida expansión terri-

perfectamente conservada que—según el Dr. Demarest—"tiene puesta una bellísima cofia[18] y un collar hecho de conchas, madreperlas, y jade, montado en una máscara". También fue hallada la estela real, cuchillas de obsidiana (que se cree que se utilizaban en ceremonias de sacrificios humanos y rituales mágicos) y piezas de cerámica—verdaderas obras de arte—adornadas con jeroglíficos, entre las que están hermosas vasijas policromas con escenas de episodios en la historia maya.

El campamento científico

LOS CIENTÍFICOS OPINAN QUE EL REGIDOR II FUE UNA FIGURA IMPORTANTE EN LA CULTURA MAYA

Según estima el Dr. Demarest, "todo parece indicar que el Regidor II fue una figura clave[19] en toda una secuencia de eventos catastróficos para los mayas, en los cuales el gobierno central del imperio maya se dividió en una docena de estados guerreros, que militarizaron la región durante un período de cincuenta años". Si las teorías del destacado especialista son ciertas, el Regidor II fue, sin duda, uno de los reyes más importantes en la cultura maya, cuya ambición expansionista lo llevó a conquistar los estados vecinos y a obtener el control de diversas rutas de comercio con un activo intercambio comercial en la zona.

torial, que provocó el desequilibrio, el empobrecimiento y la pérdida de la fe[20] del pueblo maya en su soberano.

MUCHOS CIENTÍFICOS DE PRESTIGIO SE MUESTRAN CAUTELOSOS[21] ANTE LOS DESCUBRIMIENTOS... ¡PERO LAS INVESTIGACIONES SIGUEN AVANZANDO!

El doctor Jeremy A. Sabloff, experto en arqueología maya (de la Universidad de Pittsburgh, Estados Unidos), estima que el hallazgo del doctor Demarest es muy importante, pero expresa dudas de que un solo factor, como una destructiva guerra, haya sido la causa principal de la decadencia de la civilización maya.

El Dr. Sabloff enfatiza el hecho de que "esa civilización no desapareció de repente, al final de su período clásico, pues mientras

[18] **cofia**   *headgear*
[19] **figura clave**   *key figure*

[20] **la fe**   *faith*
[21] **cautelosos**   *cautious, wary*

que las ciudades del sur de Guatemala se encontraban ya en decadencia, todavía en el norte los mayas edificaban grandes centros ceremoniales... en el área de Yucatán, por ejemplo.

Por su parte, el doctor David Webster (Arqueólogo de la Universidad Estatal de Pennsylvania, Estados Unidos, y destacado especialista en el tema maya), considera que "los descubrimientos realizados en las excavaciones de Dos Pilas tienden a crear una nueva visión *revisionista* dentro de la historia conocida de este pueblo, pues hasta hace muy poco se consideraba que éste había sido pacífico y laborioso".

A pesar de todas las opiniones encontradas sobre este tema fascinante, los hallazgos de fosas, máscaras de guerra, sacrificios humanos y rituales—además de la tumba y las extensas fortificaciones escavadas en Dos Pilas—evidencian una gran actividad bélica y parecen indicar que los mayas fueron mucho más militaristas y guerreros que lo que se pensaba anteriormente.

¿SE ENCONTRARÁ EN LA TUMBA DEL REGIDOR II LA VERDAD HISTÓRICA SOBRE LA DECADENCIA DEL PUEBLO MAYA Y SU CULTURA?

El Dr. Demarest estima que los descubrimientos realizados y los conocimientos recopilados por su equipo hasta el presente, indican que aunque el expansionismo maya inicialmente produjo riqueza y bienestar al lugar—principalmente bajo los reinados de los Regidores II y III—posteriormente el reino de Petexbatún empezó a debilitarse a causa de tantas y tan seguidas guerras.

Según este experto, los mayas construyeron viviendas, centros ceremoniales y campos de cultivo, pero llegó un momento en que empezaron a vivir bajo la continua amenaza[22] de la violencia, por lo cual se vieron precisados a emplear tiempo, energía y fuerza de trabajo en la construcción de empalizadas[23] (como la descubierta en Dos Pilas), y kilómetros de murallas de piedra (en la cercana región de Aguateca), un gran sistema de fosos (en Punta de Chimino) y otras murallas en torno a campos cercanos... Y como las guerras causaron la muerte de muchos de los hombres que

Objetos líticos encontrados en Dos Pilas

trabajaban como agricultores en tiempo de paz, esto trajo como consecuencia dificultades desde el punto de vista económico, al reducirse las cosechas[24] y el intercambio comercial. La vida se convirtió en un perenne estado de sitio[25], y el pueblo se vio obligado a vivir amurallado para poder protegerse.

CONCLUSIÓN

Aunque los conceptos e hipótesis planteados por el Dr. Demarest son aún controversiales y no han sido plenamente demostrados, las investigaciones actuales indudablemente muestran que los mayas atravesaron por un período de extrema violencia y completo caos social antes de su derrumbe[26]...

¿Cuál será, en definitiva, la verdad histórica? Los científicos que trabajan en Dos Pilas se esfuerzan por encontrarla.

---

[22]**amenaza**   *threat*

[23]**empalizadas**   *stockades, palisades*
[24]**las cosechas**   *harvests*

[25]**sitio**   *siege*
[26]**derrumbe**   *collapse*

Comprensión

A **Los mayas.** Contesten.

1. ¿Cuál es una posible causa de la desaparición del Imperio Maya?
2. ¿Cómo se supone que los mayas construían sus ciudades inicialmente?
3. ¿Cuándo se vieron obligados a construir empalizadas y murallas?
4. ¿Qué quiere demostrar el equipo del doctor Demarest?
5. ¿Qué solían mandar a grabar en jeroglíficos los reyes mayas?
6. ¿Dónde descubrieron la tumba de Regidor II?
7. ¿Qué se encontró en la tumba?
8. ¿En qué se dividió el Imperio Maya?
9. Según el doctor Demarest, ¿qué quería hacer el Regidor II?
10. ¿Qué cree el doctor Sabloff?
11. Sin embargo, ¿qué evidencian los hallazgos de fosas y máscaras de guerra y las fortificaciones excavadas?
12. Según el doctor Demarest, ¿qué produjo el expansionismo maya inicialmente?
13. ¿Y qué causó la decadencia?
14. ¿Cuál es la conclusión de este artículo?

B **¿Qué es?** Identifiquen.

1. Petén
2. el doctor Arthur Demarest
3. Dos Pilas

C **Información.** Den la siguiente información.

1. dónde se desarrolló la cultura maya
2. el período de auge del imperio en el sur de Guatemala

Comunicación

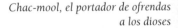 **El derrumbe final.** Explique en sus propias palabras cómo el expansionismo militar hubiera podido resultar en la decadencia y el derrumbe final del imperio maya.

Chac-mool, el portador de ofrendas a los dioses

UNAS CARTAS

INTRODUCCIÓN

Después de siglos de persecución y marginación, los grupos indígenas en Latinoamérica empiezan a luchar por sus derechos y por su cultura. Una manera de mantener la cultura es por medio del idioma. En Bolivia y en otros países hay programas de alfabetización para grupos indígenas. En estos programas los participantes aprenden a escribir en su propio idioma, ya sea el quechua, el aymará, el guaraní o cualquier otro.

Éstas son traducciones al español de cartas escritas originalmente en lengua guaraní. El guaraní se habla en Paraguay y también en partes de Bolivia.

Una muchacha boliviana

Tamaraeme
Asamblea del Pueblo Guaraní

La alumna anotó las letras del alfabeto en su cuaderno.

la voluntad   el ánimo, el deseo, la intención   **comunicar**   decir, informar

engañar   dar a la mentira la apariencia de la verdad

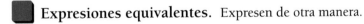

Ejercicio

Expresiones equivalentes. Expresen de otra manera.

1. Quiero *decir* a todo el mundo lo que estoy aprendiendo.
2. Primero, aprendemos *el alfabeto*.
3. Todos tenemos mucha *intención* de aprender.
4. *Apuntamos* todo en el papel.
5. Ahora nadie nos va a *explotar* en el mercado.

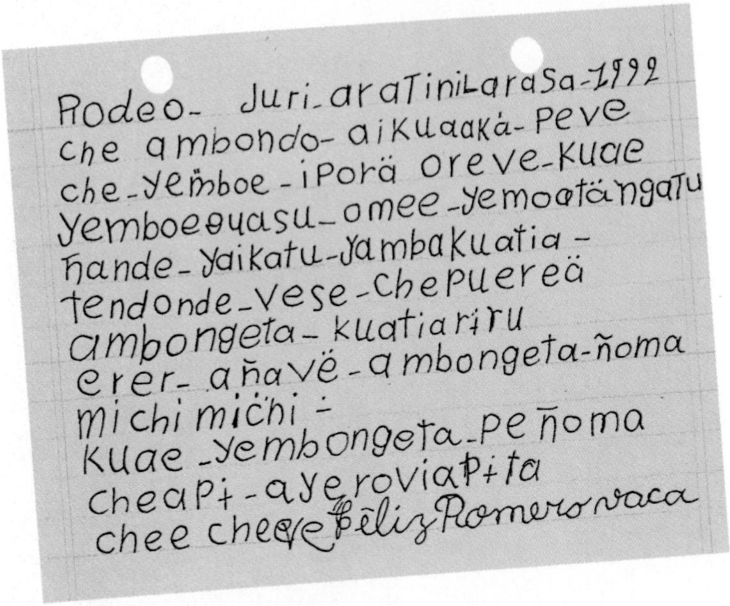

> Rodeo— Juri_araTini_araSa-1992
> che ambondo— aikuaakä-peve
> che-yemboe-iPorä oreve-kuae
> yemboeguasu-omee-yemoatängaTu
> ñande- yaikatu-yambakuatia-
> tendonde_vese-chepuereä
> ambongeta-kuatiariru
> erer_añaVë-ambongeta-ñoma
> michi michi-
> kuae-yembongeta-peñoma
> cheapi-ayeroviaPita
> chee cheve Féliz Romero vaca

Rodeo, 7 de Agosto

Les comunico que estoy aprendiendo. A todos nos gusta esta enseñanza porque nos da fuerza. Nosotros sabemos escribir, al comienzo no podía leer la cartilla, pero ahora ya leo de a poquito.

Termino en estas letras.

Mi nombre
Félix Romero Vaca

Rodeo, 7 de Julio

Antes, yo no sabía escribir en nuestro idioma, ahora ya estoy aprendiendo algo.

Estoy estudiando con voluntad para que cuando venda mi producto ya no sea engañada.

Estoy en el grupo de Marciano Cuéllar, me llamo Teófila Segundo y tengo 33 años.

A las autoridades del TEKO les mando saludos.

Teófila Segundo

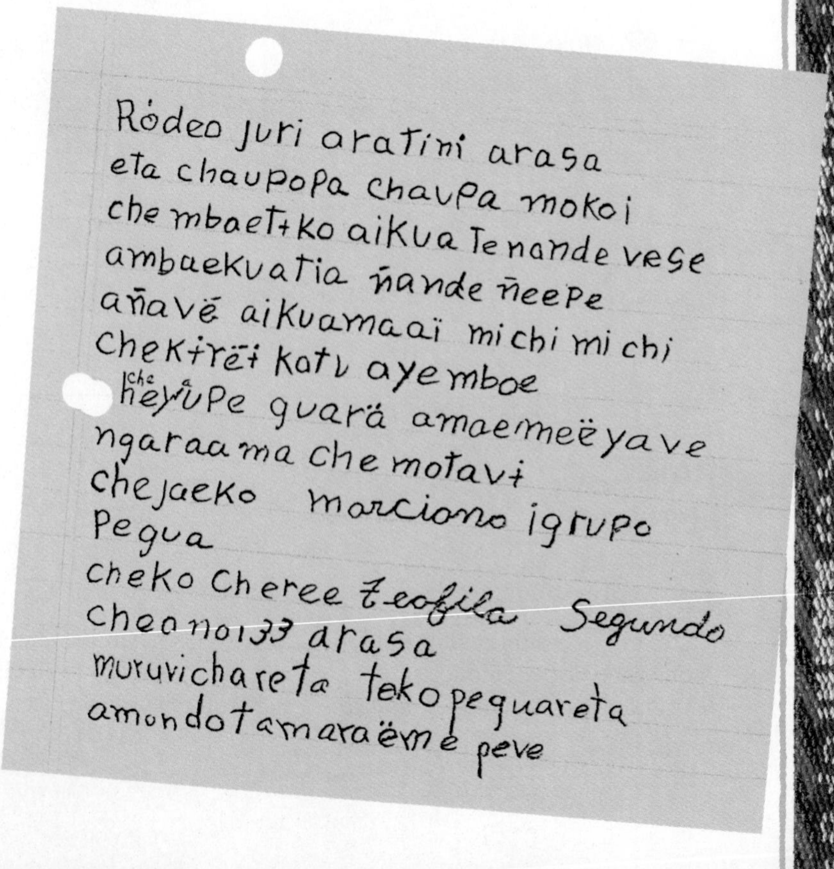

> Ródeo juri aratini araşa
> eta chaupopa chaupa mokoi
> che mbaetiko aikua Tenande vese
> ambaekuatia ñande ñeepe
> añaVë aikuamaai michi michi
> chekirëi katu ayemboe
> che heyüpe guarä amaemeëyave
> ngaraama che motavi
> chejaeko marciono igrupo
> Pegua
> cheko Cheree Teofila Segundo
> cheanoi 33 araşa
> muruvichareta tekopequareta
> amondotamaraëme peve

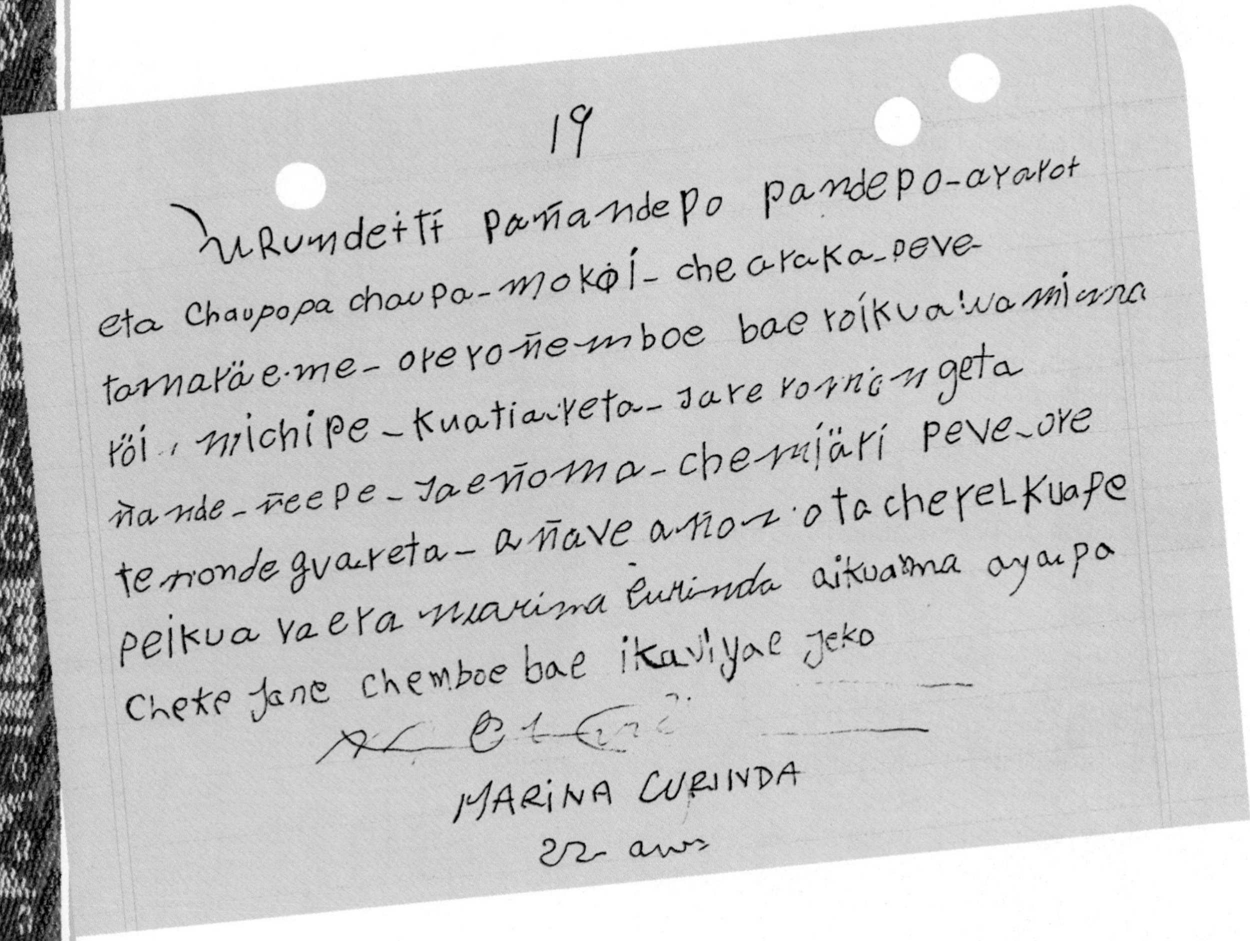

19

Urundeiti pañandepo pandepo-ararot
eta Chaupopa chaupa-mokõi- che araka-peve-
tamarãe-me- oreroñe-mboe bae roikuaiwa michirra
rõi, michipe-kuatiarreta- Jare rorrio-n geta
ñande- reepe- Jaeñoma-cheñjãri peve-ore
te rronde guareta- añave añozio ta cherelkuafe
peikua vaera marima Eurinda aikuama ayaupa
Chete Jane chemboe bae ikaviJae Jeko

MARINA CURINDA
22 aws

Urundeiti, 15 de Junio

Saludos a todos.

Ya sabemos leer y escribir un poco en guaraní.

Eso les puedo contar a ustedes jefes.

Ahora anotaré mi nombre, para que sepan que yo,
Marina Curinda, ya sé escribir mi nombre.
El que me enseña tiene un buen carácter.

Marina Curinda
22 años

Comprensión

A La carta de Marina Curinda. Contesten.

1. ¿Dónde vive Marina Curinda?
2. ¿A quiénes saluda ella?
3. ¿Qué puede hacer ella ahora?
4. ¿A quién se lo puede contar?
5. ¿Qué piensa ella de la persona que le enseña?
6. ¿Cuál es el idioma de Marina Curinda?

B La carta enviada el 7 de julio. Completen.

1. El siete de julio ___ escribió una carta.
2. Ella estudia mucho para que nadie la pueda ___.
3. Ella está aprendiendo a ___ su propio idioma.
4. La persona que enseña a su grupo es ___.

C La carta de Félix Romero. Escojan.

1. Félix Romero es de ___.
   a. Urundeiti   b. Rodeo   c. TEKO
2. Él dice que la enseñanza les da ___.
   a. fuerza   b. voluntad   c. autoridad
3. Al principio él no sabía leer ___.
   a. las instrucciones   b. el alfabeto   c. la comunicación

Indios guaraníes

D Ideas principales. ¿De qué tratan estas cartas? Escriba un párrafo explicando lo que Ud. cree que es. También indique su reacción.

Comunicación

A Un grupo indígena. Escoja un grupo de la lista y prepare un breve informe sobre el grupo.

los aztecas	los taínos	los aymarás	los quechuas
los mayas	los araucanos	los guaraníes	los incas

B La ganadora del Premio Nobel. Rigoberta Menchú, guatemalteca, recibió el Premio Nobel en 1992, por sus esfuerzos en defensa de los grupos indígenas de su país. Prepare una breve biografía de esta extraordinaria señora.

C Debate. Indígenas de América protestaron en 1992 contra las celebraciones del Quincentenario del viaje de Cristóbal Colón. Preparen y presenten un debate sobre el tema: "Cristóbal Colón y la llegada de los europeos: ¿por bien or por mal?"

LOS JUDÍOS EN EL CARIBE

INTRODUCCIÓN

El artículo que sigue apareció en un folleto publicado por el Museo de Arte Moderno de Bogotá para una exposición de fotografías tomadas por los miembros de una expedición enviada al Caribe por el Museo Beth Hatefutsuth en Israel. El propósito de la expedición fue localizar y tomar fotografías de las ruinas de las comunidades judías en el Caribe, sobre todo en Surinam; Coro, Venezuela; Barranquilla, Colombia; Panamá; Santo Tomás; y San Eustaquio.

Los judíos que fueron al Caribe habían sido expulsados de España en 1492.

VOCABULARIO

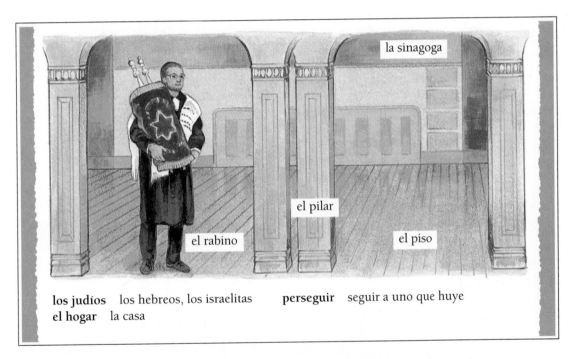

la sinagoga

el pilar

el rabino

el piso

los judíos   los hebreos, los israelitas   **perseguir**   seguir a uno que huye
el hogar   la casa

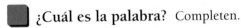

Ejercicio

¿Cuál es la palabra?   Completen.

1. La ___ es un templo de los judíos.
2. El ___ es el maestro del culto hebreo o judío.
3. Las sinagogas se construían alrededor de cuatro ___.
4. Los españoles ___ a los judíos en 1492.
5. Los ___ fueron expulsados de España durante la Inquisición.

LA NACIÓN

✡ Alrededor de 200.000 judíos fueron expulsados de España en 1492. Cerca de 50.000 se dirigieron a países del Mediterráneo pero la gran mayoría cruzó la frontera hacia Portugal. Cinco años después fue promulgada la ley para expulsar de Portugal a los judíos, pero cuando se dieron cuenta del daño económico que esto causaría al país, decretaron en su lugar que los judíos portugueses estaban, por ley, obligados a bautizarse. Aquellos que lo hicieron fueron conocidos como "Nuevos Cristianos" o "Miembros de la Nación Hebrea en Portugal" ("La Nación"). Vivieron a la sombra de la Inquisición, la cual perseguía a los que seguían observando el judaísmo en secreto. Los "Nuevos Cristianos" de Portugal aprovecharon cualquier oportunidad para salir del país. Encontraron refugio en Bayona y Burdeos (Francia), en Hamburgo y especialmente en Amsterdam. En sus nuevos hogares gozaron, en gran medida, de libertad religiosa, podían regresar al judaísmo y establecer comunidades. Algunos de ellos se dedicaron al comercio que estaba desarrollándose a comienzos del Siglo XVII y vinieron al Nuevo Mundo. Allí se reunieron con los miembros de "La Nación" que lograron emigrar directamente de Portugal.

Los judíos que llegaron a la región del Caribe se encontraron con un

La sinagoga Mikve Israel, la más antigua de Latinoamérica, Willemstad, Curazao

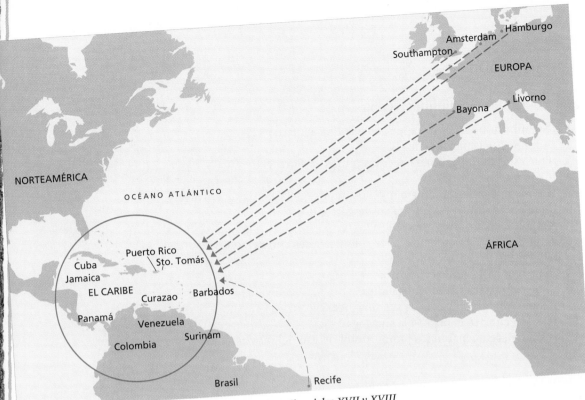

Inmigración de judíos portugueses a la zona del Caribe, siglos XVII y XVIII

ambiente análogo al de Europa. La Ley Católica de España y Portugal había sido desplazada por las fuerzas protestantes de Holanda, Bretaña y Dinamarca. Eran tolerantes con colonizadores de otras religiones y se les otorgó privilegios, garantizándoles una gran libertad. Algunas comunidades judías gozaron de autonomía y en Surinam tenían una milicia.

Los judíos fueron pioneros en varios campos de la economía. Muchos eran propietarios de plantaciones de caña de azúcar y café. Algunos estuvieron entre los primeros en refinar azúcar en la zona.

Miembros de "La Nación" establecieron comunidades en Surinam, Barbados, Curazao, Jamaica, las Islas Vírgenes, San Eustaquio, Venezuela, Colombia, Panamá y en otras zonas del Caribe. Conservaron sus privilegios y trataron de gozar de los mismos derechos que tenían los judíos en otras partes. Existía un sentimiento de mutua responsabilidad que trascendió fronteras y Estados. Rabinos líderes, procedentes de comunidades más grandes visitaban regularmente las islas que no tenían rabinos para realizar servicios religiosos. Aspectos materiales unían también a los miembros de "La Nación", tales como la arquitectura común de sus sinagogas, construidas alrededor de 4 pilares centrales (que llamaban las 4 madres) o la costumbre de cubrir el piso de la sinagoga con arena.

Los judíos también desempeñaron un rol dentro de los movimientos de liberación de la zona, durante el Siglo XIX. Simón Bolívar, Libertador de Venezuela, Colombia, Ecuador y Perú encontró refugio y ayuda entre los judíos de Curazao cuando planeó su lucha contra los españoles.

Comprensión

Los emigrantes judíos. Contesten.

1. ¿Cuántos judíos fueron expulsados de España en 1492?
2. ¿Adónde fue la mayoría de ellos?
3. ¿Qué estaban obligados a hacer los judíos en Portugal?
4. ¿Cómo se llamaban?
5. ¿Dónde encontraron refugio muchos judíos que salieron de Portugal?
6. ¿Qué podían hacer en sus nuevos hogares?
7. ¿A qué se dedicaron algunos de ellos?
8. En el Caribe, ¿eran tolerantes los colonizadores con personas de otras religiones?
9. ¿Qué tenían los judíos en Surinam?
10. ¿Qué trabajo hacían muchos judíos?
11. ¿Cómo estaban construidas sus sinagogas?
12. ¿De qué cubrían el piso de la sinagoga?
13. ¿Cómo desempeñaron los judíos un rol dentro del movimiento de liberación?

Comunicación

El ladino.
Una lengua interesante derivada del español es el ladino. ¿Qué es el ladino? Es el idioma que hablan los descendientes de los judíos de origen español que huyeron de España durante la Inquisición. La mayoría de los judíos que fueron expulsados de España se establecieron en los países del sur, como por ejemplo, en el norte de África y en la Península de los Balcanes. Estos judíos se llaman sefardíes y su lengua es el ladino. El ladino que hablan los sefardíes se parece mucho al español que se hablaba en el siglo XV. Incluye también algunas importaciones turcas, árabes y griegas. Se escribe con un alfabeto parecido al alfabeto hebreo.

El Tiempo es un semanario que se edita actualmente en Tel Aviv-Jaffa en lengua judeo-española. El aviso al lado del nombre del periódico dice: "Sobre la rogativa de muchos lectores de cultura no latina, nuestro semanario adoptó la ortografía fonética".

Lea el siguiente artículo en ladino y tradúzcalo al español.

ANIO 18 No 841
30 Agorot
Sobre la rogativa de muchos lectores de cultura no latina, nuestro semanario adopto la ortografia fonetica.

EL TIEMPO
SEMANAL-POLITICO Y LITERARIO

Un traktorista ferido gravemente por un akto de sabotaje de los sirianos

«Un miembro del kibutz Chamir, Nadav Beler, de 24 anios, fue ferido gravemente viernes pasado kuando su traktor trompezo kon una mina siriana.

El traktor salto por la fuerte detonasion del explosivo y el traktorista fue gravemente ferido. Los primeros kuydos le fueron dados sobre el lugar por los medikos y ambulansia que yegaron de prisa.

Despues el ferido fue transportado kon elikoptero al hospital Poris, el mas serkano al lugar.»

Echkol: vamos a fixar nuestra propia politika en lo ke konserna nuestra seguridad

La voz pasiva
Telling What Was Done

1. The true passive voice is used much less in Spanish than in English. In Spanish, the active voice is almost always preferred. Compare these sentences that illustrate the active and passive voice in English.

ACTIVE	PASSIVE
The Arabs conquered Spain.	*Spain was conquered by the Arabs.*

2. The true passive in Spanish is formed by using the verb *ser* with the past participle.

ACTIVE	PASSIVE
Los árabes conquistaron a España.	**España fue conquistada por los árabes.**

Remember that the past participle agrees with the subject. The agent or performer of the action is introduced by the preposition *por.* Note that *por* is replaced by *de* if emotion is expressed.

> **El soberano fue admirado de todos.**

3. The true passive is frequently used in an elliptical (shortened) form for newspaper headlines.

> **Costa destruida por huracán**

Ejercicio

El rey moro. Cambien las oraciones en la voz pasiva según el modelo.

> **El rey moro mandó un ultimátum.**
> *Un ultimátum fue mandado por el rey moro.*

1. Las tropas moras invadieron a España.
2. El Califa dirigió la campaña árabe.
3. Los árabes tomaron Granada.
4. Los árabes ganaron la guerra.
5. Siglos después, los españoles reconquistaron a Granada.
6. Los defensores defendieron la ciudad durante muchos meses.

La Alhambra, Granada, España

La voz pasiva con *se*

Describing What Is Done in General

1. In Spanish, the true passive is often replaced by the reflexive pronoun *se* and the third person singular or plural of the verb, especially when the agent or person carrying out the action is not expressed.

Se prohíbe fumar.	*Smoking is prohibited.*
Aquí se venden periódicos.	*Newspapers are sold here.*

Note that the subject often follows the verb in this construction.

2. The *se* construction is also used when the subject is indefinite.

Se dice que él no puede ganar.	*They say (It is said) that he can't win.*

Ejercicios

A **La paella.** Completen.

1. ___ (preparar) la paella a base de arroz.
2. Primero ___ (hervir) el agua para el arroz.
3. Cuando el agua está hirviendo, ___ (echar) el arroz.
4. ___ (agregar) también azafrán y sal.
5. Aparte, ___ (cocina) el chorizo y el pollo.
6. Para presentarla ___ (poner) encima pimientos y varios mariscos.
7. ___ (servir) la paella en una gran paellera.
8. Es un plato que ___ (comer) con gusto.
9. Después de comerla ___ (recomendar) echar una siesta.

B **¿Dónde se vende…?** Contesten.

1. fruta
2. leche
3. mariscos
4. tomates
5. carne
6. lechuga
7. chuletas
8. pan
9. muebles
10. ropa
11. pasteles
12. perfume
13. aspirinas
14. zapatos
15. flores
16. jabón

Los verbos que terminan en -uir

Some Activities in the Present and Past

1. Verbs that end in -uir have a *y* in all forms of the present tense except *nosotros* and *vosotros*, and in the third person singular and plural, *él, ella, Ud., ellos, ellas, Uds.*, of the preterite. Study these forms.

CONSTRUIR		
	PRESENT	PRETERITE
yo	construyo	construí
tú	construyes	construiste
él, ella, Ud.	construye	costruyó
nosotros(as)	construimos	construimos
vosotros(as)	*contruís*	*construisteis*
ellos, ellas, Uds.	construyen	construyeron

El señor Garces construye casas de campo.
Él construyó la casa de los Romero.
Los señores Romero distribuyen libros de texto.

2. Other verbs ending in -uir are:

destruir	*to destroy*
disminuir	*to diminish, to lessen*
distribuir	*to distribute*
huir	*to flee, to escape*
incluir	*to include*
sustituir	*to substitute*

3. Note that the verb *oír* follows the same pattern as the verbs above except for the *yo* form in the present tense, *oigo*.

   OÍR   **oigo, oyes, oye, oímos,** *oís,* **oyen**

4. The verbs *leer, oír,* and *caer* follow the pattern of the -uir verbs in the preterite tense.

   LEER   **leí, leíste, leyó, leímos,** *leísteis,* **leyeron**

   OÍR   **oí, oíste, oyó, oímos,** *oísteis,* **oyeron**

   CAER   **caí, caíste, cayó, caímos,** *caísteis,* **cayeron**

Ejercicios

A Los constructores. Completen.

1. La compañía ___ (construir) fábricas.
2. El año pasado, ellos ___ (construir) solamente dos.
3. Nosotros ___ (oír) hablar de ellos con frecuencia.
4. Parece que sus ganancias ___ (caer) bastante el año pasado.
5. Una explosión ___ (destruir) una de las fábricas en construcción.
6. El responsable de la explosión ___ (huir).
7. Hoy ___ (distribuir) los dividendos de fin de año.
8. Los cheques no ___ (incluir) nada extra para nadie.

B ¿Qué oyes? Completen con el presente de *oír*.

—Rosa, ¿qué ___ tú?
—¿Yo? No ___ nada.
—¿Que tú no ___ nada? Pero Ramón y yo sí que ___ algo.
—Es que Uds. ___ algo que nadie más ___.
—Pues todo el mundo ___ algo, y tú no ___ nada. Y tú tienes razón, ¿no?

C ¿Qué oíste? Cambien la conversación del Ejercicio B en el pretérito.

D Ayer en clase. Completen con el pretérito.

1. ¿Tú ___ (oír) lo que pasó en clase?
2. No, no ___ (oír) nada.
3. Pues, Carlos y Tina ___ (leer) un artículo.
4. Paco entonces ___ (leer) otro.
5. En ese momento, todo el mundo ___ (oír) un ruido tremendo.
6. Unos criminales que ___ (huir) de la policía entraron en la clase.
7. Paco se ___ (caer) al suelo de miedo.
8. Los criminales ___ (destruir) mucho en la clase.
9. Pero esta vez no ___ (huir) ni uno de ellos.
10. Todos ___ (caer) en manos de la policía.

La forma exhortativa
con *nosotros*

1. Although true imperatives or commands exist only in the second person familiar or formal *tú, vosotros, Ud., Uds.*, there exists a kind of imperative called the exhortative that is used with the first person plural. It is somewhat equivalent to the English construction "let us" or "let's," as in "Let's go!" or "Let's not give up!" This construction is formed in Spanish from the *nosotros* form of the present subjunctive.

Hablemos despacio.	*Let's speak slowly.*
Acabemos pronto.	*Let's finish soon.*
Construyamos otro.	*Let's build another.*

2. When used with reflexive verbs, the pronoun *nos* is attached to the verb, as it is with commands. However, the final s before the pronoun is dropped. Note the written accent is used to maintain the proper stress.

¡Levantémonos!	*Let's get up!*
¡Sentémonos!	*Let's sit down!*
¡Despidámonos!	*Let's say good-bye!*
¡Acabémoslo!	*Let's finish it!*

3. Note that the verb *ir* is irregular in the exhortative form.

¡Vamos!
¡Vámonos!

Ejercicio

La reunión. Contesten según el modelo.

¿**Debemos salir?**   *¡Sí, salgamos!*

1. ¿Debemos salir ahora?
2. ¿Debemos llamar a los socios (miembros)?
3. ¿Debemos invitarlos a la reunión?
4. ¿Debemos alquilar el salón?
5. ¿Debemos contratar a los músicos?
6. ¿Debemos servir una merienda?
7. ¿Debemos tomar apuntes?
8. ¿Debemos sentarnos en frente?
9. ¿Debemos levantarnos primero?

LA BOMBA

ANTES DE LEER

Uno de los aportes culturales africanos más importante es la tradición oral. Ilustres poetas latinoamericanos como el cubano Nicolás Guillén, y el puertorriqueño Luis Palés Matos, han tomado la experiencia negra para crear maravillosas poesías. Pero la poesía del pueblo también tiene un gran valor.

Una de las tradiciones orales que viene de África es la "batalla oral" la cual se realiza frecuentemente en verso por dos personas que alternan, improvisando sus respuestas. En la tradición negra de Puerto Rico se llama "la bomba". Entre las estrofas de la bomba, se toca música. Como la bomba es improvisada y espontánea, es anónima.

VOCABULARIO

la bomba   forma de verso con música
el bombazo   una explosión
meterse en   tomar parte en
merecer   valer
ocupar a   dar a alguien algo que hacer
mantener   alimentar, sostener, defender

el tocador

Ejercicio

Se lo merece. Completen.

1. El señor José es un gran ___ de bomba. Puede ___ a su familia con el dinero que gana.
2. Él ___ todos los premios que gana. Su arte lo ___ día y noche y cuando lo aplauden es como oír un ___.
3. Pero no se ___ en discusiones sobre su arte.

LECTURA

La bomba

EL HOMBRE: Bomba pide al tocador
bomba le voy a decir
por el amor de esta joven
me voy a dejar morir.

LA MUJER: Bomba pide el tocador
y yo le tiro un bombazo,
que una niña como yo
no se mete en esos casos.

EL HOMBRE: La flor de la maravilla°,
junta con el clorosanto°
no te subas muy arriba
que no te mereces tanto.

la maravilla   *marigold*
el clorosanto   *un tipo de flor*

LA MUJER: La flor de la maravilla
junta con la del café,
más arriba y más abajo
me merezco más que usté.

EL HOMBRE: Quisiera que me ocupara
y yo poderle servir,
para que usted viera a un hombre
por una mujer morir.

cogollo de verde palma
    heart of a green palm
ramo de verde laurel   *branch*
    of a green laurel

LA MUJER: Cogollo de verde palma°,
ramo de verde laurel°,
hombre que no tiene barba,
¿para qué quiere mujer?

EL HOMBRE: Escuchen señores todos
lo que dice esa mujer,
como si la barba fuera
lo que la va a mantener.

Comprensión

A **La bomba.** Contesten.

1. ¿Por qué dice el joven que se va a dejar morir?
2. ¿Cuál es el "bombazo" que le da la joven?
3. ¿Cuáles son las dos flores que menciona el joven?
4. Ella compara al hombre con dos plantas. ¿Cuáles son?
5. ¿Qué es lo que le falta al joven, según la mujer?

B **Se insultan.** Comenten.

1. El hombre menciona dos flores, pero parece que no tienen nada que ver con el "mensaje". ¿Por qué las mencionó?
2. La segunda vez que habla el hombre, insulta a la mujer. ¿Cómo?
3. Y ella le contesta de la misma manera. ¿Qué es lo que le dice?
4. Explique en sus propias palabras lo que quieren decir los dos versos al final de la bomba.

Comunicación

A **La tradición oral.** Busque otros ejemplos de este tipo de "batalla en verso". Presente un informe a la clase. Algún (Alguna) compañero(a) y los profesores de música podrían ayudarle.

B **Puerto Rico.** Escriba al Departamento de Turismo de Puerto Rico, y pida información sobre el "baile de bomba" que todavía se ve en partes de Puerto Rico y sobre las tradiciones de Loíza Aldea. Comparta la información con la clase.

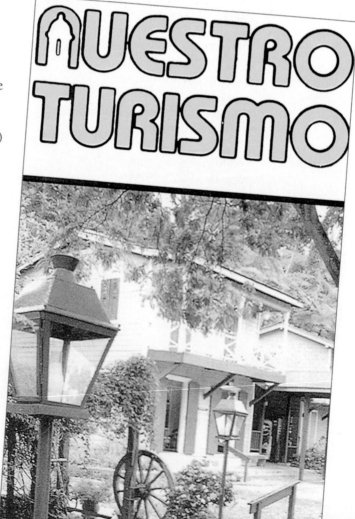

NUESTRO TURISMO

Búcate plata

Nicolás Guillén

ANTES DE LEER

En la bomba se vio un ejemplo de la poesía y el cante popular afroantillanos.
También hay una tradición literaria de poesía con temas negros. En el poema
"Búcate plata" de Nicolás Guillén se nota que el poeta ha imitado el habla de los
negros cubanos. Al leer el poema, piensen en la difícil situación en que se encuen-
tra la mujer. Y noten que le molesta mucho el "¿qué dirán?" En las Antillas, y en
Cuba en particular, decirle a uno "mi negro" o "mi negra" es expresarle cariño.

VOCABULARIO

la plata, el dinero

las galletas

correr

dar un paso

Un joven dio un paso atrás. El otro corrió.

Ejercicios

A **Unas definiciones.** Den la palabra.

1. un tipo de pan duro
2. irse de prisa, abandonar un sitio
3. moverse sin ir muy lejos
4. otro término para decir dinero

B **Son diferentes.** Pareen.

1. arroz   a. búcate
2. nada más   b. arró
3. búscate   c. tó
4. está   d. na má
5. después   e. etá
6. todo   f. depué

INTRODUCCIÓN

Nicolás Guillén nació en Camagüey, Cuba, en 1902. Muy temprano, introdujo en sus versos el folklore negro de su país. Es el mejor cultivador de la poesía afrocubana. Su poesía a la vez nos ofrece magníficas escenas costumbristas y un fervoroso ataque contra la explotación del negro antillano. En "Búcate plata" la mujer lamenta no poder gozar de las comodidades que tienen otros. Ella siente pena por el hombre, pero "hay que comer".

Nicolás Guillén

LECTURA

Búcate plata

Búcate plata,
búcate plata,
porque no doy un paso má;
etoy a arró con galleta,
na má.

Yo bien sé como etá tó,
pero viejo, hay que comer:
búcate plata,
búcate plata,
porque me voy a correr.

Depué dirán que soy mala,
y no me querrán tratar°,
pero amor con hambre, viejo,
¡qué va!
Con tanto zapato nuevo,
¡qué va!
Con tanto reló, compadre,
¡qué va!
Con tanto lujo°, mi negro,
¡qué va!

Cosecha de la caña de azúcar, Cuba

tratar *tener alguna relación con una persona*

lujo *opulencia*

Comprensión

A No está contenta. Contesten.

1. ¿Qué es lo que le pide la mujer al hombre?
2. ¿Qué es lo único que ella come ahora?
3. ¿Qué va a hacer ella si las cosas no cambian?
4. ¿Qué ve ella que la hace sentir mal?

B ¿Qué quiere decir…? Expliquen el significado.

1. …no doy un paso má;
2. Depué dirán que soy mala y no me querrán tratar,
3. pero amor con hambre, viejo, ¡qué va!
4. Yo bien sé como etá tó.

C ¿Dónde dice? Busquen dónde indica…

1. que ella comprende que las cosas son difíciles
2. que ella va a abandonar a "su viejo"
3. que la gente hablará mal de ella
4. que otros tienen mucho

Comunicación

A Un resumen. Prepare un resumen del poema en sus propias palabras.

B Debate. Divida su grupo en dos y debatan el tema: ¿Tiene razón la mujer o no en abandonar al hombre en "Búcate plata"?

C La influencia africana.
Con su grupo, busquen información sobre la influencia africana en las Antillas. ¿De qué parte de África vino la mayoría de los negros? ¿Cuándo llegaron? ¿Cuál es el tamaño de la población negra en los distintos países?

Trinidad, Cuba

El prendimiento de Antoñito el Camborio en el camino de Sevilla

Antes de leer

El romance que sigue, "El prendimiento de Antoñito el Camborio en el camino de Sevilla", es obra del gran poeta español Federico García Lorca. García Lorca era andaluz y es en Andalucía donde se encuentra la mayoría de los gitanos españoles. El Antoñito del poema es gitano, del clan de los Camborio.

Los gitanos se encuentran en Irlanda, Hungría, Rumania y en toda Europa. Se cree que los gitanos tienen su origen en el norte de la India. Los gitanos europeos están siempre en camino de un lugar a otro. Los gitanos españoles, no. Los gitanos tienen sus propias costumbres y hasta su propia lengua, *el caló*. A pesar de haber vivido en España desde hace siglos, siempre se les considera "diferentes". Los gitanos siempre han sufrido del prejuicio racial. Hay quienes los acusan de ladrones, de traficantes en droga, etc. Al mismo tiempo, los gitanos españoles tienen fama de ser los mejores intérpretes del cante y del baile flamencos, y de producir algunos de los mejores y más finos toreros. Los gitanos también contribuyen a esa mezcolanza de razas y culturas que ha formado al español.

La Guardia civil española es el cuerpo destinado a mantener el orden en el campo y en los caminos. Hasta hace poco los Guardias civiles llevaban un tricornio, un sombrero de tres picos. Al leer el poema, trate de determinar dónde residen las simpatías del poeta, ¿con el gitano o con los Guardias civiles?

Gitanas, Córdoba, España

los toros

el tricornio

el oro

la aceituna

el hombro

el codo

el arroyo

el Guardia civil

Tiró el limón al agua.

la sangre   el líquido rojo que corre
por las venas
el calabozo   la prisión

el potro   un caballo joven

redondo(a)   de forma circular

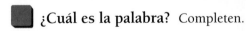

Ejercicio

¿Cuál es la palabra? Completen.

1. Los ___ y los ___ son animales.
2. El ___ y el ___ son partes del
cuerpo humano.
3. El ___ es una fruta.
4. El ___ es un metal precioso.
5. La ___ es la fruta del olivo.
6. El ___ es un río pequeño.
7. Un miembro de la policía nacional
española es un ___ ___.
8. El sombrero que lleva es un ___.
9. Le sale ___ de la herida causada
por un cuchillo.
10. Los policías lo llevan al ___.

INTRODUCCIÓN

Federico García Lorca (1898–1936) nació en una aldea de la provincia de Granada, en Andalucía. Hijo de una familia acomodada, pasó una infancia feliz en el campo. Estudió derecho y filosofía y letras en la Universidad de Granada, y también en la Universidad de Madrid. Desde muy joven, García Lorca tenía afición a la pintura, al teatro y a la música. Manuel de Falla, el famoso compositor español, dijo de él "si hubiera querido ser músico, hubiera sido tan bueno como el poeta que es".

Durante su corta vida, García Lorca viajó por Europa, la América del Sur, el Canadá y los Estados Unidos. En algunos países trabajó como director de teatro. En 1929 y 1930, pasó una temporada en Nueva York, donde se matriculó en una clase de inglés en la Universidad de Columbia. Durante su estadía en Nueva York, dio conferencias sobre música, folklore y poesía. Escribió una colección de poesías titulada *Poeta en Nueva York*. En 1936, al comenzar la Guerra Civil española, García Lorca murió misteriosa y trágicamente, asesinado en su querida Granada.

Federico García Lorca

A pesar de haber muerto muy joven, García Lorca dejó una producción caudalosa de poesía y teatro. En la poesía de García Lorca hay teatro y en su teatro hay poesía. Toda su obra combina lo lírico con lo dramático. De todos los poetas de habla española de este siglo, es García Lorca quien ha cruzado con mayor éxito las fronteras de la lengua. Su obra se ha traducido en muchos idiomas.

El poema que sigue es de su *Romancero gitano*, publicado en 1928. Un romancero es una colección de romances. Ud. verá al leer este romance que la poesía de García Lorca está llena de imágenes, de formas, de sonidos, de sensaciones y de misterio. Su obra es como teatro poético. Al leer "El prendimiento de Antoñito el Camborio en el camino de Sevilla", trate de formarse una imagen mental de lo que está pasando.

Andalucía, España

El prendimiento de Antoñito el Camborio en el camino de Sevilla

"La gitana", de Isidro Nonell

Antonio Torres Heredia,
hijo y nieto de Camborios,
con una vara de mimbre°   **vara de mimbre** *reed stick*
va a Sevilla a ver los toros.
Moreno de verde luna,
anda despacio y garboso°.   **garboso** *gracefully*
Sus empavonados bucles°   **empavonados bucles**
le brillan entre los ojos.   *carefully-combed curls*
A la mitad del camino
cortó limones redondos,
y los fue tirando al agua
hasta que la puso de oro.
Y a la mitad del camino,
bajo las ramas de un olmo°,   **olmo** *elm*
guardia civil caminera
lo llevó codo con codo.

El día se va despacio,
la tarde colgada° a un hombro   **colgada** *hanging on*
dando una larga torera°   **larga torera** *a pass with a*
sobre el mar y los arroyos.   *cape in a bullfight*
Las aceitunas aguardan
la noche de Capricornio,
y una corta brisa, ecuestre,
salta los montes de plomo°.   **plomo** *lead*
Antonio Torres Heredia,
hijo y nieto de Camborios,
viene sin vara de mimbre
entre los cinco tricornios.

—Antonio, ¿quién eres tú?
Si te llamaras Camborio,
hubieras hecho una fuente
de sangre con cinco chorros°.   **chorros** *spurts*
Ni tú eres hijo de nadie,
ni legítimo Camborio.
¡Se acabaron los gitanos
que iban por el monte solos!
Están los viejos cuchillos
tiritando° bajo el polvo.   **tiritando** *shivering*

A las nueve de la noche
lo llevan al calabozo,
mientras los guardias civiles
beben limonada todos.
Y a las nueve de la noche
le cierran el calabozo,
mientras el cielo reluce
como la grupa° de un potro.   **grupa** *flank*

Comprensión

A El gitano. Contesten.

1. ¿Cómo se llama el gitano?
2. ¿Qué lleva en la mano?
3. ¿Adónde va?
4. ¿Qué quiere ver?
5. ¿Cómo es la piel del gitano?
6. ¿Cómo anda?
7. ¿Cómo lleva el pelo?
8. ¿Qué brilla entre sus ojos?
9. ¿Qué corta de los árboles?
10. ¿Dónde los tira?
11. ¿Por dónde van caminando los guardias civiles?
12. ¿Cómo llevan a Antoñito?

Guardias civiles

B ¿Cómo se sabe? Expliquen.

1. A Antoñito lo han tomado preso los guardias. ¿Cómo viene ahora?
2. Hay más de un guardia civil. ¿Cúantos hay? ¿Cómo se sabe?
3. En el poema alguien dice: "Antonio, ¿quién eres tú?" ¿Quién le está hablando a quién?
4. ¿Quién le está diciendo que es cobarde? ¿Por qué? Si fuera un verdadero Camborio, ¿qué habría hecho?
5. ¿Qué pasa a las nueve de la noche? ¿Qué hacen los guardias?

C Los símbolos. Escojan.

1. ¿Qué significa "moreno de verde luna"?
    a. El gitano camina de noche.
    b. El gitano tiene el pelo negro, la piel morena y los ojos verdes.
    c. El gitano de piel morena es joven.

2. ¿Qué significa "la tarde colgada a un hombro"?
    a. El gitano tiene algo que le cubre el hombro.
    b. El tiempo pasa despacio y el gitano está preocupado y pensativo.
    c. Van a colgar a Antoñito durante la tarde.

3. ¿Qué significa "hubieras hecho una fuente de sangre"?
    a. Hubieras recibido una herida.
    b. Hubieras apuñalado (herido con un cuchillo) a los guardias.
    c. Le hubiera salido mucha sangre de su herida.

4. ¿Qué significa "una corta brisa ecuestre"?
   a. una brisa fría
   b. un viento fuerte de invierno
   c. una brisa repentina como la que surge cuando pasa rápido un caballo

5. ¿Qué significa "salta los montes de plomo"?
   a. Los montes de esta región contienen mucho plomo.
   b. Los montes y las aceitunas que crecen allí son grises.
   c. Los montes tienen piedras que saltan cuando pasan los caballos.

6. ¿Qué significa "están los viejos cuchillos tiritando bajo el polvo"?
   a. Los cuchillos brillan tanto que es imposible verlos.
   b. Los gitanos ya no usan cuchillo, han perdido su bravura.
   c. Los cuchillos están enterrados en un cementerio.

D **Los significados.** ¿Qué cree Ud. que significa…?

1. la vara de mimbre
2. "Las aceitunas aguardan la noche de Capricornio."

Comunicación

A **Una descripción.** García Lorca nos da una descripción bastante completa del aspecto físico de Antoñito. Describa al joven.

B **La marcha del día.** ¿Cuál es la imagen que García Lorca usa para describir la marcha del día?

C **Una crítica.** En un párrafo, describa como Antoñito se critica a sí mismo.

D **Los gitanos.** Según la voz que le habla a Antoñito, ¿cómo han cambiado los gitanos?

E **Prosa en verso.** Muchos críticos literarios dicen que la obra de García Lorca es siempre teatro poético, sea en prosa o en verso. Lea una vez más el poema. Luego, trabajando con un(a) compañero(a) de clase, preparen una escena dramática basándola en lo que sucedió en el poema.

Un gitano, Granada, España

¡QUIÉN SABE!

José Santos Chocano

ANTES DE LEER

El fragmento que sigue es del poema "Tres notas del alma indígena" del conocido poeta peruano, José Santos Chocano. Aquí Chocano le habla al indio de hoy. Le pregunta si se ha olvidado de la grandeza del pasado, cuando los indios eran dueños de las Américas. La respuesta del indio, "¡Quién sabe, señor!", significa que se niega a opinar. Esa contestación es muy típica del habla del indio.

VOCABULARIO

la frente

el sudor

labrar

El indio está labrando la tierra.
Tiene una mirada taciturna, melancólica.
Está sudando (transpirando).

ignorar   no saber, no conocer   **el amo**   el/la jefe(a), el/la patrón(a), el/la dueño(a)

Ejercicios

A La tierra. Contesten.

1. ¿Qué hace el indio?
2. ¿Qué expresión tiene en la cara?
3. ¿Por qué está sudando?
4. ¿Dónde tiene el sudor?

B Una expresión equivalente. Expresen de otra manera.

1. El indio está *trabajando en el campo*.
2. Su *patrón* es bastante cruel.
3. El indio trabaja duro y está *transpirando*.
4. Tiene *una expresión* triste.
5. Él *no conoce* las grandezas pasadas de su gente.

Indígenas mayas

Indígena boliviana

Indígena peruano

INTRODUCCIÓN

José Santos Chocano (1875–1934) nació en el Perú. Durante su vida tumultuosa viajó por muchos países de Hispanoamérica y vivió varios años en Madrid. En sus poesías Chocano cantó de las hazañas de su gente y describió la naturaleza americana: los volcanes, la cordillera andina y las selvas misteriosas.

Chocano se sentía inca. Él quería ser indio y español a la vez. Esa fusión de lo indígena y lo español la sentía en sus venas porque una de sus abuelas descendía de un capitán español y la otra era de una familia inca. La voz del poeta era la de un mestizo que conocía a su gente y su tierra. Se declaró a sí mismo cantor "autóctono y salvaje" de la América de habla española. —Walt Whitman tiene el Norte, pero yo tengo el Sur, —dijo Chocano.

José Santos Chocano

LECTURA

¡Quién sabe!

—Indio que labras con fatiga
tierras que de otros dueños son:
¿Ignoras tú que deben tuyas
ser, por tu sangre y tu sudor?
¿Ignoras tú que audaz codicia°,
siglos atrás te las quitó?
¿Ignoras tú que eres el Amo?
————¡Quién sabe, señor!

audaz codicia *bold greed*

—Indio de frente taciturna
y de pupilas sin fulgor°.
¿Qué pensamiento es el que escondes
en tu enigmática° expresión?
¿Qué es lo que buscas en tu vida?
¿Qué es lo que imploras a tu Dios?
¿Qué es lo que sueña tu silencio?
————¡Quién sabe, señor!

sin fulgor *without spark or brightness*

enigmática *puzzling*

Cultivo del maíz en el Altiplano

DESPUÉS DE LEER

Comprensión

A **El indio.** Contesten.

1. ¿Qué hace el indio hasta estar rendido (muy cansado)?
2. ¿Cuáles son tres cosas que es posible que el indio no sepa?
3. ¿Cómo contesta el indio?
4. ¿Sabemos si el indio tiene las respuestas a las preguntas?

B **Sus tierras.** Expliquen.

1. ¿Por qué le dice el autor al indio que las tierras deben ser suyas por su sangre y su sudor?
2. El autor le pregunta al indio si sabe que ya hace siglos una audaz codicia le quitó sus tierras. ¿A qué o a quiénes se refiere el autor?
3. ¿Por qué habrá escrito el autor *el amo* con letra mayúscula?

C **Chocano dice…** Contesten.

1. ¿Cómo describe José Santos Chocano a los indios?
2. ¿Cómo dice Chocano…?
   El indio parece melancólico.
   Parece que no tiene alegría ni esperanza.
   Tiene una mirada vaga.
   Parece que está pensando en algo pero no se lo revela a nadie.

Comunicación

A **Latinoamérica.** Ernest Lewald dice en su libro *Latinoamérica: Sus culturas y Sociedades*: "Según los investigadores antropológicos, el indio latinoamericano añadió a su estoicismo y rutina de tiempos precolombinos el silencio y la introversión tan propia de pueblos subyugados. Ha sido muy fácil observar que el indio en la actualidad se muestra inaccesible y pasivo frente al hombre moderno, aunque es locuaz y cooperativo dentro de su grupo comunal". ¿Cómo coinciden las palabras del poeta José Santos Chocano con las observaciones de los investigadores antropológicos?

B **Un mensaje.** Las obras de la mayoría de los intelectuales o de los escritores latinoamericanos tienen algún mensaje para el pueblo. En estos versos, ¿qué le está diciendo el poeta al indio? ¿Quiere Chocano que el indio acepte su situación con una resignación fatalista?

APÉNDICES

409

MAPAS

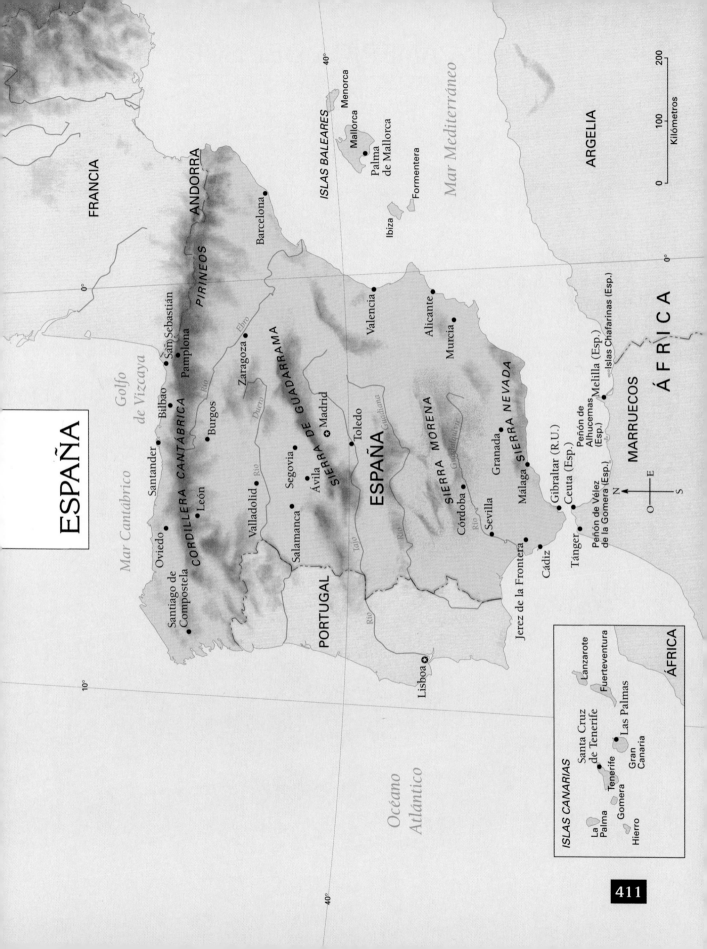

ESPAÑA

FRANCIA

ANDORRA

PIRINEOS

Barcelona

San Sebastián
Pamplona
Bilbao
Santander
Oviedo
Burgos
León
CORDILLERA CANTÁBRICA
Zaragoza
Río Ebro
Río Duero
Valladolid
Segovia
SIERRA DE GUADARRAMA
Ávila
Madrid
Toledo
Río Guadiana
Salamanca
Santiago de Compostela

Mar Cantábrico

Golfo de Vizcaya

ISLAS BALEARES
Menorca
Mallorca
Palma de Mallorca
Formentera
Ibiza

Mar Mediterráneo

Valencia
Alicante
Murcia

SIERRA MORENA
SIERRA NEVADA
Río Guadalquivir
Córdoba
Sevilla
Granada
Málaga
Cádiz
Jerez de la Frontera
Río Tajo

ESPAÑA

PORTUGAL

Lisboa

Océano Atlántico

Gibraltar (R.U.)
Ceuta (Esp.)
Tánger
Peñón de Vélez
de la Gomera (Esp.)
Peñón de Alhucemas (Esp.)
Melilla (Esp.)
Islas Chafarinas (Esp.)

MARRUECOS

ÁFRICA

ARGELIA

N
O — E
S

0   100   200
Kilómetros

40°

10°

0°

40°

0°

ISLAS CANARIAS
Lanzarote
Fuerteventura
Santa Cruz de Tenerife
La Palma
Tenerife
Gomera
Hierro
Gran Canaria
Las Palmas

ÁFRICA

LA AMÉRICA DEL SUR

Mar Caribe

Océano
Atlántico

Maracaibo • Caracas

VENEZUELA GUYANA

Georgetown **SURINAM**

Medellín • Paramaribo • Cayena

Bogotá **GUAYANA**

COLOMBIA **FRANCESA**

Islas
Galápagos
(Ecuador)

Quito

ECUADOR

Guayaquil

Iquitos

Río Amazonas

CORDILLERA DE LOS ANDES

PERÚ

Lima • Cuzco

BRASIL

Brasilia

BOLIVIA

La Paz • Sucre

PARAGUAY São Paulo

Asunción Río de Janeiro

Océano
Pacífico

CORDILLERA DE LOS ANDES

Córdoba

Rosario **URUGUAY**

Valparaíso Buenos Aires Montevideo

Santiago

ARGENTINA Mar del Plata

CHILE

Puerto Montt • Bariloche

Islas
Malvinas
(R.U.)

0   500   1000
Kilómetros

N
O — E
S

Punta Arenas

412

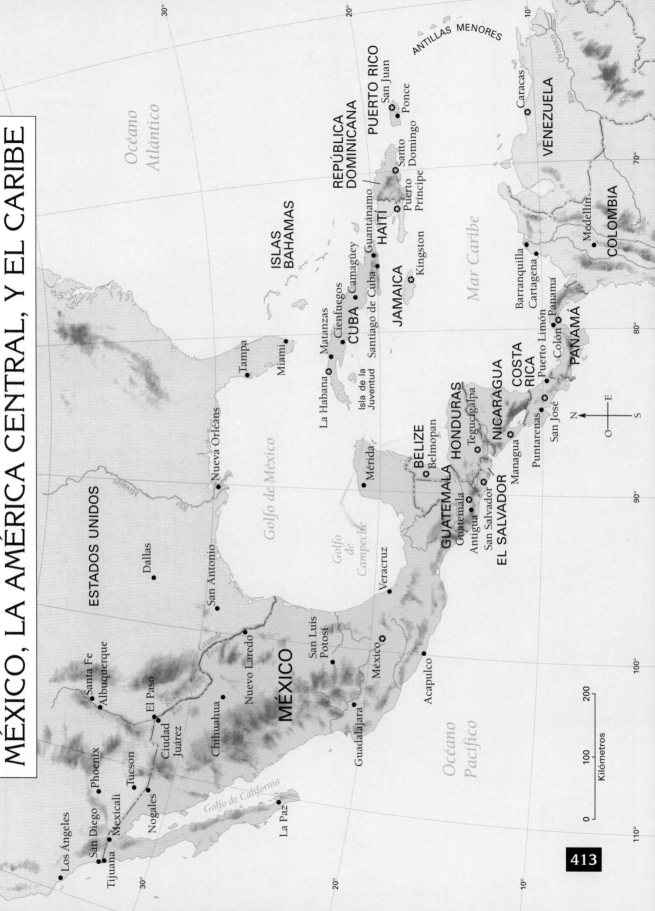

MÉXICO, LA AMÉRICA CENTRAL, Y EL CARIBE

ESTADOS UNIDOS

Los Ángeles
San Diego
Tijuana
Mexicali
Phoenix
Tucson
Nogales
Santa Fe
Albuquerque
El Paso
Ciudad Juárez
Chihuahua
Nuevo Laredo
San Antonio
Dallas
La Paz

MÉXICO

San Luis Potosí
Guadalajara
México
Acapulco
Veracruz
Mérida

Golfo de California
Océano Pacífico
Río Grande / Río Bravo
Misisipí
Golfo de México
Golfo de Campeche

Nueva Orléans
Tampa
Miami

Océano Atlántico

ISLAS BAHAMAS

CUBA
La Habana
Matanzas
Cienfuegos
Camagüey
Santiago de Cuba
Isla de la Juventud

HAITÍ
Guantánamo
Puerto Príncipe

REPÚBLICA DOMINICANA
Santo Domingo

PUERTO RICO
San Juan
Ponce

ANTILLAS MENORES

JAMAICA
Kingston

Mar Caribe

BELIZE
Belmopan

GUATEMALA
Guatemala
Antigua

HONDURAS
Tegucigalpa

EL SALVADOR
San Salvador

NICARAGUA
Managua

COSTA RICA
San José
Puntarenas
Puerto Limón

PANAMÁ
Panamá
Colón

COLOMBIA
Barranquilla
Cartagena
Medellín

VENEZUELA
Caracas

Río Orinoco

N
O — E
S

200
100
0
Kilómetros

40° 30° 20° 10° 60°

70°
80°
90°
100°
110°

30°
20°
10°

413

VERBOS

A. Verbos regulares

INFINITIVO	**hablar** *to speak*	
PARTICIPIO PRESENTE [1]	hablando	
PRESENTE	yo hablo tú hablas él, ella, Ud. habla	nosotros(as) hablamos *vosotros(as) habláis* ellos, ellas, Uds. hablan
PRETÉRITO	yo hablé tú hablaste él, ella, Ud. habló	nosotros(as) hablamos *vosotros(as) hablasteis* ellos, ellas, Uds. hablaron
IMPERFECTO	yo hablaba tú hablabas él, ella, Ud. hablaba	nosotros(as) hablábamos *vosotros(as) hablabais* ellos, ellas, Uds. hablaban
FUTURO	yo hablaré tú hablarás él, ella, Ud. hablará	nosotros(as) hablaremos *vosotros(as) hablaréis* ellos, ellas, Uds. hablarán
POTENCIAL	yo hablaría tú hablarías él, ella, Ud. hablaría	nosotros(as) hablaríamos *vosotros(as) hablaríais* ellos, ellas, Uds. hablarían
PRESENTE PERFECTO[2]	yo he hablado tú has hablado él, ella, Ud. ha hablado	nosotros(as) hemos hablado *vosotros(as) habéis hablado* ellos, ellas, Uds. han hablado
PLUSCUAMPERFECTO	yo había hablado tú habías hablado él, ella, Ud. había hablado	nosotros(as) habíamos hablado *vosotros(as) habíais hablado* ellos, ellas, Uds. habían hablado
CONDICIONAL PERFECTO	yo habría hablado tú habrías hablado él, ella, Ud. habría hablado	nosotros(as) habríamos hablado *vosotros(as) habríais hablado* ellos, ellas, Uds. habrían hablado
FUTURO PERFECTO	yo habré hablado tú habrás hablado él, ella, Ud. habrá hablado	nosotros(as) habremos hablado *vosotros(as) habréis hablado* ellos, ellas, Uds. habrán hablado
SUBJUNTIVO PRESENTE	yo hable tú hables él, ella, Ud. hable	nosotros(as) hablemos *vosotros(as) habléis* ellos, ellas, Uds. hablen
SUBJUNTIVO IMPERFECTO	yo hablara tú hablaras él, ella, Ud. hablara	nosotros(as) habláramos *vosotros(as) hablarais* ellos, ellas, Uds. hablaran
PRESENTE PERFECTO DEL SUBJUNTIVO	yo haya hablado tú hayas hablado él, ella, Ud. haya hablado	nosotros(as) hayamos hablado *vosotros(as) hayáis hablado* ellos, ellas, Uds. hayan hablado
PLUSCUAMPERFECTO DEL SUBJUNTIVO	yo hubiera hablado tú hubieras hablado él, ella, Ud. hubiera hablado	nosotros(as) hubiéramos hablado *vosotros(as) hubierais hablado* ellos, ellas, Uds. hubieran hablado
IMPERATIVO FORMAL	hable Ud. hablen Uds.	
IMPERATIVO FAMILIAR	habla tú	

[1]Verbos con gerundio irregular: *caer: cayendo, construir: construyendo, contribuir: contribuyendo, distribuir: distribuyendo*

[2]Verbos con participio pasado irregular: *abrir: abierto, cubrir: cubierto, devolver: devuelto, escribir: escrito, freír: frito, morir: muerto, ver: visto*

Verbos regulares

INFINITIVO	**comer** *to eat*
PARTICIPIO PRESENTE	comiendo

PRESENTE	yo como	nosotros(as) comemos
	tú comes	*vosotros(as) coméis*
	él, ella, Ud. come	ellos, ellas, Uds. comen

PRETÉRITO	yo comí	nosotros(as) comimos
	tú comiste	*vosotros(as) comisteis*
	él, ella, Ud. comió	ellos, ellas, Uds. comieron

IMPERFECTO	yo comía	nosotros(as) comíamos
	tú comías	*vosotros(as) comíais*
	él, ella, Ud. comía	ellos, ellas, Uds. comían

FUTURO	yo comeré	nosotros(as) comeremos
	tú comerás	*vosotros(as) comeréis*
	él, ella, Ud. comerá	ellos, ellas, Uds. comerán

POTENCIAL	yo comería	nosotros(as) comeríamos
	tú comerías	*vosotros(as) comeríais*
	él, ella, Ud. comería	ellos, ellas, Uds. comerían

PRESENTE PERFECTO	yo he comido	nosotros(as) hemos comido
	tú has comido	*vosotros(as) habéis comido*
	él, ella, Ud. ha comido	ellos, ellas, Uds. han comido

PLUSCUAMPERFECTO	yo había comido	nosotros(as) habíamos comido
	tú habías comido	*vosotros(as) habíais comido*
	él, ella, Ud. había comido	ellos, ellas, Uds. habían comido

CONDICIONAL PERFECTO	yo habría comido	nosotros(as) habríamos comido
	tú habrías comido	*vosotros(as) habríais comido*
	él, ella, Ud. habría comido	ellos, ellas, Uds. habrían comido

FUTURO PERFECTO	yo habré comido	nosotros(as) habremos comido
	tú habrás comido	*vosotros(as) habréis comido*
	él, ella, Ud. habrá comido	ellos, ellas, Uds. habrán comido

SUBJUNTIVO PRESENTE	yo coma	nosotros(as) comamos
	tú comas	*vosotros(as) comáis*
	él, ella, Ud. coma	ellos, ellas, Uds. coman

SUBJUNTIVO IMPERFECTO	yo comiera	nosotros(as) comiéramos
	tú comieras	*vosotros(as) comierais*
	él, ella, Ud. comiera	ellos, ellas, Uds. comieran

PRESENTE PERFECTO DEL SUBJUNTIVO	yo haya comido	nosotros(as) hayamos comido
	tú hayas comido	*vosotros(as) hayáis comido*
	él, ella, Ud. haya comido	ellos, ellas, Uds. hayan comido

PLUSCUAMPERFECTO DEL SUBJUNTIVO	yo hubiera comido	nosotros(as) hubiéramos comido
	tú hubieras comido	*vosotros(as) hubierais comido*
	él, ella, Ud. hubiera comido	ellos, ellas, Uds. hubieran comido

IMPERATIVO FORMAL	coma Ud.
	coman Uds.

IMPERATIVO FAMILIAR	come tú

Verbos regulares

INFINITIVO	**vivir** *to live*	
PARTICIPIO PRESENTE	viviendo	
PRESENTE	yo vivo tú vives él, ella, Ud. vive	nosotros(as) vivimos *vosotros(as) vivís* ellos, ellas, Uds. viven
PRETÉRITO	yo viví tú viviste él, ella, Ud. vivió	nosotros(as) vivimos *vosotros(as) vivisteis* ellos, ellas, Uds. vivieron
IMPERFECTO	yo vivía tú vivías él, ella, Ud. vivía	nosotros(as) vivíamos *vosotros(as) vivíais* ellos, ellas, Uds. vivían
FUTURO	yo viviré tú vivirás él, ella, Ud. vivirá	nosotros(as) viviremos *vosotros(as) viviréis* ellos, ellas, Uds. vivirán
POTENCIAL	yo viviría tú vivirías él, ella, Ud. viviría	nosotros(as) viviríamos *vosotros(as) viviríais* ellos, ellas, Uds. vivirían
PRESENTE PERFECTO	yo he vivido tú has vivido él, ella, Ud. ha vivido	nosotros(as) hemos vivido *vosotros(as) habéis vivido* ellos, ellas, Uds. han vivido
PLUSCUAMPERFECTO	yo había vivido tú habías vivido él, ella, Ud. había vivido	nosotros(as) habíamos vivido *vosotros(as) habíais vivido* ellos, ellas, Uds. habían vivido
CONDICIONAL PERFECTO	yo habría vivido tú habrías vivido él, ella, Ud. habría vivido	nosotros(as) habríamos vivido *vosotros(as) habríais vivido* ellos, ellas, Uds. habrían vivido
FUTURO PERFECTO	yo habré vivido tú habrás vivido él, ella, Ud. habrá vivido	nosotros(as) habremos vivido *vosotros(as) habréis vivido* ellos, ellas, Uds. habrán vivido
SUBJUNTIVO PRESENTE	yo viva tú vivas él, ella, Ud. viva	nosotros(as) vivamos *vosotros(as) viváis* ellos, ellas, Uds. vivan
SUBJUNTIVO IMPERFECTO	yo viviera tú vivieras él, ella, Ud. viviera	nosotros(as) viviéramos *vosotros(as) vivierais* ellos, ellas, Uds. vivieran
PRESENTE PERFECTO DEL SUBJUNTIVO	yo haya vivido tú hayas vivido él, ella, Ud. haya vivido	nosotros(as) hayamos vivido *vosotros(as) hayáis vivido* ellos, ellas, Uds. hayan vivido
PLUSCUAMPERFECTO DEL SUBJUNTIVO	yo hubiera vivido tú hubieras vivido él, ella, Ud. hubiera vivido	nosotros(as) hubiéramos vivido *vosotros(as) hubierais vivido* ellos, ellas, Uds. hubieran vivido
IMPERATIVO FORMAL	viva Ud. vivan Uds.	
IMPERATIVO FAMILIAR	vive tú	

B. Verbos con cambio radical

INFINITIVO	**pedir**[3] **(e>i)** *to ask for*	
PARTICIPIO PRESENTE	pidiendo	
PRESENTE	yo pido tú pides él, ella, Ud. pide	nosotros(as) pedimos *vosotros(as) pedís* ellos, ellas, Uds. piden
PRETÉRITO	yo pedí tú pediste él, ella, Ud. pidió	nosotros(as) pedimos *vosotros(as) pedisteis* ellos, ellas, Uds. pidieron
IMPERFECTO	yo pedía tú pedías él, ella, Ud. pedía	nosotros(as) pedíamos *vosotros(as) pedíais* ellos, ellas, Uds. pedían
FUTURO	yo pediré tú pedirás él, ella, Ud. pedirá	nosotros(as) pediremos *vosotros(as) pediréis* ellos, ellas, Uds. pedirán
POTENCIAL	yo pediría tú pedirías él, ella, Ud. pediría	nosotros(as) pediríamos *vosotros(as) pediríais* ellos, ellas, Uds. pedirían
PRESENTE PERFECTO	yo he pedido tú has pedido él, ella, Ud. ha pedido	nosotros(as) hemos pedido *vosotros(as) habéis pedido* ellos, ellas, Uds. han pedido
PLUSCUAMPERFECTO	yo había pedido tú habías pedido él, ella, Ud. había pedido	nosotros(as) habíamos pedido *vosotros(as) habíais pedido* ellos, ellas, Uds. habían pedido
CONDICIONAL PERFECTO	yo habría pedido tú habrías pedido él, ella, Ud. habría pedido	nosotros(as) habríamos pedido *vosotros(as) habríais pedido* ellos, ellas, Uds. habrían pedido
FUTURO PERFECTO	yo habré pedido tú habrás pedido él, ella, Ud. habrá pedido	nosotros(as) habremos pedido *vosotros(as) habréis pedido* ellos, ellas, Uds. habrán pedido
SUBJUNTIVO PRESENTE	yo pida tú pidas él, ella, Ud. pida	nosotros(as) pidamos *vosotros(as) pidáis* ellos, ellas, Uds. pidan
SUBJUNTIVO IMPERFECTO	yo pidiera tú pidieras él, ella, Ud. pidiera	nosotros(as) pidiéramos *vosotros(as) pidierais* ellos, ellas, Uds. pidieran
PRESENTE PERFECTO DEL SUBJUNTIVO	yo haya pedido tú hayas pedido él, ella, Ud. haya pedido	nosotros(as) hayamos pedido *vosotros(as) hayáis pedido* ellos, ellas, Uds. hayan pedido
PLUSCUAMPERFECTO DEL SUBJUNTIVO	yo hubiera pedido tú hubieras pedido él, ella, Ud. hubiera pedido	nosotros(as) hubiéramos pedido *vosotros(as) hubierais pedido* ellos, ellas, Uds. hubieran pedido
IMPERATIVO FORMAL	pida Ud. pidan Uds.	
IMPERATIVO FAMILIAR	pide tú	

[3]Verbos similares: *freír: friendo, repetir: repitiendo, seguir: siguiendo, sentir: sintiendo, medir: midiendo, sonreír: sonriendo*

Verbos con cambio radical

INFINITIVO	**preferir**[4] **(e>ie)** *to prefer*	
PARTICIPIO PRESENTE	prefiriendo	
PRESENTE	yo prefiero tú prefieres él, ella, Ud. prefiere	nosotros(as) preferimos *vosotros(as) preferís* ellos, ellas, Uds. prefieron
PRETÉRITO	yo preferí tú preferiste él, ella, Ud. prefirió	nosotros(as) preferimos *vosotros(as) preferisteis* ellos, ellas, Uds. prefirieron
IMPERFECTO	yo prefería tú preferías él, ella, Ud. prefería	nosotros(as) preferíamos *vosotros(as) preferíais* ellos, ellas, Uds. preferían
FUTURO	yo preferiré tú preferirás él, ella, Ud. preferirá	nosotros(as) preferiremos *vosotros(as) preferiréis* ellos, ellas, Uds. preferirán
POTENCIAL	yo preferiría tú preferirías él, ella, Ud. preferiría	nosotros(as) preferiríamos *vosotros(as) preferiríais* ellos, ellas, Uds. preferirían
PRESENTE PERFECTO	yo he preferido tú has preferido él, ella, Ud. ha preferido	nosotros(as) hemos preferido *vosotros(as) habéis preferido* ellos, ellas, Uds. han preferido
PLUSCUAMPERFECTO	yo había preferido tú habías preferido él, ella, Ud. había preferido	nosotros(as) habíamos preferido *vosotros(as) habíais preferido* ellos, ellas, Uds. habían preferido
CONDICIONAL PERFECTO	yo habría preferido tú habrías preferido él, ella, Ud. habría preferido	nosotros(as) habríamos preferido *vosotros(as) habríais preferido* ellos, ellas, Uds. habrían preferido
FUTURO PERFECTO	yo habré preferido tú habrás preferido él, ella, Ud. habrá preferido	nosotros(as) habremos preferido *vosotros(as) habréis preferido* ellos, ellas, Uds. habrán preferido
SUBJUNTIVO PRESENTE	yo prefiera tú prefieras él, ella, Ud. prefiera	nosotros(as) prefiramos *vosotros(as) prefiráis* ellos, ellas, Uds. prefieran
SUBJUNTIVO IMPERFECTO	yo prefiriera tú prefirieras él, ella, Ud. prefiriera	nosotros(as) prefiriéramos *vosotros(as) prefirierais* ellos, ellas, Uds. prefirieran
PRESENTE PERFECTO DEL SUBJUNTIVO	yo haya preferido tú hayas preferido él, ella, Ud. haya preferido	nosotros(as) hayamos preferido *vosotros(as) hayáis preferido* ellos, ellas, Uds. hayan preferido
PLUSCUAMPERFECTO DEL SUBJUNTIVO	yo hubiera preferido tú hubieras preferido él, ella, Ud. hubiera preferido	nosotros(as) hubiéramos preferido *vosotros(as) hubierais preferido* ellos, ellas, Uds. hubieran preferido
IMPERATIVO FORMAL	prefiera Ud. prefieran Uds.	
IMPERATIVO FAMILIAR	prefiere tú	

[4]Verbos similares: *pensar: pensando, perder: perdiendo, morir: muriendo,*
sugerir: sugiriendo

Verbos con cambio radical

INFINITIVO	**servir (e>i)** *to serve*	
PARTICIPIO PRESENTE	sirviendo	
PRESENTE	yo sirvo tú sirves él, ella, Ud. sirve	nosotros(as) servimos *vosotros(as) servís* ellos, ellas, Uds. sirvieron
PRETÉRITO	yo serví tú serviste él, ella, Ud. sirvió	nosotros(as) servimos *vosotros(as) servisteis* ellos, ellas, Uds. sirvieron
IMPERFECTO	yo servía tú servías él, ella, Ud. servía	nosotros(as) servíamos *vosotros(as) servíais* ellos, ellas, Uds. servían
FUTURO	yo serviré tú servirás él, ella, Ud. servirá	nosotros(as) serviremos *vosotros(as) serviréis* ellos, ellas, Uds. servirán
POTENCIAL	yo serviría tú servirías él, ella, Ud. serviría	nosotros(as) serviríamos *vosotros(as) serviríais* ellos, ellas, Uds. servirían
PRESENTE PERFECTO	yo he servido tú has servido él, ella, Ud. ha servido	nosotros(as) hemos servido *vosotros(as) habéis servido* ellos, ellas, Uds. han servido
PLUSCUAMPERFECTO	yo había servido tú habías servido él, ella, Ud. había servido	nosotros(as) habíamos servido *vosotros(as) habíais servido* ellos, ellas, Uds. habían servido
CONDICIONAL PERFECTO	yo habría servido tú habrías servido él, ella, Ud. habría servido	nosotros(as) habríamos servido *vosotros(as) habríais servido* ellos, ellas, Uds. habrían servido
FUTURO PERFECTO	yo habré servido tú habrás servido él, ella, Ud. habrá servido	nosotros(as) habremos servido *vosotros(as) habréis servido* ellos, ellas, Uds. habrán servido
SUBJUNTIVO PRESENTE	yo sirva tú sirvas él, ella, Ud. sirva	nosotros(as) sirvamos *vosotros(as) sirváis* ellos, ellas, Uds. sirvan
SUBJUNTIVO IMPERFECTO	yo sirviera tú sirvieras él, ella, Ud. sirviera	nosotros(as) sirviéramos *vosotros(as) sirvierais* ellos, ellas, Uds. sirvieran
PRESENTE PERFECTO DEL SUBJUNTIVO	yo haya servido tú hayas servido él, ella, Ud. haya servido	nosotros(as) hayamos servido *vosotros(as) hayáis servido* ellos, ellas, Uds. hayan servido
PLUSCUAMPERFECTO DEL SUBJUNTIVO	yo hubiera servido tú hubieras servido él, ella, Ud. hubiera servido	nosotros(as) hubiéramos servido *vosotros(as) hubierais servido* ellos, ellas, Uds. hubieran servido
IMPERATIVO FORMAL	sirva Ud. sirvan Uds.	
IMPERATIVO FAMILIAR	sirve tú	

Verbos con cambio radical

INFINITIVO	**volver**[5] (o>ue) *to return*	
PARTICIPIO PRESENTE	volviendo	
PRESENTE	yo vuelvo tú vuelves él, ella, Ud. vuelve	nosotros(as) volvemos *vosotros(as) volvéis* ellos, ellas, Uds. vuelven
PRETÉRITO	yo volví tú volviste él, ella, Ud. volvió	nosotros(as) volvimos *vosotros(as) volvisteis* ellos, ellas, Uds. volvieron
IMPERFECTO	yo volvía tú volvías él, ella, Ud. volvía	nosotros(as) volvíamos *vosotros(as) volvíais* ellos, ellas, Uds. volvían
FUTURO	yo volveré tú volverás él, ella, Ud. volverá	nosotros(as) volveremos *vosotros(as) volveréis* ellos, ellas, Uds. volverán
POTENCIAL	yo volvería tú volverías él, ella, Ud. volvería	nosotros(as) volveríamos *vosotros(as) volveríais* ellos, ellas, Uds. volverían
PRESENTE PERFECTO	yo he vuelto tú has vuelto él, ella, Ud. ha vuelto	nosotros(as) hemos vuelto *vosotros(as) habéis vuelto* ellos, ellas, Uds. han vuelto
PLUSCUAMPERFECTO	yo había vuelto tú habías vuelto él, ella, Ud. había vuelto	nosotros(as) habíamos vuelto *vosotros(as) habíais vuelto* ellos, ellas, Uds. habían vuelto
CONDICIONAL PERFECTO	yo habría vuelto tú habrías vuelto él, ella, Ud. habría vuelto	nosotros(as) habríamos vuelto *vosotros(as) habríais vuelto* ellos, ellas, Uds. habrían vuelto
FUTURO PERFECTO	yo habré vuelto tú habrás vuelto él, ella, Ud. habrá vuelto	nosotros(as) habremos vuelto *vosotros(as) habréis vuelto* ellos, ellas, Uds. habrán vuelto
SUBJUNTIVO PRESENTE	yo vuelva tú vuelvas él, ella, Ud. vuelva	nosotros(as) volvamos *vosotros(as) volváis* ellos, ellas, Uds. vuelvan
SUBJUNTIVO IMPERFECTO	yo volviera tú volvieras él, ella, Ud. volviera	nosotros(as) volviéramos *vosotros(as) volvierais* ellos, ellas, Uds. volvieran
PRESENTE PERFECTO DEL SUBJUNTIVO	yo haya vuelto tú hayas vuelto él, ella, Ud. haya vuelto	nosotros(as) hayamos vuelto *vosotros(as) hayáis vuelto* ellos, ellas, Uds. hayan vuelto
PLUSCUAMPERFECTO DEL SUBJUNTIVO	yo hubiera vuelto tú hubieras vuelto él, ella, Ud. hubiera vuelto	nosotros(as) hubiéramos vuelto *vosotros(as) hubierais vuelto* ellos, ellas, Uds. hubieran vuelto
IMPERATIVO FORMAL	vuelva Ud. vuelvan Uds.	
IMPERATIVO FAMILIAR	vuelve tú	

[5] Verbos similares: *envolver: envolviendo, devolver: devolviendo*

C. Verbos irregulares

INFINITIVO	**andar** *to walk*	
PARTICIPIO PRESENTE	andando	
PRESENTE	yo ando tú andas él, ella, Ud. anda	nosotros(as) andamos *vosotros(as) andáis* ellos, ellas, Uds. andan
PRETÉRITO	yo anduve tú anduviste él, ella, Ud. anduvo	nosotros(as) anduvimos *vosotros(as) anduvisteis* ellos, ellas, Uds. anduvieron
IMPERFECTO	yo andaba tú andabas él, ella, Ud. andaba	nosotros(as) andábamos *vosotros(as) andabais* ellos, ellas, Uds. andaban
FUTURO	yo andaré tú andarás él, ella, Ud. andará	nosotros(as) andaremos *vosotros(as) andaréis* ellos, ellas, Uds. andarán
POTENCIAL	yo andaría tú andaría él, ella, Ud . andaría	nosotros(as) andaríamos *vosotros(as) andaríais* ellos, ellas, Uds. andarían
PRESENTE PERFECTO	yo he andado tú has andado él, ella, Ud. ha andado	nosotros(as) hemos andado *vosotros(as) habéis andado* ellos, ellas, Uds. han andado
PLUSCUAMPERFECTO	yo había andado tú habías andado él, ella, Ud. había andado	nosotros(as) habíamos andado *vosotros(as) habíais andado* ellos, ellas, Uds. habían andado
CONDICIONAL PERFECTO	yo habría andado tú habrías andado él, ella, Ud. habría andado	nosotros(as) habríamos andado *vosotros(as) habríais andado* ellos, ellas, Uds. habrían andado
FUTURO PERFECTO	yo habré andado tú habrás andado él, ella, Ud. habrá andado	nosotros(as) habremos andado *vosotros(as) habréis andado* ellos, ellas, Uds. habrán andado
SUBJUNTIVO PRESENTE	yo ande tú andes él, ella, Ud. ande	nosotros(as) andemos *vosotros(as) andéis* ellos, ellas, Uds. anden
SUBJUNTIVO IMPERFECTO	yo anduviera tú anduvieras él, ella, Ud. anduviera	nosotros(as) anduviéramos *vosotros(as) anduvierais* ellos, ellas, Uds. anduvieran
PRESENTE PERFECTO DEL SUBJUNTIVO	yo haya andado tú hayas andado él, ella, Ud. haya andado	nosotros(as) hayamos andado *vosotros(as) hayáis andado* ellos, ellas, Uds. hayan andado
PLUSCUAMPERFECTO DEL SUBJUNTIVO	yo hubiera andado tú hubieras andado él, ella, Ud. hubiera andado	nosotros(as) hubiéramos andado *vosotros(as) hubierais andado* ellos, ellas, Uds. hubieran andado
IMPERATIVO FORMAL	ande Ud. anden Uds.	
IMPERATIVO FAMILIAR	anda tú	

Verbos irregulares

INFINITIVO	**buscar** *to look for*	
PARTICIPIO PRESENTE	buscando	
PRESENTE	yo busco tú buscas él, ella, Ud. busca	nosotros(as) buscamos *vosotros(as) buscáis* ellos, ellas, Uds. buscan
PRETÉRITO	yo busqué tú buscaste él, ella, Ud. buscó	nosotros(as) buscamos *vosotros(as) buscasteis* ellos, ellas, Uds. buscaron
IMPERFECTO	yo buscaba tú buscabas él, ella, Ud. buscaba	nosotros(as) buscábamos *vosotros(as) buscabais* ellos, ellas, Uds. buscaban
FUTURO	yo buscaré tú buscarás él, ella, Ud. buscará	nosotros(as) buscaremos *vosotros(as) buscaréis* ellos, ellas, Uds. buscarán
POTENCIAL	yo buscaría tú buscarías él, ella, Ud. buscaría	nosotros(as) buscaríamos *vosotros(as) buscaríais* ellos, ellas, Uds. buscarían
PRESENTE PERFECTO	yo he buscado tú has buscado él, ella, Ud. ha buscado	nosotros(as) hemos buscado *vosotros(as) habéis buscado* ellos, ellas, Uds. han buscado
PLUSCUAMPERFECTO	yo había buscado tú habías buscado él, ella, Ud. había buscado	nosotros(as) habíamos buscado *vosotros(as) habíais buscado* ellos, ellas, Uds. habían buscado
CONDICIONAL PERFECTO	yo habría buscado tú habrías buscado él, ella, Ud. habría buscado	nosotros(as) habríamos buscado *vosotros(as) habríais buscado* ellos, ellas, Uds. habrían buscado
FUTURO PERFECTO	yo habré buscado tú habrás buscado él, ella, Ud. habrá buscado	nosotros(as) habremos buscado *vosotros(as) habréis buscado* ellos, ellas, Uds. habrán buscado
SUBJUNTIVO PRESENTE	yo busque tú busques él, ella, Ud. busque	nosotros(as) busquemos *vosotros(as) busquéis* ellos, ellas, Uds. busquen
SUBJUNTIVO IMPERFECTO	yo buscara tú buscaras él, ella, Ud. buscara	nosotros(as) buscáramos *vosotros(as) buscarais* ellos, ellas, Uds. buscaran
PRESENTE PERFECTO DEL SUBJUNTIVO	yo haya buscado tú hayas buscado él, ella, Ud. haya buscado	nosotros(as) hayamos buscado *vosotros(as) hayáis buscado* ellos, ellas, Uds. hayan buscado
PLUSCUAMPERFECTO DEL SUBJUNTIVO	yo hubiera buscado tú hubieras buscado él, ella, Ud. hubiera buscado	nosotros(as) hubiéramos buscado *vosotros(as) hubierais buscado* ellos, ellas, Uds. hubieran buscado
IMPERATIVO FORMAL	busque Ud. busquen Uds.	
IMPERATIVO FAMILIAR	busca tú	

Verbos irregulares

INFINITIVO	**conducir** *to drive*	
PARTICIPIO PRESENTE	conduciendo	
PRESENTE	yo conduzco tú conduces él, ella, Ud. conduce	nosotros(as) conducimos *vosotros(as) conducís* ellos, ellas, Uds. conducen
PRETÉRITO	yo conduje tú condujiste él, ella, Ud. condujo	nosotros(as) condujimos *vosotros(as) condujimos* ellos, ellas, Uds. conjujeron
IMPERFECTO	yo conducía tú conducías él, ella, Ud. conducía	nosotros(as) conducíamos *vosotros(as) conducíais* ellos, ellas, Uds. conducían
FUTURO	yo conduciré tú conducirás él, ella, Ud. conducirá	nosotros(as) conduciremos *vosotros(as) conduciréis* ellos, ellas, Uds. conducirán
POTENCIAL	yo conduciría tú conducirías él, ella, Ud. conduciría	nosotros(as) conduciríamos *vosotros(as) conduciríais* ellos, ellas, Uds. conducirían
PRESENTE PERFECTO	yo he conducido tú has conducido él, ella, Ud. ha conducido	nosotros(as) hemos conducido *vosotros(as) habéis conducido* ellos, ellas, Uds. han conducido
PLUSCUAMPERFECTO	yo había conducido tú habías conducido él, ella, Ud. había conducido	nosotros(as) habíamos conducido *vosotros(as) habíais conducido* ellos, ellas, Uds. habían conducido
CONDICIONAL PERFECTO	yo habría conducido tú habrías conducido él, ella, Ud. habría conducido	nosotros(as) habríamos conducido *vosotros(as) habríais conducido* ellos, ellas, Uds. habrían conducido
FUTURO PERFECTO	yo habré conducido tú habrás conducido él, ella, Ud. habrá conducido	nosotros(as) habremos conducido *vosotros(as) habréis conducido* ellos, ellas, Uds. habrán conducido
SUBJUNTIVO PRESENTE	yo conduzca tú conduzcas él, ella, Ud. conduzca	nosotros(as) conduzcamos *vosotros(as) conduzcáis* ellos, ellas, Uds. conduzcan
SUBJUNTIVO IMPERFECTO	yo condujera tú condujeras él, ella, Ud. condujera	nosotros(as) condujéramos *vosotros(as) condujerais* ellos, ellas, Uds. condujeran
PRESENTE PERFECTO DEL SUBJUNTIVO	yo haya conducido tú hayas conducido él, ella, Ud. haya conducido	nosotros(as) hayamos conducido *vosotros(as) hayáis conducido* ellos, ellas, Uds. hayan conducido
PLUSCUAMPERFECTO DEL SUBJUNTIVO	yo hubiera conducido tú hubieras conducido él, ella, Ud. hubiera conducido	nosotros(as) hubiéramos conducido *vosotros(as) hubierais conducido* ellos, ellas, Uds. hubieran conducido
IMPERATIVO FORMAL	conduzca Ud. conduzcan Uds.	
IMPERATIVO FAMILIAR	conduce tú	

Verbos irregulares

INFINITIVO	**conocer** *to know*	
PARTICIPIO PRESENTE	conociendo	
PRESENTE	yo conozco tú conoces él, ella, Ud. conoce	nosotros(as) conocemos *vosotros(as) conocéis* ellos, ellas, Uds. conocen
PRETÉRITO	yo conocí tú conociste él, ella, Ud. conoció	nosotros(as) conocimos *vosotros(as) conocisteis* ellos, ellas, Uds. conocieron
IMPERFECTO	yo conocía tú conocías él, ella, Ud. conocía	nosotros(as) conocíamos *vosotros(as) conocíais* ellos, ellas, Uds. conocían
FUTURO	yo conoceré tú conocerás él, ella, Ud. conocerá	nosotros(as) conoceremos *vosotros(as) conoceréis* ellos, ellas, Uds. conocerán
POTENCIAL	yo conocería tú conocerías él, ella, Ud. conocería	nosotros(as) conoceríamos *vosotros(as) conoceríais* ellos, ellas, Uds. conocerían
PRESENTE PERFECTO	yo he conocido tú has conocido él, ella, Ud. ha conocido	nosotros(as) hemos conocido *vosotros(as) habéis conocido* ellos, ellas, Uds. han conocido
PLUSCUAMPERFECTO	yo había conocido tú habías conocido él, ella, Ud. había conocido	nosotros(as) habíamos conocido *vosotros(as) habíais conocido* ellos, ellas, Uds. habían conocido
CONDICIONAL PERFECTO	yo habría conocido tú habrías conocido él, ella, Ud. habría conocido	nosotros(as) habríamos conocido *vosotros(as) habríais conocido* ellos, ellas, Uds. habrían conocido
FUTURO PERFECTO	yo habré conocido tú habrás conocido él, ella, Ud. habrá conocido	nosotros(as) habremos conocido *vosotros(as) habréis conocido* ellos, ellas, Uds. habrán conocido
SUBJUNTIVO PRESENTE	yo conozca tú conozcas él, ella, Ud. conozca	nosotros(as) conozcamos *vosotros(as) conozcáis* ellos, ellas, Uds. conozcan
SUBJUNTIVO IMPERFECTO	yo conociera tú conocieras él, ella, Ud. conociera	nosotros(as) conociéramos *vosotros(as) conocierais* ellos, ellas, Uds. conocieran
PRESENTE PERFECTO DEL SUBJUNTIVO	yo haya conocido tú hayas conocido él, ella, Ud. haya conocido	nosotros(as) hayamos conocido *vosotros(as) hayáis conocido* ellos, ellas, Uds. hayan conocido
PLUSCUAMPERFECTO DEL SUBJUNTIVO	yo hubiera conocido tú hubieras conocido él, ella, Ud. hubiera conocido	nosotros(as) hubiéramos conocido *vosotros(as) hubierais conocido* ellos, ellas, Uds. hubieran conocido
IMPERATIVO FORMAL	conozca Ud. conozcan Uds.	
IMPERATIVO FAMILIAR	conoce tú	

Verbos irregulares

INFINITIVO	construir[6] *to build*	
PARTICIPIO PRESENTE	construyendo	
PRESENTE	yo construyo tú construyes él, ella, Ud. construye	nosotros(as) construimos *vosotros(as) construís* ellos, ellas, Uds. construyen
PRETÉRITO	yo construí tú construiste él, ella, Ud. construyó	nosotros(as) construimos *vosotros(as) construisteis* ellos, ellas, Uds. construyeron
IMPERFECTO	yo construía tú construías él, ella, Ud. construía	nosotros(as) construíamos *vosotros(as) construíais* ellos, ellas, Uds. construían
FUTURO	yo construiré tú construirás él, ella, Ud. construirá	nosotros(as) construiremos *vosotros(as) construiréis* ellos, ellas, Uds. construirán
POTENCIAL	yo construiría tú construirías él, ella, Ud. construiría	nosotros(as) construiríamos *vosotros(as) construiríais* ellos, ellas, Uds. construirían
PRESENTE PERFECTO	yo he construido tú has construido él, ella, Ud. ha construido	nosotros(as) hemos construido *vosotros(as) habéis construido* ellos, ellas, Uds. han construido
PLUSCUAMPERFECTO	yo había construido tú habías construido él, ella, Ud. había construido	nosotros(as) habíamos construido *vosotros(as) habíais construido* ellos, ellas, Uds. habían construido
CONDICIONAL PERFECTO	yo habría construido tú habrías construido él, ella, Ud. habría construido	nosotros(as) habríamos construido *vosotros(as) habríais construido* ellos, ellas, Uds. habrían construido
FUTURO PERFECTO	yo habré construido tú habrás construido él, ella, Ud. habrá construido	nosotros(as) habremos construido *vosotros(as) habréis construido* ellos, ellas, Uds. habrán construido
SUBJUNTIVO PRESENTE	yo construya tú construyas él, ella, Ud. construya	nosotros(as) construyamos *vosotros(as) construyáis* ellos, ellas, Uds. construyan
SUBJUNTIVO IMPERFECTO	yo construyera tú construyeras él, ella, Ud. construyera	nosotros(as) construyéramos *vosotros(as) construyerais* ellos, ellas, Uds. construyeran
PRESENTE PERFECTO DEL SUBJUNTIVO	yo haya construido tú hayas construido él, ella, Ud. haya construido	nosotros(as) hayamos construido *vosotros(as) hayáis construido* ellos, ellas, Uds. hayan construido
PLUSCUAMPERFECTO DEL SUBJUNTIVO	yo hubiera construido tú hubieras construido él, ella, Ud. hubiera construido	nosotros(as) hubiéramos construido *vosotros(as) hubierais construido* ellos, ellas, Uds. hubieran construido
IMPERATIVO FORMAL	construya Ud. construyan Uds.	
IMPERATIVO FAMILIAR	construye tú	

[6]Verbos similares: *destruir: destruyendo, disminuir: disminuyendo, distribuir: distribuyendo, huir: huyendo, incluir: incluyendo, sustituir: sustituyendo*

Verbos irregulares

INFINITIVO	**dar** *to give*	
PARTICIPIO PRESENTE	dando	
PRESENTE	yo doy tú das él, ella, Ud. da	nosotros(as) damos *vosotros(as) dais* ellos, ellas, Uds. dan
PRETÉRITO	yo di tú diste él, ella, Ud. dio	nosotros(as) dimos *vosotros(as) disteis* ellos, ellas, Uds. dieron
IMPERFECTO	yo daba tú dabas él, ella, Ud. daba	nosotros(as) dábamos *vosotros(as) dabais* ellos, ellas, Uds. daban
FUTURO	yo daré tú darás él, ella, Ud. dará	nosotros(as) daremos *vosotros(as) daréis* ellos, ellas, Uds. darán
POTENCIAL	yo daría tú darías él, ella, Ud. daría	nosotros(as) daríamos *vosotros(as) daríais* ellos, ellas, Uds. darían
PRESENTE PERFECTO	yo he dado tú has dado él, ella, Ud. ha dado	nosotros(as) hemos dado *vosotros(as) habéis dado* ellos, ellas, Uds. han dado
PLUSCUAMPERFECTO	yo había dado tú habías dado él, ella, Ud. había dado	nosotros(as) habíamos dado *vosotros(as) habíais dado* ellos, ellas, Uds. habían dado
CONDICIONAL PERFECTO	yo habría dado tú habrías dado él, ella, Ud. habría dado	nosotros(as) habríamos dado *vosotros(as) habríais dado* ellos, ellas, Uds. habrían dado
FUTURO PERFECTO	yo habré dado tú habrás dado él, ella, Ud. habrá dado	nosotros(as) habremos dado *vosotros(as) habréis dado* ellos, ellas, Uds. habrán dado
SUBJUNTIVO PRESENTE	yo dé tú des él, ella, Ud. dé	nosotros(as) demos *vosotros(as) deis* ellos, ellas, Uds. den
SUBJUNTIVO IMPERFECTO	yo diera tú dieras él, ella, Ud. diera	nosotros(as) diéramos *vosotros(as) dierais* ellos, ellas, Uds. dieran
PRESENTE PERFECTO DEL SUBJUNTIVO	yo haya dado tú hayas dado él, ella, Ud. haya dado	nosotros(as) hayamos dado *vosotros(as) hayáis dado* ellos, ellas, Uds. hayan dado
PLUSCUAMPERFECTO DEL SUBJUNTIVO	yo hubiera dado tú hubieras dado él, ella, Ud. hubiera dado	nosotros(as) hubiéramos dado *vosotros(as) hubierais dado* ellos, ellas, Uds. hubieran dado
IMPERATIVO FORMAL	dé Ud. den Uds.	
IMPERATIVO FAMILIAR	da tú	

Verbos irregulares

INFINITIVO	**decir**
	to tell

PARTICIPIO PRESENTE	diciendo

PRESENTE	yo digo	nosotros(as) decimos
	tú dices	*vosotros(as) decís*
	él, ella, Ud. dice	ellos, ellas, Uds. dicen

PRETÉRITO	yo dije	nosotros(as) dijimos
	tú dijiste	*vosotros(as) dijisteis*
	él, ella, Ud. dijo	ellos, ellas, Uds. dijeron

IMPERFECTO	yo decía	nosotros(as) decíamos
	tú decías	*vosotros(as) decíais*
	él, ella, Ud. decía	ellos, ellas, Uds. decían

FUTURO	yo diré	nosotros(as) diremos
	tú dirás	*vosotros(as) diréis*
	él, ella, Ud. dirá	ellos, ellas, Uds. dirán

POTENCIAL	yo diría	nosotros(as) diríamos
	tú dirías	*vosotros(as) diríais*
	él, ella, Ud. diría	ellos, ellas, Uds. dirían

PRESENTE PERFECTO	yo he dicho	nosotros(as) hemos dicho
	tú has dicho	*vosotros(as) habéis dicho*
	él, ella, Ud. ha dicho	ellos, ellas, Uds. han dicho

PLUSCUAMPERFECTO	yo había dicho	nosotros(as) habíamos dicho
	tú habías dicho	*vosotros(as) habíais dicho*
	él, ella, Ud. había dicho	ellos, ellas, Uds. habían dicho

CONDICIONAL PERFECTO	yo habría dicho	nosotros(as) habríamos dicho
	tú habrías dicho	*vosotros(as) habríais dicho*
	él, ella, Ud. habría dicho	ellos, ellas, Uds. habrían dicho

FUTURO PERFECTO	yo habré dicho	nosotros(as) habremos dicho
	tú habrás dicho	*vosotros(as) habréis dicho*
	él, ella, Ud. habrá dicho	ellos, ellas, Uds. habrán dicho

SUBJUNTIVO PRESENTE	yo diga	nosotros(as) digamos
	tú digas	*vosotros(as) digáis*
	él, ella, Ud. diga	ellos, ellas, Uds. digan

SUBJUNTIVO IMPERFECTO	yo dijera	nosotros(as) dijéramos
	tú dijeras	*vosotros(as) dijerais*
	él, ella, Ud. dijera	ellos, ellas, Uds. dijeran

PRESENTE PERFECTO DEL SUBJUNTIVO	yo haya dicho	nosotros(as) hayamos dicho
	tú hayas dicho	*vosotros(as) hayáis dicho*
	él, ella, Ud. haya dicho	ellos, ellas, Uds. hayan dicho

PLUSCUAMPERFECTO DEL SUBJUNTIVO	yo hubiera dicho	nosotros(as) hubiéramos dicho
	tú hubieras dicho	*vosotros(as) hubierais dicho*
	él, ella, Ud. hubiera dicho	ellos, ellas, Uds. hubieran dicho

IMPERATIVO FORMAL	diga Ud.
	digan Uds.

IMPERATIVO FAMILIAR	di tú

Verbos irregulares

INFINITIVO	**empezar** *to begin*	
PARTICIPIO PRESENTE	empezando	
PRESENTE	yo empiezo tú empiezas él, ella, Ud. empieza	nosotros(as) empezamos *vosotros(as) empezáis* ellos, ellas, Uds. empiezan
PRETÉRITO	yo empecé tú empezaste él, ella, Ud. empezó	nosotros(as) empezamos *vosotros(as) empezasteis* ellos, ellas, Uds. empezaron
IMPERFECTO	yo empezaba tú empezabas él, ella, Ud. empezaba	nosotros(as) empezábamos *vosotros(as) empezabais* ellos, ellas, Uds. empezaban
FUTURO	yo empezaré tú empezarás él, ella, Ud. empezará	nosotros(as) empezaremos *vosotros(as) empezaréis* ellos, ellas, Uds. empezarán
POTENCIAL	yo empezaría tú empezarías él, ella, Ud. empezaría	nosotros(as) empezaríamos *vosotros(as) empezaríais* ellos, ellas, Uds. empezarían
PRESENTE PERFECTO	yo he empezado tú has empezado él, ella, Ud. ha empezado	nosotros(as) hemos empezado *vosotros(as) habéis empezado* ellos, ellas, Uds. han empezado
PLUSCUAMPERFECTO	yo había empezado tú habías empezado él, ella, Ud. había empezado	nosotros(as) habíamos empezado *vosotros(as) habíais empezado* ellos, ellas, Uds. habían empezado
CONDICIONAL PERFECTO	yo habría empezado tú habrías empezado él, ella, Ud. habría empezado	nosotros(as) habríamos empezado *vosotros(as) habríais empezado* ellos, ellas, Uds. habrían empezado
FUTURO PERFECTO	yo habré empezado tú habrás empezado él, ella, Ud. habrá empezado	nosotros(as) habremos empezado *vosotros(as) habréis empezado* ellos, ellas, Uds. habrán empezado
SUBJUNTIVO PRESENTE	yo empiece tú empieces él, ella, Ud. empiece	nosotros(as) empecemos *vosotros(as) empecéis* ellos, ellas, Uds. empiecen
SUBJUNTIVO IMPERFECTO	yo empezara tú empezaras él, ella, Ud. empezara	nosotros(as) empezáramos *vosotros(as) empezarais* ellos, ellas, Uds. empezaran
PRESENTE PERFECTO DEL SUBJUNTIVO	yo haya empezado tú hayas empezado él, ella, Ud. haya empezado	nosotros(as) hayamos empezado *vosotros(as) hayáis empezado* ellos, ellas, Uds. hayan empezado
PLUSCUAMPERFECTO DEL SUBJUNTIVO	yo hubiera empezado tú hubieras empezado él, ella, Ud. hubiera empezado	nosotros(as) hubiéramos empezado *vosotros(as) hubierais empezado* ellos, ellas, Uds. hubieran empezado
IMPERATIVO FORMAL	empiece Ud. empiecen Uds.	
IMPERATIVO FAMILIAR	empieza tú	

Verbos irregulares

INFINITIVO	**estar** *to be*	
PARTICIPIO PRESENTE	estando	
PRESENTE	yo estoy tú estás él, ella, Ud. está	nosotros(as) estamos *vosotros(as) estáis* ellos, ellas, Uds. están
PRETÉRITO	yo estuve tú estuviste él, ella, Ud. estuvo	nosotros(as) estuvimos *vosotros(as) estuvisteis* ellos, ellas, Uds. estuvieron
IMPERFECTO	yo estaba tú estabas él, ella, Ud. estaba	nosotros(as) estábamos *vosotros(as) estabais* ellos, ellas, Uds. estaban
FUTURO	yo estaré tú estarás él, ella, Ud. estará	nosotros(as) estaremos *vosotros(as) estaréis* ellos, ellas, Uds. estarán
POTENCIAL	yo estaría tú estarías él, ella, Ud. estaría	nosotros(as) estaríamos *vosotros(as) estaríais* ellos, ellas, Uds. estarían
PRESENTE PERFECTO	yo he estado tú has estado él, ella, Ud. ha estado	nosotros(as) hemos estado *vosotros(as) habéis estado* ellos, ellas, Uds. han estado
PLUSCUAMPERFECTO	yo había estado tú habías estado él, ella, Ud. había estado	nosotros(as) habíamos estado *vosotros(as) habíais estado* ellos, ellas, Uds. habían estado
CONDICIONAL PERFECTO	yo habría estado tú habrías estado él, ella, Ud. habría estado	nosotros(as) habríamos estado *vosotros(as) habríais estado* ellos, ellas, Uds. habrían estado
FUTURO PERFECTO	yo habré estado tú habrás estado él, ella, Ud. habrá estado	nosotros(as) habremos estado *vosotros(as) habréis estado* ellos, ellas, Uds. habrán estado
SUBJUNTIVO PRESENTE	yo esté tú estés él, ella, Ud. esté	nosotros(as) estemos *vosotros(as) estéis* ellos, ellas, Uds. estén
SUBJUNTIVO IMPERFECTO	yo estuviera tú estuvieras él, ella, Ud. estuviera	nosotros(as) estuviéramos *vosotros(as) estuvierais* ellos, ellas, Uds. estuvieran
PRESENTE PERFECTO DEL SUBJUNTIVO	yo haya estado tú hayas estado él, ella, Ud. haya estado	nosotros(as) hayamos estado *vosotros(as) hayáis estado* ellos, ellas, Uds. hayan estado
PLUSCUAMPERFECTO DEL SUBJUNTIVO	yo hubiera estado tú hubieras estado él, ella, Ud. hubiera estado	nosotros(as) hubiéramos estado *vosotros(as) hubierais estado* ellos, ellas, Uds. hubieran estado
IMPERATIVO FORMAL	esté Ud. estén Uds.	
IMPERATIVO FAMILIAR	está tú	

Verbos irregulares

INFINITIVO	**hacer** _to do_	
PARTICIPIO PRESENTE	haciendo	
PRESENTE	yo hago tú haces él, ella, Ud. hace	nosotros(as) hacemos vosotros(as) hacéis ellos, ellas, Uds. hacen
PRETÉRITO	yo hice tú hiciste él, ella, Ud. hizo	nosotros(as) hicimos vosotros(as) hicisteis ellos, ellas, Uds. hicieron
IMPERFECTO	yo hacía tú hacías él, ella, Ud. hacía	nosotros(as) hacíamos vosotros(as) hacíais ellos, ellas, Uds. hacían
FUTURO	yo haré tú harás él, ella, Ud. hará	nosotros(as) haremos vosotros(as) haréis ellos, ellas, Uds. harán
POTENCIAL	yo haría tú harías él, ella, Ud. haría	nosotros(as) haríamos vosotros(as) haríais ellos, ellas, Uds. harían
PRESENTE PERFECTO	yo he hecho tú has hecho él, ella, Ud. ha hecho	nosotros(as) hemos hecho vosotros(as) habéis hecho ellos, ellas, Uds. han hecho
PLUSCUAMPERFECTO	yo había hecho tú habías hecho él, ella, Ud. había hecho	nosotros(as) habíamos hecho vosotros(as) habíais hecho ellos, ellas, Uds. habían hecho
CONDICIONAL PERFECTO	yo habría hecho tú habrías hecho él, ella, Ud. habría hecho	nosotros(as) habríamos hecho vosotros(as) habríais hecho ellos, ellas, Uds. habrían hecho
FUTURO PERFECTO	yo habré hecho tú habrás hecho él, ella, Ud. habrá hecho	nosotros(as) habremos hecho vosotros(as) habréis hecho ellos, ellas, Uds. habrán hecho
SUBJUNTIVO PRESENTE	yo haga tú hagas él, ella, Ud. haga	nosotros(as) hagamos vosotros(as) hagáis ellos, ellas, Uds. hagan
SUBJUNTIVO IMPERFECTO	yo hiciera tú hicieras él, ella, Ud. hiciera	nosotros(as) hiciéramos vosotros(as) hicierais ellos, ellas, Uds. hicieran
PRESENTE PERFECTO DEL SUBJUNTIVO	yo haya hecho tú hayas hecho él, ella, Ud. haya hecho	nosotros(as) hayamos hecho vosotros(as) hayáis hecho ellos, ellas, Uds. hayan hecho
PLUSCUAMPERFECTO DEL SUBJUNTIVO	yo hubiera hecho tú hubieras hecho él, ella, Ud. hubiera hecho	nosotros(as) hubiéramos hecho vosotros(as) hubierais hecho ellos, ellas, Uds. hubieran hecho
IMPERATIVO FORMAL	haga Ud. hagan Uds.	
IMPERATIVO FAMILIAR	haz tú	

Verbos irregulares

INFINITIVO	**ir** *to go*	
PARTICIPIO PRESENTE	yendo	
PRESENTE	yo voy	nosotros(as) vamos
	tú vas	*vosotros(as) vais*
	él, ella, Ud. va	ellos, ellas, Uds. van
PRETÉRITO	yo fui	nosotros(as) fuimos
	tú fuiste	*vosotros(as) fuisteis*
	él, ella, Ud. fue	ellos, ellas, Uds. fueron
IMPERFECTO	yo iba	nosotros(as) íbamos
	tú ibas	*vosotros(as) ibais*
	él, ella, Ud. iba	ellos, ellas, Uds. iban
FUTURO	yo iré	nosotros(as) iremos
	tú irás	*vosotros(as) iréis*
	él, ella, Ud. irá	ellos, ellas, Uds. irán
POTENCIAL	yo iría	nosotros(as) iríamos
	tú irías	*vosotros(as) iríais*
	él, ella, Ud. iría	ellos, ellas, Uds. irían
PRESENTE PERFECTO	yo he ido	nosotros(as) hemos ido
	tú has ido	*vosotros(as) habéis ido*
	él, ella, Ud. ha ido	ellos, ellas, Uds. han ido
PLUSCUAMPERFECTO	yo había ido	nosotros(as) habíamos ido
	tú habías ido	*vosotros(as) habíais ido*
	él, ella, Ud. había ido	ellos, ellas, Uds. habían ido
CONDICIONAL PERFECTO	yo habría ido	nosotros(as) habríamos ido
	tú habrías ido	*vosotros(as) habríais ido*
	él, ella, Ud. habría ido	ellos, ellas, Uds. habrían ido
FUTURO PERFECTO	yo habré ido	nosotros(as) habremos ido
	tú habrás ido	*vosotros(as) habréis ido*
	él, ella, Ud. habrá ido	ellos, ellas, Uds. habrán ido
SUBJUNTIVO PRESENTE	yo vaya	nosotros(as) vayamos
	tú vayas	*vosotros(as) vayáis*
	él, ella, Ud. vaya	ellos, ellas, Uds. vayan
SUBJUNTIVO IMPERFECTO	yo fuera	nosotros(as) fuéramos
	tú fueras	*vosotros(as) fuerais*
	él, ella, Ud. fuera	ellos, ellas, Uds. fueran
PRESENTE PERFECTO DEL SUBJUNTIVO	yo haya ido	nosotros(as) hayamos ido
	tú hayas ido	*vosotros(as) hayáis ido*
	él, ella, Ud. haya ido	ellos, ellas, Uds. hayan ido
PLUSCUAMPERFECTO DEL SUBJUNTIVO	yo hubiera ido	nosotros(as) hubiéramos ido
	tú hubieras ido	*vosotros(as) hubierais ido*
	él, ella, Ud. hubiera ido	ellos, ellas, Uds. hubieran ido
IMPERATIVO FORMAL	vaya Ud.	
	vayan Uds.	
IMPERATIVO FAMILIAR	ve tú	

Verbos irregulares

INFINITIVO	**jugar** *to play*	
PARTICIPIO PRESENTE	jugando	
PRESENTE	yo juego tú juegas él, ella, Ud. juega	nosotros(as) jugamos vosotros(as) jugáis ellos, ellas, Uds. juegan
PRETÉRITO	yo jugué tú jugaste él, ella, Ud. jugó	nosotros(as) jugamos vosotros(as) jugasteis ellos, ellas, Uds. jugaron
IMPERFECTO	yo jugaba tú jugabas él, ella, Ud. jugaba	nosotros(as) jugábamos vosotros(as) jugabais ellos, ellas, Uds. jugaban
FUTURO	yo jugaré tú jugarás él, ella, Ud. jugará	nosotros(as) jugaremos vosotros(as) jugaréis ellos, ellas, Uds. jugarán
POTENCIAL	yo jugaría tú jugarías él, ella, Ud. jugaría	nosotros(as) jugaríamos vosotros(as) jugaríais ellos, ellas, Uds. jugarían
PRESENTE PERFECTO	yo he jugado tú has jugado él, ella, Ud. ha jugado	nosotros(as) hemos jugado vosotros(as) habéis jugado ellos, ellas, Uds. han jugado
PLUSCUAMPERFECTO	yo había jugado tú habías jugado él, ella, Ud. había jugado	nosotros(as) habíamos jugado vosotros(as) habíais jugado ellos, ellas, Uds. habían jugado
CONDICIONAL PERFECTO	yo habría jugado tú habrías jugado él, ella, Ud. habría jugado	nosotros(as) habríamos jugado vosotros(as) habríais jugado ellos, ellas, Uds. habrían jugado
FUTURO PERFECTO	yo habré jugado tú habrás jugado él, ella, Ud. habrá jugado	nosotros(as) habremos jugado vosotros(as) habréis jugado ellos, ellas, Uds. habrán jugado
SUBJUNTIVO PRESENTE	yo juegue tú juegues él, ella, Ud. juegue	nosotros(as) juguemos vosotros(as) juguéis ellos, ellas, Uds. jueguen
SUBJUNTIVO IMPERFECTO	yo jugara tú jugaras él, ella, Ud. jugara	nosotros(as) jugáramos vosotros(as) jugarais ellos, ellas, Uds. jugaran
PRESENTE PERFECTO DEL SUBJUNTIVO	yo haya jugado tú hayas jugado él, ella, Ud. haya jugado	nosotros(as) hayamos jugado vosotros(as) hayáis jugado ellos, ellas, Uds. hayan jugado
PLUSCUAMPERFECTO DEL SUBJUNTIVO	yo hubiera jugado tú hubieras jugado él, ella, Ud. hubiera jugado	nosotros(as) hubiéramos jugado vosotros(as) hubierais jugado ellos, ellas, Uds. hubieran jugado
IMPERATIVO FORMAL	juegue Ud. jueguen Uds.	
IMPERATIVO FAMILIAR	juega tú	

Verbos irregulares

INFINITIVO	**leer** _to read_	
PARTICIPIO PRESENTE	leyendo	
PRESENTE	yo leo tú lees él, ella, Ud. lee	nosotros(as) leemos _vosotros(as) leéis_ ellos, ellas, Uds. leen
PRETÉRITO	yo leí tú leíste él, ella, Ud. leyó	nosotros(as) leímos _vosotros(as) leísteis_ ellos, ellas, Uds. leyeron
IMPERFECTO	yo leía tú leías él, ella, Ud. leía	nosotros(as) leíamos _vosotros(as) leíais_ ellos, ellas, Uds. leían
FUTURO	yo leeré tú leerás él, ella, Ud. leerá	nosotros(as) leeremos _vosotros(as) leeréis_ ellos, ellas, Uds. leerán
POTENCIAL	yo leería tú leerías él, ella, Ud. leería	nosotros(as) leeríamos _vosotros(as) leeríais_ ellos, ellas, Uds. leerían
PRESENTE PERFECTO	yo he leído tú has leído él, ella, Ud. ha leído	nosotros(as) hemos leído _vosotros(as) habéis leído_ ellos, ellas, Uds. han leído
PLUSCUAMPERFECTO	yo había leído tú habías leído él, ella, Ud. había leído	nosotros(as) habíamos leído _vosotros(as) habíais leído_ ellos, ellas, Uds. habían leído
CONDICIONAL PERFECTO	yo habría leído tú habrías leído él, ella, Ud. habría leído	nosotros(as) habríamos leído _vosotros(as) habríais leído_ ellos, ellas, Uds. habrían leído
FUTURO PERFECTO	yo habré leído tú habrás leído él, ella, Ud. habrá leído	nosotros(as) habremos leído _vosotros(as) habréis leído_ ellos, ellas, Uds. habrán leído
SUBJUNTIVO PRESENTE	yo lea tú leas él, ella, Ud. lea	nosotros(as) leamos _vosotros(as) leáis_ ellos, ellas, Uds. lean
SUBJUNTIVO IMPERFECTO	yo leyera tú leyeras él, ella, Ud. leyera	nosotros(as) leyéramos _vosotros(as) leyerais_ ellos, ellas, Uds. leyeran
PRESENTE PERFECTO DEL SUBJUNTIVO	yo haya leído tú hayas leído él, ella, Ud. haya leído	nosotros(as) hayamos leído _vosotros(as) hayáis leído_ ellos, ellas, Uds. hayan leído
PLUSCUAMPERFECTO DEL SUBJUNTIVO	yo hubiera leído tú hubieras leído él, ella, Ud. hubiera leído	nosotros(as) hubiéramos leído _vosotros(as) hubierais leído_ ellos, ellas, Uds. hubieran leído
IMPERATIVO FORMAL	lea Ud. lean Uds.	
IMPERATIVO FAMILIAR	lee tú	

Verbos irregulares

INFINITIVO	**oír** *to hear*	
PARTICIPIO PRESENTE	oyendo	
PRESENTE	yo oigo tú oyes él, ella, Ud. oye	nosotros(as) oímos *vosotros(as) oís* ellos, ellas, Uds. oyen
PRETÉRITO	yo oí tú oíste él, ella, Ud. oyó	nosotros(as) oímos *vosotros(as) oísteis* ellos, ellas, Uds. oyeron
IMPERFECTO	yo oía tú oías él, ella, Ud. oía	nosotros(as) oíamos *vosotros(as) oíais* ellos, ellas, Uds. oían
FUTURO	yo oiré tú oirás él, ella, Ud. oirá	nosotros(as) oiremos *vosotros(as) oiréis* ellos, ellas, Uds. oirán
POTENCIAL	yo oiría tú oirías él, ella, Ud. oiría	nosotros(as) oiríamos *vosotros(as) oiríais* ellos, ellas, Uds. oirían
PRESENTE PERFECTO	yo he oído tú has oído él, ella, Ud. ha oído	nosotros(as) hemos oído *vosotros(as) habéis oído* ellos, ellas, Uds. han oído
PLUSCUAMPERFECTO	yo había oído tú habías oído él, ella, Ud. había oído	nosotros(as) habíamos oído *vosotros(as) habíais oído* ellos, ellas, Uds. habían oído
CONDICIONAL PERFECTO	yo habría oído tú habrías oído él, ella, Ud. habría oído	nosotros(as) habríamos oído *vosotros(as) habríais oído* ellos, ellas, Uds. habrían oído
FUTURO PERFECTO	yo habré oído tú habrás oído él, ella, Ud. habrá oído	nosotros(as) habremos oído *vosotros(as) habréis oído* ellos, ellas, Uds. habrán oído
SUBJUNTIVO PRESENTE	yo oiga tú oigas él, ella, Ud. oiga	nosotros(as) oigamos *vosotros(as) oigáis* ellos, ellas, Uds. oigan
SUBJUNTIVO IMPERFECTO	yo oyera tú oyeras él, ella, Ud. oyera	nosotros(as) oyéramos *vosotros(as) oyerais* ellos, ellas, Uds. oyeran
PRESENTE PERFECTO DEL SUBJUNTIVO	yo haya oído tú hayas oído él, ella, Ud. haya oído	nosotros(as) hayamos oído *vosotros(as) hayáis oído* ellos, ellas, Uds. hayan oído
PLUSCUAMPERFECTO DEL SUBJUNTIVO	yo hubiera oído tú hubieras oído él, ella, Ud. hubiera oído	nosotros(as) hubiéramos oído *vosotros(as) hubierais oído* ellos, ellas, Uds. hubieran oído
IMPERATIVO FORMAL	oiga Ud. oigan Uds.	
IMPERATIVO FAMILIAR	oye tú	

Verbos irregulares

INFINITIVO	**poder** *to be able*	
PARTICIPIO PRESENTE	pudiendo	
PRESENTE	yo puedo tú puedes él, ella, Ud. puede	nosotros(as) podemos *vosotros(as) podéis* ellos, ellas, Uds. pueden
PRETÉRITO	yo pude tú pudiste él, ella, Ud. pudo	nosotros(as) pudimos *vosotros(as) pudisteis* ellos, ellas, Uds. pudieron
IMPERFECTO	yo podía tú podías él, ella, Ud. podía	nosotros(as) podíamos *vosotros(as) podíais* ellos, ellas, Uds. podían
FUTURO	yo podré tú podrás él, ella, Ud. podrá	nosotros(as) podremos *vosotros(as) podréis* ellos, ellas, Uds. podrán
POTENCIAL	yo podría tú podrías él, ella, Ud. podría	nosotros(as) podríamos *vosotros(as) podríais* ellos, ellas, Uds. podrían
PRESENTE PERFECTO	yo he podido tú has podido él, ella, Ud. ha podido	nosotros(as) hemos podido *vosotros(as) habéis podido* ellos, ellas, Uds. han podido
PLUSCUAMPERFECTO	yo había podido tú habías podido él, ella, Ud. había podido	nosotros(as) habíamos podido *vosotros(as) habíais podido* ellos, ellas, Uds. habían podido
CONDICIONAL PERFECTO	yo habría podido tú habrías podido él, ella, Ud. habría podido	nosotros(as) habríamos podido *vosotros(as) habríais podido* ellos, ellas, Uds. habrían podido
FUTURO PERFECTO	yo habré podido tú habrás podido él, ella, Ud. habrá podido	nosotros(as) habremos podido *vosotros(as) habréis podido* ellos, ellas, Uds. habrán podido
SUBJUNTIVO PRESENTE	yo pueda tú puedas él, ella, Ud. pueda	nosotros(as) podamos *vosotros(as) podáis* ellos, ellas, Uds. puedan
SUBJUNTIVO IMPERFECTO	yo pudiera tú pudieras él, ella, Ud. pudiera	nosotros(as) pudiéramos *vosotros(as) pudierais* ellos, ellas, Uds. pudieran
PRESENTE PERFECTO DEL SUBJUNTIVO	yo haya podido tú hayas podido él, ella, Ud. haya podido	nosotros(as) hayamos podido *vosotros(as) hayáis podido* ellos, ellas, Uds. hayan podido
PLUSCUAMPERFECTO DEL SUBJUNTIVO	yo hubiera podido tú hubieras podido él, ella, Ud. hubiera podido	nosotros(as) hubiéramos podido *vosotros(as) hubierais podido* ellos, ellas, Uds. hubieran podido
IMPERATIVO FORMAL		
IMPERATIVO FAMILIAR		

Verbos irregulares

INFINITIVO	**poner** *to put*	
PARTICIPIO PRESENTE	poniendo	
PRESENTE	yo pongo tú pones él, ella, Ud. pone	nosotros(as) ponemos vosotros(as) ponéis ellos, ellas, Uds. ponen
PRETÉRITO	yo puse tú pusiste él, ella, Ud. puso	nosotros(as) pusimos vosotros(as) pusisteis ellos, ellas, Uds. pusieron
IMPERFECTO	yo ponía tú ponías él, ella, Ud. ponía	nosotros(as) poníamos vosotros(as) poníais ellos, ellas, Uds. ponían
FUTURO	yo pondré tú pondrás él, ella, Ud. pondrá	nosotros(as) pondremos vosotros(as) pondréis ellos, ellas, Uds. pondrán
POTENCIAL	yo pondría tú pondrías él, ella, Ud. pondría	nosotros(as) pondríamos vosotros(as) pondríais ellos, ellas, Uds. pondrían
PRESENTE PERFECTO	yo he puesto tú has puesto él, ella, Ud. ha puesto	nosotros(as) hemos puesto vosotros(as) habéis puesto ellos, ellas, Uds. han puesto
PLUSCUAMPERFECTO	yo había puesto tú habías puesto él, ella, Ud. había puesto	nosotros(as) habíamos puesto vosotros(as) habíais puesto ellos, ellas, Uds. habían puesto
CONDICIONAL PERFECTO	yo habría puesto tú habrías puesto él, ella, Ud. habría puesto	nosotros(as) habríamos puesto vosotros(as) habríais puesto ellos, ellas, Uds. habrían puesto
FUTURO PERFECTO	yo habré puesto tú habrás puesto él, ella, Ud. habrá puesto	nosotros(as) habremos puesto vosotros(as) habréis puesto ellos, ellas, Uds. habrán puesto
SUBJUNTIVO PRESENTE	yo ponga tú pongas él, ella, Ud. ponga	nosotros(as) pongamos vosotros(as) pongáis ellos, ellas, Uds. pongan
SUBJUNTIVO IMPERFECTO	yo pusiera tú pusieras él, ella, Ud. pusiera	nosotros(as) pusiéramos vosotros(as) pusierais ellos, ellas, Uds. pusieran
PRESENTE PERFECTO DEL SUBJUNTIVO	yo haya puesto tú hayas puesto él, ella, Ud. haya puesto	nosotros(as) hayamos puesto vosotros(as) hayáis puesto ellos, ellas, Uds. hayan puesto
PLUSCUAMPERFECTO DEL SUBJUNTIVO	yo hubiera puesto tú hubieras puesto él, ella, Ud. hubiera puesto	nosotros(as) hubiéramos puesto vosotros(as) hubierais puesto ellos, ellas, Uds. hubieran puesto
IMPERATIVO FORMAL	ponga Ud. pongan Uds.	
IMPERATIVO FAMILIAR	pon tú	

Verbos irregulares

INFINITIVO	querer *to want, to love*	
PARTICIPIO PRESENTE	queriendo	
PRESENTE	yo quiero tú quieres él, ella, Ud. quiere	nosotros(as) queremos *vosotros(as) queréis* ellos, ellas, Uds. quieren
PRETÉRITO	yo quise tú quisiste él, ella, Ud. quiso	nosotros(as) quisimos *vosotros(as) quisisteis* ellos, ellas, Uds. quisieron
IMPERFECTO	yo quería tú querías él, ella, Ud. quería	nosotros(as) queríamos *vosotros(as) queríais* ellos, ellas, Uds. querían
FUTURO	yo querré tú querrás él, ella, Ud. querrá	nosotros(as) querremos *vosotros(as) querréis* ellos, ellas, Uds. querrán
POTENCIAL	yo querría tú querrías él, ella, Ud. querría	nosotros(as) querríamos *vosotros(as) querríais* ellos, ellas, Uds. querrían
PRESENTE PERFECTO	yo he querido tú has querido él, ella, Ud. ha querido	nosotros(as) hemos querido *vosotros(as) habéis querido* ellos, ellas, Uds. han querido
PLUSCUAMPERFECTO	yo había querido tú habías querido él, ella, Ud. había querido	nosotros(as) habíamos querido *vosotros(as) habíais querido* ellos, ellas, Uds. habían querido
CONDICIONAL PERFECTO	yo habría querido tú habrías querido él, ella, Ud. habría querido	nosotros(as) habríamos querido *vosotros(as) habríais querido* ellos, ellas, Uds. habrían querido
FUTURO PERFECTO	yo habré querido tú habrás querido él, ella, Ud. habrá querido	nosotros(as) habremos querido *vosotros(as) habréis querido* ellos, ellas, Uds. habrán querido
SUBJUNTIVO PRESENTE	yo quiera tú quieras él, ella, Ud. quiera	nosotros(as) queramos *vosotros(as) queráis* ellos, ellas, Uds. quieran
SUBJUNTIVO IMPERFECTO	yo quisiera tú quisieras él, ella, Ud. quisiera	nosotros(as) quisiéramos *vosotros(as) quisierais* ellos, ellas, Uds. quisieran
PRESENTE PERFECTO DEL SUBJUNTIVO	yo haya querido tú hayas querido él, ella, Ud. haya querido	nosotros(as) hayamos querido *vosotros(as) hayáis querido* ellos, ellas, Uds. hayan querido
PLUSCUAMPERFECTO DEL SUBJUNTIVO	yo hubiera querido tú hubieras querido él, ella, Ud. hubiera querido	nosotros(as) hubiéramos querido *vosotros(as) hubierais querido* ellos, ellas, Uds. hubieran querido
IMPERATIVO FORMAL	quiera Ud. quieran Uds.	
IMPERATIVO FAMILIAR	quiere tú	

Verbos irregulares

INFINITIVO	**saber** *to know*	
PARTICIPIO PRESENTE	sabiendo	
PRESENTE	yo sé tú sabes él, ella, Ud. sabe	nosotros(as) sabemos *vosotros(as) sabéis* ellos, ellas, Uds. saben
PRETÉRITO	yo supe tú supiste él, ella, Ud. supo	nosotros(as) supimos *vosotros(as) supisteis* ellos, ellas, Uds. supieron
IMPERFECTO	yo sabía tú sabías él, ella, Ud. sabía	nosotros(as) sabíamos *vosotros(as) sabíais* ellos, ellas, Uds. sabían
FUTURO	yo sabré tú sabrás él, ella, Ud. sabrá	nosotros(as) sabremos *vosotros(as) sabréis* ellos, ellas, Uds. sabrán
POTENCIAL	yo sabría tú sabrías él, ella, Ud. sabría	nosotros(as) sabríamos *vosotros(as) sabríais* ellos, ellas, Uds. sabrían
PRESENTE PERFECTO	yo he sabido tú has sabido él, ella, Ud. ha sabido	nosotros(as) hemos sabido *vosotros(as) habéis sabido* ellos, ellas, Uds. han sabido
PLUSCUAMPERFECTO	yo había sabido tú habías sabido él, ella, Ud. había sabido	nosotros(as) habíamos sabido *vosotros(as) habíais sabido* ellos, ellas, Uds. habían sabido
CONDICIONAL PERFECTO	yo habría sabido tú habrías sabido él, ella, Ud. habría sabido	nosotros(as) habríamos sabido *vosotros(as) habríais sabido* ellos, ellas, Uds. habrían sabido
FUTURO PERFECTO	yo habré sabido tú habrás sabido él, ella, Ud. habrá sabido	nosotros(as) habremos sabido *vosotros(as) habréis sabido* ellos, ellas, Uds. habrán sabido
SUBJUNTIVO PRESENTE	yo sepa tú sepas él, ella, Ud. sepa	nosotros(as) sepamos *vosotros(as) sepáis* ellos, ellas, Uds. sepan
SUBJUNTIVO IMPERFECTO	yo supiera tú supieras él, ella, Ud. supiera	nosotros(as) supiéramos *vosotros(as) supierais* ellos, ellas, Uds. supieran
PRESENTE PERFECTO DEL SUBJUNTIVO	yo haya sabido tú hayas sabido él, ella, Ud. haya sabido	nosotros(as) hayamos sabido *vosotros(as) hayáis sabido* ellos, ellas, Uds. hayan sabido
PLUSCUAMPERFECTO DEL SUBJUNTIVO	yo hubiera sabido tú hubieras sabido él, ella, Ud. hubiera sabido	nosotros(as) hubiéramos sabido *vosotros(as) hubierais sabido* ellos, ellas, Uds. hubieran sabido
IMPERATIVO FORMAL	sepa Ud. sepan Uds.	
IMPERATIVO FAMILIAR	sabe tú	

Verbos irregulares

INFINITIVO	**salir** _to leave_	
PARTICIPIO PRESENTE	saliendo	
PRESENTE	yo salgo tú sales él, ella, Ud. sale	nosotros(as) salimos _vosotros(as) salís_ ellos, ellas, Uds. salen
PRETÉRITO	yo salí tú saliste él, ella, Ud. salió	nosotros(as) salimos _vosotros(as) salisteis_ ellos, ellas, Uds. salieron
IMPERFECTO	yo salí tú saliste él, ella, Ud. salió	nosotros(as) salimos _vosotros(as) salisteis_ ellos, ellas, Uds. salieron
FUTURO	yo saldré tú saldrás él, ella, Ud. saldrá	nosotros(as) saldremos _vosotros(as) saldréis_ ellos, ellas, Uds. saldrán
POTENCIAL	yo saldría tú saldrías él, ella, Ud. saldría	nosotros(as) saldríamos _vosotros(as) saldríais_ ellos, ellas, Uds. saldrían
PRESENTE PERFECTO	yo he salido tú has salido él, ella, Ud. ha salido	nosotros(as) hemos salido _vosotros(as) habéis salido_ ellos, ellas, Uds. han salido
PLUSCUAMPERFECTO	yo había salido tú habías salido él, ella, Ud. había salido	nosotros(as) habíamos salido _vosotros(as) habíais salido_ ellos, ellas, Uds. habían salido
CONDICIONAL PERFECTO	yo habría salido tú habrías salido él, ella, Ud. habría salido	nosotros(as) habríamos salido _vosotros(as) habríais salido_ ellos, ellas, Uds. habrían salido
FUTURO PERFECTO	yo habré salido tú habrás salido él, ella, Ud. habrá salido	nosotros(as) habremos salido _vosotros(as) habréis salido_ ellos, ellas, Uds. habrán salido
SUBJUNTIVO PRESENTE	yo salga tú salgas él, ella, Ud. salga	nosotros(as) salgamos _vosotros(as) salgáis_ ellos, ellas, Uds. salgan
SUBJUNTIVO IMPERFECTO	yo saliera tú salieras él, ella, Ud. saliera	nosotros(as) saliéramos _vosotros(as) salierais_ ellos, ellas, Uds. salieran
PRESENTE PERFECTO DEL SUBJUNTIVO	yo haya salido tú hayas salido él, ella, Ud. haya salido	nosotros(as) hayamos salido _vosotros(as) hayáis salido_ ellos, ellas, Uds. hayan salido
PLUSCUAMPERFECTO DEL SUBJUNTIVO	yo hubiera salido tú hubieras salido él, ella, Ud. hubiera salido	nosotros(as) hubiéramos salido _vosotros(as) hubierais salido_ ellos, ellas, Uds. hubieran salido
IMPERATIVO FORMAL	salga Ud. salgan Uds.	
IMPERATIVO FAMILIAR	sal tú	

Verbos irregulares

INFINITIVO	**ser** *to be*	
PARTICIPIO PRESENTE	siendo	
PRESENTE	yo soy tú eres él, ella, Ud. es	nosotros(as) somos *vosotros(as) sois* ellos, ellas, Uds. son
PRETÉRITO	yo fui tú fuiste él, ella, Ud. fue	nosotros(as) fuimos *vosotros(as) fuisteis* ellos, ellas, Uds. fueron
IMPERFECTO	yo era tú eras él, ella, Ud. era	nosotros(as) éramos *vosotros(as) erais* ellos, ellas, Uds. eran
FUTURO	yo seré tú serás él, ella, Ud. será	nosotros(as) seremos *vosotros(as) seréis* ellos, ellas, Uds. serán
POTENCIAL	yo sería tú serías él, ella, Ud. sería	nosotros(as) seríamos *vosotros(as) seríais* ellos, ellas, Uds. serían
PRESENTE PERFECTO	yo he sido tú has sido él, ella, Ud. ha sido	nosotros(as) hemos sido *vosotros(as) habéis sido* ellos, ellas, Uds. han sido
PLUSCUAMPERFECTO	yo había sido tú habías sido él, ella, Ud. había sido	nosotros(as) habíamos sido *vosotros(as) habíais sido* ellos, ellas, Uds. habían sido
CONDICIONAL PERFECTO	yo habría sido tú habrías sido él, ella, Ud. habría sido	nosotros(as) habríamos sido *vosotros(as) habríais sido* ellos, ellas, Uds. habrían sido
FUTURO PERFECTO	yo habré sido tú habrás sido él, ella, Ud. habrá sido	nosotros(as) habremos sido *vosotros(as) habréis sido* ellos, ellas, Uds. habrán sido
SUBJUNTIVO PRESENTE	yo sea tú seas él, ella, Ud. sea	nosotros(as) seamos *vosotros(as) seáis* ellos, ellas, Uds. sean
SUBJUNTIVO IMPERFECTO	yo fuera tú fueras él, ella, Ud. fuera	nosotros(as) fuéramos *vosotros(as) fuerais* ellos, ellas, Uds. fueran
PRESENTE PERFECTO DEL SUBJUNTIVO	yo haya sido tú hayas sido él, ella, Ud. haya sido	nosotros(as) hayamos sido *vosotros(as) hayáis sido* ellos, ellas, Uds. hayan sido
PLUSCUAMPERFECTO DEL SUBJUNTIVO	yo hubiera sido tú hubieras sido él, ella, Ud. hubiera sido	nosotros(as) hubiéramos sido *vosotros(as) hubierais sido* ellos, ellas, Uds. hubieran sido
IMPERATIVO FORMAL	sea Ud. sean Uds.	
IMPERATIVO FAMILIAR	sé tú	

Verbos irregulares

INFINITIVO	**tener** *to have*	
PARTICIPIO PRESENTE	teniendo	
PRESENTE	yo tengo tú tienes él, ella, Ud. tiene	nosotros(as) tenemos *vosotros(as) tenéis* ellos, ellas, Uds. tienen
PRETÉRITO	yo tuve tú tuviste él, ella, Ud. tuvo	nosotros(as) tuvimos *vosotros(as) tuvisteis* ellos, ellas, Uds. tuvieron
IMPERFECTO	yo tenía tú tenías él, ella, Ud. tenía	nosotros(as) teníamos *vosotros(as) teníais* ellos, ellas, Uds. tenían
FUTURO	yo tendré tú tendrás él, ella, Ud. tendrá	nosotros(as) tendremos *vosotros(as) tendréis* ellos, ellas, Uds. tendrán
POTENCIAL	yo tendría tú tendrías él, ella, Ud. tendría	nosotros(as) tendríamos *vosotros(as) tendríais* ellos, ellas, Uds. tendrían
PRESENTE PERFECTO	yo he tenido tú has tenido él, ella, Ud. ha tenido	nosotros(as) hemos tenido *vosotros(as) habéis tenido* ellos, ellas, Uds. han tenido
PLUSCUAMPERFECTO	yo había tenido tú habías tenido él, ella, Ud. había tenido	nosotros(as) habíamos tenido *vosotros(as) habíais tenido* ellos, ellas, Uds. habían tenido
CONDICIONAL PERFECTO	yo habría tenido tú habrías tenido él, ella, Ud. habría tenido	nosotros(as) habríamos tenido *vosotros(as) habríais tenido* ellos, ellas, Uds. habrían tenido
FUTURO PERFECTO	yo habré tenido tú habrás tenido él, ella, Ud. habrá tenido	nosotros(as) habremos tenido *vosotros(as) habréis tenido* ellos, ellas, Uds. habrán tenido
SUBJUNTIVO PRESENTE	yo tenga tú tengas él, ella, Ud. tenga	nosotros(as) tengamos *vosotros(as) tengáis* ellos, ellas, Uds. tengan
SUBJUNTIVO IMPERFECTO	yo tuviera tú tuvieras él, ella, Ud. tuviera	nosotros(as) tuviéramos *vosotros(as) tuvierais* ellos, ellas, Uds. tuvieran
PRESENTE PERFECTO DEL SUBJUNTIVO	yo haya tenido tú hayas tenido él, ella, Ud. haya tenido	nosotros(as) hayamos tenido *vosotros(as) hayáis tenido* ellos, ellas, Uds. hayan tenido
PLUSCUAMPERFECTO DEL SUBJUNTIVO	yo hubiera tenido tú hubieras tenido él, ella, Ud. hubiera tenido	nosotros(as) hubiéramos tenido *vosotros(as) hubierais tenido* ellos, ellas, Uds. hubieran tenido
IMPERATIVO FORMAL	tenga Ud. tengan Uds.	
IMPERATIVO FAMILIAR	ten tú	

Verbos irregulares

INFINITIVO	**traer** *to bring*	
PARTICIPIO PRESENTE	trayendo	
PRESENTE	yo traigo tú traes él, ella, Ud. trae	nosotros(as) traemos *vosotros(as) traéis* ellos, ellas, Uds. traen
PRETÉRITO	yo traje tú trajiste él, ella, Ud. trajo	nosotros(as) trajimos *vosotros(as) trajisteis* ellos, ellas, Uds. trajeron
IMPERFECTO	yo traía tú traías él, ella, Ud. traía	nosotros(as) traíamos *vosotros(as) traíais* ellos, ellas, Uds. traían
FUTURO	yo traeré tú traerás él, ella, Ud. traerá	nosotros(as) traeremos *vosotros(as) traeréis* ellos, ellas, Uds. traerán
POTENCIAL	yo traería tú traerías él, ella, Ud. traería	nosotros(as) traeríamos *vosotros(as) traeríais* ellos, ellas, Uds. traerían
PRESENTE PERFECTO	yo he traído tú has traído él, ella, Ud. ha traído	nosotros(as) hemos traído *vosotros(as) habéis traído* ellos, ellas, Uds. han traído
PLUSCUAMPERFECTO	yo había traído tú habías traído él, ella, Ud. había traído	nosotros(as) habíamos traído *vosotros(as) habíais traído* ellos, ellas, Uds. habían traído
CONDICIONAL PERFECTO	yo habría traído tú habrías traído él, ella, Ud. habría traído	nosotros(as) habríamos traído *vosotros(as) habríais traído* ellos, ellas, Uds. habrían traído
FUTURO PERFECTO	yo habré traído tú habrás traído él, ella, Ud. habrá traído	nosotros(as) habremos traído *vosotros(as) habréis traído* ellos, ellas, Uds. habrán traído
SUBJUNTIVO PRESENTE	yo traiga tú traigas él, ella, Ud. traiga	nosotros(as) traigamos *vosotros(as) traigáis* ellos, ellas, Uds. traigan
SUBJUNTIVO IMPERFECTO	yo trajera tú trajeras él, ella, Ud. trajera	nosotros(as) trajéramos *vosotros(as) trajerais* ellos, ellas, Uds. trajeran
PRESENTE PERFECTO DEL SUBJUNTIVO	yo haya traído tú hayas traído él, ella, Ud. haya traído	nosotros(as) hayamos traído *vosotros(as) hayáis traído* ellos, ellas, Uds. hayan traído
PLUSCUAMPERFECTO DEL SUBJUNTIVO	yo hubiera traído tú hubieras traído él, ella, Ud. hubiera traído	nosotros(as) hubiéramos traído *vosotros(as) hubierais traído* ellos, ellas, Uds. hubieran traído
IMPERATIVO FORMAL	traiga Ud. traigan Uds.	
IMPERATIVO FAMILIAR	trae tú	

Verbos irregulares

INFINITIVO	**venir** *to come*	
PARTICIPIO PRESENTE	viniendo	
PRESENTE	yo vengo tú vienes él, ella, Ud. viene	nosotros(as) venimos *vosotros(as) venís* ellos, ellas, Uds. vienen
PRETÉRITO	yo vine tú viniste él, ella, Ud. vino	nosotros(as) vinimos *vosotros(as) vinisteis* ellos, ellas, Uds. vinieron
IMPERFECTO	yo venía tú venías él, ella, Ud. venía	nosotros(as) veníamos *vosotros(as) veníais* ellos, ellas, Uds. venían
FUTURO	yo vendré tú vendrás él, ella, Ud. vendrá	nosotros(as) vendremos *vosotros(as) vendréis* ellos, ellas, Uds. vendrán
POTENCIAL	yo vendría tú vendrías él, ella, Ud. vendría	nosotros(as) vendríamos *vosotros(as) vendríais* ellos, ellas, Uds. vendrían
PRESENTE PERFECTO	yo he venido tú has venido él, ella, Ud. ha venido	nosotros(as) hemos venido *vosotros(as) habéis venido* ellos, ellas, Uds. han venido
PLUSCUAMPERFECTO	yo había venido tú habías venido él, ella, Ud. había venido	nosotros(as) habíamos venido *vosotros(as) habíais venido* ellos, ellas, Uds. habían venido
CONDICIONAL PERFECTO	yo habría venido tú habrías venido él, ella, Ud. habría venido	nosotros(as) habríamos venido *vosotros(as) habríais venido* ellos, ellas, Uds. habrían venido
FUTURO PERFECTO	yo habré venido tú habrás venido él, ella, Ud. habrá venido	nosotros(as) habremos venido *vosotros(as) habréis venido* ellos, ellas, Uds. habrán venido
SUBJUNTIVO PRESENTE	yo venga tú vengas él, ella, Ud. venga	nosotros(as) vengamos *vosotros(as) vengáis* ellos, ellas, Uds. vengan
SUBJUNTIVO IMPERFECTO	yo viniera tú vinieras él, ella, Ud. viniera	nosotros(as) viniéramos *vosotros(as) vinierais* ellos, ellas, Uds. vinieran
PRESENTE PERFECTO DEL SUBJUNTIVO	yo haya venido tú hayas venido él, ella, Ud. haya venido	nosotros(as) hayamos venido *vosotros(as) hayáis venido* ellos, ellas, Uds. hayan venido
PLUSCUAMPERFECTO DEL SUBJUNTIVO	yo hubiera venido tú hubieras venido él, ella, Ud. hubiera venido	nosotros(as) hubiéramos venido *vosotros(as) hubierais venido* ellos, ellas, Uds. hubieran venido
IMPERATIVO FORMAL	venga Ud. vengan Uds.	
IMPERATIVO FAMILIAR	ven tú	

Verbos irregulares

INFINITIVO	**ver** _to see_	
PARTICIPIO PRESENTE	viendo	
PRESENTE	yo veo	nosotros(as) vemos
	tú ves	_vosotros(as) veis_
	él, ella, Ud. ve	ellos, ellas, Uds. ven
PRETÉRITO	yo vi	nosotros(as) vimos
	tú viste	_vosotros(as) visteis_
	él, ella, Ud. vio	ellos, ellas, Uds. vieron
IMPERFECTO	yo veía	nosotros(as) veíamos
	tú veías	_vosotros(as) veíais_
	él, ella, Ud. veía	ellos, ellas, Uds. veían
FUTURO	yo veré	nosotros(as) veremos
	tú verás	_vosotros(as) veréis_
	él, ella, Ud. verá	ellos, ellas, Uds. verán
POTENCIAL	yo vería	nosotros(as) veríamos
	tú verías	_vosotros(as) veríais_
	él, ella, Ud. vería	ellos, ellas, Uds. verían
PRESENTE PERFECTO	yo he visto	nosotros(as) hemos visto
	tú has visto	_vosotros(as) habéis visto_
	él, ella, Ud. ha visto	ellos, ellas, Uds. han visto
PLUSCUAMPERFECTO	yo había visto	nosotros(as) habíamos visto
	tú habías visto	_vosotros(as) habíais visto_
	él, ella, Ud. había visto	ellos, ellas, Uds. habían visto
CONDICIONAL PERFECTO	yo habría visto	nosotros(as) habríamos visto
	tú habrías visto	_vosotros(as) habríais visto_
	él, ella, Ud. habría visto	ellos, ellas, Uds. habrían visto
FUTURO PERFECTO	yo habré visto	nosotros(as) habremos visto
	tú habrás visto	_vosotros(as) habréis visto_
	él, ella, Ud. habrá visto	ellos, ellas, Uds. habrán visto
SUBJUNTIVO PRESENTE	yo vea	nosotros(as) veamos
	tú veas	_vosotros(as) veáis_
	él, ella, Ud. vea	ellos, ellas, Uds. vean
SUBJUNTIVO IMPERFECTO	yo viera	nosotros(as) viéramos
	tú vieras	_vosotros(as) vierais_
	él, ella, Ud. viera	ellos, ellas, Uds. vieran
PRESENTE PERFECTO DEL SUBJUNTIVO	yo haya visto	nosotros(as) hayamos visto
	tú hayas visto	_vosotros(as) hayáis visto_
	él, ella, Ud. haya visto	ellos, ellas, Uds. hayan visto
PLUSCUAMPERFECTO DEL SUBJUNTIVO	yo hubiera visto	nosotros(as) hubiéramos visto
	tú hubieras visto	_vosotros(as) hubierais visto_
	él, ella, Ud. hubiera visto	ellos, ellas, Uds. hubieran visto
IMPERATIVO FORMAL	vea Ud. vean Uds.	
IMPERATIVO FAMILIAR	ve tú	

D. Verbos reflexivos

INFINITIVO	**lavarse** *to wash oneself*	
PARTICIPIO PRESENTE	lavándose	
PRESENTE	yo me lavo tú te lavas él, ella, Ud. se lava	nosotros(as) nos lavamos *vosotros(as) os laváis* ellos, ellas, Uds. se lavan
PRETÉRITO	yo me lavé tú te lavaste él, ella, Ud. se lavó	nosotros(as) nos lavamos *vosotros(as) os lavasteis* ellos, ellas, Uds. se lavaron
IMPERFECTO	yo me lavaba tú te lavabas él, ella, Ud. se lavaba	nosotros(as) nos lavábamos *vosotros(as) os lavabais* ellos, ellas, Uds. se lavaban
FUTURO	yo me lavaré tú te lavarás él, ella, Ud. se lavará	nosotros(as) nos lavaremos *vosotros(as) os lavaréis* ellos, ellas, Uds. se lavarán
POTENCIAL	yo me lavaría tú te lavarías él, ella, Ud. se lavaría	nosotros(as) nos lavaríamos *vosotros(as) os lavaríais* ellos, ellas, Uds. se lavarían
PRESENTE PERFECTO	yo me he lavado tú te has lavado él, ella, Ud. se ha lavado	nosotros(as) nos hemos lavado *vosotros(as) os habéis lavado* ellos, ellas, Uds. se han lavado
PLUSCUAMPERFECTO	yo me había lavado tú te habías lavado él, ella, Ud. se había lavado	nosotros(as) nos habíamos lavado *vosotros(as) os habíais lavado* ellos, ellas, Uds. se habían lavado
CONDICIONAL PERFECTO	yo me habría lavado tú te habrías lavado él, ella, Ud. se habría lavado	nosotros(as) nos habríamos lavado *vosotros(as) os habríais lavado* ellos, ellas, Uds. se habrían lavado
FUTURO PERFECTO	yo me habré lavado tú te habrás lavado él, ella, Ud. se habrá lavado	nosotros(as) nos habremos lavado *vosotros(as) os habréis lavado* ellos, ellas, Uds. se habrán lavado
SUBJUNTIVO PRESENTE	yo me lave tú te laves él, ella, Ud. se lave	nosotros(as) nos lavemos *vosotros(as) os lavéis* ellos, ellas, Uds. se laven
SUBJUNTIVO IMPERFECTO	yo me lavara tú te lavaras él, ella, Ud. se lavara	nosotros(as) nos laváramos *vosotros(as) os lavarais* ellos, ellas, Uds. se lavaran
PRESENTE PERFECTO DEL SUBJUNTIVO	yo me haya lavado tú te hayas lavado él, ella, Ud. se haya lavado	nosotros(as) nos hayamos lavado *vosotros(as) os hayáis lavado* ellos, ellas, Uds. se hayan lavado
PLUSCUAMPERFECTO DEL SUBJUNTIVO	yo me hubiera lavado tú te hubieras lavado él, ella, Ud. se hubiera lavado	nosotros(as) nos hubiéramos lavado *vosotros(as) os hubierais lavado* ellos, ellas, Uds. se hubieran lavado
IMPERATIVO FORMAL	lávese Ud. lávense Uds.	
IMPERATIVO FAMILIAR	lávate tú	

E. Verbos reflexivos con cambio radical

INFINITIVO	**acostarse (o>ue)** *to go to bed*	
PARTICIPIO PRESENTE	acostándose	
PRESENTE	yo me acuesto tú te acuestas él, ella, Ud. se acuesta	nosotros(as) nos acostamos *vosotros(as) os acostáis* ellos, ellas, Uds. se acuestan
PRETÉRITO	yo me acosté tú te acostaste él, ella, Ud. se acostó	nosotros(as) nos acostamos *vosotros(as) os acostasteis* ellos, ellas, Uds. se acostaron
IMPERFECTO	yo me acostaba tú te acostabas él, ella, Ud. se acostaba	nosotros(as) nos acostábamos *vosotros(as) os acostabais* ellos, ellas, Uds. se acostaban
FUTURO	yo me acostaré tú te acostarás él, ella, Ud. se acostará	nosotros(as) nos acostaremos *vosotros(as) os acostaréis* ellos, ellas, Uds. se acostarán
POTENCIAL	yo me acostaría tú te acostarías él, ella, Ud. se acostaría	nosotros(as) nos acostaríamos *vosotros(as) os acostaríais* ellos, ellas, Uds. se acostarían
PRESENTE PERFECTO	yo me he acostado tú te has acostado él, ella, Ud. se ha acostado	nosotros(as) nos hemos acostado *vosotros(as) os habéis acostado* ellos, ellas, Uds. se han acostado
PLUSCUAMPERFECTO	yo me había acostado tú te habías acostado él, ella, Ud. se había acostado	nosotros(as) nos habíamos acostado *vosotros(as) os habíais acostado* ellos, ellas, Uds. se habían acostado
CONDICIONAL PERFECTO	yo me habría acostado tú te habrías acostado él, ella, Ud. se habría acostado	nosotros(as) nos habríamos acostado *vosotros(as) os habríais acostado* ellos, ellas, Uds. se habrían acostado
FUTURO PERFECTO	yo me habré acostado tú te habrás acostado él, ella, Ud. se habrá acostado	nosotros(as) nos habremos acostado *vosotros(as) os habréis acostado* ellos, ellas, Uds. se habrán acostado
SUBJUNTIVO PRESENTE	yo me acueste tú te acuestes él, ella, Ud. se acueste	nosotros(as) nos acostemos *vosotros(as) os acostéis* ellos, ellas, Uds. se acuesten
SUBJUNTIVO IMPERFECTO	yo me acostara tú te acostaras él, ella, Ud. se acostara	nosotros(as) nos acostáramos *vosotros(as) os acostarais* ellos, ellas, Uds. se acostaran
PRESENTE PERFECTO DEL SUBJUNTIVO	yo me haya acostado tú te hayas acostado él, ella, Ud. se haya acostado	nosotros(as) nos hayamos acostado *vosotros(as) os hayáis acostado* ellos, ellas, Uds. se hayan acostado
PLUSCUAMPERFECTO DEL SUBJUNTIVO	yo me hubiera acostado tú te hubieras acostado él, ella, Ud. se hubiera acostado	nosotros(as) nos hubiéramos acostado *vosotros(as) os hubierais acostado* ellos, ellas, Uds. se hubieran acostado
IMPERATIVO FORMAL	acuéstese Ud. acuéstense Uds.	
IMPERATIVO FAMILIAR	acuéstate tú	

Verbos reflexivos con cambio radical

INFINITIVO	**despertarse (e>ie)** *to wake up*	
PARTICIPIO PRESENTE	despertándose	
PRESENTE	yo me despierto tú te despiertas él, ella, Ud. se despierta	nosotros(as) nos despertamos *vosotros(as) os despertáis* ellos, ellas, Uds. se despiertan
PRETÉRITO	yo me desperté tú te despertaste él, ella, Ud. se despertó	nosotros(as) nos despertamos *vosotros(as) os despertasteis* ellos, ellas, Uds. se despertaron
IMPERFECTO	yo me despertaba tú te despertabas él, ella, Ud. se despertaba	nosotros(as) nos despertábamos *vosotros(as) os despertabais* ellos, ellas, Uds. se despertaban
FUTURO	yo me despertaré tú te despertarás él, ella, Ud. se despertará	nosotros(as) nos despertaremos *vosotros(as) os despertaréis* ellos, ellas, Uds. se despertarán
POTENCIAL	yo me despertaría tú te despertarías él, ella, Ud. se despertaría	nosotros(as) nos despertaríamos *vosotros(as) os despertaríais* ellos, ellas, Uds. se despertarían
PRESENTE PERFECTO	yo me he despertado tú te has despertado él, ella, Ud. se ha despertado	nosotros(as) nos hemos despertado *vosotros(as) os habéis despertado* ellos, ellas, Uds. se han despertado
PLUSCUAMPERFECTO	yo me había despertado tú te habías despertado él, ella, Ud. se había despertado	nosotros(as) nos habíamos despertado *vosotros(as) os habíais despertado* ellos, ellas, Uds. se habían despertado
CONDICIONAL PERFECTO	yo me habría despertado tú te habrías despertado él, ella, Ud. se habría despertado	nosotros(as) nos habríamos despertado *vosotros(as) os habríais despertado* ellos, ellas, Uds. se habrían despertado
FUTURO PERFECTO	yo me habré despertado tú te habrás despertado él, ella, Ud. se habrá despertado	nosotros(as) nos habremos despertado *vosotros(as) os habréis despertado* ellos, ellas, Uds. se habrán despertado
SUBJUNTIVO PRESENTE	yo me despierte tú te despiertes él, ella, Ud. se despierte	nosotros(as) nos despertemos *vosotros(as) os despertéis* ellos, ellas, Uds. se despierten
SUBJUNTIVO IMPERFECTO	yo me despertara tú te despertaras él, ella, Ud. se despertara	nosotros(as) nos despertáramos *vosotros(as) os despertarais* ellos, ellas, Uds. se despertaran
PRESENTE PERFECTO DEL SUBJUNTIVO	yo me haya despertado tú te hayas despertado él, ella, Ud. se haya despertado	nosotros(as) nos hayamos despertado *vosotros(as) os hayáis despertado* ellos, ellas, Uds. se hayan despertado
PLUSCUAMPERFECTO DEL SUBJUNTIVO	yo me hubiera despertado tú te hubieras despertado él, ella, Ud. se hubiera despertado	nosotros(as) nos hubiéramos despertado *vosotros(as) os hubierais despertado* ellos, ellas, Uds. se hubieran despertado
IMPERATIVO FORMAL	despiértese Ud. despiértense Uds.	
IMPERATIVO FAMILIAR	despiértate tú	

Verbos reflexivos con cambio radical

INFINITIVO	**dormirse (o>ue, u)** *to fall asleep*
PARTICIPIO PRESENTE	durmiéndose

PRESENTE		
	yo me duermo	nosotros(as) nos dormimos
	tú te duermes	*vosotros(as) os dormís*
	él, ella, Ud. se duerme	ellos, ellas, Uds. se duermen

PRETÉRITO		
	yo me dormí	nosotros(as) nos dormimos
	tú te dormiste	*vosotros(as) os dormisteis*
	él, ella, Ud. se durmió	ellos, ellas, Uds. se durmieron

IMPERFECTO		
	yo me dormía	nosotros(as) nos dormíamos
	tú te dormías	*vosotros(as) os dormíais*
	él, ella, Ud. se dormía	ellos, ellas, Uds. se dormían

FUTURO		
	yo me dormiré	nosotros(as) nos dormiremos
	tú te dormirás	*vosotros(as) os dormiréis*
	él, ella, Ud. se dormirá	ellos, ellas, Uds. se dormirán

POTENCIAL		
	yo me dormiría	nosotros(as) nos dormiríamos
	tú te dormirías	*vosotros(as) os dormiríais*
	él, ella, Ud. se dormiría	ellos, ellas, Uds. se dormirían

PRESENTE PERFECTO		
	yo me he dormido	nosotros(as) nos hemos dormido
	tú te has dormido	*vosotros(as) os habéis dormido*
	él, ella, Ud. se ha dormido	ellos, ellas, Uds. se han dormido

PLUSCUAMPERFECTO		
	yo me había dormido	nosotros(as) nos habíamos dormido
	tú te habías dormido	*vosotros(as) os habíais dormido*
	él, ella, Ud. se había dormido	ellos, ellas, Uds. se habían dormido

CONDICIONAL PERFECTO		
	yo me habría dormido	nosotros(as) nos habríamos dormido
	tú te habrías dormido	*vosotros(as) os habríais dormido*
	él, ella, Ud. se habría dormido	ellos, ellas, Uds. se habrían dormido

FUTURO PERFECTO		
	yo me habré dormido	nosotros(as) nos habremos dormido
	tú te habrás dormido	*vosotros(as) os habréis dormido*
	él, ella, Ud. se habrá dormido	ellos, ellas, Uds. se habrán dormido

SUBJUNTIVO PRESENTE		
	yo me duerma	nosotros(as) nos durmamos
	tú te duermas	*vosotros(as) os durmáis*
	él, ella, Ud. se duerma	ellos, ellas, Uds. se duerman

SUBJUNTIVO IMPERFECTO		
	yo me durmiera	nosotros(as) nos durmiéramos
	tú te durmieras	*vosotros(as) os durmierais*
	él, ella, Ud. se durmiera	ellos, ellas, Uds. se durmieran

PRESENTE PERFECTO DEL SUBJUNTIVO		
	yo me haya dormido	nosotros(as) nos hayamos dormido
	tú te hayas dormido	*vosotros(as) os hayáis dormido*
	él, ella, Ud. se haya dormido	ellos, ellas, Uds. se hayan dormido

PLUSCUAMPERFECTO DEL SUBJUNTIVO		
	yo me hubiera dormido	nosotros(as) nos hubiéramos dormido
	tú te hubieras dormido	*vosotros(as) os hubierais dormido*
	él, ella, Ud. se hubiera dormido	ellos, ellas, Uds. se hubieran dormido

IMPERATIVO FORMAL	
	duérmase Ud.
	duérmanse Uds.

IMPERATIVO FAMILIAR	
	duérmete tú

Verbos reflexivos con cambio radical

INFINITIVO	**divertirse (e>ie, i)** *to enjoy oneself*	
PARTICIPIO PRESENTE	divirtiéndose	
PRESENTE	yo me divierto tú te diviertes él, ella, Ud. se divierte	nosotros(as) nos divertimos *vosotros(as) os divertís* ellos, ellas, Uds. se divierten
PRETÉRITO	yo me divertí tú te divertiste él, ella, Ud. se divirtió	nosotros(as) nos divertimos *vosotros(as) os divertisteis* ellos, ellas, Uds. se divirtieron
IMPERFECTO	yo me divertía tú te divertías él, ella, Ud. se divertía	nosotros(as) nos divertíamos *vosotros(as) os divertíais* ellos, ellas, Uds. se divertían
FUTURO	yo me divertiré tú te divertirás él, ella, Ud. se divertirá	nosotros(as) nos divertiremos *vosotros(as) os divertiréis* ellos, ellas, Uds. se divertirán
POTENCIAL	yo me divertiría tú te divertirías él, ella, Ud. se divertiría	nosotros(as) nos divertiríamos *vosotros(as) os divertiríais* ellos, ellas, Uds. se divertirían
PRESENTE PERFECTO	yo me he divertido tú te has divertido él, ella, Ud. se ha divertido	nosotros(as) nos hemos divertido *vosotros(as) os habéis divertido* ellos, ellas, Uds. se han divertido
PLUSCUAMPERFECTO	yo me había divertido tú te habías divertido él, ella, Ud. se había divertido	nosotros(as) nos habíamos divertido *vosotros(as) os habíais divertido* ellos, ellas, Uds. se habían divertido
CONDICIONAL PERFECTO	yo me habría divertido tú te habrías divertido él, ella, Ud. se habría divertido	nosotros(as) nos habríamos divertido *vosotros(as) os habríais divertido* ellos, ellas, Uds. se habrían divertido
FUTURO PERFECTO	yo me habré divertido tú te habrás divertido él, ella, Ud. se habrá divertido	nosotros(as) nos habremos divertido *vosotros(as) os habréis divertido* ellos, ellas, Uds. se habrán divertido
SUBJUNTIVO PRESENTE	yo me divierta tú te diviertas él, ella, Ud. se divierta	nosotros(as) nos divirtamos *vosotros(as) os divirtáis* ellos, ellas, Uds. se diviertan
SUBJUNTIVO IMPERFECTO	yo me divirtiera tú te divirtieras él, ella, Ud. se divirtiera	nosotros(as) nos divirtiéramos *vosotros(as) os divirtierais* ellos, ellas, Uds. se divirtieran
PRESENTE PERFECTO DEL SUBJUNTIVO	yo me haya divertido tú te hayas divertido él, ella, Ud. se haya divertido	nosotros(as) nos hayamos divertido *vosotros(as) os hayáis divertido* ellos, ellas, Uds. se hayan divertido
PLUSCUAMPERFECTO DEL SUBJUNTIVO	yo me hubiera divertido tú te hubieras divertido él, ella, Ud. se hubiera divertido	nosotros(as) nos hubiéramos divertido *vosotros(as) os hubierais divertido* ellos, ellas, Uds. se hubieran divertido
IMPERATIVO FORMAL	diviértase Ud. diviértanse Uds.	
IMPERATIVO FAMILIAR	diviértete tú	

Verbos reflexivos con cambio radical

INFINITIVO	**sentarse** *to sit down*	
PARTICIPIO PRESENTE	sentándose	
PRESENTE	yo me siento tú te sientas él, ella, Ud. se sienta	nosotros(as) nos sentamos *vosotros(as) os sentáis* ellos, ellas, Uds. se sientan
PRETÉRITO	yo me senté tú te sentaste él, ella, Ud. se sentó	nosotros(as) nos sentamos *vosotros(as) os sentasteis* ellos, ellas, Uds. se sentaron
IMPERFECTO	yo me sentaba tú te sentabas él, ella, Ud. se sentaba	nosotros(as) nos sentábamos *vosotros(as) os sentabais* ellos, ellas, Uds. se sentaban
FUTURO	yo me sentaré tú te sentarás él, ella, Ud. se sentará	nosotros(as) nos sentaremos *vosotros(as) os sentaréis* ellos, ellas, Uds. se sentarán
POTENCIAL	yo me sentaría tú te sentarías él, ella, Ud. se sentaría	nosotros(as) nos sentaríamos *vosotros(as) os sentaríais* ellos, ellas, Uds. se sentarían
PRESENTE PERFECTO	yo me he sentado tú te has sentado él, ella, Ud. se ha sentado	nosotros(as) nos hemos sentado *vosotros(as) os habéis sentado* ellos, ellas, Uds. se han sentado
PLUSCUAMPERFECTO	yo me había sentado tú te habías sentado él, ella, Ud. se había sentado	nosotros(as) nos habíamos sentado *vosotros(as) os habíais sentado* ellos, ellas, Uds. se habían sentado
CONDICIONAL PERFECTO	yo me habría sentado tú te habrías sentado él, ella, Ud. se habría sentado	nosotros(as) nos habríamos sentado *vosotros(as) os habríais sentado* ellos, ellas, Uds. se habrían sentado
FUTURO PERFECTO	yo me habré sentado tú te habrás sentado él, ella, Ud. se habrá sentado	nosotros(as) nos habremos sentado *vosotros(as) os habréis sentado* ellos, ellas, Uds. se habrán sentado
SUBJUNTIVO PRESENTE	yo me siente tú te sientes él, ella, Ud. se siente	nosotros(as) nos sentemos *vosotros(as) os sentéis* ellos, ellas, Uds. se sienten
SUBJUNTIVO IMPERFECTO	yo me sentara tú te sentaras él, ella, Ud. se sentara	nosotros(as) nos sentáramos *vosotros(as) os sentarais* ellos, ellas, Uds. se sentaran
PRESENTE PERFECTO DEL SUBJUNTIVO	yo me haya sentado tú te hayas sentado él, ella, Ud. se haya sentado	nosotros(as) nos hayamos sentado *vosotros(as) os hayáis sentado* ellos, ellas, Uds. se hayan sentado
PLUSCUAMPERFECTO DEL SUBJUNTIVO	yo me hubiera sentado tú te hubieras sentado él, ella, Ud. se hubiera sentado	nosotros(as) nos hubiéramos sentado *vosotros(as) os hubierais sentado* ellos, ellas, Uds. se hubieran sentado
IMPERATIVO FORMAL	siéntese Ud. siéntense Uds.	
IMPERATIVO FAMILIAR	siéntate tú	

Verbos reflexivos con cambio radical

INFINITIVO	**vestirse (e>i, i)** *to dress oneself*	
PARTICIPIO PRESENTE	vistiéndose	
PRESENTE	yo me visto tú te vistes él, ella, Ud. se viste	nosotros(as) nos vestimos *vosotros(as) os vestís* ellos, ellas, Uds. se visten
PRETÉRITO	yo me vestí tú te vestiste él, ella, Ud. se vistió	nosotros(as) nos vestimos *vosotros(as) os vestistéis* ellos, ellas, Uds. se vistieron
IMPERFECTO	yo me vestía tú te vestías él, ella, Ud. se vestía	nosotros(as) nos vestíamos *vosotros(as) os vestíais* ellos, ellas, Uds. se vestían
FUTURO	yo me vestiré tú te vestirás él, ella, Ud. se vestirá	nosotros(as) nos vestiremos *vosotros(as) os vestiréis* ellos, ellas, Uds. se vestirán
POTENCIAL	yo me vestiría tú te vestirías él, ella, Ud. se vestiría	nosotros(as) nos vestiríamos *vosotros(as) os vestiríais* ellos, ellas, Uds. se vestirían
PRESENTE PERFECTO	yo me he vestido tú te has vestido él, ella, Ud. se ha vestido	nosotros(as) nos hemos vestido *vosotros(as) os habéis vestido* ellos, ellas, Uds. se han vestido
PLUSCUAMPERFECTO	yo me había vestido tú te habías vestido él, ella, Ud. se había vestido	nosotros(as) nos habíamos vestido *vosotros(as) os habíais vestido* ellos, ellas, Uds. se habían vestido
CONDICIONAL PERFECTO	yo me habría vestido tú te habrías vestido él, ella, Ud. se habría vestido	nosotros(as) nos habríamos vestido *vosotros(as) os habríais vestido* ellos, ellas, Uds. se habrían vestido
FUTURO PERFECTO	yo me habré vestido tú te habrás vestido él, ella, Ud. se habrá vestido	nosotros(as) nos habremos vestido *vosotros(as) os habréis vestido* ellos, ellas, Uds. se habrán vestido
SUBJUNTIVO PRESENTE	yo me vista tú te vistas él, ella, Ud. se vista	nosotros(as) nos vistamos *vosotros(as) os vistáis* ellos, ellas, Uds. se vistan
SUBJUNTIVO IMPERFECTO	yo me vistiera tú te vistieras él, ella, Ud. se vistiera	nosotros(as) nos vistiéramos *vosotros(as) os vistierais* ellos, ellas, Uds. se vistieran
PRESENTE PERFECTO DEL SUBJUNTIVO	yo me haya vestido tú te hayas vestido él, ella, Ud. se haya vestido	nosotros(as) nos hayamos vestido *vosotros(as) os hayáis vestido* ellos, ellas, Uds. se hayan vestido
PLUSCUAMPERFECTO DEL SUBJUNTIVO	yo me hubiera vestido tú te hubieras vestido él, ella, Ud. se hubiera vestido	nosotros(as) nos hubiéramos vestido *vosotros(as) os hubierais vestido* ellos, ellas, Uds. se hubieran vestido
IMPERATIVO FORMAL	vístase Ud. vístanse Uds.	
IMPERATIVO FAMILIAR	vístete tú	

VOCABULARIO
ESPAÑOL-INGLÉS

The *Vocabulario español-inglés* contains all productive vocabulary from the *Glencoe Spanish* series, Levels 1, 2, and 3. The numbers following each entry from Levels 1 and 2 indicate the level, chapter, and vocabulary section in which the Level 1 or Level 2 word was introduced. For example, II-3.2 means that the word first appeared in Level 2, *Capítulo 3*, *Palabras 2*. Entries from Levels 1 and 2 without a *Palabras* reference indicate vocabulary introduced in the grammar sections of the given chapter. I-BV refers to the Level 1 introductory *Bienvenidos* lesson.

Words without chapter references indicate receptive vocabulary (not taught in the vocabulary sections) in Level 3. Boldface numbers indicate vocabulary introduced for the first time in Level 3.

Many of the meanings given in this glossary are taken directly from the context in which they appear in the text.

The following abbreviations are used in this glossary.

adj.	adjective
adv.	adverb
conj.	conjunction
dem. adj.	demonstrative adjective
dem. pron.	demonstrative pronoun
dir. obj.	direct object
f.	feminine
fam.	familiar
form.	formal
ind. obj.	indirect object
inf.	infinitive
inform.	informal
interr.	interrogative
interr. adj.	interrogative adjective
interr. pron.	interrogative pronoun
inv.	invariable
irreg.	irregular
m.	masculine
n.	noun
past. part.	past participle
pl.	plural
poss. adj.	possessive adjective
prep.	preposition
pron.	pronoun
sing.	singular
subj.	subject
subjunc.	subjunctive

A

a bordo on board, II-7.1
a eso de about, around
a menudo often, II-1
abajo below, 1; down
abalanzar to balance; to pounce, attack
abandonar to leave, II-6.1
el **abandono** abandonment, neglect
abarcar to comprise
el **abdomen** abdomen, 3
la **abeja** bee, 4
abnegado(a) self-sacrificing, 4
el/la **abogado(a)** lawyer, II-16.1
abominable hateful
el/la **abonado(a)** subscriber
abordar to get on, board, I-8.1; to approach
  el pase de abordar boarding pass, I-8.1
aborrecer to hate, detest
abotagado(a) puffy
abotonar to button
abrazar (c) to embrace, hug, II-11.2
el **abrazo** hug, II-11.2
la **abreviatura** abbreviation
el **abrigo** overcoat, I-13.1
abril April, I-BV
abrir to open, I-8.2
abrocharse to fasten, II-7.1
el **absceso** abscess
absolutamente absolutely
absoluto(a) absolute
absorber to absorb
la **abstinencia** abstinence
la **abstracción** concentration
abstracto(a) abstract
abstraer to abstract
la **abuela** grandmother, I-6.1
el **abuelo** grandfather, I-6.1
los **abuelos** grandparents, I-6.1
la **abundancia** abundance
abundante abundant
abundar to abound
aburrido(a) boring, I-1.1
el **aburrimiento** boredom
aburrir to bore, I-13
el **abuso** abuse
acabar de to have just (done something), II-8.2; to finish, 3
  no te los acabas incredible
la **academia** academy
académico(a) academic
el/la **académico(a)** academician
acampanado(a) in great danger
acampar to camp, I-16.2
acariciar to caress, 4
el **acceso** access

el **accidente** accident, II-4.1
las **acciones** stock
el **aceite** oil, I-15.2
la **aceituna** olive, 8
aceleradamente quickly
acelerar to accelerate, II-5.1
aceptar accept
la **acera** sidewalk, II-10.1
acercarse to approach, II-11.2
aciago(a) unfortunate
el **acíbar** bitterness
el **acierto** success
acomodado(a) well-to-do
acomodar to accommodate
acompañado(a) accompanied, 1
el **acompañamiento** escort, 4; accompaniment
acompañar to accompany
acondicionado(a) conditioned
aconsejable advisable
aconsejar to advise, II-12.2
el **acontecimiento** event, 3
acorchado(a) lined with cork
acordarse (ue) to remember
acostado(a) stretched out
acostarse (ue) to go to bed, I-16.1
acrecentar to increase
la **actividad** activity
activo(a) active, II-16.2
el **acto** act, 3
el **actor** actor, I-12.2
la **actriz** actress, I-12.2
actual at present, 1; present, current
la **actualidad** present time
las **actualidades** news, current events
actualmente at the present time
la **acuarela** water color
acuático(a) aquatic, I-11.1
acudir a to go to; to attend, 1, 2, 3, 4
el **acueducto** aqueduct
el **acuerdo** agreement, pact, 7
  de acuerdo according to; in agreement
acuífero(a) aquiferous, water-bearing
acusar to accuse; to acknowledge (receipt of a letter)
adaptar to adapt
adecuado(a) adequate
adelantar to overtake, II-5.1
además (de) besides
adentrar to search deeper
adentro inside
el/la **adherente** adherent
la **adicción** addiction
adinerado(a) wealthy

adiós good-bye, I-BV
la **adivinanza** riddle, puzzle
adivinar to guess; to foretell, 6
la **administración** administration
la **admiración** admiration
el **admirador** admirer
la **adolescencia** adolescence
el/la **adolescente** adolescent
adonde where
¿adónde? (to) where?, I-4
adoptar to adopt
adorable adorable
adorar to adore, II-1.2
adornar to adorn
el **adorno** ornament
adquirir to acquire
la **adquisición** acquisition
la **aduana** customs, I-8.2
el/la **adversario(a)** adversary
la **advertencia** warning
aéreo(a) air (adj.)
  la línea aérea airline
aeróbico aerobic, I-10.2
el **aerodeslizador** hydrofoil
aerodinámico(a) aerodynamic
el **aerograma** aerogram, II-3.1
el **aeropuerto** airport, I-8.1
afectar to affect
el **afecto** affection, fondness, 6
afectuoso(a) affectionate
afeitarse to shave, I-16.1
  la crema de afeitar shaving cream, I-16.2
aferrar to grasp, seize
la **afición** liking, enthusiasm, 6
aficionado(a) fond of
afirmar to affirm
afirmativo(a) affirmative
africano(a) African
afrocubano(a) Afro-Cuban
afuera out; outside
las **afueras** outskirts, I-5.1
agachar to lower, bend
agarrar to get; to seize
agasajar to entertain splendidly
la **agencia de viajes** travel agency
el/la **agente** agent, I-8.1
ágil agile
la **aglomeración** agglomeration
agonizante dying
agosto August (m.), I-BV
agotado(a) exhausted; sold-out
agotador(a) exhausting
agraciado(a) graceful, charming
agradable pleasant
agradar to please, 6
agradecer to thank
agregar to add, II-9.2
el/la **agricultor** farmer
la **agricultura** agriculture, II-16.2

agridulce sweet-and-sour, 2
agrio(a) sour
agropecuario(a) pertaining to
    farming
la agrupación group
el agua (f.) water
    el agua bendita holy water
    el agua corriente running
      water
    el agua de colonia cologne
    el agua mineral mineral water
    las aguas negras sewage
el aguacate avocado, II-9.2
el aguacero shower, 1
el aguamanil washstand
aguantar to bear; to tolerate; to
    hold up
aguardar to wait for
agudo(a) keen, sharp, 7
el águila eagle
el aguinaldo Christmas present,
    II-12.2
el agujero hole
ahí there (adv.)
el/la ahijado(a) godchild
ahora now
ahorrar to save
los ahorros savings
el aire air, II-5.2
    al aire libre outdoors, I-9.2
    el aire acondicionado air
      conditioning, II-6.2
aislado(a) isolated
el ajo garlic, II-9.2
ajustado(a) fitted
ajustar to adjust
al (a + el) to the
el ala (las alas) wing, II-7.2
el alambre wire
alargar to stretch out
el/la albañil mason
la alberca swimming pool, I-11.2
el albergue juvenil youth hostel,
    I-16.2
alborotado(a) rumpled
el alcalde mayor
la alcaldía city hall, II-16.1
el alcance reach
alcanzar (c) reach
el alcázar castle, 5
el alcohol alcohol
la alcoholemia blood alcohol level
el alcoholismo alcoholism
la aldea village
alegrarse de to be glad about,
    II-12
alegre happy, II-12
la alegría happiness
alejarse to go far away, 3; to
    move away, leave

alemán (alemana) German
alentar to encourage
la alergia allergy, I-10.2
la alfabetización literacy
alfabetizar to teach to read and
    write, 8
el alfabeto alphabet, 8
el alga seaweed
el álgebra algebra, I-2.2
algo something, I-9.1
    ¿Algo más? Something more?,
      II-2.2
el algodón cotton
alguien somebody, I-13
algún, alguno(a) some, any
la alhambra Alhambra
la alianza wedding ring, 4
el aliento breathing, 6
la alimentación food
alimentar to feed
alimentario nourishing
alimenticio(a) nutritional, 7
el alimento food, 7
aliviar to alleviate
allá there
allegado(a) near, close; related, 4
allí there
el alma soul, 4
el almacén department store
almacenar to store; to
    accumulate
la almeja clam, II-9.2
el almidón starch, II-13.2
el almirante admiral
la almohada pillow, II-6.2
almorzar to lunch
el almuerzo lunch, I-5.2
alojar to lodge, stay
la alpaca alpaca
el alpargatero shoemaker
el alpinismo mountain climbing
alquilar to rent, I-11.1
el alquiler rent
alrededor (de) around, I-6.2
los alrededores outskirts
el altar altar, II-15.2
la alteración alteration
alterar to alter
alternar to alternate
alternativo(a) alternate
el altiplano high tableland, II-7.2
la altitud altitude, II-7.2
alto(a) tall, I-1.1; high
la altura height; altitude, II-7.2
el/la alumno(a) student, I-1.1
alzar to raise, lift, 1
el ama de casa housewife, 2
la amabilidad kindness
amable kind, I-2.1
el amago beginning

amanecer to dawn, 7
la amapola poppy
amar to love, 1
amargo(a) bitter
la amargura bitterness
amarillo(a) yellow, I-13.2
amazónico(a) Amazon,
    Amazonian
la ambición ambition
ambicioso(a) ambitious
ambiental environmental
el ambiente environment
ambos(as) both
la ambulancia ambulance, II-4.1
la ameba amoeba
amenazar to threaten
la América del Sur South America,
    I-8.1
americano(a) American, I-1.2
el/la amigo(a) friend, I-1.1
el aminoácido aminoacid
la amistad friend
el/la amo(a) master; owner; boss, 8
las amonestaciones (marriage)
    banns, 4
el amor love
amoroso(a) amorous
amplio(a) large, roomy
amurallado(a) walled
el análisis analysis
analizar to analyze
análogo(a) analogous
anaranjado(a) orange, I-13.2
el/la anarquista anarquist
el/la anatomista anatomist
ancho(a) wide, I-13.2
la anchura width
el anciano(a) old person
el ancla (f.) anchor, 1
andar to move; to travel; to
    function; to walk
el andén railway platform, I-14.1
andino(a) Andean
andrajoso(a) ragged
la anestesia anesthesia
    la anestesia local local
      anesthesia
el/la anestesista anesthetist, II-4.2
el ángel angel
anglicanizado(a) anglicized
angosto(a) narrow, 1
el ángulo angle
el anillo ring, II-15.1
    el anillo de boda wedding
      ring, II-15.1
el animal animal
animar to encourage
el aniversario anniversary
anoche last night, I-11.2
anónimo(a) anonymous

el **anorak** anorak, I-9.1
la **añoranza** nostalgia
anotar to write down, **8**
antaño long ago
antártico(a) antarctic
la **Antártida** Antarctic
anteayer the day before
yesterday, I-11.2
el **antecedente** antecedent
antemano beforehand
antenupcial prenuptial
los **anteojos** eyeglasses, **2**
    los **anteojos de (para el) sol**
sunglasses, I-11.1
anterior previous
antes de que before, II-15.1
anticipar to anticipate
la **antigüedad** antiquity, **8**
antiguo(a) ancient, old
antipático(a) unpleasant
(person), I-1.1
el **antojo** craving
la **antropología** anthropology
el/la **antropólogo** anthropologist
anual annual
anualmente annually
anudar to knot; to tie together, **7**
anular to cancel
anunciar to announce, II-15.1
el **anuncio** advertisement,
announcement, II-7.1
añadir to add
añejo(a) old
el **año** year, I-11.2
    el **año pasado** last year, I-11.2
    este año this year, I-11.2
    hace muchos años it's been
many years
    Próspero año nuevo Happy
New Year, II-12.2
apacible peaceful
apagar (gu) to turn off, II-9.2
el **aparato** apparatus, appliance, **7**
aparcar (qu) to park, II-5.1
aparecer (zc) to appear
la **aparición** appearance, **4**
la **apariencia** appearance
el **apartado postal** post office box,
II-3.2
el **apartamento** apartment, I-5.1
apartar to separate
aparte apart
apasionadamente passionately
el **apellido** last name
apenado(a) sad
apenas scarcely, barely
apesadumbrado(a) saddened
apetecer to long for, **1**
el **apetito** appetite
el **apio** celery, II-2.1

aplaudir to applaude, I-12.2
el **aplauso** applause
aplicar to apply, employ
apocado(a) bashful, timid
el **apoderado** manager
apoderarse de to seize, take
possession of, **5**
el **apodo** nickname
el **apogeo** height (of power)
aportar to contribute, bring, **6**
el **aporte** contribution
la **apostura** bearing
el **apotegma** maxim
apoyar to support
el **apoyo** support, help, **5**
apreciar to appreciate
aprender to learn, I-5.2
el/la **aprendiz(a)** apprentice,
beginner, **2**
el **aprendizaje** learning
apresurarse to hurry, hasten, **7**
apretar (ie) to pinch, I-13.2
    me aprieta it pinches me,
I-13.2; It's tight on me.
aprobado(a) approved, **1**;
passing
aprobar to approve, **5**
apropiado(a) appropriate
aprovecharse to take advantage
aproximadamente
approximately
apuesto(a) handsome, elegant, **7**;
tanned
los **apuntes** notes, I-3.2
aquel, aquella that, I-9.2
aquél, aquélla that, that one
(dem. pron.)
aquesa that (Old Spanish)
aquí here
el/la **árabe** Arab
la **araña** spider
los **araucanos** Araucanians
el/la **árbitro(a)** referee, I-7.1
el **árbol** tree, I-6.2
    el **árbol genealógico** family
tree
    el **árbol de Navidad**
Christmas tree, II-12.2
ardiente burning, **1**
el **área** (f.) area
la **arena** sand, I-11.1; arena
arenisco(a) sandy
el **arete** earring, **1**
argentino(a) Argentinian, I-2.1
la **aristocracia** aristocracy
el/la **aristócrata** aristocrat
la **aritmética** arithmetic, I-2.2
el **arma** (f.) armament, **2**
    armar una tienda to put up a
tent, I-16.2

el **armario** closet, II-6.2
el **arnés** harness
el **aro** hoop, I-7.2
el **aroma** aroma
la **arqueología** archaeology
arqueológico(a) archaeological
el **arquitecto** architect
la **arquitectura** architecture, II-16.2
arrancar to uproot
las **arras** dowry, II-15.1; thirteen
coins the groom gives to the
bride
arrasar to level
arrastrar to drag, **2**
arrebatado(a) impetuous
arreglar to fix
arreglarse to be settled
arrepentirse to be sorry
arriba above, II-8.2
arribar to arrive
arrimar to put or place near
arrojar to hurl
el **arroyo** stream; bed (of a stream), **8**
el **arroz** rice, I-15.2
arrugado(a) wrinkled, II-13.2
el **arte** (f.) art, I-2.2
    las **bellas artes** fine arts
el **artefacto** artifact
la **arteria** artery, main road
arterial arterial, II-4.2
artesanal craft (adj.)
la **artesanía** handicraft
el/la **artesano(a)** artisan, II-16.1
el **artículo** article
    el **artículo de tocador** toiletry
el **artilugio** gadget
el/la **artista** artist, I-12.2
    artístico(a) artistic, I-12
la **asadurilla** offal, entrails
el **asalto** assault
asar to broil, II-9.1
la **ascendencia** ancestry, **1, 8**
el **ascendiente** power
el **ascenso** promotion (in position), **6**
el **ascensor** elevator, I-5.1
asco: me da asco it disgusts me
asegurar to insure, II-3.2; to
assure
asemejarse to be similar, **6**
el **aseo** lavatory, II-7.1; cleanliness,
neatness, **1**
asesinar to assassinate
el **asesinato** assassination
el **asfalto** asphalt
así thus
el **asiento** seat, I-8.1
    el **número del asiento** seat
number, I-8.1
la **asignatura** subject, I-2.2
asimismo also

la **asistencia** assistance; attendance
el/la **asistente** attendant
    el/la asistente(a) de vuelo
      flight attendant, I-8.2
  asistir to attend, to assist, I-5.2
  asociar to associate
el **asombro** amazement
el **aspecto** aspect
el/la **aspirante** candidate, II-16.2
  aspirar to breathe in
    aspirar a to aspire to
  asqueroso(a) disgusting
la **astronomía** astronomy
  asumir to assume
el **asunto** matter; subject
  asustar to frighten, 6
  atacar to attack
los **atapascos** Athapascans (Am. natives)
el **ataque** attack
el **atardecer** late afternoon
el **ataúd** coffin, 2
la **atención** attention, kindness
  atender (ie) to attend to, take care of
  atentar to attempt
  atento(a) polite, courteous
el **aterrizaje** landing, II-7.2
  aterrizar to land, I-8.2
  atesorar to treasure, store up
  atestiguar to testify
  Atlántico: Océano Atlántico Atlantic Ocean
el/la **atleta** athelete
la **atmósfera** atmosphere
  atmosférico(a) atmospheric
el **atolondramiento** confusion
  atómico(a) atomic
  atontar to stun
  atractivo(a) attractive, I-1.2
  atraer to attract
  atrapar to catch, I-7.2
  atrás behind, II-8.2; back, backward, 8
  atravesar to cross, 2, 6; to go through
  atreverse to dare
el **atún** tuna, II-2
  aturdido(a) dazed; bewildered, 6
la **audacia** audacity
  audaz bold
la **audición** hearing, 7
los **audífonos** earphones, II-7.1
  auditivo(a) auditive
el **auditorio** auditorium
el **auge** summit, apex, 8
    en pleno auge at its zennith
el **aula** classroom, 7
  aumentar to increase, 7
    en aumento on the increase

el **aumento** increase
  aun even
  aún yet, still
  aunque although, II-15
el **auricular** receiver (of telephone), II-1.1
  auscultar to auscultate
la **ausencia** absence
  ausente absent
  austral southern
el **autobús** bus, I-3.1
    perder el autobús to miss the bus, I-12.1
  autóctono(a) aboriginal, native, 8
  automáticamente automatically
  automático(a) automatic, II-1.1
el **automóvil** car
la **autonomía** autonomy
la **autopista** super highway, II-10.2
el/la **autor(a)** author, I-12.2
las **autoridades** authorities
  autorizado(a) authorized
  autorizar to authorize, permit, 6
el **autotransporte** transportation system
la **autovía** super highway, II-10.2
  avanzado(a) advanced
  avanzar to move forward
el **ave** bird
    el ave picuda stork, 4
la **avenida** avenue, I-5.1
la **aventura** adventure
el/la **aventurero** adventurer
  avergonzarse to be ashamed
la **aviación** aviation
el/la **aviador(a)** aviator
el **avión** airplane, I-8.1
    el avión reactor jet, II-7.2
    en avión by plane, I-8
la **avioneta** small airplane
el **aviso** warning
    el aviso luminoso neon sign, 2
la **avispa** wasp
el **axioma** axiom
  ayer yesterday, I-11.1
    ayer por la mañana yesterday morning, I-11.2
    ayer por la tarde yesterday afternoon, I-11.2
el **aymará** language of the Aymarás, 8
los **aymarás** native indians of Bolivia and Perú, 2, 8
la **ayuda** help
  ayudar to help
el **ayuno** fast, 3
el **ayuntamiento** city hall, 16.1
el **azafrán** saffron
los **aztecas** Aztecs
el **azúcar** sugar, II-9.1

  azul blue, I-13.2
    azul marino navy blue
el **azulejo** tile, 7

B

las **bacanales** Bacchanalia
el **bachillerato** courses leading to a bachelor's degree
la **bacteria** bacterium
el **bagaje** intellectual equipment
  bailar to dance, I-4.2
el **baile** dance
  bajar to go down, I-9.1
    bajar(se) del tren to get off the train, I-14.2
  bajo below (prep.), I-9.1
    bajo cero below zero, I-9.1
  bajo(a) short (person), I-1.1; low
el **balcón** balcony, I-6.2
la **baldosa** tile, 7
la **ballena** whale
el **balneario** beach resort, I-11.1
el **balón** ball, I-7.1
el **baloncesto** basketball, I-7.2
la **banana** banana, II-9.2
  bancario(a) banking
el **banco** bank, I-BV; bench
    el estado de banco (de cuenta) bank statement, II-14.2
la **banda** band, 3
la **bandera** flag, 5
el **bandido** bandit
el **bandoneón** concertina, 3
el **banquero** banker
el **banquete** banquet, II-15.2
el/la **bañador(a)** bather, I-11.1
  bañarse to go for a swim, I-16.2; to take a bath
la **bañera** bathtub, II-6.2
el **baño** bathroom, II-6.2
    el traje de baño bathing suit, I-11.1
el **bar** bar
la **baraja** pack, deck (of cards), 6
  barato(a) cheap, I-13.1
la **barba** beard
  bárbaro(a) barbarian; enormous
la **barbería** barber shop
el/la **barbero(a)** barber, II-8.2
el **barco** boat
el **barquito** small boat, I-11.1
la **barra** bar (of soap), I-16.2; (Argentina) group of friends, 3
el **barril** barrel, 6
el **barrio** neighborhood
  basar to base
    basarse to be based

la **báscula** scale, I-8.1
la **base** base, I-7.2
  básico(a) basic
el **básquetbol** basketball, I-7.2
  basta enough
  bastante enough, I-1.1
  bastar to be enough
el **bastón** pole, I-9.1; driver (golf), I-11.2
  basurear to throw away like the trash
la **batalla** battle
el **bate** bat, I-7.2
el/la **bateador** batter, I-7.2
  batear to hit (sports), I-7.2
la **batería** battery, II-5.2
la **batidora** beater
  bautizar to baptize, II-12.1
el **bautizo** baptism, II-12.1
el **bazar** bazaar; marketplace, **1**
el/la **bebé** baby
  beber to drink, I-5.2
la **bebida** drink, II-7.1
el/la **becario(a)** scholarship student
el **béisbol** baseball, I-7.2
  belga Belgian
  bélico(a) hostile, warlike
la **belleza** beauty
  bello(a) beautiful
    las bellas artes fine arts
  bendecir to bless, **4**
  bendito: ¡Ay, bendito! Dear Lord!
el **beneficio** benefit
  benévolo(a) benevolent
  besar to kiss
el **beso, besito** kiss, II-11.2
  bestial fabulous
la **biblioteca** library, I-4.1
la **bicicleta** bicycle, I-6.2
  bien fine, well, I-BV
    bien cocido (hecho) well done (cooked), I-15.2
los **bienes** goods
los **bienes raíces** real estate
el **bienestar** well-being
  bienhechor(a) kind
la **bienvenida** welcome, II-7.1
el **biftec** beefsteak, I-15.2
el **bigote** mustache, II-8.1
los **bigotes** whiskers, **2**
  bilingüe bilingual
la **bilis** bile
el **billete** ticket, I-8.1; bill (money), II-14.1
    el billete sencillo one-way ticket, I-14.1
    el billete de ida y vuelta round trip ticket, I-14.1
  biográfico(a) biographical
la **biología** biology, I-2.2

  biológico(a) biological
el/la **biólogo** biologist
el/la **bisabuelo(a)** great-grandparent, **8**
el/la **bisnieto(a)** great-grandchild, **4**
el **bizcocho** cookie, II-12.1
  blanco(a) white, I-13.2
el **blanqueador** bleach, II-13.2
el **bloc** writing pad, I-3.2
  bloquear to block, I-7.1
el **blue jean** blue jeans, I-13.1
la **blusa** blouse, I-13.1
    la blusa de cuello sin espalda halter, 13
el **blusón** smock, I-13.1
la **boca** mouth, I-10.2
    la boca del metro entrance to subway, **2**
la **bocacalle** intersection, II-10.1
el **bocadillo** sandwich, I-5.2
el **boceto** sketch
la **bocina** receiver (of telephone), II-1.1; car horn, II-5.1
la **boda** wedding, II-15.2
    el anillo de boda wedding ring, II-15.1
la **bofetada** slap, **6**
la **boina** beret, **3**
la **bola** ball, I-11.2
la **boletería** ticket office, I-9.1
el **boleto** ticket, I-8.1
el **bolígrafo** ballpoint pen, I-BV
  boliviano(a) Bolivian
la **bolsa** bag, II-2.2
    la bolsa de plástico plastic bag, II-2.2
el **bolsillo** pocket, **5**
la **bomba de bencina** benzine bomb, **2**
la **bomba** improvised verse with music, **8**
el **bombazo** bomb explosion, **8**
la **bondad** goodness, kindness, **6**
  bondadoso(a) kind
  bonito(a) pretty, I-6.2
  bordado(a) embroidered, **1**
el **borde** edge; rim, **1, 7**
    al borde de on the brink of
los **bordes de rush** hemline, **4**
el **bosque** forest, I-16.2
la **bota** boot, I-9.1
  botado(a) en pinta better looking
la **botánica** botany
el **bote** can, II-2.2
la **botella** bottle, II-2.2
el **botiquín** medical kit, first aid kit, I-16.2
el **botón** button, I-13.2
    de (a) botones push button, II-1.1

el **botones** bellhop, II-6.1
el **boxeador** boxer
  brasileño(a) Brazilian
el **bravucón** braggart
la **bravura** bravery
el **brazo** arm, II-4.1; branch (of candelabra), II-12.2
  brillante bright, shining
  brillar to shine, I-11.1
  brincar to jump
el **brinco** skip, hop, **3**
  brindar to toast (one's health), II-15.2
el **brindis** toast (to one's health), II-15.2
la **brisa** breeze
  británico(a) British, **8**
la **broma** joke
  bronceado(a) tanned
  bronceador(a) tanning, I-11.1
  broncearse to get a tan
  bruñido(a) tanned
  brusco(a) abrupt
  bucear to skindive, I-11.1
el **buceo** skindiving, I-11.1
el **buche** mouthful
el **bucle** curl, II-8.1
la **buenaventura** fortune (as told by a fortune teller)
  bueno(a) good, I-1.2
    Buenas noches. Good evening., Good night., I-BV
    Buenas tardes. Good afternoon., I-BV
    Buenos días. Good morning., I-BV
la **buganvilia** bouganvilla
el **bulevar** boulevard
el **bullicio** noise
el **buque** ship, boat, **1, 5**
el **burro** donkey
el **bus** bus, I-3.1
la **busca** search
el/la **buscador(a)** searcher
  buscar to look for
la **butaca** orchestra seat, I-12.1
    la butaca de patio (orquesta) orchestra seat, **3**
el **buzo** jogging suit
el **buzón** mailbox, II-3.1

C

el **caballero** knight
el **caballo** horse
la **cabellera** hair
el **cabello** hair, II-8.1
  caber: no cabe duda there is no doubt

el **cabestro** halter, **3**

la **cabeza** head, I-7.1
    el **dolor de cabeza** headache, I-10.1

el **cabezal** small head pillow, **7**

la **cabina** booth
    la **cabina de mando (vuelo)** cockpit, II-7.1
    la **cabina telefónica** telephone booth, II-1.1

el **cable** cable
    cabotaje: de cabotaje domestic, I-8

el **cacahuete** peanut

la **cacerola** saucepan, **7**

el **cacique** chief
    cada each

el **cadáver** corpse, **2**

la **cadena** chain

la **cadera** hip

la **caducidad** expiration
    caerse (irreg.) to fall down, II-4.1
    se me cae el pelo my hair is falling out

el **café** coffee, I-5.2; café

la **cafetería** cafeteria, **7**

la **caída** downfall

la **caja** cashbox, I-13.1; box, checkstand, II-2.2; cashier desk, II-6.1

el/la **cajero** cashier, II-6.1; teller, II-14.1

el **calabozo** jail, **8**

el **calamar** squid, II-9.2

los **calcetines** socks, I-13.1

el **calcio** calcium

la **calculadora** calculator, I-BV

el **cálculo** calculus

el **calendario** calendar

el **calentamiento** heating, warming, **3**
    calentarse (ie) to warm, become warm

la **calidad** quality
    caliente warm

la **calificación** grading, I-3.2
    calificado(a) qualified

la **calistenia** calisthenics
    callar(se) to be quiet, **3**

la **calle** street, I-5.1
    callejero(a) pertaining to the street

la **callejuela** side street; alley

el **calmante** sedative
    calmo(a) calm

el **calor** heat, I-11.1
    Hace calor. It's hot., I-11.1

la **caloría** calorie, I-10.2

la **calzada** highway, **1**
    calzar to wear (shoes)

el **calzón** underpants, **3**
    calzonudo(a) stupid

la **cama** bed, I-10.1

la **cámara: de cámara** court, royal

la **camarera** maid, II-6.2

el/la **camarero(a)** waiter (waitress)

el **camarón** shrimp, prawn, II-2.1
    cambiar to change, exchange, II-6.2
    cambiar de velocidad to shift gears, II-5.1

el **cambio** change; exchange rate, II-14.1
    en cambio on the other hand

el **cambista** broker, II-14.1

el **camello** camel, II-12.2

el **camerino** dressing room, **3**

la **camilla** stretcher, II-4.1
    caminar to walk, II-4.2

la **caminata** hike, I-16.2
    dar una caminata to take a hike, I-16.2
    caminero(a) road (adj.)

el **camino** road

el **camión** truck

la **camisa** shirt, I-13.1
    la camisa de deporte sports shirt

la **camiseta** undershirt, I-13.1; T shirt

el **campamento** camp, I-16.2

la **campana** bell, **1**

el **campanario** bell tower, **1**

la **campaña** campaign

el/la **campeón(a)** champion

el **campeonato** championship

el/la **campesino(a)** peasant

el **camping** camping, I-16.2
    ir de camping to go camping, I-16.2

el **campo** country, I-5.1; field, I-7.1
    el campo de fútbol football field, I-7.1

el **camposanto** cemetery, II-12.1

la **caña de azúcar** sugar cane

el **canal** channel, II-7.1

el **canario** canary

la **canasta** basket, II-2.2

el **canasto** basket, I-7.2

el **cancel de tela** cloth screen

el **cáncer** cancer

la **cancha** court (sports), I-7.2
    la cancha de esquí ski path, I-9
    la cancha de tenis tennis court, I-11.2

la **canción** song

el **candelabro** candalabra, II-12.2

el/la **candidato(a)** candidate, II-16.2

la **canica** marble, **4**

el **cañón** canyon, **1**
    cansado(a) tired, I-10.1

cansarse to tire oneself

el/la **cantante** singer

el **cantar** song
    cantar to sing, I-4.2

la **cantidad** quantity

la **cantimplora** canteen, I-16.2

la **cantina** lunchroom, **7**

el **canto** song

el/la **cantor(a)** singer, **3**

el **caos** chaos

la **capa** layer
    en capas layered

el **capacho** basket

la **capacidad** capacity
    capear un temporal to weather a storm

la **capital** capital

el/la **capitalino(a)** inhabitant of the capital

el **capitán** captain
    capitanear to captain

el **capó** hood, II-5.1

el **capricho** whim
    captar to capture
    capturar to capture

la **cara** face, I-16.1

la **carabela** caravel, **5**

el **caracol** cochlea (internal ear)

el **carácter** character

la **característica** characteristic
    característico(a) characteristic (adj.)
    caracterizar to characterize

la **caravana** trailer, II-13.1; caravan

el **carbohidrato** carbohydrate, I-10.2
    cardíaco(a) (adj.) cardiac, heart, **7**

la **careta** mask

los **cargadores** suspenders

el **cargo** care, control, **6**
    a cargo de in charge of

el **Caribe** Caribbean

los **caribes** Caribs

la **caricatura** caricature, **1**

la **caridad** charity

la **caries** tooth decay, **7**

el **cariño** affection
    cariñosamente affectionately, **2**
    cariñoso(a) affectionate

el **carnaval** carnival

la **carne** meat, I-5.2
    la carne de res beef, II-2.1
    la carne molida ground meat, **7**

el **carné** identity card, **6**

el **carnero** mutton

la **carnicería** butcher shop, II-2.1

el/la **carnicero** butcher
    carnívoro(a) carnivorous
    caro(a) expensive, I-13.1

la **carpa** tent, I-16.2

el/la **carpintero(a)** carpenter, II-16.2
la **carrera** race, 7; career
la **carretera** highway, II-10.2
el **carril** lane (of highway), II-10.2
la **carrillada** jowl fat of a hog
el **carrito** cart, II-2.1
el **carro** car, I-3.1
la **carta** letter, I-5.2
   la carta de memoria memory chart
el **cartelón** poster, 6
la **cartera** portfolio, 2; wallet, 5
el **carterista** pickpocket, 5
el/la **cartero(a)** mail carrier, II-3.2
la **cartilla** reading primer, 8
el **cartón** cardboard
la **casa** house, I-4.1
   a casa home, I-4.2
   la casa de huéspedes guest house
   la casa particular private house
la **casa-remolque** trailer, II-13.1
el **casamiento** marriage, wedding
   casarse to get married, II-15.1
los **cascos azules** United Nations troops
el **caserío** country house, 6
   casi almost
   casi crudo rare (cooked meat), I-15.2
la **casilla** post office box, II-3.2
el **casillero** locker, 7
el **casino** casino
el **caso** case
la **casquería** tripe
el **casquillo** cartridge
la **casta** caste; class (of society), 6
   castaño(a) brown, II-8.1
el **castigo** punishment
el **castillo** castle
   castizo(a) real, legitimate, genuine
   catalán(a) Catalan
el **catálogo** catalogue
el **catarro** cold (medical), I-10.1
el **catástrofe** catastrophe
el/la **cátcher** catcher, I-7.2
la **catedral** cathedral
el/la **catedrático(a)** professor (of a university), 1
la **categoría** category
el **catolicismo** Catholicism
   católico(a) Catholic
   caudaloso(a) abundant
la **causa** cause
   a causa de because of
   causar to cause
   cauteloso(a) cautious
el **cautiverio** captivity

   cautivo(a) captured
el/la **cautivo(a)** prisoner, captive, 5
la **caza** (wild) game
   cazar (c) to hunt
la **cazuela** pot, II-9.1
la **cebolla** onion, II-9.1
la **celebración** celebration
   celebrar to celebrate, II-12.1
   célebre famous, 1
la **célula** cell
   celular cellular, II-1.1
el **cementerio** cemetery, II-12.1
el **cemento** cement
la **cena** dinner, I-5.2
   cenar to dine
la **censura** censorship
   censurar to criticize
el **centígrado** centigrade, I-9.1
el **centro** center
   el centro comercial shopping center, I-4.1
   Centroamérica Central America
   cepillarse to brush, I-16.1
el **cepillo** brush, I-16.2
el **cepillo de dientes** toothbrush, 7
la **cera** wax
la **cerámica** ceramics, pottery
   cerca de near
la **cerca** fence, 4
las **cercanías** outskirts
   cercano(a) near, close
el **cerdo** pork, II-2.1
el **cereal** cereal
la **ceremonia** ceremony, II-15.2
   ceremoniosamente ceremoniously
   ceremonioso(a) formal
la **cereza** cherry, II-9.2
la **cerilla** wax
   cero zero
   cerrar to close
el **cerro** hill, 1
   cesar to cease
el **césped** grass, 7
el **cesto** basket, I-7.2
la **chabola** shack
el **chaleco salvavidas** life vest, II-7.1
el **chaman** shaman
el **champú** shampoo, I-16.2
   chao good-bye, I-BV
la **chaqueta** jacket, I-13.1
   charlar to chat
   chasquear to click
   checar to check
el **cheque** check, II-14.1
   el cheque de viajero traveler's check, II-14.1
la **chequera** check book, II-14.2
   chévere terrific

el/la **chico(a)** boy (girl)
   chico(a) young; little
   chileno(a) Chilean
el **chimpancé** chimpanzee
el **chinche** bedbug
   chino(a) Chinese
el/la **chismoso(a)** gossip, 2
el **chiste** joke
el **chocolate** chocolate
el **chofer** driver
la **chompa** jersey; sweater
el **chorizo** pork and garlic sausage
el **chorro** spurt
la **choza** shack
el **chubasco** squall, 1
la **chuleta** chop, II-2.1
   chuño frozen dried potato
el **chupe** stew of fresh fish
el **churro** a type of doughnut
   churro(a) good-looking
la **chusma** galley slaves
la **cicatriz** scar, II-4.1
el **ciclismo** cycling, 7
el **ciclo** cycle
el **ciclomotor** motorbike, I-6.2
el/la **ciego(a)** blind person, 7
el **cielo raso** ceiling
el **cielo** sky, I-11.1
   cien(to) one hundred, I-BV
la **ciencia** science, I-2.2
   la ciencia política political science
   las ciencias naturales natural sciences
   las ciencias sociales social sciences, I-2.2
el/la **científico** scientist
   científico(a) scientific (adj.)
   cierto(a) certain
el **cigarrillo** cigarette
el **cigarro** cigar
la **cigüeña** stork, 4
   cinco five, I-BV
   cincuenta fifty, I-BV
el **cine** movie theater, I-12.1
   cinematográfico(a) cinematographic
   cínico(a) cynical
la **cinta** tape, I-4.1; ribbon
la **cintura** waist
el **cinturón** belt, I-13.1
   el cinturón de seguridad seat belt, II-5.1
el **circuito** circuit
la **circulación** circulation; traffic, II-5.1
   circular circular (adj.)
   circular to circulate, travel
el **círculo** circle
la **circuncisión** circumcision

la **cirugía** surgery
el/la **cirujano(a)** surgeon, II-4.2
la **cita** date, II-15.1
  citar to cite
la **ciudad** city, I-5.1
el/la **ciudadano(a)** citizen
la **ciudadela** citadel
  civil civil; civilian, **2**
la **civilización** civilization
la **clara** white of egg, **7**
el **clarinete** clarinet
  claro of course (adv.)
  claro(a) clear (adj.)
la **clase** class, I-2.1
    la clase alta upper class
    la clase media middle class
    la clase preferente first class
  clásico(a) classic, I-4
la **clasificación** classification
  clasificar to classify
  clavar to nail, stick
la **clave** key
    la clave de área area code, II-1.1
el **clavicordio** clavicord
el **claxon** car horn, II-5.1
el/la **cliente** client, customer, I-5.2
el **clima** climate
  climático(a) climatic
la **clínica** clinic, I-10.2; private hospital
el **clorosanto** a type of flower
el/la **cobarde** coward, **6**
  cobijar to cover
la **cobijita** baby blanket, **4**
  cobrar to cash, II-14.2; to collect, **1**; to charge, **6**
la **coca** coca
la **cocción** cooking
el **coche** car, I-3.1; train car, I-14.2
    el coche deportivo sports car, II-5
    el coche-cafetería dining car
    el coche-cama sleeping car, I-14.2
    el coche-comedor dining car, I-14.2
  cocido(a) cooked, I-15.2
    bien cocido (hecho) well done (cooked meat), I-15.2
la **cocina** cooking; kitchen, I-4.1
  cocinar to cook, II-9.1
el/la **cocinero(a)** cook, I-15.1
el **coco** coconut, II-9.2
el **cóctel** cocktail, II-15
la **codicia** cupidity, greed
el **código de área** area code, II-1.1
el **código postal** zip code, II-3.1
el **codo** elbow, II-4.1
  coeducacional coeducational
la **cofia** headwear

  coger to seize
el **cogollo de verde palma** heart of a green palm
el **cohete** rocket, **3**
la **coincidencia** coincidence
  coincidir to coincide
la **cola** line (of people), I-12.1; tail
    la cola de caballo pony tail, II-8.1
  colaborar to collaborate
la **colección** collection
la **colecta** collection
el **colectivo** passenger vehicle smaller than a bus, **5**
el **colegio** school, I-1.1
el **colesterol** colesterol
la **coleta** pigtail, queue
  colgado(a) hanging on
el **colgador** clothes hanger, II-6.2
  colgar (ue) to hang up, II-1
la **coliflor** cauliflower, II-9.1
la **colina** hill, I-16.2
el **collar** collar
  colmar to lavish, heap
el **colmo** limit
    eso es el colmo this is the last straw
  colocar to place, put
  colombiano(a) Colombian, **1**
el **colon** colon
la **colonia** colony
  colonial colonial
la **colonización** colonization
el/la **colonizador** colonist
  colonizar to colonize
el/la **colono** colonist
el **color** color, I-13.2
    color de color crema, vino, café, oliva, marrón, turquesa cream, wine, coffee, olive, brown, turquoise colored, I-13.2
la **comadrona** midwife
el/la **comandante** captain, I-8.2
el **combate** combat
la **combinación** combination
  combinar to combine
la **comedia** comedy
el **comedor** dining room, I-5.1
el/la **comensal** table companion, **1**
el **comentario** commentary
  comenzar (ie) to begin, **7**
  comer to eat, I-5.2
  comercial of or pertaining to business
el/la **comerciante** businessman(woman); merchant, II-16.1
el **comercio** business
el **comestible** food, II-2.1

  cometer to commit
la **comida** meal, I-5.2
    la comida chatarra junk food, **2**
    la comida rápida fast food
el **comienzo** beginning
la **comisaría** police station, **5**
el **comistrajo** hodgepodge (of food)
  como as, like
  ¿Cómo? what?; how?, I-1.1
    ¿Cómo estás? How are you?
    ¡Cómo no! of course!
  cómodamente comfortably
la **comodidad material** material comfort
las **comodidades** comforts
  cómodo(a) comfortable
la **compañía** company
  comparable comparable
la **comparación** comparison
  comparar to compare
la **comparsa** costumed group, **3**
el **compartamiento** compartment, I-14.2
  compartir to share, **6**
  compás: al compás de to the rhythm of, **3**
el/la **compatriota** compatriot
el **compendio** compendium
la **competencia** competition
  competir to compete
  completamente completely
  completar to complete
  completo(a) complete, perfect
    a tiempo completo full time, II-16.2
la **complicación** complication
  complicado(a) complicated, II-4.1
  componer to compose
el **comportamiento** behavior, II-11.1
  comportarse to behave, II-11.1
la **composición** composition
el **compositor** composer
la **compra y venta** trade, II-16.2
el/la **comprador(a)** buyer
  comprar to buy, I-5.2
  compras: de compras shopping, I-13.1
  comprender to understand, I-5.2
la **comprensión** comprehension
el **comprimido** pill, I-10.2
  comprobar to prove
  comprometer to pledge
  comprometerse to get engaged, II-15.1
el/la **comprometido(a)** fiancé(e), II-15
el **compromiso** engagement, II-15.1

la **sortija de compromiso**
engagement ring, II-15.1
el **compuesto** compound
compuesto(a) composed
la **computadora** computer, I-BV
común common
la **comunicación** communication
comunicar to communicate; to
inform, **8**
comunicativo(a) communicative
la **comunidad** community
la **comunión** communion
con with
con frecuencia frequently, II-1
con lo bien que se pasa
considering all the fun it is
con retraso late, I-14.2
con tal que provided that,
II-15
con una demora late, I-14.2
conceder to concede
concentrar to concentrate
el **concepto** concept
la **concha** shell
la **conciencia** conscience
el **concierto** concert, I-12.2
conciliar to reconcile, II-14.2
conciliar el sueño to induce
sleep
conciliar la cuenta balance
your checkbook, II-14.2
el/la **concurrente** attendee, **4**
el **concurso** contest
condenar to condemn
condensar to condense
la **condolencia** condolence
el **condominio** condominium
la **conducción** driving
conducir (zc) to drive, II-5.1
la **conducta** conduct
el/la **conductor(a)** driver, II-5.1
conectar to connect
el **conejo** rabbit
la **conexión** connection
confeccionado(a) made,
manufactured, **4**
confeccionar to make, prepare, **1**
la **conferencia** conference
la **confianza** confidence, trust
confiar to confide, II-11.1
la **confirmación** confirmation
la **conflagración** conflagration
el **conflicto** conflict
conforme con resigned to
la **confrontación** confrontation
confrontar to confront
confundirse to be confused
confuso(a) confused
congelado(a) frozen, II-2.2
el **congelador** freezer, II-9.1

congregar to congregate,
assemble
conmemorar to commemorate
conmigo with me (pron.)
conocer (zc) to know (a person),
I-9.1
el/la **conocido(a)** acquaintance
el **conocimiento** knowledge;
understanding, **8**
la **conquista** conquest
el **conquistador** conqueror
conquistar to conquer
consciente conscious
la **consecuencia** consequence
consecutivo(a) consecutive
conseguir to obtain
el/la **consejero(a)** advisor
el/la **consejero(a) de**
orientación counselor,
II-16.1
el **consejo** advice
el/la **conservador** conservative
conservar to conserve, preserve
considerar to consider
consiguiente: por consiguiente
consequently
consistir to consist
el **consomé** consommé
constante constant
constantemente constantly
constar de to consist of, **4**
constituir to constitute
la **construcción** construction
construir to build, construct
la **consulta del médico** doctor's
office, I-10.2
el **consultorio del médico** doctor's
office, I-10.2
consumado(a) consummate
el/la **consumidor(a)** consumer
consumir to use up, **7**; to
consume
el **consumo** consumption
la **contabilidad** accounting
el/la **contable** accountant, II-16.1
la **contaminación** contamination
el **contaminante** contaminant
contaminar to contaminate
contemplar to contemplate
contemporáneo(a)
contemporary
contener to contain
el **contenido** content
contento(a) happy, I-10.1
la **contestación** answer
el **contestador** answering machine,
II-1.1
contestar to answer
la **contienda** fight
contigo with you (pron.)

el **continente** continent
el **contingente** contingent (of troops)
continuación: a continuación
following, next
continuar to continue
contra against
en contra de against
contraer (irreg.) to contract
el **contralor** comptroller
la **contraloría** comptrollership
el **contrapeso** counterbalance
contrario(a) opposite, I-7
lo contrario the opposite
por el contrario on the
contrary, vice versa, **2**
el **contraste** contrast
la **contribución** contribution
contribuir to contribute
el **control** inspection, I-8.1; control
el control de seguridad
security inspection, I-8.1
el control de pasaportes
passport inspection, I-8.1
controlado(a) controlled
el/la **controlador(a)** controller,
II-16.1
controlar to control
controversial controversial
contundente overwhelming
convencer to convince
convencido(a) convinced
la **convención** convention;
agreement
conveniente convenient
convenir to be advisable
el **convento** convent
la **conversación** conversation
convertir (ie) to convert
convidar to invite
la **convivencia** reunion
el/la **cónyuge** spouse, **4**
la **coordinación** coordination
la **copa** cup
la Copa mundial World Cup
el **copiloto** copilot, I-8.2
el **copo** flake, **1**
el copo de maíz cornflake
el **Corán** Koran
la **coraza** armor
el **corazón** heart
el latido del corazón
heartbeat
la **corbata** necktie, I-13.1
el **cordal inferior** bottom wisdom
tooth
el **cordero** lamb, II-9.1
la **cordillera** mountain range, II-7.2
el **cordón** cord, **7**
coreano(a) Korean
la **corona** crown, **5, 8**

el **coronel** colonel
el **corpiño** bodice, **4**
correcto(a) correct
corregir to correct
el **correo** mail, II-3.2; post office
por correo certificado certified mail, II-3.2
por correo ordinario regular mail, II-3.2
por correo recomendado certified mail, II-3.2
por correo aéreo air mail, II-3.2
correr to run, I-7.2
la **correspondencia** correspondence, II-3
corresponder to correspond, II-3
correspondiente corresponding
la **corrida de toros** bullfight
el **corrido** Mexican ballad
corriente common, usual
cortar to cut, II-4.1
la **corte** court, II-16.1
el **corte de pelo** haircut, II-8.2
cortés courteous, II-11.1
la **cortesía** courtesy, II-11
la **cortina** curtain
corto(a) short, I-13.2
la **cosa** thing
la **cosecha** crop; harvest
cosechar to harvest, reap, **2, 4**
los **cosméticos** cosmetics
cosmopolito(a) cosmopolitan
el **coso** bullring
la **costa** coast
costal coastal
costar (ue) to cost, I-13.1
costarricense Costa Rican
la **costilla** rib, II-9.1
la **costumbre** custom
costumbrista folkloric
cotidiano(a) (adj.) daily, **7**
el **cráneo** skull
el **cráter** crater
la **creación** creation
crear to create, establish
crecer to grow
crecido(a) big, large
creer to believe, II-12
la **crema** cream, I-11.1
la crema bronceadora suntan cream, I-11.1
la crema protectora sun protection cream, I-11.1
la crema de afeitar shaving cream, I-16.2
la **cremallera** zipper, I-13.2
crespo(a) curly, II-8.1
el **criadero** breeding place
criar to raise

la **criatura** creature
el **crimen** crime, **5**
cristalino(a) crystalline
cristiano(a) Christian
criticar to criticize
el **croto** hedge plant
el **cruce** intersection, II-5.1
crucial crucial
la **crudeza** crudeness
crudo(a) raw, I-15.2
casi crudo rare (cooked), I-15.2
cruel cruel
el **crujido** crackle, creak
crujir to creak
la **cruz** cross, **2, 6**
cruzar (c) to cross, II-10.1
el **cuaderno** notebook, I-BV
la **cuadra** (city) block, II-10.1
cuadrado(a) square
el **cuadrante** quadrant
el **cuadro** painting, picture, I-12.2
cuadros: a cuadros plaid, I-13.2
cual which
¿cuál? what?, which?, I-BV
¿Cuál es la fecha de hoy? What is today's date?, I-BV
la **cualidad** quality
la **cualificación** qualification
cualquier any
cualquiera lo sabe who knows
cuando when, II-15
de cuando en cuando from time to time
¿cuándo? when?, I-3.1
cuanto as
en cuanto a as to
en cuanto as soon as, II-1.2
unos cuantos a few
¿cuánto(a)? how much?, I-BV
¿A cuánto está(n)? How much is it?, II-2.2
¿Cuánto cuesta? How much does it cost?, I-13.1
¿Cuánto es? How much is it?, I-BV
¿Cuánto le debo? How much do I owe you?, II-2.2
cuarenta forty, I-BV
la **Cuaresma** Lent
cuarto fourth, I-5.1
el **cuarto** room, I-5.1; quart
el cuarto sencillo single room, II-6.1
el cuarto de dormir bedroom, I-5.1
el cuarto de baño bathroom, I-5.1
el cuarto doble double room, II-6.1
el/la **cuate (Mex.)** friend

cuatro four, I-BV
cubano(a) Cuban
cubierto(a) covered, I-9.2
cubrir to cover
la **cuchara** spoon, I-15.1
la **cucharita** teaspoon, I-15.1
la **cuchilla** blade, I-9.2
el **cuchillo** knife, I-15.1
el **cuello** neck, II-8.2
la **cuenta** bill, I-12.2; account, II-14.2
la cuenta corriente checking account, II-14.2
la cuenta de ahorros savings account, II-14.2
el **cuentagotas** eyedropper
el/la **cuentista** storyteller
el **cuento** story
el **cuerpo** body
el Cuerpo de Paz Peace Corps
el cuerpo diplomático diplomatic corps
la **cuesta** slope, I-9.1
en cuesta baja going downhill
la **cuestión** question
el **cuidado** care
con cuidado carefully, II-5.1
¡cuidado! be careful!
cuidar to take care of
culpable guilty, culpable, **8**
el/la **cultivador(a)** cultivator
cultivar to develop; to cultivate; to grow
la **cultura** culture
cultural cultural
el **cumpleaños** birthday, I-6.2
el **cumplimiento** fulfillment
cumplir to be (so many years) old; to fulfill
cumplir años to have one's birthday, II-12.1
el/la **cuñado(a)** brother-in-law (sister-in-law)
el **cupé** coupe, II-5.1
la **cúpula** dome
la **cura** cure, treatment
el **cura** priest, II-12.1
el **curandero** witch doctor
curar to cure
curiosamente curiously
la **curiosidad** curiosity
curioso(a) curious
el **currículo profesional** curriculum vitae, II-16.2
el **curso** course, I-2.1
la **curvatura** curvature
curvo(a) curved
el **cutis** skin
cuyo(a) whose; of which

D

la **dama** lady

    la **dama de honor** bridesmaid, II-15.2

el/la **damnificado(a)** victim of a disaster, **5**

    dañado(a) damaged, **7**

el **daño** damage

la **danza** dance, **3**

el/la **danzarín(a)** dancer, **3**

    dar (irreg.) to give, I-4.2

    dar (presentar) una película to show a movie, I-12

    dar a luz to deliver, give birth, **4**

    dar la bienvenida to welcome, II-7.1

    dar la lata to annoy, irritate, **2**

    dar la vuelta to turn around, II-10.1

    dar palmaditas to slap gently, II-11.2

    dar un paseo to take a walk, **3**

    dar un paso to take a step, **8**

    dar una caminata to take a hike, I-16.2

    dar vergüenza to feel ashamed; to be embarrassed, **6**

    dar vuelta to go around

    dar(se) la mano to offer one's hand, II-11.2; to shake hands

    dar(se) prisa to rush, hurry

    darle cuerda a una victrola to wind up a victrola, **2**

    darse cuenta de to realize

    darse una vuelta to stop by

el **dátil** date (fruit)

el **dato** fact

    de of, from, for, I-1.1

    de equipo team, I-7

    de jazz jazz, I-4

    de nada you're welcome, I-BV

    de nuevo again

    de rock rock, I-4

    de vez en cuando now and then

    debajo de under, II-7.1

    deber to owe; + infinitive should, ought

    debido a due to

    debido(a) due, proper

    débil weak

    debilitarse to become weak

la **debutante** debutant

    debutar to make one's debut

la **década** decade

la **decadencia** decadence

el/la **decano(a)** dean (of a university), **2**

decapitar to decapitate

la **decena** ten (group of ten)

el **decibel** decibel

    decidido(a) determined

    decidir to decide

    decimal decimal

    décimo tenth, I-5.1

    decir (irreg.) to say, I-9

la **decisión** decision

    decisivamente decisively

    declarar to declare

    decrépito(a) decrepit

    decretar to decree

la **dedicación** dedication

    dedicado(a) dedicated

    dedicar to dedicate

el **dedo** finger, II-4.1

    el dedo pequeño little finger

    deducir to deduct, **1**

el **defecto** deffect

    defender to defend

el **defensor** defender

el **déficit** deficit

la **definición** definition

    definitivo(a) final

    en definitiva finally

    degustar to taste, sample, **4**

    dejar to leave (something behind), I-12.2; to allow

    dejar claro to make obvious, **2**

    dejar por limosna to give as charity

    del (de + el) from the, of the

    delante de in front of, II-10.1

    delantero(a) front

    delicado(a) delicate

    delicioso(a) delicious, I-15.2

el/la **delincuente** criminal

la **demanda** demand

    demandar to file a suit against, **5**

los **demás** others, **3**

    demasiado too, too much, I-13.2

    democrático(s) democratic

la **demografía** demography

la **demora** delay, I-14.2

    con una demora late, I-14.2

    demostrar to demonstrate

la **denominación** denomination

la **densidad** density

    denso(a) thick

la **dentadura postiza** set of false teeth

el **dentífrico** toothpaste, **7**

el/la **dentista** dentist, **7**

    dentro de in; inside (adv.)

    dentro de poco soon

    denunciar to report (a crime)

el **departamento (servicio) de personal** personnel department, II-16.2

el **departamento de recursos humanos** personnel department, II-16.2

el **departamento** province, district

    depender (ie) to depend

el/la **dependiente** salesperson, I-13.1; clerk, II-16.1

el **deporte** sport, I-2.2

    deportivo(a) related to sports

    depositar to deposit, II-14.2

el **depósito** deposit, II-14.2

    depredador(a) plunderer

    deprimido(a) depressed

la **derecha** right, I-5.1

    a la derecha to the right, I-5.1

el **derecho** law; right

    derecho(a) straight, II-**10.1**; right, right-hand

    deriva: a la deriva adrift

    derivar to come from

    derretir to melt

    derrocar to overthrow

la **derrota** defeat

    derrotar to defeat

    derruido(a) pulled down

    derrumbado(a) fallen

    derrumbar to fail; to knock down

el **derrumbe** collapse

    desabotonar to unbutton

el **desacuerdo** disagreement

    desafiar to dare

    desaparecer (zc) to disappear

    desaprobado(a) failing

    desarmado(a) disarmed

    desarmar to disarm

    desarrollar to develop; to promote, **8**

el **desarrollo** development

el **desasosiego** uneasiness

el **desastre** disaster

    desayunarse to eat breakfast, I-16.1

el **desayuno** breakfast, I-5.2

el **desbarajuste** disorder, mess

    descalzo(a) barefooted

el **descampado** open country

    descansado(a) rested

    descansar to rest

el **descanso** rest, **3**

el **descapotable** convertible, II-5.1

    descargar to unload

    descender (ie) to descend; to go down, **1**

el/la **descendiente** descendent

    descifrar to decipher

    descolgar (ue) to pick up (the telephone), II-1.1

    descollar to excel

    descomponer to decompose

descomponerse to break down

el/la desconocido(a) stranger, 6

descortés discourteous, II-11

describir to describe

la descripción description

descriptivo(a) descriptive

descubierto(a) discovered

el descubridor discoverer

el descubrimiento discovery

descubrir to discover

el descuido carelessness

desde from, since

deseable desirable

desear to wish, want, II-11

desechable disposable

desembarcar to disembark, I-8

la desembocadura mouth, outlet (of river), 5

desembocar to empty

desempeñar to fulfill, carry out

desempleado(a) unemployed (adj.), II-16.2

el/la desempleado(a) unemployed person, II-16.2

el desempleo unemployment, II-16.2

desentrañar to get to the bottom of

el deseo wish, desire

el desequilibrio lack of equilibrium

la desesperación desperation

desesperar to despair

desfilar to parade

el desfile parade, 3

desfondado(a) broken

desgano reluctance

desgastado(a) weakened

desgraciadamente unfortunately

desgraciado(a) unfortunate

la deshidratación dehydration

deshidratado(a) dehydrated

la deshonra dishonor, 6

deshonrado(a) dishonored

deshonroso(a) dishonorable

el desierto desert

la desintegración decay

desmedido(a) excessive

desnudo(a) naked

desocupado(a) unemployed, II-16.2

el desodorante deodorant, I-16.2

despachar to wait on or help customers, I-10.2

el despacho study

despacio slowly

despedirse (i, i) to say good-bye, II-11.1

despegar to take off (airplane), I-8.2

el despegue taking off, II-7.2

despejado(a) cloudless, 1

desperezarse to stretch

despertarse (ie) to wake up, I-16.1

desplazar to displace; to move, shift

el/la desposado(a) newlywed

desposar to wed, marry

despreciar to despise; to disdain, 2

después de (que) after, I-4.1

desque since (Old Spanish)

destacarse to stand out

destemplado(a) loud; noisy

desterrar to exile, banish

el/la destinatario(a) receiver, II-3.1

el destino destination, I-8.1; destiny

destrozar to destroy; to ruin, 7

la destrucción destruction

destruir to destroy, 5

el desvelo sleeplessness; anxiety

la desventura misfortune

desvestirse to undress

desviar to divert

desviarse to get lost, go astray

la detalle detail

detectar to detect

detener (irreg.) to stop

el detergente detergent, II-2.2

determinado(a) specific

determinar to determine

detestable detestable

detestar to detest

detrás de behind, II-10.1

la deuda debt

develar to reveal

el devenir future

devolver (ue) to return, I-7.2

el día day

el Día de los Reyes Day of the Three Kings

el día de los Difuntos Day of the Dead

el día feriado holiday

la diagnosis diagnosis, I-10.2

el diálogo dialogue

el diamante diamond

diariamente daily

diario(a) daily, 7; diary

el/la dibujante sketcher, 1

dibujar to draw, sketch, 1

el dibujo sketch, drawing, 1

el diccionario dictionary

la dicha happiness; good luck

diciembre December, I-BV

la dictadura dictatorship

dictar to give a lecture

el diente tooth, I-16.1; clove

la dieta diet, I-10.2

diez ten, I-BV

la diferencia difference

diferente different

difícil difficult, I-2.1

la dificultad difficulty

el/la difunto(a) dead person, II-12.1

el día de los Difuntos Day of the Dead

dignarse to deign

la dignidad dignity

dignificar to dignify

digno(a) deserving

diligente diligent

el diluvio flood

la diluya dilution

dinámico(a) dynamic

el dineral fortune, great sum of money, 2

el dinero money, II-14.1

el dinero en efectivo cash, II-14.1

el/la dios(a) god (goddess)

el/la diplomado(a) graduate

diplomático(a) diplomatic

la dirección address, II-3.1; direction

la direccional turning signal, II-5

directamente directly

el directivo board of directors, management

directo(a) direct

el/la director(a) conductor, I-12.2; director; principal, II-16.1

dirigir to direct

discar to dial, II-1

la disciplina instruction, I-2.2

el disco record, I-4.1; dial (of telephone), II-1.1

la discoteca discotheque

la disculpa excuse, 2

el discurso speech

la discusión discussion; argument

discutir to discuss; to argue

la disección dissection

el/la diseñador(a) designer

diseñar to design

el diseño design

disfrutar (de) to enjoy, 1, 3

dislocar to dislocate

disminuir to diminish

el disparo discharge, 3; shot, 7

el dispensario dispensary

displicente indifferent

disponer to have at one's disposal

disponible available

la disposición disposal

dispuesto(a) ready

la disputa argument

la distancia distance

distinguido(a) distinguished

distinguir to distinguish; to identify

distinto(a) distinct

distraer to distract

la **distribución** distribution

distribuir to distribute, II-7.1

el **distrito** district

la **diversidad** diversity

la **diversión** amusement

diverso(a) different

divertido(a) fun, I-1.1

divertirse (ie, i) to enjoy oneself, I-16.2

dividir to divide

divino(a) divine

la **divisa** foreign currency

divorciarse to get divorced

el **divorcio** divorce

la **dobla** old Spanish coin

doblado(a) dubbed

doblar to turn, II-5.1

doble double, II-6.1

la **docena** dozen

el/la **docente** teacher, 5, 7

la **documentación** documentation

el **documento** document

el **dólar** dollar

doler (ue) to hurt, ache, I-10.2

  me duele it hurts, aches, I-10

doliente sorrowful

el **dolor** ache, pain, I-10.1; sorrow, 1

  el dolor de garganta sore throat, I-10.1

  el dolor de cabeza headache, I-10.1

dolorido(a) sore

la **dominación** domination

dominante dominant

dominar to dominate

el **domingo** Sunday, I-BV

dominicano(a) Dominican

el **dominio** power

el **dominó** domino

¿dónde? where?, I-1.2

doquier wherever

dorar to gild

dormir (ue, u) to sleep, I-7

  dormirse (ue, u) to fall asleep, I-16.1

el **dormitorio** bedroom, I-5.1

dos two, I-BV

la **dosis** dose, I-10.2

el **dote** dowry

dramáticamente dramatically

dramático(a) dramatic

el **dramaturgo** dramatist

driblar con to dribble (sports), I-7.2

la **droga** drug, I-10.2

la **drogadicción** drug addiction

la **droguería** drug store

la **ducha** shower, I-16.2

  tomar una ducha to take a shower, I-16.2

la **duda** doubt

  no hay duda there is no doubt

  sin duda without doubt

dudar to doubt, II-12

el **duelo** mourners

la **dueña** chaperone, II-15.1

el/la **dueño(a)** owner

dulce sweet

la **duna** dune

durante during, I-4.2

durar to last, II-12.2

duro(a) hard

E

e and (used instead of **y** before words beginning with **i** or **hi**)

ebullición: a la ebullición to a boil

la **ebullición** boiling

echar to throw, II-3.1

  echar una siesta to take a nap, I-11.1

  echar canas to have some fun

  echar los dados to throw the dice

  echarse to apply oneself

  echarse unas asoleadas to get tanned

la **ecología** ecology

ecológico(a) ecologic

la **economía** economy; economics, II-16.2

  la economía doméstica domestic economy, I-2.2

económico(a) economical

el **ecosistema** ecosystem

el **ecuador** equator

ecuatorial equatorial

ecuatoriano(a) Ecuadorean

ecuestre on horseback

la **edad** age

  la Edad Media Middle Ages

el **edén** Eden

edificar to build, 1

el **edificio** building, I-5.1

la **educación** education

  la educación cívica civic education, I-2.2

  la educación física physical education, I-2.2

educacional educational

educado(a) well-mannered, polite, II-11.1

educar to educate

efectivamente indeed

el **efecto** effect

  en efecto in effect

efectuar to take place, be carried out, 4

la **eficiencia** efficiency

el **eje** axis; main point, 6

el **ejemplo** example

  por ejemplo for example

ejercer (z) (una profesión) to practice (a profession), II-16.2

el **ejercicio** exercise, I-10.2

  el ejercicio aeróbico aerobic exercise, I-10.2

  el ejercicio físico physical exercise, I-10.2

ejercitar to exercise; to practice, 3

el the (m. sing.), I-1.1

él he, I-1.1

elaborado(a) elaborate

la **elasticidad** elasticity

elástico(a) elastic, II-4.2

el/la **electricista** electrician, II-16.2

eléctrico(a) electric

el **electrodoméstico** domestic appliance

el **elefante** elephant

el **elefante marino** walrus

la **elegancia** elegance

elegante elegant

elegir to choose, 6; to elect

el **elemento** element

la **elevación** elevation

elevar to elevate

eliminar to eliminate

ella she, her, I-1.2

ellos(as) they, them

el/la **embajador(a)** embassador

el **embarazo** pregnancy

embarcar to embark

el **emblema** emblem

el **embotamiento** dullness, drowsiness

el **embotellamiento** traffic jam, bottleneck, 1

el **embutido** sausage, 7

la **emergencia** emergency

el/la **emigrante** emigrant

emigrar to emigrate

la **emisión** emission

  la emisión deportiva sports broadcast, I-5.2

emitir to emit

la **emoción** emotion; excitement

emocionarse to be moved, touched

la **empalizada** stockade, palisade

empatado(a) tied, I-7

empavonado(a) greased

empedrado(a) paved with stones

el **empellón** shove
el **empeño** undertaking
empezar (ie) to begin, I-7.1
el/la **empleado(a)** employee, attendant, II-5.2
  el/la empleado(a) de correo postal employee, II-3.2
  el/la empleado(a) del banco bank clerk, II-14.1
emplear to employ; to use
el **empleo** job, II-16.2
  la solicitud de empleo job application, II-16.2
el **empobrecimiento** impoverishment
empollar to hatch
emprender to undertake
la **empresa** business; company
el/la **empresario(a)** manager
empujar to push, II-2.1
el **empujón** push, shove, 6
en in, I-1.1
  en avión by plane, I-8
  en cuanto a as to
  en cuanto as soon as, II-1.2
  en el pucho right away
  en este momento at this moment, I-8.1
  en seguida right away, II-1.2
  en todas partes everywhere
el/la **enamorado(a)** sweetheart, II-15
enamorarse to fall in love, II-15.1
el **encabezamiento** heading
el **encaje** lace, 4
encalado(a) whitewashed
encantar to delight, I-13
encarcelar to imprison
encargarse to take charge of
encarnizado(a) bloody; cruel
encender (ie) to light, II-12.2
encerrar to lock in
encestar to put in a basket, I-7.2
la **encía** gum (of mouth), 7
el **encierro** penning (of bulls), 3
encima above; overhead
  por encima de above, over
encoger to shrink, II-13.2
encontrar (ue) to find
encontrarse (ue) to meet
la **endeblez** weakness
la **endogamia** inbreeding
endosar to endorse, II-14.2
el/la **enemigo(a)** enemy
energético(a) energetic
la **energía** energy
  la energía nuclear nuclear energy, II-16.2
enero January, I-BV
enfadar to annoy, anger, I-13
enfatizar to emphasize, 8

la **enfermedad** sickness
el/la **enfermero(a)** nurse, I-10.2
enfermizo(a) sickly, weakly
el/la **enfermo(a)** sick person, I-10.1
enfermo(a) sick, I-10.1
enfrente de in front of, II-8.2; opposite, II-10.1
enfriarse to become cold
enfundado(a) sheathed, covered, 4
engañar to deceive, 8
engreído(a) spoiled
la **enhorabuena** congratulations, II-15.2
el **enigma** enigma
enigmático(a) puzzling
enjuto(a) lean
el **enlace** union
  el enlace nupcial wedding, II-15.1
enlatado(a) canned
enlazar to join, connect
enlodado(a) muddied
enojar to annoy, anger, I-13
enorme enormous
enrarecido(a) thin (air)
el **enrarecimiento** thinning (of the air)
enredarse to get entangled
enriquecerse to get rich, 8
enrojecer to blush
la **ensalada** salad, I-5.2
ensayar to rehearse
enseguida at once, immediately, I-16
la **enseñanza** teaching
enseñar to teach, I-3.2
enterarse de to find out about
enternecido(a) moved, touched
entero(a) whole
enterrar (ie) to bury, II-12.1
la **entidad** entity
el **entierro** burial, 4
entonces: en aquel entonces at that time
la **entrada** entrance, I-6.2; admission ticket, I-7.2
entrante next, coming
entrar to enter, I-3.1
  entrar en escena to come on the stage, I-12.2
entre between, among
la **entrega** delivery, II-3.2
entregar to deliver, II-3.2; to hand over
el **entremés** appetizer
el **entrenador** trainer, coach, 2
el **entrenamiento** training, 8
entretanto meanwhile
entretener to entertain, 2
la **entrevista** interview

el **envase** container, II-2.2; packing, 7
enviar to send, II-3.1
envidiable enviable
envidiar to envy, 6
enyesar to put in a plaster cast, II-4.2
épico(a) epic
la **epidemia** epidemic
el **episodio** episode
la **época** epoch; season
el **equilibrio** equilibrium, balance
el **equipaje** baggage, luggage, I-8.1
  el equipaje de mano hand baggage, I-8.1
  el reclamo de equipaje baggage claim, I-8.2
el **equipo** team, I-7.1; equipment
equivalente equivalent
equivocado(a) wrong, II-1.1
eres you (sing. fam.) are
la **ermita** hermitage
erosionar to erode
errar to rove, wander
el **error** mistake
eructar to belch, burp, 2
es he/she/it is, I-1.1
esbozar to outline
la **escala** scale
la **escalera** stairway, I-5.1
el **escalofrío** shiver, chill, 6
los **escalofríos** chills, I-10.1
el **escalón** stair
el **escándalo** commotion
escandinavo(a) Scandinavian
escapar to escape
el **escaparate** shop window, I-13.1
escaso(a) scarce
la **escena** scene; stage, I-12.2
  entrar en escena to come on the stage, I-12.2
el **escenario** stage, scenery
el/la **esclavo(a)** slave, 8
escoger to choose
escolar of or pertaining to school, I-3.1
esconder to hide
escondido(a) hidden
el **escote** neck, neckline, 4
el **escribidor** writer
escribir to write, I-5.2
escrito(a) written
escuchar to listen, I-4.1
el **escudo** coat-of-arms
la **escuela** school, I-1.1
  la escuela intermedia intermediate school
  la escuela primaria elementary school
  la escuela secundaria high school, I-1.1

la escuela superior advanced school

la escuela vocacional vocational school

el/la **escultor(a)** sculptor, I-12.2

la **escultura** sculpture

la **escupidera** spittoon, 7

el **esfuerzo** effort; endeavor, 8

eso that, I-3.1

a eso de about, I-3.1

espacial space (adj.)

el **espacio** space

espacioso(a) spacious

el **espagueti** spagetti

la **espalda** back, II-11.2

espantoso(a) frightful, dreadful

España Spain

español(a) Spanish, I-2.2

españolizar to Hispanize

la **especia** spice

la **especialidad** specialty

el/la **especialista** specialist

especialista specialist (adj.), II-16.2

la **especialización** specialization

especializado(a) specialized

especializar to specialize

especialmente especially

la **especie** type

específicamente specifically

específico(a) specific

espectacular spectacular

el **espectáculo** show, performance, I-12.2

el/la **espectador(a)** spectator, I-7

el **espejo** mirror, I-16.1

la **espera** expectation

la **esperanza** hope

la esperanza de vida life expectancy

esperar to wait for, I-14

la **espinaca** spinach

el **espíritu** spirit

espontáneo(a) spontaneous

la **esposa** wife, I-6.1

las **esposas** handcuffs

el **esposo** husband, I-6.1

la **esquela** obituary, 4

el **esquí** ski, I-9.1

el **esquí** skiing, I-9.1

el esquí acuático water skiing, I-11.1

el esquí alpino Alpine skiing, I-9.1

el esquí de descenso downhill skiing, I-9.1

el esquí de fondo, el esquí nórdico cross-country skiing, I-9.1

el/la **esquiador(a)** skier, I-9.1

esquiar to ski, I-9.1

esquilar to shear (sheep)

el **esquileo** shearing

la **esquina** corner, II-5.1

estable stable

establecer (zc) to establish

el **establecimiento** establishment

la **estación** season, I-9.1; station, I-12.1

la estación de ferrocarril train station, I-14.1

la estación de servicio service station, II-5.2

estacionar to park, II-5.1

la **estadía** stay, sojourn, 1

el **estadio** stadium, I-7.1

el **estadista** statesman

la **estadística** statistic

el **estado** state

el estado de banco (de cuenta) bank statement, II-14.2

el estado libre asociado commonwealth

los **Estados Unidos** United States

estadounidense from the United States

estallar to break out

la **estampa** engraving; stamp

la **estampilla** stamp, II-3.1

están they/you (pl. form.) are, I-4.1

Están hablando. They are speaking., II-1.1

la **estancia** room

el **estanco** tobacco store

estar to be, I-4.1

estar al acecho to be on the alert

estar de acuerdo to agree

estar dispuesto to be ready, be prepared, 6

estar en (de) buena salud to be in good health, 7

estar en onda to be in vogue

estar enfermo(a) to be sick

estar hasta la punta del pelo to be fed up

¿Está (el nombre de una persona)? May I talk to (name of person)?, II-1.1

estás you (sing. fam.) are

estatal of or pertaining to the state, 7

la **estatua** statue, I-12.2

el **este** east, II-10.1

este(a) this

éste, ésta this one (dem. pron.)

la **estela** inscribed stone slab

estereofónico(a) stereophonic, II-7.1

esterlino(a) sterling

la **estiba de arroz** mountain of rice sacks

el **estilo** style

estimular to stimulate

el **estiramiento** stretching, 3

estirar to stretch, 4

el **estómago** stomach, I-10.1

el dolor de estómago stomachache, I-10.1

estornudar to sneeze, I-10.1

éstos(as) these (ones)

estoy I am

estrechar la mano to shake the hand, II-11.2

estrecho(a) tight, I-13.2; narrow, 1

la **estrella** star, 1

estrellar to smash

estremecido(a) shaken

el **estrés** stress

la **estrofa** stanza

la **estructura** structure

el/la **estudiante** student

estudiar to study, I-3.2

el **estudio** study

la **estufa** stove, II-9.1

estupendo(a) terrific

la **etapa** stage (of time), epoch, 2

eterno(a) eternal

la **etnia** ethnic background

la **etnicidad** ethnicity

étnico(a) ethnic, 8

etnocultural ethnocultural

la **etnología** ethnology

el/la **etnólogo(a)** ethnologist

el **eucalipto** eucalyptus tree

la **Europa** Europe

europeo(a) European

la **evaluación** evaluation

evaluar to evaluate

evangelista Evangelistic

el **evento** event

evidenciar to prove

evitar to evade

evocar to evoke

exactamente exactly

la **exactitud** accuracy

exacto(a) exact

exagerar to exaggerate

el **examen** examination, I-3.2

examinar to examine, I-10.2

la **excavación** excavation

excelente excellent

la **excepción** exception

excepcional exceptional

excesivo(a) excessive

el **exceso** excess

exclusivamente exclusively
la **excursión** excursion
la **excusa** excuse
exigente demanding
exigir to demand, II-12; to require, 1, 7
el **exilio** exile
la **existencia** existence
existente existing
existir to exist
el **éxito** success, 3
el **éxodo** exodus
exótico(a) exotic
expandir to expand
la **expansión** expansion
el **expansionismo** expansionism
expansionista expansionist
la **expectación** expectation
la **expectativa** expectation
la **expedición** expedition; dispatch
expedir to issue
el **expendio** sale, distribution
la **experiencia** experience
experimentado(a) experienced
experimentar to experience
el **experimento** experiment
experto(a) expert, I-9.1
expléndidamente splendidly
la **explicación** explanation
explicar to explain
la **exploración** exploration
el/la **explorador(a)** explorer
la **explotación** exploitation
el **exponente** exponent
exponer (irreg.) to explain, expound
exponerse to expose oneself
exportar to export
la **exposición** exhibition, I-12.2
expresar to express
la **expresión** expression
expuesto(a) exposed
expulsar to expel, drive out, 8
extender (ie) to extend
extendido(a) extensive
la **extensión** extension
extenso(a) extensive
el **exterminador** exterminator
externo(a) external
el/la **extinto(a)** dead person, 4
la **extracción** extraction
extraer to extract; to remove, 4
los **extramuros** outside the city
extrañar to surprise, 6
el **extranjero** abroad
extranjero(a) foreign
extraño(a) strange
el/la **extraño(a)** stranger
extraordinario(a) extraordinary

extremadamente extremely
extremo(a) extreme

F

la **fábrica** factory, II-16.1
fabricar to make
fabuloso(a) fabulous
la **facción** faction; (pl.) features
fácil easy, I-2.1
la **facilidad** ease
fácilmente easily
el **factor** factor
la **factura** bill
facturar to check (luggage), I-8.1
facultativo(a) optional
la **faena** job; work, 2
la **faja** sash, 3
la **falda** skirt, I-13.1
fallecer to die, 5
el **fallecimiento** death
fallido(a) frustrated; unsuccessful, 4
falso(a) false
la **falta** lack
faltar to lack
la **fama** fame
la **familia** family, I-5.1
el **familiar** member of the family
familiar of the family (adj.)
famoso(a) famous
el/la **fanático(a)** fanatic
fanfarrón(a) boasting, I-9.1
la **fanfarronería** bragging
la **fantasía** fantasy
fantástico(a) fantastic, I-1.2
el/la **farmacéutico(a)** pharmacist, I-10.2
la **farmacia** pharmacy, I-10.2
el **faro** headlight, II-5.1
la **farra** revelry, spree
fascinante fascinating
fascinar to fascinate
fastidiar to annoy, 3
fastidiarse to get annoyed
las **fatigas** sickness
la **fauna** fauna
el **favor** favor
el **fax** fax
la **faz** face, 4
la **fe** faith
febrero February, I-BV
la **fecha** date, I-BV
¿Cuál es la fecha de hoy?
What is today's date?, I-BV
la **felicidad** happiness, II-15.2
la **felicitación** congratulations, II-15.2
felicitar to congratulate

feliz happy
femenino(a) feminine
fenicio(a) Phoenecian
fenomenal phenomenal
el **fenómeno** phenomenum
feo(a) ugly
el **féretro** coffin
la **feria** fair
la **fermentación** fermentation
el **ferrocarril** railway, railroad
el **fertilizante** fertilizer
fervoroso(a) fervent
festejar to celebrate
el **festejo** entertainment, banquet, 4
la **festividad** festivity
festivo(a) festive
la **fibra** fiber, I-10.2
la **ficha** token; registration card, II-6.1
la **fiebre** fever, I-10.1
fiel faithful
la **fiesta** party, I-4.2
la fiesta de las luces
celebration of lights, II-12.2
la **figura** figure
la figura clave key figure
fijar to fix
fijarse en to pay attention to; to take note of
la **fila** row, I-8
el **filete** filet
la **filial** branch office
el **film(e)** film, I-12.1
filmar to film
el **filo** cutting edge (of knife)
el **filósofo** philosopher
el **fin** end
el fin de semana weekend
en fin finally
el **final** end
finalmente finally
financiero(a) financial
la **finanza** finance
fino(a) fine
el **fiordo** fiord
firmar to sign, II-14.2
firme firm, stable
la **física** physics, I-2.2
físicamente physically
el/la **físico** physicist
físico(a) physical, I-10.2
la **fisiología** physiology
flaco(a) thin, 7
flamante brand new, brilliant
flamenco(a) Flemish
el **flequillo** bangs, II-8.1
la **flexibilidad** flexibility
flexible flexible
el/la **flojonazo(a)** lazybones
la **flor** flower, I-6.2

la **flora** flora
floreciente flourishing
florido(a) full of flowers; ornate, florid
flote: a flote afloat
la **flotilla** fleet of small vessels, **5**
fluctuar to fluctuate, II-14.1
fluir to flow, **6**
folklórico(a) folkloric
el **folleto** pamphlet
el **fondo** background; bottom; fund
a fondo thoroughly
el/la **fontanero(a)** plumber, II-16.2
la **forma** form; shape
la **formación** formation
formal formal
la **formalidad** formality
formalizar to formalize
formar to form, make
formativo(a) formative
formidable terrific
la **fórmula** method, pattern
la **formulación** formation
formular la pregunta to pose the question
el **formulario** form, II-4.2
el formulario de retiro withdrawal slip, II-14.2
el **foro** forum
forrado(a) lined
la **fortaleza** fortress
la **fortificación** fortification
forzado(a) hard (labor); forced, **8**
el **fósforo** match
el **fósil** fossil
el **foso** pit
la **foto** photo
la **fotografía** photograph
fracasar to fail, be unsuccessful, **5**
el **fracaso** failure
la **fractura** fracture, II-4.1
fragantes fragrant
la **fragata** frigate
frágil fragile
el **fragmento** fragment
francamente frankly
francés (francesa) French, I-2.2
el **franco** Franc
el **franqueo** postage, II-3.2
la **franqueza** frankness
el **frasco** jar, II-2.2
la **frase** sentence; phrase
la **fraternidad** fraternity
fratricida fratricidal
la **frecuencia** frecuence
con frecuencia frequently
frecuentar to frequent
frecuente frequent
frecuentemente frequently
freír (i, i) to fry, I-15.1

frenado(a) held back, restrained
frenar to brake, II-5.1
el **freno** brake, II-5.1
frente a facing, opposite
la **frente** forehead, II-4.1
la **fresa** strawberry, II-2.1; drill, **7**
fresco(a) fresh, cool
hace fresco it's cool
el **frijol** bean, I-15.2
el **frío** cold (weather), I-9.1
Hace frío. It's cold., I-9.1
frito(a) fried
la **frontera** frontier
el **fronterizo** from the frontier
la **fruición** pleasure
la **frustración** frustration
la **fruta** fruit, I-15.2
el **fuego** fire
la **fuente** fountain
fuerte strong
la **fuerza aérea** air force
la **fuerza ascensional** lifting force
la **fuerza** strength, **1**
a fuerza de by means of
las **fuerzas** forces (military)
fulgor: sin fulgor without spark or brightness
el **fumador** smoker
fumar to smoke
la **función** function
el **funcionamiento** functioning
funcionar to function
el/la **funcionario(a)** city hall employee, II-16.1
la **funda** wrapper
la **fundación** founding
el/la **fundador(a)** founder
el **fundamental** fundamental
fundamentar to lay the foundations of
fundar to found
fundir to found
fundirse to join, unite, **4**
furioso(a) furious
el **furor** furor, rage
la **fusión** fusion
el **fútbol** football, I-7.1
el campo de fútbol football field, I-7.1
el **futuro** future

G

la **gabardina** raincoat, I-13.1
el **gabinete** laboratory, **7**
las **gafas** glasses, I-9.1
el **galápago** giant turtle, **1**
el **galeno** doctor, **7**
Gales Wales, **1**

galés(a) Welsh (adj.)
gallego(a) Galician
la **galleta** biscuit, cracker, **8**
la **gallina** hen, **6**
el **gallinazo** buzzard
el **gallo** rooster
el **galón** gallon
la **gama** range
la **gamba** shrimp, II-9.2
la **gana** desire, wish
el **ganado** cattle; herd
el/la **ganador(a)** winner
ganar to win, I-7.1; to earn
el **gancho** clothes hanger, II-6.2
la **ganga** bargain
el **garaje** garage, I-6.2
garantizar to guarantee
garboso(a) graceful
la **garganta** throat, I-10.1
el dolor de garganta sore throat, I-10.1
la **garita de peaje** toll booth, II-10.2
gas: con gas carbonated
la **gaseosa** soft drink, soda, I-5.2
la **gasolina** gas, II-5.2
la **gasolinera** gas station, II-5.2
gastado(a) spent, barren
gastar bromas to joke habitually
el **gasto** expense; charge, II-6.1
gastronómico(a) gastronomic
el **gatillo** forceps
el **gato** cat, I-6.1; jack, II-5.1
la **gaveta** drawer, **7**
el **gazpacho** cold Andalusian soup
la **gelatina** gelatin
la **generación** generation
el **general** general
el general a caballo general on horseback, **1**
generalizar to generalize
generalmente generally
el **género** genre, kind, sort, type
la **generosidad** generosity
generoso(a) generous
genial pleasant
el **genio** character; temperament, **8**
genovés(a) Genoese
la **gente** people
la **geografía** geography, I-2.2
geográfico(a) geographic
la **geometría** geometry, I-2.2
el **geranio** geranium
la **gesta** epic poem
el **gesto** gesture
gigantesco(a) gigantic, huge
el **gimnasio** gymnasium
la **gira** tour
girar to revolve, **6**
el **giro postal** money order

el **giro** turn
el/la **gitano(a)** gypsy
glacial icy
el **glaciar** glacier
el **globo** globe, **5**
la **gloria** glory
el **gobernador** governor
el **gobierno** government
el **gol** goal, I-7.1
el **golf** golf, I-11.2
    el campo de golf golf course,
      I-11.2
    el juego de golf golf game,
      I-11.2
    la bolsa de golf golf bag,
      I-11.2
el **golfo** gulf
la **golosina** delicacy, tidbit, **1**
el **golpe** blow, hit, **5**
    golpear to hit, I-11.2
la **goma** eraser, I-BV; tire, II-5.1
la **góndola** gondola
el **gorro** cap, I-9.1
la **gota** drop, **6**
    gozar to enjoy
    gozar de buena salud to be in
      good health, **7**
    grabar to engrave
    gracias thank you, I-BV
    gracioso(a) charming; attractive
el **grado** grade; degree, I-9.1
la **graduación** graduation
el **graduado** graduate
    graduarse to graduate
el **gramo** gram
    gran, grande big, I-2.1
    las Grandes Ligas Major
      League
la **grandeza** greatness
    grandilocuente grandilocuent
el **granizo** hail, **1**
la **grasa** grease
    gratis free
la **gratitud** gratitude
    grato(a) agreeable, pleasant, **8**
    gratuitamente free (adv.)
    grave serious, grave
el **green** green (golf), I-11.2
    griego(a) Greek
el/la **gringo(a)** North American
la **gripe** influenza, cold, I-10.1
    gris grey, I-13.2
    gritar to shout, **5**
el **grito** shout, cry
    grosero(a) rude, vulgar
    gruesamente grossly
la **grupa** rump (of horse)
el **grupo** group
la **guanábana** soursop
el **guante** glove, I-7.2

el **guapo** braggart
los **guaraní** Guarani
los **guardabarros** fenders
    guardar to guard; to keep
    guardar cama to stay in bed,
      I-10.1
la **Guardia Civil** Spanish police
    force, **8**
la **guayaba** guava
la **guayabera** loose-fitting men's
    shirt worn in some tropical
    Hispanic countries **1**
    gubernamental governmental
la **guerra** war
la **guerrera** military jacket
    guerrero(a) warlike
el **guerrillero** guerrilla
el/la **guía** guide, **6**
la **guía telefónica** telephone book,
    II-1.1
el **guión** screen play
el **guisante** pea, II-9.1
    guisar to cook, **2**; to stew
el **guiso** stew
la **guitarra** guitar, I-4.2
    gustar to like, enjoy, I-13.1
el **gusto** taste; pleasure

H

    haber to have (auxiliary verb)
la **habichuela** bean, I-15.2
    habichuela
    la habichuela negra black
      bean, II-9.2
la **habilidad** ability
    habilitado(a) outfitted, **4**
la **habitación** room, I-5.1
el/la **habitante** inhabitant
    habitar to reside, **6**; to inhabit
el **hábitat** habitat
    hablar to speak, I-3.1
    hacer (irreg.) to do; to make,
      I-8.1
    Hace frío. It's cold., I-9.1
    hace mucho tiempo a long
      time ago
    hace muchos años it's been
      many years
    hace poco a short time ago
    Hace calor. It's hot., I-11.1
    hacer cargo de to take charge
      of
    hacer cola to line up
    hacer ejercicio to exercise
    hacer el desaparecido to play
      a disappearing act
    hacer el viaje to make the
      trip, I-8.1

    hacer juego con to go with,
      I-13.2
    hacer la cama to make the
      bed, II-6.2
    hacer la maleta to pack the
      suitcase, I-8
    hacer los negocios to get
      down to business
    hacer obras to do repair work
    hacer osos to make mistakes
    hacer sus veces to take one's
      place
    hacer una llamada to make a
      call, II-1.1
    hacerse cargo to take charge,
      4, 6
    hacerse daño to hurt oneself,
      II-4.1
    hacia toward
el **hado** fate, destiny, **1**
    halagar to delight
    hallar to find
el **hallazgo** discovery; finding
la **hamaca** hammock, I-11.1
la **hambre** hunger, I-15.1
    pasar hambre to go hungry
    tener hambre to be hungry,
      I-15.1
la **hamburguesa** hamburger
la **harina** flour
    hartarse to get one's fill of
    harto(a) fed up
    hasta (que) until, I-BV; up to
    Hasta la vista. See you later.,
      I-BV
    Hasta luego. See you later.,
      I-BV
    Hasta mañana. See you
      tomorrow., I-BV
    Hasta pronto. See you soon.,
      I-BV
    hasta even; also (adv.)
    hay there is, there are, I-5.1
    Hay (Hace) sol. It's sunny.,
      I-11.1
    hay que one must
la **hazaña** deed, heroic feat, **6**
    hebreo(a) Hebrew, II-12.2
el **hecho** fact
la **helada** frost
la **heladería** ice cream parlor
el **helado** ice cream, I-5.2
    helado(a) frozen, **1**; icy
las **hélices** prop, II-7.2
el **helicóptero** helicopter, II-7.2
el **hemisferio** hemisphere
la **hemorragia** hemorrhage
    herbívoro(a) herbivorous
el/la **herbolario(a)** herbalist
    heredar to inherit, **6**

el/la **heredero(a)** heir, **4**
la **herencia** inheritance
la **herida** wound
el/la **hermanastro(a)** stepbrother
(stepsister)
el/la **hermano(a)** brother (sister),
I-2.1
el **héroe** hero
heróico(a) heroic
hervir (ie) to boil, II-9.1
la **hibridación** hybridization
el **hidalgo** nobleman
el **hidrato de carbono**
carbohydrate
el **hidrofoil** hydrofoil
la **hiel** bitterness; adversities, **4**
el **hielo** ice, I-9.2
la **hierba** herb; grass
el **hierro** iron
el **hígado** liver
higiénico(a) sanitary, II-2.2
el papel higiénico toilet
paper, II-2.2
el/la **hijastro(a)** stepson
(stepdaughter)
el/la **hijo(a)** son (daughter), I-6.1
los **hijos** children (sons and
daughters), I-6.1
hinchado(a) swollen, II-4.1
la **hiperinflación** hyperinflation
el **hipermercado** supermarket,
II-2.1
el **hipopótamo** hippopotamus
la **hipótesis** hypothesis
hispánico(a) Hispanic
hispano(a) Hispanic
hispanohablante Spanish-
speaking
la **historia** history, I-2.2; story
el/la **historiador** historian
el **historial profesional** curriculum
vitae, II-16.2
histórico(a) historic
el **hit** hit (sports), I-7.2
el **hogar** home, **8**
la **hoja de afeitar** shaving blade, **2**
la **hoja** sheet, I-BV; blade, I-9.2
la hoja de papel sheet of
paper, I-BV
la **hojalata** tin
hojear to leaf through, **2**
hola hello, I-BV
holandés(a) Dutch
el/la **holgazán(a)** idler, loafer, **3**
el **hombre** man
el **hombro** shoulder, II-4.1
homogéneo(a) homogeneous
hondo(a) deep
honesto(a) honest, I-1.2
el **honor** honor

la **hora** hour; time
el **horario** schedule, I-14.1
la **horca** gallows
la **horda** horde
el **horizonte** horizon
hornear to bake
el **hornillo** portable stove, I-16.2
el/la hornillo(a) (stove)
burner, II-9.1
el **horno** oven, II-9.1
el horno de microondas
microwave oven, II-9.1
el **horóscopo** horoscope
la **horquilla** bobby pin, II-8.2
el **horror** horror
hospedar to lodge, stay
el **hospital** hospital, I-10.2
hostil hostile
el **hotel** hotel, II-6.1
hotelero(a) hotel (adj.)
el/la **hotelero(a)** hotelkeeper
hoy today, I-11.2
hoy día nowadays; today
hoy en día nowadays
¿Cuál es la fecha de hoy?
What is today's date?, I-BV
el **hoyo** hole, I-11.2
el **hueco** hole
la **huelga** strike
la **huella** impression
la **huerta** garden, orchard, **5**
el **huerto** fruit or vegetable garden, **1**
el **hueso** bone
el/la **huésped** guest, II-6.1
el **huevo** egg, I-15.2
los huevos duros poached
eggs
los huevos pasados por agua
softboiled eggs
huir to flee
las **humanidades** humanities
el/la **humanista** humanist
humano(á) human
la **humedad** dampness
humilde humble, **8**
el **humor** mood, I-10; fluid; mood
de buen humor in a good
mood, I-10
de mal humor in a bad mood,
I-10
el **hundimiento** sinking
hundir la panza to pull in the
belly
hundir to plunge; to sink
el **huracán** hurricane, **1**
huronear to pry, snoop
hurtadillas: a hurtadillas
furtively, stealthily, **6**
el **huso horario** time zone

I

ibérico(a) Iberian
ida y vuelta round-trip (adj.)
la **idea** idea
no tengo idea I don't have any
idea
el **ideal** ideal
idéntico(a) identical
la **identidad** identity
identificar to identify
el **idioma** language
idolatrar to adore, **3**
el **ídolo** idol
la **iglesia** church, II-10.1
ignorar to be ignorant of, **8**
igual equal
la **igualdad** equality
la **ilusión** illusion
ilusionado(a) hopeful, **2**
ilustre distinguished
la **imagen** image; picture
la **imaginación** imagination
imaginar to imagine
imitar to imitate
impar odd
la **impedimenta** equipment,
supplies
el **impedimento** impediment,
obstacle, **4**
impedir to impede, hinder
impeler to impel, push
imperdonable unforgivable
el **imperio** empire
el **impermeable** raincoat, **3**
la **impertinencia** impertinence
imponer (irreg.) to impose
la **importación** importation
importado(a) imported
la **importancia** importance
importante important, II-11
importar to be important; to
import
le importa un pimiento
doesn't mean a thing
imposible impossible, II-11
imprescindible essential, **5**
impresionado(a) impressed
impresionante amazing,
impressive
impresionar to impress
el **imprevisto** unforeseen event
improbable improbable, II-11
improvisar to improvise
el **impuesto** tax
el **impulso** impulse, **8**
inaccesible inaccessible
inalámbrico(a) cordless, II-1.1
inapropiado(a) inappropriate
la **inauguración** inauguration

inaugurado(a) inaugurated
incaico(a) Incan
incalculable incalculable
incapaz incapable
el incendio fire, 5
la incisión incision
inclinado(a) slanted
incluir to include
incluso including
incógnito(a) unknown
la incomodidad discomfort
incomparable incomparable
la inconsciencia unconsciousness
el inconveniente difficulty
inconveniente inconvenient
incorporarse to incorporate
incorruptible incorruptible
increíble incredible
independiente independent
indeseable undesirable
indicar to indicate
el índice ratio, index
el/la indígena native, 8
indigno(a) undignified
el/la indio(a) Indian, 8
indispensable indispensable
individual individual, I-7
el individualismo individualism
el/la individuo individual
indudablemente undoubtedly
la industria industry
industrializado(a) industrialized
industrialmente industrially
inexorable relentless
infalible infallible
la infancia infancy
el/la infante infant
el infarto heart attack, 5
infeliz unhappy
inferior inferior; lower
el infierno hell
la inflación inflation
inflexible inflexible, 6
la influencia influence
influir to influence, 8
la información information
informal informal
informar to inform
la informática computer sciences,
 II-16.1
informativo(a) informative
el informe report
el/la ingeniero(a) engineer, 2
el/la inglés(a) English, I-2.2
 inglés(a) English (adj.)
el ingrediente ingredient
ingresar to deposit, II-14.2; to
 enter, become a member (of), 2
el ingreso deposit, II-14.2; income
inhóspito(a) inhospitable

inicialmente initially
injusto(a) unfair
inmediatamente immediately
inmediato(a) immediate
 de inmediato immediately
inmenso(a) immense
inmerecido(a) undeserved, 4
el/la inmigrante immigrant
inmoral immoral
la inocencia innocence
el inodoro toilet, II-6.2
inolvidable unforgettable
inoportuno(a) inopportune
inoxidable rustproof
el inquietud uneasiness
el/la inquilino(a) renter
la Inquisición Inquisition
inscribir to register; to enroll, 7
la inscripción enrollment
inscrito(a) engraved
inseparable inseparable
insignificante insignificant
insistir to insist, II-11.1
inspeccionar to inspect, I-8.2
inspirar to inspire
la instalación installation
instalarse to establish oneself
la institución institution
el instituto institute
la instrucción instruction
las instrucciones instructions, I-5.2
el instrumento instrument
insuficiente incompetent;
 insufficient (the lowest grade in
 the Spanish educational
 system), 2
insular insular
el insulto insult
integrar to form, make up, 2
íntegro(a) integral
inteligente intelligent, I-2.1
la intemperie inclemency (weather)
la intención intention
la intensidad intensity
intensivo(a) intensive, II-4.2
intentar to attempt; to intend
interactuar to interact
intercambiar to exchange,
 II-15.2
el intercambio exchange
el interés interest
interesante interesting, I-2.1
interesar to interest, I-13.1
el interior interior
el/la interlocutor(a) caller, II-1.1
interminable interminable
intermitente intermittent (adj.)
el intermitente turning signal,
 II-5.1
internacional international

interno(a) internal
la interpretación interpretation
interpretar to interpret
el/la intérprete interpreter
interrogativo(a) interrogative
interrumpir to interrupt
la interrupción interruption
interurbano(a) interurban
el intervalo interval
intervenir (irreg.) to intervene
la intimidad intimacy
íntimo(a) close, intimate, II-11.2
la intriga intrigue
la introducción introduction
introducir (zc) to insert, II-1.1;
 to introduce
invadir to invade
la invención invention
la inversión investment
la investigación investigation
el invierno winter, I-9.1
la invitación invitation, I-5.2
el/la invitado(a) guest, II-15.2
invitar to invite, I-4.2
la inyección injection
ir (irreg.) to go, I-4.1
 ir a... to go to, I-6
 ir de camping to go camping,
 I-16.2
 ir de compras to go shopping
 ir de paseo to go for a walk
irlandés(a) Irish
irrepetible that can not relived
irse to leave, depart, 1
la isla island
islamita Islamitic
el istmo isthmus
italiano(a) Italian, I-2.2
izar to hoist
la izquierda left, I-5.1
 a la izquierda to the left, I-5.1
izquierdo(a) left (adj.)

J

el jabón soap, I-16.2
 el jabón en polvo soap
 powder, II-13.2
el jade jade
jadeante panting
jadear to pant
jamás never, II-6
el jamón ham, I-15.2
japonés (japonesa) Japanese
el jardín garden, I-6.2
 el jardín botánico botanical
 garden, 2
el/la jardinero outfielder (sports),
 I-7.2

el **jebe** elastic, rubber
el/la **jefe(a)** leader, chief
la **jerarquía** hierarchy
el **jeroglífico** hieroglyphic
el **jersey** sweater, I-13.1
  jesuíta Jesuit (adj.)
el **jet** jet, II-7.2
el **jíbaro encastado** Puerto Rican peasant
el **jonrón** home run, I-7.2
la **jornada** day
  joven young (adj.), I-6.1
el/la **joven** young person
las **joyas** jewelry
  jubilarse to retire
la **judía verde** string bean, II-2.1
el/la **judío(a)** Jew, II-12.2
el **juego** game
el **jueves** Thursday, I-BV
el/la **juez** judge, II-16.1
el/la **jugador(a)** player, I-7.1
  jugar (ue) to play, I-7.1
el **juglar** minstrel
  juglaresco(a) of minstrels
el **jugo** juice
    el jugo de china orange juice
  jugoso(a) juicy
el **juguete** toy, **1, 4**
el **juicio** opinion
  juicioso(a) mature
  julio July, I-BV
la **jungla** jungle
  junio June, I-BV
  junto(a) together, II-15.1
el **jurado** jury
el **juramento** oath
  justamente exactly
  justificarse to justify oneself
  justo(a) fair, reasonable
la **juventud** youth

K

el **kilogramo** kilogram
el **kilómetro** kilometer

L

  la the (f. sing.), I-1.1
el **laberinto** labyrinth
el **labio** lip, II-4.1
la **labor** work, labor, **2**
el **laboratorio** laboratory, II-16.2
  laborista(a) labor (adj.)
el/la **labrador(a)** farm worker, II-16.2
  labrar (la tierra) to farm (the land), II-16.2
la **laca** hair spray, II-8.2

  lacio(a) straight (hair), II-8.1
la **lactancia** nursing period
  lado: al lado de to the side of, II-8.2
  ladrar to bark, **7**
el **ladrido** bark, barking, **7**
el/la **ladrón(a)** thief, **6**
el **lago** lake, II-7.2
la **lágrima** tear, **7**
la **laguna** lagoon, **5**
  lamentablemente unfortunately
  lamentar to mourn
la **lámpara** lamp
la **lana** wool, II-13.2
la **langosta** lobster, II-2.1
la **lanza** spear
el/la **lanzador** pitcher, I-7.2
el **lanzamiento** launching
  lanzar to throw, I-7.1
el **lápiz** pencil, I-5.2
el **lapsus** error
la **largartija** push up
  largo(a) long, I-13.2
  a lo largo de along the
  las the (f. pl.)
la **lástima** pity, II-12
  ser una lástima to be a pity, II-12
  lastimar to hurt, wound, **3**
  lastimarse to get hurt, II-4.1
  lastrado(a) weighted
la **lata** can, II-2.2
el **latido** beat
    el latido del corazón heartbeat
el **latín** Latin, I-2.2
la **Latinoamérica** Latin America
  latinoamericano(a) Latin American
la **latitud** latitude
el **laurel** laurel, **2**
el **lavabo** lavatory, II-7.1
el **lavado** wash, II-8.2; laundry, II-13.2
el **lavamanos** washbasin, **1**
la **lavandería** laundromat, II-13.2
  lavar(se) to wash (oneself), I-16.1
  le (pron.) him, her, you (form.)
la **lealtad** loyalty
la **lección** lesson, I-3.2
la **leche** milk, I-5.2
el **lechón** roast suckling pig, II-2.1
la **lechuga** lettuce, I-15.2
el/la **lector(a)** reader
la **lectura** reading
  leer (irreg.) to read, I-5.2
  legendario(a) legendary
  legítimo(a) legitimate
la **legumbre** vegetable, I-15.2

  lejano(a) distant
  lejos far
el **lema** motto, slogan
la **lengua** language, I-2.2
  la lengua materna mother tongue
la **lenteja** lentil, **7**
  lento(a) slow
  les (pron.) them, you (form.)
el **letargo** lethargy
la **letra** letter (of the alphabet), **8**; lyrics
las **letras** literature
  levantar to lift, **7**; to raise
  levantarse to get up, I-16.1
  leve light, **1**
la **ley** law
la **leyenda** legend
  libanés(a) Lebanese
el/la **liberal** liberal
la **libertad** freedom
el **libertador** liberator
la **libra** pound
  librarse to escape, **4**
  libre free, I-14.2
la **libreta** notebook, I-3.2; passbook, II-14.2
el **libro** book, I-BV
la **licencia** driver's license, II-5.1
  licenciarse to receive a master's degree
el **liceo** (primary school in México, but high school in most places)
la **licuadora** blender
el **líder** leader
  ligarse to become bound (by an obligation)
  ligeramente lightly
  ligero(a) light, **1**
el/la **ligero(a)** lightweight, **3**
la **lima** lime, II-9.1
  limeño(a) from Lima
  limitar to limit
el **límite** limit; boundary
el **limón** lemon, II-9.1
la **limonada** lemonade, I-BV
la **limosna** alms, charity
el **limpiaparabrisas** windshield wiper, II-5.1
  limpiar en seco to dry clean, II-13.2
  limpiar to clean, II-5.2
la **limpieza** cleanliness; purity
la **limpieza en seco** dry cleaning, II-13.2
  limpio(a) clean
la **línea aérea** airline, I-8.1
la **línea** line, II-1.1
  La línea está ocupada. The line is busy., II-1.1

la **linfa** lymph
la **linterna** lantern, I-16.2
la **liquidación** sale
el **líquido** liquid
   líquido(a) liquid (adj.), II-2.2
   lírico(a) lyric
   liso(a) straight (hair), II-8.1;
      smooth; even
la **lista** list
la **litera** berth, I-14.2
   literario(a) literary
el/la **literato(a)** writer
la **literatura** literature
el **litoral** coast
el **litro** liter
la **llama** llama, 2; flame, 5
la **llamada** call, II-1
   llamar por teléfono to call by
      telephone, II-1.1
   llamarse to be called, named,
      I-16.1
la **llanta** tire, II-5.1
la **llanura** plain, II-7.2
la **llave** key, II-6.1
la **llegada** arrival, I-8.1
      **el tablero de llegadas y
      salidas** arrival and
         departure board, I-8.1
   llegar to arrive, I-3.1
   llenar to fill, fill out, II-4.2
   llevar to carry, I-3.2; to wear
      llevar a cabo to carry out,
         perform, 4
      llevar la casa to manage the
         house
      llevar puesto(a) to be wearing
la **lluvia** rain, 1
el **lobo de mar** sea lion
el/la **lobo(a)** wolf
   local local
la **localidad** seat (in theater), I-12.1
   localizar to locate
   loco(a) crazy
la **locura** craziness
   lógico(a) logical
   lograr to achieve; to obtain, 8
la **loma(da)** hill, slope, 1
la **longitud** longitude
   longitudinal longitudinal
la **lonja** slice, II-2.2
   los the (m. pl.)
la **loseta** tile
la **lozanía** vigor, exuberance, 4
el **lucero** bright star
la **lucha** fight, battle
   luchar to fight
   lucir (zc) to display; to stand
      out, shine, 4
   luego then
el **lugar** place, 1

tener lugar to take place
el **lujo** luxury, 2
   de (gran) lujo deluxe
la **luna de miel** honeymoon,
      II-15.2
la **luna** moon
el **lunes** Monday, I-BV
la **luz** light, II-10.1

M

la **macarela** mackerel, 6
el **machete** machete
el **macho** male
la **madera** wood
la **madre** mother, I-6.1
la **madreperla** mother-of-pearl
el/la **madrileño(a)** native of Madrid
la **madrina** godmother, II-12.1;
      maid of honor, II-15.2
el **madroño** madrone tree
la **madrugada** dawn, 5
el/la **madrugador(a)** early riser
la **madurez** maturity
   maestro(a) master, teacher
   magallánico(a) Magellanic
   mágico(a) magic, magical
el **Magisterio Fiscal** public school
      teachers, 4
la **magnificencia** splendor
   magnífico(a) magnificent
   magullado(a) bruised
el/la **mahometano(a)** Muslim
el **maíz** corn, II-9.2
   majestuoso(a) majestic
el **mal** illness
el/la **malcriado(a)** bad-mannered
      person, 2
   malcriado(a) bad-mannered, ill-
      bred, II-11.1
la **maldad** evil
el/la **maleante** hoodlum, 5
el **malentendido** misunderstanding
el **malestar** malaise; unease
la **maleta** suitcase, I-8.1
      hacer la maleta to pack the
         suitcase, I-8
el/la **maletero(a)** porter, I-8.1; trunk
      (of car), II-5.1
el **maletín** small suitcase, 1
   malo(a) bad, I-1
   malograrse to break down
el **maltrato** ill treatment, 8
   maltrecho(a) battered
la **mamá** mom, I-5.2
el **mamífero** mammal
la **mañana** morning
      mañana: esta mañana this
         morning, I-11.2

mañana tomorrow (adv.)
la **mancha** stain, II-13.2
   manchado(a) stained, II-13.2
   mandar to send, II-11; to rule
la **mandíbula** jaw
el **mando** command
   manejar to drive, II-10.2; to
      manage
el **manejo** management
   manera way, manner, I-1.1
      de manera que so that, II-15
      de ninguna manera by no
         means, I-1.1
la **manga** sleeve, I-13.2
el **mango** handle, I-11.2
el **maní** peanut, 7
la **manía** mania
el **manicomio** insane asylum
   manipular to manage
el **manjar** food
la **mano** hand, I-7.1
      dar la mano to offer one's
         hand, II-11.2
      el equipaje de mano hand
         baggage, I-8.1
      estrechar la mano to shake
         the hand, II-11.2
      la mano de obra manual labor
la **mansión** mansion
   manso(a) gentle; tame, 1
la **manta** blanket
la **manteca** lard
el **mantel** tablecloth, I-15.1
   mantener to maintain, support, 8
el **mantenimiento** maintenance
la **mantequilla** butter, II-2.1
la **manzana** apple, II-2.1; (city)
      block, II-10.1
el **mapa** map
la **máquina de lavar** washing
      machine, II-13.2
la **maquinilla** electric hair clipper,
      II-8.2
el/la **maquinista** mechanic
el **mar** sea, I-11.1
la **maravilla** wonder, marvel;
      marigold
   maravilloso(a) wonderful
   marcado(a) marked
   marcar to score (sports), I-7.1; to
      dial, II-1.1; to designate; to
      mark
   marcha: en marcha in motion
   marcharse to go, leave, 3, 6
   marchito(a) faded
el **marco** frame, 4
la **marea** tide
   mareado(a) dizzy
la **marejada** swell
el **mareo** dizziness

el **margen** margin
la **marginalización** marginalization
el **maricón** sissy
el **marido** husband, I-6.1
el **marino** sailor, 5
el **marisco** shellfish, I-15.2
el **martes** Tuesday, I-BV
marzo March, I-BV
mas but
más more
la **masa** mass
    la **masa harina** flour
mascar to chew
la **máscara** mask
    la **máscara de oxígeno**
      oxygen mask, II-7.1
masculino(a) masculine
la **mata de cardo** thistle bush
matar to kill, 6
las **matemáticas** mathematics, I-2.2
la **materia** material, I-2.2
    la **materia prima** raw material
materno(a) maternal
los **matorrales** underbrush, thickets
la **matrícula** registration
matricular to enroll
el **matrimonio** wedding; marriage;
    married couple, bride and
    groom, II-15.1
matutino(a) pertaining to the
    morning
máximo(a) maximum, II-10.2
el/la **maya** Maya, Mayan
el **maya-quiché** language of the
    Guatemalan Mayas, 8
mayo May, I-BV
la **mayonesa** mayonnaise, II-2
mayor great, greater, greatest;
    older, II-11.1
el **mayordomo** steward
la **mayoría** majority
mayoritario(a) pertaining to the
    majority
mayormente principally, mainly
la **mazorca** corn ear
me (to, for) me
el/la **mecánico** mechanic
mecánico(a) mechanical
la **mecha** lock (of hair), II-8.1
mechado(a) shreded
la **media** sock, stocking, I-13.1
media: y media half past the
    hour
la **medianoche** midnight, I-2
mediante by means of (adv.)
el **medicamento** medication, I-10.2
la **medicina** medicine, I-10
el/la **médico(a)** doctor, I-10.2
médico(a) medical, 7
la **medida** measurement; method

medieval medieval
el **Medio Oriente** Middle East
el **medio** mean, way
medio(a) middle (adj.)
    la **clase media** middle class
    a **término medio** medium
      (cooked), I-15.2
el **mediodía** midday, noon, I-2
medir (i, i) to measure
la **mejilla** cheek, II-4.1
el **mejillón** mussel, II-9.2
mejor better, II-11; best
    a **lo mejor** maybe, perhaps
mejorar to improve
melancólico(a) melancholy, sad, 8
la **melena** mane (of lion), 2
el **melocotón** peach, II-9.1
la **membrana** membrane
la **memoria** memory
    la **carta de memoria** memory
     chart
mencionar to mention
el/la **mendigo(a)** beggar, 6
menor younger, II-11.1; less,
    least
la **menora** menorahh, II-12.2
menos less
    a **menos que** unless, II-15
    menos de less than
menospreciar to underrate
el **mensaje** message
mensualmente monthly
mental mental
la **mente** mind
la **mentira** lie, 5
el **mentón** chin, 6
el **menú** menu, I-12.2
menudo: a menudo often
el/la **mercader** merchant, II-16.1
el **mercado** market, II-2.1
la **mercancía** merchandise
merecer to deserve, merit, 8
el **meridiano** meridian
la **merienda** snack, I-4.1
meriendar to snack
el **mérito** merit
la **mermelada** marmalade
el **mes** month
la **mesa** table, I-12.2
    la **mesa de operaciones**
     operating table, II-4.2
el/la **mesero(a)** waiter (waitress),
    I-12.2
la **meseta** tableland, II-7.2
la **mesita** tray table, II-7.1
el/la **mestizo(a)** half-breed
la **meta** goal, objective, 6, 8
la **metáfora** metaphor
el **metal** metal
la **meteorología** meteorology

meteorológico(a) meteorological
meter to put in, I-7.1
meterse con uno to pick a
    quarrel, 2
meterse en to take part in, 8
el **método** method
la **metodología** methodology
métrico(a) metric
el **metro** meter; subway, I-12.1
la **metrópoli** metropolis
metropolitano(a) metropolitan
mexicano(a) Mexican, I-1.1
la **mezcla** mixture, compound, 8
mezclar to mix
la **mezcolanza** mixture
mezquino(a) stingy
la **mezquita** mosque, 5
mi my
mí me
el **microbio** microbe
el **micrófono** microphone
microscópico(a) microscopic
el **microscopio** microscope
el **miedo** fear
la **miel** honey, 4
    la **miel de abeja** honey
el/la **miembro** member
mientras while
el **Miércoles de Ceniza** Ash
    Wednesday
el **miércoles** Wednesday, I-BV
la **migración** migration
migrar to migrate
mil (one) thousand, I-BV
la **milicia** militia
el **milímetro** milimeter
militar military
el **militar** soldier
militarizar to militarize
la **milla** mile
el **millar** a thousand
el **millón (de)** million
el/la **millonario(a)** millonaire
la **mina** mine
mineral mineral, II-2.2
la **miniatura** miniature, 1
el **miniaturista** miniaturist
el **minibús** minibus, 1
mínimo(a) minimum
el **ministerio** minestry
minoritario(a) minority (adj.)
el **minuto** minute
la **mirada** look, 8
mirar to look at, I-3.2
    mirarse to look at oneself,
     I-16.1
la **misa** Mass, II-12.2
    la **misa del gallo** midnight
     Mass, II-12.2
el/la **miserable** wretch

la **miseria** misery
la **misericordia** compassion
la **misión** mission
mismo(a) same; myself, yourself,
   him/her/itself, ourselves,
   yourselves, themselves
   lo mismo the same
el **misterio** mystery
misterioso(a) misterious
la **mitad** half
la **mitología** mythology
mixto(a) mixed
la **mochila** bookbag, knapsack,
   I-BV
la **moda** style
   de moda in style
los **modales** manners, II-11.1
modelar to model
el **modelo** model
moderado(a) moderate
moderno(a) modern
modesto(a) modest
modificar to modify
el/la **modisto(a)** designer (clothes)
modo: de modo que so that,
   II-15
mojar to wet; to moisten
el **molde** mold
la **molécula** molecule
molestar to bother, I-13
molesto(a) annoying
molido(a) exhausted
momentánea momentary
el **momento** moment
   en este momento at this
     moment, I-8.1
   de momento for the time
     being
   Un momento, por favor. One
     moment, please., II-1.1
la **monarquía** monarchy
la **moneda** coin, II-1.1
el **monje** monk
el **moño** bun, chignon, II-8.1
el **monocultivo** monoculture
el **monopatín** skateboard
el **monopolio** monopoly
el/la **monoteísta** monotheist
monótono(a) monotonous
el **monstruo** monster
la **montaña** mountain, I-9.1
montañoso(a) mountainous
montar to assemble
el **monte** mountain, 5
el **monto** total, II-6.1; sum, 1
el **monumento** monument, 1
la **mora** wild berry
el **moral** ethics
la **moraleja** moral
mordaz bitter

moreno(a) dark, I-1.1
la **morería** Moorish quarter
morir (ue, u) to die, I-15
el **morisco** Moorish
el/la **moro(a)** Arab, 5
morrocotudo(a) big; strong
el **morrón** large, red, sweet pepper
el **mostrador** counter, I-8.1
mostrar to show
el **motel** motel
motivar to motivate
el **motivo** motive, reason
la **moto** motorcycle
la **motoconformadora** road grader
la **motonave** motorboat
el **motor** motor, engine, II-7.2
la **motricidad** motor function
mover (ue) to move
el **movimiento** movement
el **mozo** youth, young man, 3
el/la **mozo(a)** porter, I-14.1; bellhop,
   II-6.1; young person
la **muchacha** girl, I-BV
la **muchachada** group of young
   people
el **muchacho** boy, I-BV
mucho(a) a lot; many, I-5
   mucho gusto nice to meet
     you, I-BV
el **mueble** piece of furniture
la **muela** molar, 7
la **muerte** death, 5
el **muerto** death
el/la **muerto(a)** dead person, II-12.1
la **muestra** sample, 7
la **mujer** woman, I-6.1; wife,
   II-15.1
el/la **mulato(a)** mulatto
la **muleta** crutch, II-4.1
la **multa** fine
multinacional multinational
múltiple multiple
multiplicar to multiply
mundial worldwide
   la Copa Mundial World Cup
   la Serie Mundial World Series
el **mundo** world
   el Nuevo Mundo New World
la **muñeca** wrist, II-4.1; doll
el **municipio** municipality
el **muñón** stump (of amputated
   limb)
el **mural** mural, I-12.2
la **muralla** city wall, 6
el **murmullo** murmur
muscular muscular
el **músculo** muscle, 3
el **museo** museum, I-12.2
la **música** music, I-2.2
musical musical, I-12.2

el/la **músico** musician, I-12.2
musulmán(a) Moslem,
   Mohammedan, 8
musulmán(ana) Muslim
muy very, I-1.1

N

nacer (zc) to be born, II-12.1
el **nacimiento** birth, II-12.1
la **nación** nation
nacional national
la **nacionalidad** nationality, I-1
el **nacionalismo** nationalism
nada nothing, I-13.1
nadar to swim, I-11.1
nadie no one, nobody, I-13
la **naranja** orange, II-2.1
los **narcóticos** narcotics
la **nariz aguileña** aquiline nose, 7
narrar to narrate
la **natación** swimming
natal native
natural natural
la **naturaleza** nature
el/la **naturalista** naturalist
el **naufragio** shipwreck, 5
la **navaja** razor, I-16.1
la **nave** ship, 5
navegable navegable
el **navegante** navigator, 5
navegar to navigate, sail
la **Navidad** Christmas, II-12.2
   el regalo de Navidad
     Christmas present, 12.2
   Feliz Navidad Merry
     Christmas, 12.2
   la víspera de Navidad
     Christmas eve, II-12.2
el **navío** ship, 5
la **neblina** fog, mist, 1
necesariamente necessarily
necesario(a) necessary, II-11.1
la **necesidad** necessity
necesitar to need
negar to deny
negativo(a) negative
la **negociación** negociation
negociarse to trade
el **negocio** business
negro(a) black, I-13.2
el **nervio** nerve
nervioso(a) nervous, I-10.1
nervudo(a) sinewy
el **neumático** tire, II-5.1
la **nevada** snowfall, I-9.1
nevado(a) snowy
nevar (ie) to snow, I-9.1
   Nieva. It is snowing., I-9

la **nevera** refrigerator, II-9.1
ni... ni neither... nor
ni siquiera not even
ni yo tampoco me neither, I-13
nicaragüense Nicaraguan
la **nicotina** nicotine
el/la **nieto(a)** grandchild, I-6.1
los **nietos** grandchildren, I-6.1
la **nieve** snow, I-9.1
la **niñez** childhood
ninguno(a) not any, none, I-1.1
de ninguna manera by no means, I-1.1
el **niño(a)** boy (girl), II-12.1
el **nivel** level
el nivel del mar sea level, II-7.2
nivelar to make even or level
no no
No hay de qué. You're welcome., I-BV
no hay más vuelta de hoja no ifs, ands, or buts
el/la **no-conformista** nonconformist
el **noble** noble
la **nobleza** nobility
la **noche** night
esta noche tonight, I-11.2
la **Nochebuena** Christmas Eve, II-12.2
nocturno(a) nocturnal
nombrar to name
el **nombre** name, II-3.1
el nombre de pila Christian name
el **nordeste** northeast
la **norma** norm, standard, **8**
normal regular, II-5.2
el **noroeste** northwest
el **norte** north, II-10.1
norteamericano(a) North American
nos us (pron.)
nosotros(as) we, I-2.2
nostálgico(a) nostalgic
la **nota** grade, I-3.2; bill, II-6.1; note
notable outstanding; notable
notar to note; to notice
las **noticias** news, I-5.2
notorio(a) well-known
el/la **novato(a)** beginner, **3**
la **novela** novel, I-5.2
el/la **novelista** novelist
el **novenario** nine days of mourning
noveno ninth, I-5.1
noventa ninty, I-BV
noviembre November, I-BV
la **novillada sin picadores** novice bullfight

el **novillero** novice bullfighter
el/la **novio(a)** fiancé(e), boyfriend (girlfriend), II-15.1
la **nube** cloud, I-11.1
nublado(a) cloudy, I-11.1
Está nublado. It's cloudy., I-11.1
la **nuca** nape (of neck)
nuclear nuclear, II-16.2
la energía nuclear nuclear energy, 16.2
el **núcleo** nucleus
el **nudo** knot, **1**
nuestro(a) our
nueve nine, I-BV
nuevo(a) new, I-6.2
el **número** number, I-8.1
el número de teléfono telephone number, II-1.1
el número del asiento seat number, I-8.1
el número del vuelo flight number, I-8.1
numeroso(a) numerous
nunca never, I-13.1
las **nupcias** nuptials
la **nutrición** nutrition
el **nutrimento** nutriment

O

o or
el **oasis** oasis
obediente obedient
el **objetivo** objective
el **objeto** object
oblicuo(a) angled, oblique
la **obligación** obligation
obligar to force
obligatorio(a) obligatory
la **obra** work, I-12.2; opus, **3**
obrar to work
el/la **obrero(a)** worker, II-16.1
obsequiar to give, present with, **4**
la **observación** observation
observar to observe
la **obsidiana** obsidian
obstante: no obstante nevertheless
la **obstetricia** obstetrics
la **obstinación** obstinacy
obtener (irreg.) to obtain
obviamente obviously
obvio(a) obvious
la **ocasión** occasion
de ocasión second hand
ocasionar to cause, **5**
el **ocaso** sunset; decline, end, **4**

occidental western
el **occidente** West, **8**
el **océano** ocean
el océano Atlántico Atlantic Ocean
el océano Pacífico Pacific Ocean
ochenta eighty, I-BV
ocho eight, I-BV
octavo eighth, I-5.1
octubre October, I-BV
ocultar to hide
oculto(a) hidden
ocupado(a) occupied, I-14.2; busy, II-1.1
el tono de ocupado busy tone, II-1
La línea está ocupada. The line is busy., II-1.1
Suena ocupado. It is busy., II-1.1
ocupar to occupy
ocupar a to occupy, **8**
ocupar de to worry about
la **ocurrencia** incident
ocurrir to occur, happen, **1**
odiar to hate
el **odio** hate, hatred, **6**
el **oeste** west, II-10.1
ofender to offend
el/la **oferente** offerer
la **oferta** offer
oficialmente oficially
oficiar to officiate, celebrate
la **oficina** office, II-16.1
la oficina de correos post office, II-3.2
la oficina de cambio exchange office, II-14.1
el **oficio** trade, II-16.2; job, occupation, **3**
ofrecer (zc) to offer
el **oído** ear; hearing, **1, 7**
oír (irreg.) to hear
ojalá (que) I hope (that), II-16
la **ojeada** quick glance
el **ojo cuadrado** amazed
la **ola** wave, I-11.1
el **oleaje** surf
el **óleo** oil painting
olímpico(a) Olympic
la **oliva** olive
la **olla** pot, II-9.1
el **olmo** elm
el **olor** odor
olvidar to forget
no te olvides don't forget
omitir to omit
el **ómnibus** omnibus
omnívoro(a) omnivorous

la **onda** wave, II-8.1
   las **ondas sonoras** sound
      waves
la **ónix** onyx
la **onza** ounce
   opaco(a) opaque; gloomy
la **opción** option
la **ópera** opera
el/la **operado(a)** post-operative
      patient
el/la **operador(a)** operator, II-16.1
   operar to operate
la **opereta** operetta
   opinar to think; to express an
      opinion
la **opinión** opinion
   oponer (irreg.) to oppose
la **oportunidad** opportunity
la **oposición** opposition
el/la **opresor(a)** oppressor, tyrant, **8**
el/la **oprimido(a)** oppressed person
   oprimir to push
la **oración** sentence; prayer
   oral oral
el **orangután** orangutan
la **órbita** orbit
el **orden** order
el **ordenador** computer
   ordenar to arrange
la **oreja** ear, **7**
   orgánico(a) organic
el **organillo** hand organ, **3**
el **organismo** organism
la **organización** organization
   organizar to organize
la **organza** organza
el **orgullo** pride, **2**
   orgulloso(a) proud, **2**
el/la **orientador(a)** counselor, II-16.1
   oriental eastern
el **oriente** East, **8**
el **origen** origin
   original original
   originar to originate
   originario(a) originating; native,
      descendant
la **orilla** bank (of a river), I-16.2
el/la **oriundo(a)** native
el **ornamento** ornament
el **oro** gold, **8**
la **orquesta** orchestra, I-12.2
   ortopédico(a) orthopedic, II-4.2
el/la **ortopedista** orthopedist, II-4.2
la **osadía** daring
la **osamenta** skeleton, bones
la **oscuridad** darkness, gloom
   oscuro(a) gloomy
el **oso** bear
el **otoño** autumn, I-7.1
   otorgar to give, **1**; to award

otro(a) other, I-2.2
   el **uno del otro** each other,
      II-11.1
el **out** out (sports), I-7.2
la **ovación** ovation
   ovalado(a) oval
la **oveja** female sheep, **2**
el **oxígeno** oxygen
   oye listen

P

la **paciencia** patience
   pacífico(a) peaceful, **8**; Pacific
   padecer to suffer
el **padrastro** step-father
   padre (Mex.) really great
el **padre** father, I-6.1
los **padres** parents, I-6.1
el **padrino** godfather, II-12.1; best
      man, II-15.2
los **padrinos** godparents
la **paella** Valencian rice dish with
      meat, chicken, or fish and
      vegetables
la **paellera** paella pan
   pagadero a plazos payable in
      installments
   pagar to pay, I-13.1
el **pago** pay; payment
el **país** country
el **paisaje** countryside; landscape, **1**
la **paja** straw, II-12.2
el **pajarillo volador** flying bird, **2**
el **pájaro** bird, **1**
el **paje de honor** usher, II-15.2
la **palabra** word
   tomar la palabra to take the
      floor
el **palacio** palace
   palidecer to turn pale
el **palillo** toothpick, **7**
la **palmadita** slap, II-11.2
   dar palmaditas to slap gently,
      II-11.2
   palmear to clap, **7**
la **palmera** palm tree
el **palo** club, I-11.2; drink
la **paloma** dove
   la **paloma torcaz** woodpigeon
   palpar to feel, touch
el **pan** bread, I-15.2
   el **pan tostado** toast
la **panadería** bakery, II-2.1
el/la **panadero(a)** baker
   panameño(a) Panamanian
el **panqueque** pancake
la **pantalla** screen, I-8.1
los **pantalones** pants, I-13.1

el **pantalón corto** shorts
el **traje pantalón** pantsuit
el **pantalón vaquero** blue jeans
   pantanoso(a) swampy, marshy
el **pañuelo** handkerchief
la **papa** potato, I-5.2
   las **papas fritas** french fries,
      II-2.2
el **papá** dad, I-5.2
la **papaya** papaya, II-9.2
el **papel** paper, I-BV
   el **papel higiénico** toilet
      paper, I-16.2
   la **hoja de papel** sheet of
      paper, I-BV
el **papel** role
la **papila** papilla
el **paquete** package, II-2.2
   par equal (adj.)
el **par** pair
   para for; to
   para que in order that, so that,
      II-15.2
el **parabrisas** windshield, II-5.1
el **paracaídas** parachute, **2**
el/la **paracaidista** paratrooper, **2**
el **parachoques** bumper, II-5.1
la **parada de taxis** taxi stand, **1**
la **parada** stop, I-14.2
el **parador** inn
el **paraíso** paradise, **3**
el **paramecio** paramecium
   parar to stop, I-7.1
el **parasol** parasol, I-11.1
la **parcela** parcel
   parcial partial
   a tiempo parcial part time,
      II-16.2
   parcialmente partially
   parear to pair, match
   parecer (zc) to seem; to resemble
   parecido(a) similar
la **pared** wall, **6**
la **pareja** couple, II-15.1; pair, **4**
el **parentesco** relationship; bond, **6**
el/la **pariente** relative
   los **parientes lejanos** distant
      relatives
   parir to give birth, **4**
el **paro** stop, stoppage of work, **5**
el **parque** park, I-6.2
el **parquímetro** parking meter,
      II-10.1
el **párrafo** paragraph
la **parrilla** grill, II-9.1
la **parroquia** parish
la **parte** part
   a ninguna parte anywhere
   ¿De parte de quién? Who is
      calling?, II-1.1

la **partera** midwife
el/la **participante** participant
participar to communicate; to inform, **4**
particular private; particular, I-5.1
particularmente particularly
el **partido** game, I-7.1
partir to depart, leave, **1**; to divide
a partir de as of, from
el **parto** birth, **4**
el **pasado** past
pasado(a) past, gone by
el **pasador** pin
el **pasaje** passage, journey
el/la **pasajero** passenger, I-8.1
el **pasaporte** passport, I-8.1
el **control de pasaportes** passport inspection, I-8.1
pasar to pass, I-7.2; to happen
pasar hambre to go hungry
el **pasatiempo** pastime, hobby
la **Pascua** Easter
el **pase de abordar** boarding pass, I-8.1
el **paseillo** parade of bullfighters
el **paseo** stroll, walk
el **pasillo** corridor, I-14.2; aisle, II-2.1
el **paso** passing, passage
el **paso de peatones** crosswalk, II-10.1
la **pasta dentífrica** toothpaste, I-16.2
el **pastel** pie, II-2.1; pastry, II-12.1
la **pastelería** pastry shop, II-2.1
la **pastilla** pill, I-10.2; bar (of soap), I-16.2
el/la **pastor** shepherd
el **pastor vasco** Basque shepherd
los **patagones** Patagonians
la **patata** potato, II-2.1
paterno(a) paternal
el **patíbulo** scaffold
la **patilla** sideburn, II-8.1
el **patín** skate, I-9.2
el **patinadero** skating rink, I-9.2
el/la **patinador(a)** skater, I-9.2
el **patinaje** skating, I-9.2
el **patinaje artístico** figure skating, I-9.2
el **patinaje sobre hielo** ice-skating, I-9.2
el **patinaje sobre ruedas** roller skating, I-9.2
la **pista de patinaje** skating rink, I-9.2
patinar to skate, I-9

el **patio** patio, courtyard
el **pato** duck, **6**
la **patología** pathology
la **patria** homeland, native land
el **patriota** patriot
patrocinado(a) sponsored
el/la **patrón (patrona)** patron
el **patrón** pattern
patronal patronal
la **pausa** pause
el **pavo** turkey
la **paz** peace
el **peaje** toll, II-10.2
el **peatón** pedestrian, II-10.1
el **pecho** chest, I-10.2
el **pedacito** piece, II-9.2
la **pedagogía** education, II-16.2
pedalear to pedal
pedir (i, i) to ask for, I-15.1
pedradas: a pedradas throwing stones
el **pedrusco** rough, uncut stone
pegar to stick; to fasten; to hit
pegar un tiro to shoot
el **peinado** hairdo
el **peinado afro** afro hairstyle, II-8.1
peinarse to comb one's hair, I-16.1
el **peine** comb, I-16.2
el **pejerrey** variety of mackerel, **2**
el **pelado** penniless person, **6**
pelar to peel, II-9.2
la **película** movie, film, I-5.2
dar (presentar) una película to show a movie, I-12
el **peligro** danger
peligroso(a) dangerous
el **pellejo** skin, hide, **7**
el **pelo** hair, I-16.1
la **pelota** ball, I-7.2
la **peluca** wig
la **peluquera** beautician
la **peluquería** hair salon, II-8.2
el/la **peluquero(a)** hair stylist, II-8.2
la **pena** sorrow; suffering
a duras penas with great difficulty
penetrante penetrating
la **península** peninsula
el/la **pensador(a)** thinker
el **pensamiento** thought
pensar to think
pensativo(a) pensive
la **pensión** boarding house, I-16.2; small hotel; room and board
pentecostal Pentecostal
peor worse; worst
el **pepino** cucumber, II-9.1
pequeño(a) small, I-2.1

la **pera** pear, II-2.1
la **percepción** perception
la **percha** clothes hanger, II-6.2
percibir perceive
perder (ie) to lose, I-7.1
perder el autobús to miss the bus, I-12.1
la **pérdida** loss
el **perdiz** partridge
perdón excuse me
perdonar to pardon
el **peregrinaje** pilgrimage
perenne perennial
perfectamente perfectly
la **perforadora de pavimento** jackhammer
el **perfume** perfume
la **perfumería** perfume shop
el **periódico** newspaper, I-5.2
el **periodismo** journalism
el/la **periodista** journalist
el **período** period, space of time
perjudicial harmful
la **perla** pearl
permanente permanent
el **permiso de conducir** driver's license, II-5.1
permitido(a) permitted
permitir to permit
pero but
perplejo(a) confused, **6**
el **perro** dog, I-6.1
la **persecución** persecution
perseguir to pursue, chase, **8**
la **persona** person
el **personaje** character
personal personal
personalmente personally
pertenecer (zc) to belong
las **pertenencias** belongings
peruano(a) Peruvian
la **pesa** weight, **7**
pesado(a) dull, tiresome
el/la **pesado(a)** heavyweight, **3**
el **pésame** condolences
pesar to weigh, II-3.2
pesar: a pesar de in spite of
pesca: de pesca fishing
la **pescadería** fish market, II-2.1
el **pescado** fish (when caught), I-15.2
el/la **pescador(a)** fisherman/woman
pescar to fish
el **peso** weight
pesquero(a) (adj.) fishing, **7**
el **pez** fish (alive)
el/la **pianista** pianist
el **piano** piano, I-4.2
picar to dice, II-9.2; to prick, **2**
el/la **pícher** pitcher, I-7.2

el **pico** peak, II-7.2
el **pie** foot, I-3.1
    a pie on foot, I-3.1
la **piedra** rock, stone, **6**
la **piedra caliza** limestone
la **piel** skin
la **pierna** leg, II-4.1
la **pieza** piece
la **pila** (baptismal) font, **4**
el **pilar** pillar, **8**
la **píldora** pill, I-10.2
el/la **piloto** pilot, I-8.2
la **pimienta** pepper, I-15.1
el **pimiento** bell pepper, II-9.2
el **pinar** pine grove
el **pingüino** penguin, **1**
el **pino** pine tree
la **pinta** pint
pintar to paint
el/la **pintor(a)** painter, II-16.1
pintoresco(a) picturesque
la **pintura** painting
la **pinza** clamp, **7**
    la pinza para el cabello hair clip, II-8.2
las **pinzas** tweezers, **7**
la **piña** pineapple, II-2.1
el/la **pionero(a)** pioneer
la **pirámide** pyramid, **1**
la **piscina** swimming pool, I-11.2
el **piso** floor, I-5.1
la **pista** trail, I-9.1; runway, II-7.2
    la pista de patinaje skating rink, I-9.2
la **pistola** pistol
la **pizarra** chalkboard, I-BV
el **pizarrón** chalkboard, I-3.2
la **pizca** pinch
la **pizzería** pizza parlour
la **placa** license plate
placentero(a) pleasant, agreeable, **1**
el **placer** pleasure
plácido(a) calm, **1**
el **plan** plan; outline, **2**
la **plana** page
la **plancha de vela** sailboard, I-11.1
la **plancha** iron, II-13.2
planchar to iron, II-13.2
planear to plan
el **planeta** planet
planetario(a) planetary
la **planta** floor; plant, I-6.2
    la planta baja ground floor, I-5.1
la **plantación** plantation
plantar to plant
plantear to outline, set forth
plástico(a) plastic; **de plástico** plastic, II-2.2

la **bolsa de plástico** plastic bag, II-2.2
la **plata** money, **8**
la **plata** silver
el **plátano** plantain; banana, II-9.2
el **platillo** base (sports), I-7.2; saucer, I-15.1
el **platino** platinum
el **plato** plate, dish, I-15.1
la **playa** beach, I-11.1
playero(a) of the beach (adj.), I-11.1
    la toalla playera beach towel, I-11.1
la **plaza de toros** bullfight ring, **3**
la **plaza** job; employment; place, space
plegable folding, I-11.1
plenamente fully, completely
el/la **plomero(a)** plumber, II-16.2
el **plomo** lead
    con plomo leaded, II-5.2; **sin plomo** unleaded, II-5.2
la **pluma** feather
el **plumaje** plummage
la **población** population, II-16.2
el **poblado** town, village
poblado(a) populated
pobre poor
la **pobreza** poverty
la **poción** potion
poco(a) little, small (amount), I-5.2
    poco a poco little by little
podar to prune, **7**
poder (ue) to be able, I-7.1
el **poder** power, strength, **6**
    el poder extranjero foreign power
poderoso(a) powerful
el **poema** poem
la **poesía** poetry
el/la **poeta** poet
polar polar
el **polen** pollen, **4**
el/la **policía** police officer, II-16.1
policromo(a) many-colored
la **política** politics, **8**
político(a) political
los **políticos (parientes)** in-laws, I-6
el **pollo** chicken, I-15.2
el **polo** pole
el **polvo** dust, **4**
    en polvo powdered, II-2.2
polvoriento(a) dusty
el **pomo de loza** small porcelain bottle
las **pompas** buttocks
el **poncho** poncho, cape
poner (irreg.) to put, I-8.1

poner al fuego to put on the fire, II-9.2
poner la mesa to set the table
ponerse to put on, I-16.1
popular popular, I-2.1
la **popularidad** popularity
poquito más a little more
por about, for, by
    por consiguiente consequently
    por ejemplo for example
    por encima over, I-7.2
    por eso therefore
    por favor please, I-BV
    por lo menos at least
    por supuesto of course
¿por qué? why?
la **porcelana** porcelain
la **porción** portion
porque because
la **portada** cover
el **portal** city gate
portarse to behave
el **porte** bearing
la **portería** goal, I-7.1
el/la **portero(a)** goalkeeper, I-7.1
portugués(a) Portuguese
poseer to possess, **4**
la **posibilidad** possibility
posible possible, II-11
la **posición** position
positivo(a) positive
posterior posterior
posteriormente afterwards
postizo(a) false
el **postre** dessert, I-5.2
el/la **postulante** applicant
el **potaje** stew, **2**
el **potro** colt, **8**
el **pozo** well, **1, 2, 4**
el/la **practicante** hospital nurse
practicar to practice
práctico(a) practical
precario(a) precarious
precavidamente cautiously
el **precepto** precept
el **precio** price, I-13.1
la **preciosidad**
precioso(a) precious, beautiful, I-6.2
la **precipitación** precipitation
precisado(a) forced
precisamente precisely
precisar to need, **2**; to specify, determine
precolombino(a) pre-Columbian
precoz precocious
predominante predominant
predominantemente predominantly
el **predominio** predominance

la **preferencia** preference
preferir (ie, i) to prefer, I-7
el **prefijo** prefix
    el **prefijo telefónico** area
    code, II-1.1
    el **prefijo del país** country
    code, II-1.1
la **pregunta** question
preguntar to ask
la **prehistoria** prehistory
el **prejuicio** prejudice
el **premio** prize
    el **Premio Nobel** Nobel Prize
la **prenda** garment, article of
    clothing
el **prendedor** earring, 1
prendidísimo: lo prendidísimo
    what is most interesting
prendido(a) interesting
el **prendimiento** capture, arrest
la **preocupación** preoccupation
preocuparse to worry
la **preparación** preparation
preparar to prepare, I-4.1
la **presencia** presence
presentar to present, I-12
    presentar (dar) una película
    to show a movie, I-12
el **presente** present
preservar to preserve
la **presidencia** presidency
el/la **presidente(a)** president
la **presión** pressure, II-5.2
    la **presión arterial** blood
    pressure, II-4.2
    la **presión sanguínea** blood
    pressure
prestar to lend
prestigioso(a) prestigious
presunto(a) presumed
el **presupuesto** budget, 6
pretender (ie) to seek
el **pretendiente** suitor
prevalecer to prevail
la **prevención** prevention
la **previsión** provision
primario(a) primary
la **primavera** spring, I-7.2
primer, primero(a) first, I-BV
    el **primer balcón** first balcony, 3
las **primeras de cambio** fist time
primitivo(a) primitive
el/la **primo(a)** cousin, I-6.1
el/la **primogénito(a)** first-born, 4
principal main
el **príncipe** prince
principiante beginning, I-9.1
el **principio** beginning
    al **principio** in the beginning
la **prioridad** priority

la **prisa** hurry, haste, 1
    dar **prisa** to rush, hurry
    de **prisa** fast
el/la **prisionero(a)** prisoner
privado(a) private, I-5.1
la **privatización** privatization
privatizar to privatize
el **privilegio** privilege
la **probabilidad** probability
probable probable, II-11
probar (ue) to try; to taste
el **problema** problem
procedente coming
proceder to proceed, come
procesar to process
la **procesión** procession
el **proceso** process
procurar to try, strive for
producir (zc) to produce
productivo(a) productive
el **producto** product
el/la **productor(a)** producer
el **profano** profane
la **profesión** profession; career,
    II-16.1
profesional professional (adj.)
el/la **profesional** professional
el/la **profesor(a)** teacher, I-2.1
el **profesorado** faculty
el **profeta** prophet
la **profundidad** depth
profundo(a) profound
el **progenitor** direct ancestor
el **programa** program
el/la **programador(a)** programmer,
    II-16.1
el **progreso** progress
la **prohibición** prohibition
prohibido(a) forbidden, II-10.2
prohibir to prohibit
prolongar to prolong
el **promedio** average
la **promesa** promise
prometer to promise
el/la **prometido(a)** fiancé(e)
la **promoción** class
promulgar to put (law) into force
pronosticar to foretell, 1
el **pronóstico** forecast
la **propiedad** property
el/la **propietario(a)** owner
la **propina** tip, I-12.2
propio(a) one's own
proponer to propose, 6
la **proporción** proportion
el **propósito** purpose
    a **propósito** by the way
el/la **protagonista** protagonist
protagonizar to take a leading
    part in, 4

la **protección** protection
protector(a) protective,
    protecting, I-11.1
proteger to protect
la **proteína** protein, I-10.2
la **protesta** protest
protestante Protestant
el **provecho** benefit, advantage
    buen **provecho** enjoy your
    meal
proveer to provide
la **provincia** provence
provisionalmente temporarily
la **provocación** provocation
provocar to provoke
la **proximidad** proximity, nearness
próximo(a) next, I-14.2
proyectar to plan, project
el **proyecto** project
la **prudencia** prudence
la **prueba** test
    a **prueba** on trial
psicológico(a) psychological
publicado(a) published
publicar to publish
la **publicidad** advertising
el **público** public; audience, I-12.2
público(a) public (adj.)
el **pueblo** town, I-5.1; people
el **puente** bridge; dental bridge
el **puerco** pork
la **puerta** gate, I-8.1; door, II-5.1
    la **puerta de salida** departure
    gate, I-8.1; exit door, II-7.1
el **puerto** port, 5
puertorriqueño(a) Puerto Rican,
    I-2
pues well
el **puesto** stall, II-2.1
la **pulgada** inch
pulir to polish
el **pulmón** lung, 7
pulmonar pulmonary, 7
la **pulsación** beat
la **pulsera** bracelet, 1
el **pulso** pulse, II-4.2
el **puñado** handful
el **puñal** dagger
el **puñetazo** punch, blow, 6
la **punta** point; tip
puntapiés kicking
el **punto de vista** point of view
el **punto** dot, I-3.1; stitch, II-4.2
    en **punto** on the dot, I-3.1
la **pupila** pupil (of the eye)
puramente purely, strictly

Q

que that

¿qué? what?; how?, I-BV

¿Qué es? What is it?, I-BV

¿Qué hora es? What time is it?, I-2

¿Qué tal? How are you?, I-BV

¿Qué tiempo hace? What's the weather like?, I-9.1

el **quechua** Quechuan people and language, **8**

quedarse to stay, remain, I-13.2

me queda bien it looks good on me, I-13.2

quedar empatado(a) to end up tied (sports), I-7.1

quemar to burn

querer (ie) to want, I-7; to love, II-15.1

querer decir to mean

el **queso** cheese, I-15.2

el **quicio de la puerta** door threshold, **4**

¿quién? who?, I-BV

¿De parte de quién? Who is calling?, II-1.1

¿Quién es? Who is it?, I-BV

quieto(a) quiet

la **química** chemistry, I-2.2

el/la **químico** chemist

químico(a) chemical

la **quinceañera** young woman's fifteenth birthday, II-12.1

quinto fifth, I-5.1

el **quiosco** newstand, I-14.1

el **quirófano** operating room, II-4.2

quitar to remove, take away, **5**

quitar del fuego to take off the fire, II-9.2

quitarse to take off

quizá(s) perhaps, II-16.2

R

la **rabia** anger, fury

el **rabino** rabbi, **8**

racial racial

la **ración** portion; allowance, **7**

el **radiador** radiator, II-5.2

radical radical

la **radio** radio

radioactivo(a) radioactive

la **radiografía** X ray, II-4.2

raído(a) frayed

la **raíz** root, **8**

rallar to grate, II-9.2

la **rama** branch

el **ramo de novia** bridal bouquet, **4**

el/la **ranchero(a)** rancher

el **rango** rank; class

la **ranura** slot (for money), II-1.1

rápidamente quickly

la **rapidez** swiftness, speed

el **rápido** express train

rápido fast, I-9.1

la **raqueta** raquet, I-11.2

raro(a) rare

ras: a ras de level with

el **rasgo** feature

el **rato** while, short time

a cada rato at each moment

mal rato nasty experience

el **ratón** mouse

la **raya** part (in hair), II-8.1

a rayas striped, I-13.2

el **rayo** ray

los rayos esquis X ray, II-4.2

la **razón** reason

razonable reasonable

real real, actual

la **realidad** reality

el **realismo** realism

realista realistic

realizar to carry out, put into effect

realmente really; actually

la **rebaja** reduction

la **rebanada** slice, II-9.2

rebanar to slice, II-9.2

la **rebelión** rebellion

el **recado** message, **3**

recambio: de recambio spare, II-5.1

el **recargo** surcharge

la **recepción** reception, II-6.1

el/la **recepcionista** receptionist, II-6.1

el **receptor** catcher (sports), I-7.2

la **receta** prescription, I-10.2; recipe

recetar to prescribe, I-10

rechazar to reject; to deny, **2**

recibir to receive, I-6

el **recibo** receipt

recién recently

el **recién nacido** newborn

el/la **recién casado(a)** newlywed, II-15.2

reciente recent

recientemente recently

recitar to recite

reclamar to claim, I-8.2

el **reclamo de equipaje** baggage claim, I-8.2

recoger to pick up, collect, I-8.2; to shelter; to gather, **6**

la **recomendación** recommendation

recomendar (ie) to recommend, II-13.2

reconfortable comfortable

reconocer (zc) to recognize; to acknowledge, **8**

reconstruir to reconstruct

recopilar to compile

recordar (ue) to remember

el **recordatorio** reminder

recorrer to travel, **1**

el **recorrido** distance traveled, trip

recortar to trim, II-8.2

el **recorte** trim, II-8.2

la **rectitud** honesty

el/la **rector(a)** rector, president of a university, **2**

el **recuerdo** memory, **3**

el **recurso** resource

los recursos naturales natural resources

los recursos resources, wealth, **6**

la **red** net, I-7.2; network; screen

la **rededicación** rededication

redondo(a) round, **5, 8**

reducido(a) reduced

reducir (zc) to reduce, II-4.2; to diminish, **5**

reembolsar to reimburse, **1**

el **reembolso** refund

reemplazar to replace, substitute, **2**

referir (ie) to refer

refinar to refine

reflejar to reflect

el **reflejo** reflection

la **reforma** reform

el **refrán** refrain, proverb

refrescante refreshing

el **refresco** soft drink, I-4.1

el **refrigerador** refrigerator, II-9.1

refugiarse to take refuge

el **refugio** refuge

el **regalo** gift, I-6.2

el regalo de Navidad Christmas present, II-12.2

regalón(a) spoiled, pampered

regañar to scold, reprimand, **2**

regar to water, **2, 7**

regatear to bargain

el **regateo** bargaining

el **regidor** councillor

el **régimen** regimen

regio(a) super

la **región** region

registrar to record; to take place

la **regla** rule

el **reglamento** rule

regresar to return

el **regreso** return

de regreso return, **1**

regulador regulating (adj.)

regular regular (adj.); to regulate

rehabilitado(a) restored

rehusar to reject; to deny, **2**; to refuse, **6**
reinar to reign
el **reino** kingdom
reír to laugh
la **relación** relationship
relacionar to relate
el **relámpago** lightning
relativamente relatively
el **relato** story
la **religión** religion
religioso(a) religious
rellenar to fill
el **reloj** watch; clock, **5**
relucir to shine
remedio: sin remedio unavoidably
el/la **remitente** sender, II-3.1
remontar to go back (to some date in time)
remoto(a) remote
el **rencor** rancor
rendido(a) exhausted
rendir to render; to yield
renombrado(a) famous, renowned, **1**; well-known, **5**
renovar to renovate
renunciar to renounce
reparador(a) restorative
repartir to deliver, II-3.2
el **reparto** delivery, II-3.2
repentino(a) sudden
repetir (i, i) to repeat, I-15
la **represa** dam, **1**
la **representación** performance, I-12.2
el/la **representante** representative
representar to represent
la **represión** repression
la **reprobación** reproof, censure
el **réprobo** criminal
la **reproducción** reproduction
el **reptil** reptile
la **república** republic
repuesto: de repuesto spare, II-5.1
la **repugnancia** repugnance
repugnante repugnant
la **reputación** reputation
requerir (ie) to require, II-16.2
el **réquiem** requiem (mass)
resbalarse to slip, II-4.1
rescatar to rescue; to save, **5**
resentido(a) resentful
la **reserva** reserve
la **reservación** reservation, II-6.1
reservado(a) reserved, I-14.2
reservar to reserve, II-6.1
el **resfriado** (head) cold
la **residencia** residence, home

residencial residential
residir to reside
resignarse to resign oneself
resistir to resist
resolver (ue) to resolve
el **resorte** spring (mechanical)
el **respaldo** seatback, II-7.1; backing, support
respectivo(a) respective
respecto a with respect to
respetarse to respect one another
el **respeto** respect
respetuoso(a) respectful
la **respiración** breathing
respirar to breathe
responder to respond, answer
la **responsabilidad** responsibility
responsabilizarse to take the responsibility
la **respuesta** answer
el **restaurante** restaurant, I-12.2
los **restos** remains
la **restricción** restriction
restringir to restrict
el **resultado** result
resultar to result
el **resumen** summary
el **resurgimiento** revival
la **resurrección** resurrection
la **retirada** withdrawal
retirar to withdraw, II-14.2; to remove
retirar del fuego to take off the fire, II-9.2
retirarse to retire
el **retiro** withdrawal, II-14.2
el **formulario de retiro** withdrawal slip, II-14.2
el **retraso** delay, I-14.2
con retraso late, I-14.2
el **retrato** portrait
el **retrete** toilet, **1**
la **reunión** meeting, gathering
reunirse to get together, II-12.1
revés: al revés the contrary
revisar to inspect, I-8; to check, II-5.2; to review, examine, **2**
revisionista revisionist
el/la **revisor(a)** (train) conductor, I-14.2; auditor, II-16.1
la **revista** magazine, I-5.2
revitalizar to revitalize
la **revolución** revolution
revolucionario(a) revolutionary
revolver (ue) to stir, II-9.1; to revolve
revueltos scrambled (eggs)
el **rey** king, **5**, **8**
los **Reyes Magos** Three Wise Men, II-12.2

el **Día de los Reyes** Day of the Three Kings
rico(a) rich; tasty, I-15.2
ridiculizar to ridicule
el **riesgo** danger, **5**
rígido(a) rigid
rigor: de rigor essential
riguroso(a) rigorous
el **rincón** nook, cozy corner, **1**
los **riñones** kidneys
el **río** river, I-16.2
rioplatense Argentinian (from the River Plate region)
la **riqueza** riches; wealth
el **ritmo** rhythm
el **rito** rite
el **rizado** curling, II-8
rizado(a) curly, II-8.1
el **rizador** curling iron, II-8.2
rizar to curl, II-8
el **rizo** curl, II-8.1
robar to rob; to steal, I-7.2
el **robo** theft, robbery, **5**
rodar (ue) to roll
rodear to surround
la **rodilla** knee, II-4.1
rogar (ue) to beg; to request, II-12
rojo(a) red, I-13.2
el **rol** roll, part
rollizo(a) roly-poly
el **rollo** roll (of paper), I-16.2
el **romance** romance
el **romancero** collection of romances
el/la **romano(a)** Roman
romántico(a) romantic
romperse to break; to tear II-4.1
el **ron** rum
la **ropa** clothes, I-8.2
la **ropa interior** underwear
la **rosa** rose
el **rosal** rosebush
el **rostro** face
la **rotación** rotation
el **rótulo** sign, II-10.2
rubio(a) blond(e), I-1.1
rudo(a) hard, difficult, **4**
la **rueda** wheel, roller, I-9.2
el **ruedo** bullring
el **ruido** noise, **7**
ruidoso(a) noisy, **1**
la **ruina** ruin
el **rulo** hair roller, II-8.2
rumbo a toward, in the direction of
rural rural, **8**
ruso(a) Russian
la **ruta** route
la **rutina** routine
rutinario(a) routine

S

el **sábado** Saturday, I-BV
la **sábana** sheet, II-6.2
sabatino(a) pertaining to Saturday
saber (irreg.) to know how, I-9.1
el/la **sabio(a)** wise person
el **sabor** flavor
sabroso(a) tasty
sacar to get, receive, I-3.2; to take out, II-13.2
  sacar provecho de to benefit from
el **sacerdote** priest
el **saco** jacket, I-13.1; sack
  el saco de dormir sleeping bag, I-16.2
el **sacramento** sacrament
sacrificar to sacrifice
el **sacrificio** sacrifice
el **sacro** sacred
sagrado(a) sacred
la **sal** salt, I-15.1
la **sala** living room, I-4.1
  la sala de emergencia emergency room, II-4.1
  la sala de operaciones operating room, II-4.2
  la sala de recepción waiting room, II-4.2
  la sala de recuperación recovery room, II-4.2
  la sala de restablecimiento recovery room, II-4.2
  la sala de urgencias emergency room, II-4.1
  la sala de clase classroom, I-3.1
  la sala de espera waiting room, I-14.1
salarial wage (adj.)
el **salario** salary
la **salchicha** sausage, II-9.1
el **salchichón** sausage
el **saldo** total; balance (bank), II-14.2
la **salida** departure, I-8.1; exit, II-7.1
  el tablero de llegadas y salidas arrival and departure board, I-8.1
  la puerta de salida departure gate, I-8.1
  la salida de emergencia emergency exit, II-7.1
salir (irreg.) to leave, I-8.1; to go out
el **salón de clase** classroom, I-3.1
el **salón del hotel** hotel ballroom, II-12.1

la **salsa** sauce
saltar to jump, 7
el **salto** jump, leap, 3
la **salud** health
saludable healthy
saludar to greet, II-11.1
el **saludo** greeting; salute
salvaje wild
el **sanatorio** sanatorium
las **sandalias** sandals, I-13.1
la **sandía** watermelon, II-9.2
el **sándwich** sandwich, I-5.2
la **sangre** blood, 7, 8
la **sanidad** health
sano(a) healthy
santamente virtuously
el/la **santo(a)** saint
  el santo patrón patron saint, 3
el **santuario** sanctuary
el **sargento** sergeant, 5
sarnoso(a) mangy
el/la **sartén** frying pan, II-9.1
la **sátira** satire
satirizar to satirize
la **satisfacción** satisfaction
satisfacer (irreg.) to satisfy
satisfecho(a) satisfied
las **saturnales** Saturnalia
el **saxofón** saxophone
sazonar to season
el **secador** hair dryer, II-8.2
la **secadora** clothes dryer, II-13.2
secar to dry
la **sección** section
  la sección de no fumar nonsmoking section, I-8.1
seco(a) dry
el/la **secretario(a)** secretary, II-16.1
el **secreto** secret, II-11.1
secreto(a) secret
el **sector** section
la **secuencia** sequence
secundario(a) secondary, I-1.1
  la escuela secundaria high school, I-1.1
secuoya sequoia
la **sed** thirst, I-15.1
  tener sed to be thirsty, I-15.1
la **seda dental** dental floss, 7
el **sedán** sedan, II-5.1
la **sede** headquarters
el/la **sefardí** Sephardic Jew
el **segmento** segment
segregar to segregate
seguida: en seguida at once, immediately
seguido(a) successive
el **seguimento** following
seguir (i, i) to follow, I-15; to continue

según according to
segundo second, I-5.1
la **seguridad** security, I-8.1
  el control de seguridad security inspection, I-8.1
el **seguro social** social security
seguro(a) reliable, dependable; sure; safe, II-12
seis six, I-BV
la **selección** selection
el **sello** stamp, II-3.1
la **selva** jungle, rainforest, 1
el **semáforo** traffic light, II-10.1
la **semana** week, I-11.2
  la Semana Santa Holy Week
  la semana pasada last week, I-11.2
sembrar to plant, 2
el **semestre** semester
el/la **senador** senator
el **sencillez** simplicity
sencillo(a) simple, I-14.1; single, II-6.1
la **senda** path, II-13.1
el **sendero** path, II-13.1
la **sensación** sensation
sensacional sensational
sensible sensitive
las **sentadillas** situps?, 3
sentarse (ie) to sit down, I-16.1
  me sienta bien it fits me well, I-13.1
sentenciar to pass judgment on
el **sentido** sense; way, direction, II-10.2
  de sentido único one way
el **sentimiento** feeling
sentirse (ie) to feel, II-12
  lo siento I am sorry
la **señal** dial tone, II-1.1; signal, II-7.1; sign
  la señal de no fumar no smoking signal, II-7.1
señalar to point out; to indicate, 8
el **señor** Mr., sir, I-BV
la **señora** Mrs., ma'am, I-BV
la **señorita** Miss, I-BV
la **separación** separation
separado(a) separated
separar to separate
septiembre September, I-BV
séptimo seventh, I-5.1
ser (irreg.) to be, I-1
  ser una lástima to be a pity, II-12
el **ser** being
  el ser viviente living being
sereno(a) serene
seriamente seriously
la **serie** series

la **Serie Mundial** World Series
serio(a) serious, I-1.2
serpentear to wind; to meander
la **serpiente** snake
el **servicio** service
  el **servicio de primer socorro** first aid service, II-4.1
  el **servicio de primeros auxilios** first aid service, II-4.1
  el **servicio militar** military service
el/la **servidor(a)** servant
  su seguro servidor your humble servant
el **servidumbre** servants
la **servilleta** napkin, I-15.1
servir (i, i) to serve, I-15.1
sesenta sixty, I-BV
la **sesión** session; sitting, I-12.1
setenta seventy, I-BV
severo(a) severe
el **sexo** sex
sexto sixth, I-5.1
si if
sí yes
el **SIDA** AIDS
siempre always, I-5.2
la **sien** temple (anat.), 6
la **sierra** mountain range, 2
la **siesta** nap, I-11.1
  echar (tomar) una siesta to take a nap, I-11.1
siete seven, I-BV
la **sigla** abbreviation by initials
el **siglo** century
el **significado** meaning
significar to mean
significativo(a) significant
el **signo** sign
siguiente following
el **silencio** silence
la **silla** chair, I-BV
  la **silla de ruedas** wheelchair, II-4.1
  la **silla plegable** folding chair, I-11.1
el **sillín** seat
el **sillón** large chair, 7
el **silo** silo
silvestre wild
el **símbolo** symbol
el **símil** simile
similar similar
la **simpatía** sympathy
simpático(a) pleasant, likeable
simple simple
simplemente simply
sin without
  sin embargo nevertheless

sin escala nonstop
sin que without, II-15
la **sinagoga** synagogue, 8
sincero(a) sincere, I-1.2
siniestrado(a) unlucky, ill-fated
sino but
el **sinónimo** synonym
el **síntoma** symptom, I-10.2
la **sirena** siren
sirio(a) Syrian
el **sistema** system
  el **sistema nervioso** nervous system
sitiar to besiege
el **sitio** siege; site; place
la **situación** situation
situar to situate
el **slálom** slalom, I-9.1
el/la **soberano(a)** sovereign, 8
sobre above, over, II-7.1; about
  sobre todo especially, above all
el **sobre** envelope, II-3.1
el/la **sobrecargo** flight attendant, II-7.1
sobrepasar to exceed, surpass, 5
sobresaliente outstanding
sobresalir to stand out
sobrevolar to fly over, II-7.2
la **sobrina** niece, I-6.1
el **sobrino** nephew, I-6.1
los **sobrinos** niece(s) and nephew(s), I-6.1
social social
la **sociedad** society
sociología sociology, I-2.2
el/la **sociólogo(a)** sociologist
socorrerse to help each other, 4
el/la **socorrista** first aid worker, II-4.1
el **socorro** help
el **sodio** sodium
sofisticado(a) sophisticated
la **soga** rope, cord, 7
el **sol** sun, I-11.1
  Hay sol. It's sunny., I-11.1
  tomar el sol to sunbathe, I-11.1
solamente only
el/la **soldado** soldier
soleado(a) sunny, 1
solemne solemn
la **solemnidad** solemnity
soler (ue) to be accustomed to, 8
  solemos decir we usually say
  suelen servir they usually serve
solicitar (trabajo) to apply for (work), II-16
la **solicitud de empleo** job application, II-16.2
sólido(a) solid

solitario(a) solitary, lone
sólo only
solo(a) alone
soltar to let go
la **soltería** single life
el/la **soltero(a)** unmarried person, 6
la **solución** solution
la **sombra** shade
el **sombrero** hat, I-13.1
la **sombrilla** umbrella, I-11.1
sombrío(a) somber
someter to subject
somos we are, I-2.2
el **son** sound; tune, melody, 4
son they/you (pl. form.) are, I-2.1
sonar (ue) to ring, II-1.1
  Suena ocupado. It is busy., II-1.1
el **soneto** sonnet
el **sonido** sound, 7
sonorífero(a) noisy
sonreír to smile
sonriente smiling, 3
la **sonrisa** smile
soñar (ue) to dream, 6
soñoliento(a) sleepy, 2
la **sopa** soup, I-5.2
soplar to blow, 1
soportar to bear, endure; to support
la **sordera** deafness, 7
el/la **sordo(a)** deaf person, 7
sordo(a) deaf, 7
el **soroche** mountain sickness
sorprender to surprise, I-13
la **sortija** ring, II-15.1
  la **sortija de compromiso** engagement ring, II-15.1
soso(a) dull, inane
el **sostén** support
sostener (irreg.) to sustain; to support
soy I am, I-1.2
su his, her, your (form.), their
suave soft
la **subcultura** subculture
subir to go up, I-5.1; to take up, II-6.1
  subir a to get on, to board, I-8.1
súbito(a) sudden
sublime sublime
subscribir to subscribe
subsistir to continue to exist
la **substancia** substance
el **subterráneo** subway, 5
subterráneo(a) underground, I-12
el **subtítulo** subtitle

los **suburbios** suburbs, I-5.1
sucesivo(a) successive
el **suceso** event, happening
sucio(a) dirty, II-13.2
la **sucursal** branch (office)
sudamericano(a) South American
sudar to sweat, **2, 8**
el **sudor** sweat, **8**
sudoroso(a) sweaty
la **suegra** mother-in-law
el **suegro** father-in-law
la **suela** sole (of shoe), **3**
el **suelo** ground, I-7; soil, land, **1**
suelto(a) loose, free, **2**
el **sueño** dream
la **suerte** luck, II-15.2
el **suéter** sweater, I-13.1
suficiente sufficient, enough, II-5.1
el **sufragio** aid
sufrir to suffer
sugerir (ie) to suggest, II-12
suicido(a) suicidal
suizo(a) Swiss
el **sujeto** individual, person
sujeto(a) held
sumamente extremely
sumo(a) highest, greatest
suntuosamente sumptuously
súper super, II-5.2
superar to surpass
la **superficie** surface
superior superior; higher; top, upper
el **supermercado** supermarket, II-2.1
supervisar to supervise
el/la **superviviente** survivor
el **suplemento** supplement
el **supremo** Supreme Court
supuesto: por supuesto of course
el **sur** south, II-10.1
el **surgimiento** springing up
surgir to appear
el **suroeste** southwest
suscitar to cause, provoke, **4**
suspenso(a) failing
el **suspensor** suspender
el **suspiro** sigh
la **sustancia** substance
sustancioso(a) substantial
sustituir to substitute
la **sutura** stitch, II-4.2
suyo(a) his, hers, yours, theirs, its, one's

T

el **T shirt** T shirt, I-13.1
el **tabaco** tobacco
la **tabla** board, **3**
la **tabla hawaiiana** surfing
el **tablero** scoreboard, I-7.2; board, I-8.1
    el **tablero indicador** scoreboard, I-7.1
    el **tablero de llegadas y salidas** arrival and departure board, I-8.1
la **tableta** tablet
el **tablista** surfer
el **tabú** taboo
taciturno(a) taciturn, reserved, **8**
el **taco** heel (shoe)
el **tacón** heel (shoe), I-13.2
los **taínos** Tainans (native of the Caribbean area)
la **tajada** slice, II-2.2
el **tajo** cut, slash
    el **tajo de perrillo** knife cut
tal such
tal vez perhaps, II-16
la **tala** stalk
el **taladro** drill, **7**
el **talco** talcum powder
el **talento** talent
talentoso(a) talented; gifted
la **talla** size, I-13.1
    talla: nadie la talla no one can win
    tallar to deal (cards), **6**
el **taller** artisan's shop, II-16.1; workshop, **4**
el **tallo** stalk
el **talón** luggage claims ticket, I-8.1; heel (foot)
el **talonario** check book, II-14.2
el **tamaño** size, I-13.1
el **tamarindo** tamarind
también also, too, I-1.1
tampoco neither, either
    ni yo tampoco me neither, I-13
tan pronto como as soon as, II-15
tan so
el/la **tanguista** interpreter of the tango
el **tanque** tank, II-5.2
el **tanto** point (score), I-7.1
    tanto... como as much . . . as
    tantos(as) so many
la **tapa** cover, II-9; cap, **7**
    tapar to cover, II-9.2; to clog
la **tapia** wall
el **tapón** plug, **7**
la **taquilla** ticket office, I-12.1
la **tarde** afternoon

    esta tarde this afternoon, I-11.2
tarde late, I-8.1
la **tarea** homework; task, job, work, **8**
la **tarifa** fare, rate
la **tarjeta** card, I-5.2; registration card, II-6.1
    la **tarjeta postal** postcard, I-5.2
    la **tarjeta de crédito** credit card, I-13.1
    la **tarjeta de embarque** boarding card, I-8.1
la **tasa de cambio** exchange rate, II-14.1
taurino(a) of or about bullfighting, **6**
el **taxi** taxi, I-8.1
el **taxímetro** taximeter, **1**
la **taza** cup, I-15.1
te you (fam. pron.)
el **té** tea
teatral theatrical, I-12.2
el **teatro** theater, I-12.2
la **tecla** key, II-1
el **teclado** keypad, II-1.1
la **técnica** technique
técnico(a) technical
el/la **técnico(a)** technician, II-4.2
el **tejado** roof, **6**
tejer to weave
el **tejido** fabric, cloth, **2**
la **telaraña** spiderweb
la **tele** TV
la **telecomunicación** telecommunication
la **telecopiadora** fax machine
telefonear to telephone, II-1.1
telefónico(a) telephone, II-1.1
el/la **telefonista** telephone operator
el **teléfono** telephone, I-4.1
    por teléfono on the phone, I-4.1
el **telégrafo** telegraph
la **telenovela** soap opera, I-5.2
el **telesilla** chair lift, I-9.1
el **telesquí** ski lift, I-9.1
la **televisión** television, I-4.1
el **televisor** television set, II-6.2
el **telón** curtain, I-12.2
el **tema** theme
temblar to tremble
temer to be afraid, II-11
temerario(a) reckless, bold
la **temeridad** boldness
el **temor** fear, **6**
la **temperatura** temperature, I-9.1
la **tempestad** storm, **1**
templado(a) temperate
templar to moderate
el **templo** temple

la **temporada** period, spell, **3**
el **temporal** storm, **1**
  temprano early
la **tendencia** trend
  tender (ie) to tend
    tender la cama to make the bed, II-6.2
  tendido(a) stretched out
el **tenedor** fork, I-15.1
  tener (irreg.) to have, I-6.1
    tener cuidado to be careful
    tener hambre to be hungry, I-15.1
    tener lugar to take place
    tener miedo to be afraid, II-11
    tener prisa to be in a hurry
    tener que to have to, I-6
    tener que ver con to have to do with
    tener razón to be right
    tener sed to be thirsty, I-15.1
    tener sueño to be sleepy
    tener... años to be... years old, I-6.1
el **teniente** lieutenant
los **tenis** tennis shoes, I-13.1
el **tenis** tennis, I-11.2
    el juego de tenis tennis game, I-11.2
    la cancha de tenis tennis court, I-11.2
la **tensión arterial** blood pressure, II-4.2
la **teoría** theory
  tercer(o) third, I-5.1
la **terminal** terminal, **1**
  terminantemente categorically; conclusively, **6**
  terminar to end, finish
el **término** term, word
la **ternera** veal chop, II-2.1
la **ternura** tenderness
la **terraza** terrace
el **terreno** land, terrain
  terrero(a) mud, earthen
  territorial territorial
el **territorio** territory
  terrorista terrorist
el **tesoro** treasure
el **testigo** witness
la **tía** aunt, II-6.1
  tibio(a) tepid, **7**
el **tiempo** time, I-7.1; weather
    a tiempo completo full time, II-16.2
    a tiempo on time, I-8.1
    a tiempo parcial part time, II-16.2
    al mismo tiempo at the same time

  hace mucho tiempo a long time ago
la **tienda** store, I-4.1
  armar una tienda to put up a tent, I-16.2
  la tienda de abarrotes grocery store, II-2.1
  la tienda de campaña tent, I-16.2
  la tienda de departamentos department store
  la tienda de ropa para caballeros (señores) men's clothing store, I-13.1
  la tienda de ropa para damas (señoras) women's clothing store, I-13.1
  la tienda por departamentos department store, II-16.1
  tientas: a tientas groping
la **tierra** earth, **8**
  la Tierra Santa Holy Land
la **tierra** land
el **tigre** tiger
las **tijeras** scissors, II-8.2
el **timbre** tone
la **timidez** shyness
  tímido(a) timid, shy, I-1.2
el **tímpano** ear drum
  tinto(a) red
la **tintorería** dry cleaners, II-13.2
el **tío** uncle, I-6.1
los **tíos** aunt(s) and uncle(s), I-6.1
  típicamente typically
  típico(a) typical
el **tipo de cambio** exchange rate, II-14.1
    ¿Cuál es el tipo de cambio? What is the exchange rate?, II-14.1
el **tipo** type; character
  tirar to throw, I-7.1
  tiritar to shiver
  titulado(a) entitled
el **titular** headline
el **título** degree
    el título universitario university diploma, II-16.2
la **tiza** chalk, I-BV
la **toalla playera** beach towel, I-11.1
el **tobillo** ankle, II-4.1
el/la **tocador(a)** player, performer, **8**
  tocar to play (an instrument), I-4.2; to touch, I-7
el **tocino** bacon
  todavía yet, still
    todavía no not yet, II-6
  todo everything
    en todas partes everywhere
    sobre todo especially

  todo el mundo everybody
  todo(a) every, all, I-4.2
la **tolerancia** tolerance
  tolerante tolerant
  tolerar to tolerate
  tomar to take, I-3.2; to drink, I-4.1
    tomar el sol to sunbathe, I-11.1
    tomar en serio to take seriously, **2**
    tomar fotografías to take pictures, **1**
    tomar la palabra to take the floor
    tomar una ducha to take a shower, I-16.2
    tomarle el pelo a to pull someone's leg
el **tomate** tomato
la **tonelada** ton
el **tono** dial tone, II-1.1; pitch
    el tono de ocupado busy tone, II-1
la **tonsura** tonsure
la **tontería** foolishness, **6**
  tonto(a) silly
  tope: al tope at the highest level
el **tórax** thorax, **7**
  torcer (ue) to twist, II-4.1
  tordillo(a) dapple-gray
  torear to fight bulls
el **toreo** bullfighting, **6**
  torera: la larga torera pass with a cape in a bullfight
el **torero** bullfighter, **6**
la **tormenta** storm, **1**
  torno: en torno a about, regarding
el **toro** bull, **3**
la **toronja** grapefruit, II-9.1
la **torpeza** slowness
la **torre** tower
    la torre de control control tower, II-7.2
  tórrido(a) torrid
la **torsión** twisting
la **torta** cake, II-12.1
la **tortilla** tortilla, I-15.2
la **tortura** torture
  torturar to torture
la **tos** cough, I-10.1
  toser to cough, I-10.1
  tostadito(a) tanned
el **tostón** fried plantain slice
el **total** total, II-6.1
  totalmente totally
  tóxico(a) toxic
el/la **trabajador(a)** worker, II-16.1
  trabajar to work, I-4.1
el **trabajo** work, job, II-16.1
    el trabajo a código work slow-down

el **trabajo a tiempo completo (parcial)** full-time (part-time) job, II-16.2
la **tradición** tradition
tradicional traditional
tradicionalmente traditionally
la **traducción** translation
traer (irreg.) to bring, I-8
el/la **traficante** dealer, trader, 8
el **tráfico** traffic, II-5.1
tragar to swallow, 6
la **tragedia** tragedy
trágico(a) tragic
traído(a) brought
el **traje** suit, I-13.1
    el **traje de novia** bridal gown, 4
    el **traje de baño** bathing suit, I-11.1
    el **traje pantalón** pantsuit
el **tramo** span, stretch (of distance), 1
tranquilamente peacefully
la **tranquilidad** tranquility
tranquilo(a) calm, tranquil, 3
transbordar to transfer, I-14.2
transcendental far-reaching
el **transcurso** passage (of time)
transformarse to be transformed
el **tránsito** traffic, II-5.1
transmitir to transmit
transpirar to sweat, 8
transportarse to be transported
el **transporte** transportation, I-12
el **trapo** rag, 6, 7
tras after
trascender to transcend
trasero(a) back, rear
trasladar to transfer
el **trasteo** bustle
el **trastorno** disorder
el **tratado** treatise
el **tratamiento** treatment
tratar to deal with; to treat
    tratar de to be about; to try
traumático(a) traumatic
través: a través de through, across
el **trayecto** road; distance, 1, 6
treinta thirty, I-BV
tremendo(a) tremendous
el **tren** train, I-14.1
    el **tren de vía estrecha** narrow gauge train
    subir al tren to get on the train, I-14.2
la **trenza** braid, II-8.1
tres three, I-BV
la **tribu** tribe
el **tribunal** court, II-16.1
el **tricornio** tricorn, 8
el **trigo** wheat

la **trigonometría** trigonometry, I-2.2
trilingüe trilingual
los **trillizos** triplets
la **tripulación** crew, I-8.2
triste sad, I-10.1
tristemente sadly
la **tristeza** sadness
triunfante triumphant
triunfar to win, triumph
el **trocito** piece, II-9.2
la **trompeta** trumpet, I-4.2
el **trompicón** blow, punch
la **tronada** thunderstorm
el **tronco** trunk
la **tropa** troop, 2
tropezarse to trip
tropical tropical
el **trotamundos** globetrotter
el **trozo** piece, part
el **truco** trick, 5; device
tu your (sing. fam.)
tú you (sing. fam.)
el **tubo** tube, I-16.2
la **tumba** tomb, II-12.1
    la **tumba familiar** family tomb, 4
tumbar to knock down
tumultuoso(a) tumultuous
turbado(a) disturbed
la **turbulencia** turbulence
turbulento(a) turbulent
turgente swollen
el **turismo** tourism
el/la **turista** tourist, I-12.2
turístico(a) tourist (adj.)
el **turno** turn
tutear to be on familiar terms with, II-11

U

u or (used instead of **o** before words beginning with **o** or **ho**)
ubicado(a) located, 1
ubicar to locate, place
Uds., ustedes you (pl. form.), I-2.2
último(a) last; latest
el **ultraje** insult
el **umbral** doorway
un(a) a, an, I-BV
únicamente only
único(a) only
la **unidad de cuidado intensivo** intensive care area, II-4.2
la **unidad** unit
el **uniforme** uniform
la **unión** union

unir to unite
universal universal
la **universidad** university
universitario(a) university, II-16.2
    el **título universitario** university diploma, II-16.2
uno one, I-BV
    el **uno del otro** each other, II-11.1
    unos cuantos a few
untar to spread (butter on bread), 2
urbano(a) urban
el **urbe** city
uruguayo(a) Uruguayan
usado(a) used
usar to use
el **uso** use
útil useful, 2
utilísimo(a) most useful
utilizar to use
la **uva** grape, II-2.1

V

va he/she/it goes
la **vaca** cow
las **vacaciones** vacation
el **vacío** vacuum
vacío(a) empty
vacunar(se) to innoculate, 1
el **vacuno** cattle
el/la **vagabundo(a)** vagabond
el **vagón** train car, I-14.1
    vaina: la misma vaina the same thing
la **vainilla** vanilla
la **vajilla** dish, 7
la **valentía** courage
valer to be worth
    vale la pena it's worth it
la **valía** value
valiente brave, valient
valioso(a) valuable
la **valla** fence, 4, 8
el **valle** valley, II-7.2
el **valor** value; courage, 2
valorar to value
vamos we go, we are going
van they/you (pl. form.) go, I-4.1
la **vanidad** vanity
la **vara de mimbre** reed stick
la **variación** variation
variado(a) varied; diverse
la **variante** variant
variar to vary
la **variedad** variety
vario(a) various, varied
varios(as) several, 1

el **varón** male, **3**
vas you (sing. fam.) go, you are
going
la **vasija** vessel
el **vaso** (drinking) glass, I-5.2
vasto(a) vast
el **váter** toilet, II-6.2
veces: a veces sometimes, I-5.2
el/la **vecino(a)** neighbor, **2**
la **vegetación** vegetation
el **vegetal** vegetable, I-15.2
el/la **vegetariano(a)** vegetarian
el **vehículo** vehicle
veinte twenty, I-BV
la **veintena** score, twenty
la **vela** candle, II-12.1; sail, **1**
el **velo** veil, **1, 4**
la **velocidad** speed, II-10.2
la velocidad máxima speed
limit, II-10.2
el **velorio** wake, vigil, **4**
la **vena** vein, **6**
vencer to overcome, conquer
la **venda** band aid, II-4.2
el **vendaje** bandage, II-4.2
el/la **vendedor(a)** salesperson, **1**
vender to sell, I-5.2
venenoso(a) poisonous
venezolano(a) Venezuelan
vengar to avenge, **6**
venir (irreg.) to come
venir a menos to lose status
la **venta** sale
en venta for sale
la **ventaja** advantage
la **ventanilla** ticket window, I-9.1;
window, II-3.2
el **ventorrillo** roadhouse
ver (irreg.) to see, to watch, I-5.2
el/la **veraneante** summer vacationist
veraniego(a) summery
el **verano** summer
la **verbena** verbena
el **verbo** verb
la **verdad** truth, I-1.1
¿no es verdad? isn't it true?,
I-1.1
¿verdad? right?, I-1.1
verdadero(a) real, true
verde green, I-13.2
la **verdulería** greengrocer shop,
II-2.1
el/la **verdulero(a)** greengrocer
la **verdura** vegetable, I-15.2
verificar to check, II-5.2; to
verify, II-14.2
versátil versatile
la **versión** version
el **verso** verse
el **vestido** dress, I-13.1

el **vestido de boda** wedding
dress
vestirse (i, i) to get dressed,
I-16.1
el **vestuario** clothing; dressing room
la **vez** time
de vez en cuando now and
then
en vez de instead of
la **vía** track, I-14.1; way
viajar to travel
el **viaje** trip, I-8.1
buen viaje have a good trip
el viaje de novios honeymoon
trip, II-15.2
hacer el viaje to make the
trip, I-8.1
el/la **viajero(a)** traveler, **1**
la **víbora** snake
la **vibración** vibration
vibrar to vibrate
la **víctima del crimen** crime victim, **5**
la **victoria** victory
victorioso(a) victorious
la **vida** life, **5**
vida: en mi vida never
el **video** video
la **vidriera** glass case
viejo(a) old, I-6.1
el **viento** wind, I-11.1
hace viento it's windy, I-11.1
el **vientre** stomach, **7**
el **viernes** Friday, I-BV
vigilar to guard
la **villa** town, **6**
la **villanía** villainy
el **vino** wine
la **violencia** violence
violentamente violently
el **violín** violin, I-4.2
virar to turn
la **virgen: las Islas Vírgenes**
Virgin Islands
la **virtud** virtue, **6**
las **viruelas** measles
el **virus** virus
las **vísceras** innards
el **visillo** sheer window curtain, **7**
la **visión** vision
la **visita** visit
visitar to visit
la **víspera de Navidad** Christmas
Eve, II-12.2
la **vista** view, I-6.2
la **vitamina** vitamin, I-10.2
la **vitrina** shop window, I-13.1
la **viuda** widow, **4, 5, 6**
el **viudo** widower, **6**
la **vivienda** housing, dwelling, **8**
vivir to live, I-5.1

vivo(a) live; bright, vivid
el **vocabulario** vocabulary
la **vocación** vocation
volar (ue) to fly
volcán volcano
el **vólibol** volleyball, I-7.2
voltear to turn around; to
capsize, **3**
el **volumen** volume
la **voluntad** will; desire, **8**
el/la **voluntario(a)** volunteer
volver (ue) to go back, I-7.1
volver a to do again, I-7.1
vosotros(as) you (pl. fam.)
voy I go, I am going
la **voz** voice, **8**
el **vuelo** flight, I-8.1
el número del vuelo flight
number, I-8.1
el/la asistente(a) de vuelo
flight attendant, I-8.2
la **vuelta** turn; rotation
dar vuelta to go around
de vuelta on returning; back, **3**
vuestro(a) your (pl. fam.)

Y

y and, I-1.2
ya already, II-6.1
ya no no longer
el **yate** yacht
la **yema** yolk of egg, **7**
el **yen** yen
el **yeso** cast, II-4.2; plaster
yo I, I-1.2

Z

zambullir to dive
la **zanahoria** carrot, II-2.2
la **zanja** ditch
el **zanjón** ditch
la **zapatilla de deporte** sports shoe
las **zapatillas de baloncesto** tennis
shoes
el **zapato** shoe, I-13.1
la **zarza** bramble
la **zarzuela** Spanish operetta, **2**
el **zíper** zipper, I-13.2
la **zona** district, zone
la zona postal zip code, II-3.1
la **zoología** zoology
el **zoológico** zoo
el **zumbido** buzzing, ringing
el **zumo de naranja** orange juice
(Spain)

VOCABULARIO
INGLÉS-ESPAÑOL

The *Vocabulario inglés-español* contains all productive vocabulary from the **Glencoe Spanish** series, Levels 1, 2, and 3. The numbers following each entry from Levels 1 and 2 indicate the level, chapter, and vocabulary section in which the word is introduced. For example, II-2.2 means that the word first appeared actively in Level 2, *Capítulo 2, Palabras 2*. Entries from Levels 1 and 2 without a *Palabras* reference indicate vocabulary introduced in the grammar sections of the given chapter. I-BV refers to the Level 1 introductory *Bienvenidos* chapter. Boldface numbers indicate vocabulary introduced in Level 3.

The following abbreviations are used in this glossary.

adj.	adjective
adv.	adverb
conj.	conjunction
dem. adj.	demonstrative adjective
dem. pron.	demonstrative pronoun
dir. obj.	direct object
f.	feminine
fam.	familiar
form.	formal
ind. obj.	indirect object
inf.	infinitive
inform.	informal
interr.	interrogative
interr. adj.	interrogative adjective
interr. pron.	interrogative pronoun
inv.	invariable
irreg.	irregular
m.	masculine
n.	noun
past. part.	past participle
pl.	plural
poss. adj.	possessive adjective
prep.	preposition
pron.	pronoun
sing.	singular
subj.	subject
subjunc.	subjunctive

A

a, an un(a), I-BV
abdomen el abdomen, 3
aboriginal autóctono(a), 8
above sobre, II-7.1; arriba, II-8.2
to accelerate acelerar, II-5.1
accident el accidente, II-4.1
accompanied acompañado(a), 1
account la cuenta, II-14.2
accountant el/la contable, II-16.1
to ache doler (ue), I-10.2
   it hurts, aches me duele, I-10
to achieve lograr, 8
to acknowledge reconocer, 8
   act el acto, 3
   active activo(a), II-16.2
   actor el actor, I-12.2
   actress la actriz, I-12.2
to add agregar, II-9.2
   address la dirección, II-3.1
   admission ticket la entrada, I-7.2
to adore adorar, II-1.2; idolatrar, 3
   adversities la hiel, 4
to advise aconsejar, II-12.2
   aerobic aeróbico(a), I-10.2
   aerogram el aerograma, II-3.1
   affection el afecto, 6
   affectionately cariñosamente, 2
   afro hairstyle el peinado afro,
      II-8.1
   after después de, I-4.1; después de
      que, II-15
   afternoon la tarde
      good afternoon buenas tardes,
         I-BV
      this afternoon esta tarde, I-11.2
   agent el/la agente, I-8.1
   agreeable placentero(a), 1; grato(a), 8
   agreement el acuerdo, 7
   agriculture la agricultura, II-16.2
   air el aire, II-5.2
   air conditioning el aire
      acondicionado, II-6.2
   airline la línea aérea, I-8.1
   air mail por correo aéreo, II-3.2
   airplane el avión, I-8.1
   airport el aeropuerto, I-8.1
   aisle el pasillo, II-7.1
   algebra el álgebra, I-2.2
   allergy la alergia, I-10.2
   allowance la ración, 7
   alphabet el alfabeto, 8
   already ya, II-6.1
   also también, I-1.1
   altar el altar, II-15.2
   although aunque, II-15
   altitude la altura, la altitud, II-7.2
   always siempre, I-5.2
   am soy, I-1.2

ambulance la ambulancia, II-4.1
American americano(a), I-1.2
ancestry la ascendencia, 1, 8
anchor el ancla (f.), 1
and y, I-1.2
anesthetist el/la anestesista, II-4.2
to anger enojar, enfadar, I-13
   ankle el tobillo, II-4.1
to announce anunciar, II-15.1
   announcement el anuncio, II-7.1
to annoy enojar, enfadar, I-13; dar la
      lata, 2; fastidiar, 3
   anorak el anorak, I-9.1
   answering machine el contestador
      automático, II-1.1
   antiquity la antigüedad, 8
   apartment el apartamento, I-5.1
   apex el auge, 8
   apparatus el aparato, 7
   appearance la aparición, 4
to applaud aplaudir, I-12.2
   apple la manzana, II-2.1
   appliance el aparato, 7
   application la solicitud, II-16.2
      job application la solicitud de
         empleo, II-16.2
to apply for (work) solicitar (trabajo),
      II-16
   apprentice el/la aprendiz(a), 2
to approach acercarse, II-11.2
to approve aprobar, 5
   approved aprobado(a), 1
   April abril (m.), I-BV
   aquatic acuático(a), I-11.1
   aquiline nose la nariz aguileña, 7
   Arab el/la moro(a), 7
   architecture la arquitectura, II-16.2
   are son, I-2.1; están, I-4.1
   area code la clave de área, el código
      de área, el prefijo telefónico,
      II-1.1
   Argentinian argentino(a), I-2.1
   arithmetic la aritmética, I-2.2
   arm el brazo, II-4.1
   armament el arma (f.), 2
   around alrededor de, I-6.2
   arrival la llegada, I-8.1
      arrival and departure board el
         tablero de llegadas y salidas,
         I-8.1
to arrive llegar, I-3.1
   art el arte, I-2.2
   arterial arterial, II-4.2
      arterial tension la tensión arterial, 7
   artisan el/la artesano(a), II-16.1
   artisan's shop el taller, II-16.1
   artist el/la artista, I-12.2
   artistic artístico(a), I-12
   as soon as en cuanto, II-1.2; tan
      pronto como, II-15

to ask rogar (ue), 3
to ask for pedir (i, i), I-15.1
to assist asistir, I-5.2
   at once enseguida, I-16.1
to attend asistir, I-5.2; acudir a, 1, 2,
      3, 4
   attendant el/la empleado(a), II-5.2
   attendee el/la concurrente, 4
   attractive atractivo(a), I-1.2
   audience el público, I-12.2
   auditor el/la revisor(a), II-16.1
   August agosto (m.), I-BV
   aunt la tía, I-6.1
   aunt(s) and uncle(s) los tíos, I-6.1
   author el/la autor(a), I-12.2
to authorize autorizar, 6
   automatic automático(a), II-1.1
   autumn el otoño, I-7.1
to avenge vengar, 6
   avenue la avenida, I-5.1
   avocado el aguacate, II-9.2
   Aymará language el aymará, 8

B

baby blanket la cobijita, 4
back (n.) la espalda, II-11.2; (adv.)
   de vuelta, 3; atrás, 8
backward atrás, 8
backpack la mochila, I-14.1
bad malo(a), I-1
bad-mannered malcriado(a),
   II-11.1
   bad-mannered person el/la
      malcriado(a), 2
bag la bolsa, II-2.2
   plastic bag la bolsa de plástico,
      II-2.2
baggage el equipaje, I-8.1
   baggage claim el reclamo de
      equipaje, I-8.2
   hand baggage el equipaje de
      mano, I-8.1
bakery la panadería, II-2.1
balance (bank) el saldo, II-14.2
balcony el balcón, I-6.2
   first balcony el primer balcón, 3
ball el balón, I-7.1; la pelota, I-7.2;
   la bola, I-11.2
ballpoint pen el bolígrafo, I-BV
banana el plátano, la banana, II-9.2
band la banda, 3
bandage el vendaje, II-4.2
band aid la venda, II-4.2
bangs el flequillo, II-8.1
bank (of a river) la orilla, I-16.2
bank el banco, I-BV
bank clerk el/la empleado(a) del
   banco, II-14.1

bank statement el estado de banco (de cuenta), II-14.2
banns (marriage) las amonestaciones, 4
banquet el banquete, II-15.2; el festejo, 4
baptism el bautizo, II-12.1
to **baptize** bautizar, II-12.1
bar (of soap) la barra, I-16.2; la pastilla, II-6.2
barber el/la barbero(a), II-8.2
bark (of dog) el ladrido, 7
to **bark** ladrar, 7
barking el ladrido, 7
barrel el barril, 6
base el base, el platillo, I-7.2
baseball el béisbol, I-7.2
basket el cesto, el canasto, I-7.2; la canasta, II-2.2
basketball el baloncesto, el básquetbol, I-7.2
bat el bate, I-7.2
bather el/la bañador(a), I-11.1
bathing suit el traje de baño, I-11.1
bathroom el cuarto de baño, I-5.1; el baño, II-6.2
bathtub la bañera, II-6.2
batter el/la bateador(a), I-7.2
battery la batería, II-5.2
bazaar el bazar, 1
to **be** ser (irreg.), I-1; estar (irreg.), I-4.1
   to be… years old tener… años, I-6.1
   to be a pity ser una lástima, II-12
   to be hungry tener hambre, I-15.1
   to be prepared estar dispuesto, 6
   to be ready estar dispuesto, 6
   to be thirsty tener sed, I-15.1
   to be tied (sports) quedar empatado(a), I-7.1
to **be able** poder (ue), I-7.1
to **be accustomed to** soler (ue), 8
to **be afraid** temer, tener miedo, II-11
to **be born** nacer (zc), II-12.1
to **be called** llamarse, I-16.1
to **be carried out** efectuar, 4
to **be embarrassed** dar vergüenza, 6
to **be glad about** alegrarse de, II-12
to **be ignorant of** ignorar, 8
to **be in good health** estar en (de) buena salud, gozar de buena salud, 7
to **be named** llamarse, I-16.1
to **be on familiar terms with** tutear, II-11
to **be quiet** callar(se), 3

to **be similar** asemejarse, 6
to **be unsuccessful** fracasar, 5
beach la playa, I-11.1
beach, of the playero(a), I-11.1
beach resort el balneario, I-11.1
beach towel la toalla playera, I-11.1
bean la habichuela, el frijol, I-15.2
beautiful precioso(a), I-6.2
to **become a member (of)** ingresar, 2
bed (of a stream) el arroyo, 8
bed la cama, I-10.1
bedroom el cuarto de dormir, el dormitorio, I-5.1
bee la abeja, 4
beef la carne de res, II-2.1
beefsteak el biftec, I-15.2
before antes de que, II-15.1
to **beg** rogar (ue), II-12
beggar el/la mendigo(a), 6
to **begin** empezar (ie), comenzar (ie), I-7.1
beginner el/la principiante, I-9.1; el/la aprendiz(a), 2; el/la novato(a), 3
to **behave** comportarse, II-11.1
behavior el comportamiento, II-11.1
behind atrás, II-8.2; detrás de, II-10.1
to **belch** eructar, 2
to **believe** creer, II-12
bell la campana, 1
bellhop el botones, el mozo, II-6.1
bell pepper el pimiento, II-9.2
bell tower el campanario, 1
to **belong to** pertenecer a, 4, 6
below bajo, I-9.1; abajo, 1
   below zero bajo cero, I-9.1
belt el cinturón, I-13.1
benzine bomb la bomba de bencina, 2
beret la boina, 3
berth la litera, I-14.2
best man el padrino, II-15.2
better mejor, II-11
bewildered aturdido(a), 6
bicycle la bicicleta, I-6.2
big grande, I-2.1
bill la cuenta, I-12.2; la nota, II-6.1; (money) el billete, II-14.1
biology la biología, I-2.2
bird el pájaro, 1
birth el nacimiento, II-12.1; el parto, 4
birthday el cumpleaños, I-6.2
biscuit la galleta, 8
bitterness la hiel, 4
black negro(a), I-13.2
black bean la habichuela negra, el frijol negro, II-9.2

blade la cuchilla, la hoja, I-9.2
bleach el blanqueador, II-13.2
to **bless** bendecir, 4
blind person el/la ciego(a), 7
to **block** bloquear, I-7.1
block (city) la manzana, la cuadra, II-10.1
blond(e) rubio(a), I-1.1
blood la sangre, 7, 8
blood pressure la tensión arterial, la presión arterial, II-4.2
blouse la blusa, I-13.1
blow el golpe, 5; el puñetazo, 6
to **blow** soplar, 1
blue azul, I-13.2
blue jeans el blue jean, I-13.1
to **board** abordar, subir a, I-8.1
board el tablero, I-8.1; la tabla, 3
   arrival and departure board el tablero de llegadas y salidas, I-8.1
boarding house la pensión, I-16.2
boarding pass la tarjeta de embarque, el pase de abordar, I-8.1
boasting fanfarrón (fanfarrona), I-9.1
boat el barco; el buque, 1, 5
   small boat el barquito, I-11.1
bobby pin la horquilla, II-8.2
bodice el corpiño, 4
to **boil** hervir (ie), II-9.1
bomb explosion el bombazo, 8
bond el parentesco, 6
book el libro, I-BV
bookbag la mochila, I-BV
boot la bota, I-9.1
to **bore** aburrir, I-13
boring aburrido(a), I-1.1
boss el/la amo(a), 8
botanical garden el jardín botánico, 2
to **bother** molestar, I-13
bottle la botella, II-2.2
box la caja, II-2.2
box office la taquilla, 3
boy el muchacho, I-BV; el niño, II-12.1
boyfriend el novio, II-15.1
bracelet la pulsera, 1
braid la trenza, II-8.1
brake el freno, II-5.1
to **brake** frenar, II-5.1
branch (of candelabra) el brazo, II-12.2
bread el pan, I-15.2
to **break** romperse, II-4.1
breakfast el desayuno, I-5.2
breathing el aliento, 6
bridal bouquet el ramo de novia, 4

bridal gown el traje de novia, 4
bridesmaid la dama de honor, II-15.2
to **bring** traer (irreg.), I-8; aportar, 6
British británico(a), 8
to **broil** asar, II-9.1
broker el cambista, II-14.1
brother el hermano, I-2.1
brown castaño(a), II-8.1
to **brush** cepillarse, I-16.1
brush el cepillo, I-16.2
budget el presupuesto, 6
to **build** edificar, 1
building el edificio, I-5.1
bull el toro, 3
bullfight ring la plaza de toros, 3
bullfighter el torero, 6
bullfighting el toreo, 6; taurino(a) (adj.), 6
bumper el parachoques, II-5.1
bun (hair) el moño, II-8.1
burial el entierro, 4
burner (stove) el/la hornillo(a), II-9.1
burning ardiente (adj.), 1
to **burp** eructar, 2
to **bury** enterrar (ie), II-12.1
bus el autobús, el bus, I-3.1
busy ocupado(a), II-1.1
   busy tone el tono de ocupado, II-1
   It is busy. Suena ocupado., II-1.1
   The line is busy. La línea está ocupada., II-1.1
butcher shop la carnicería, II-2.1
butter la mantequilla, II-2.1
button el botón, I-13.2
to **buy** comprar, I-5.2

C

cafeteria la cafetería, 7
cake la torta, II-12.1
calculator la calculadora, I-BV
to **call by telephone** llamar por teléfono, II-1.1
   Who is calling? ¿De parte de quién?, II-1.1
call la llamada, II-1
caller el/la interlocutor(a), II-1.1
calm plácido(a), 1; tranquilo(a), 3
calorie la caloría, I-10.2
camel el camello, II-12.2
to **camp** acampar, I-16.2
camp el campamento, I-16.2
camping el camping, I-16.2
   to go camping ir de camping, I-16.2

can la lata, el bote, II-2.2
candelabra el candelabro, II-12.2
candidate el/la candidato(a), el/la aspirante, II-16.2
candle la vela, II-12.1
canteen la cantimplora, I-16.2
canyon el cañón, 1
cap (of bottle) la tapa, 7
cap el gorro, I-9.1
to **capsize** voltear, 3
captain el/la comandante, I-8.2
captive el/la cautivo(a), 5
car el coche, el carro, I-3.1; **(train)** el vagón, I-14.1; el coche, I-14.2
caravel la carabela, 5
carbohydrate el carbohidrato, I-10.2
card la tarjeta, I-13.1
   credit card la tarjeta de crédito, I-13.1
cardiac cardíaco (adj.), 7
care el cargo, 6
career la profesión, II-16.1
carefully con cuidado, II-5.1
to **caress** acariciar, 4
caricature la caricatura, 1
carpenter el/la carpintero(a), II-16.2
carrot la zanahoria, II-2.2
to **carry** llevar, I-3.2
to **carry out** llevar a cabo, 4
cart el carrito, II-2.1
to **cash** cobrar, II-14.2
cash el dinero en efectivo, II-14.1
cashbox la caja, I-13.1
cashier el/la cajero(a), II-6.1
cashier desk la caja, II-6.1
cast el yeso, II-4.2
caste la casta, 6
castle el alcázar, 5
cat el gato, I-6.1
to **catch** atrapar, I-7.2
catcher el/la cátcher, el/la receptor(a), I-7.2
categorically terminantemente, 6
cauliflower la coliflor, II-9.1
to **cause** suscitar, 4; ocasionar, 5
to **celebrate** celebrar, II-12.1
celebration of lights la fiesta de las luces, II-12.2
celery el apio, II-2.1
cellular celular, II-1.1
cemetery el cementerio, el camposanto, II-12.1
centigrade el centígrado, I-9.1
ceremony la ceremonia, II-15.2
certified mail por correo certificado, por correo recomendado, II-3.2
chair la silla, I-BV

folding chair la silla plegable, I-11.1
   large chair el sillón, 7
chair lift el telesilla, I-9.1
chalk la tiza, I-BV
chalkboard la pizarra, I-BV; el pizarrón, I-3.2
to **change** cambiar, II-6.2
channel el canal, II-7.1
chaperone la dueña, II-15.1
character el genio, 8
to **charge** cobrar, 6
charge el gasto, II-6.1
to **chase** perseguir, 8
cheap barato(a), I-13.1
check el cheque, II-14.1
to **check** revisar, verificar, II-5.2
to **check (luggage)** facturar, I-8.1
checkbook el talonario, la chequera, II-14.2
checking account la cuenta corriente, II-14.2
checkstand la caja, II-2.2
cheek la mejilla, II-4.1
cheese el queso, I-15.2
chemistry la química, I-2.2
cherry la cereza, II-9.2
chest el pecho, I-10.2
chicken el pollo, I-15.2
chignon el moño, II-8.1
children los hijos, I-6.1
chills los escalofríos, I-10.1
chin el mentón, 6
to **choose** elegir, 6
chop la chuleta, II-2.1
Christmas la Navidad, II-12.2
   Christmas eve la víspera de Navidad, la Nochebuena, II-12.2
   Christmas present el regalo de Navidad, el aguinaldo, II-12.2
   Christmas tree el árbol de Navidad, II-12.2
   Merry Christmas Feliz Navidad, II-12.2
church la iglesia, II-10.1
city la ciudad, I-5.1
city hall la alcaldía, el ayuntamiento, II-16.1
city hall employee el/la funcionario(a), II-16.1
civic education la educación cívica, I-2.2
civilian civil (adj.), 2
to **claim** reclamar, I-8.2
clam la almeja, II-9.2
clamp la pinza, 7
to **clap** palmear, 7
class la clase, I-2.1; **(of society)** la casta, 6
classic clásico(a), I-4

classroom la sala de clase, el salón de clase, I-3.1; el aula, **7**

to **clean** limpiar, II-5.2

cleanliness el aseo, **1**

clerk el/la dependiente(a), II-16.1

client el/la cliente, II-6.1

clinic la clínica, I-10.2

clock el reloj, **5**

close íntimo(a), II-11.2; allegado(a), **4**

closet el armario, II-6.2

cloth el tejido, **2**

clothes la ropa, I-8.2

clothes dryer la secadora, II-13.2

clothes hanger la percha, el colgador, el gancho, II-6.2

cloud la nube, I-11.1

cloudless despejado(a), **1**

cloudy nublado(a), I-11.1

  It's cloudy. Está nublado., I-11.1

club el palo, I-11.2

coach el entrenador, **2**

cockpit la cabina de vuelo (mando), II-7.1

cocktail el cóctel, II-15

coconut el coco, II-9.2

code el prefijo, II-1.1

  country code el prefijo del país, II-1.1

coffee el café, I-5.2

coffin el ataúd, **2**

coin la moneda, II-1.1

cold (medical) el catarro, la gripe, I-10.1

cold (weather) el frío, I-9.1

  It's cold. Hace frío., I-9.1

to **collect** recoger, I-8.2; cobrar, **1**

Colombian colombiano(a), I-1

color el color, I-13.2

  cream, wine, coffee, olive, brown, turquoise colored de color crema, vino, café, oliva, marrón, turquesa, I-13.2

colt el potro, **8**

comb el peine, I-16.2

to **comb one's hair** peinarse, I-16.1

to **come on the stage** entrar en escena, I-12.2

to **communicate** participar, **4**; comunicar, **8**

compartment el compartimiento, I-14.2

complicated complicado(a), II-4.1

compound la mezcla, **8**

computer la computadora, I-BV

computer sciences la informática, II-16.1

concert el concierto, I-12.2

concertina el bandoneón, **3**

conclusively terminantemente, **6**

conductor el/la director(a), I-12.2; **(train)** el/la revisor(a), I-14.2

to **confide** confiar, II-11.1

confused perplejo(a), **6**

congratulations la enhorabuena, la felicitación, II-15.2

to **consist of** constar de, **4**

container el envase, II-2.2

contrary: on the contrary por el contrario, **2**

to **contribute** aportar, **6**

control el cargo, **6**

control tower la torre de control, II-7.2

controller el/la controlador(a), II-16.1

convertible el descapotable, II-5.1

cook el/la cocinero(a), I-15.1

to **cook** cocinar, II-9.1; guisar, **2**

cookie el bizcocho, II-12.1

copilot el/la copiloto, I-8.2

cord el cordón, la soga, **7**

cordless inalámbrico(a), II-1.1

corn el maíz, II-9.2

corner la esquina, II-5.1

corpse el cadáver, **2**

to **correspond** corresponder, II-3

correspondence la correspondencia, II-3

corridor el pasillo, I-14.2

to **cost** costar (ue), I-13.1

costumed group la comparsa, **3**

cough la tos, I-10.1

to **cough** toser, I-10.1

counselor el/la consejero(a) de orientación, el/la orientador(a), II-16.1

counter el mostrador, I-8.1

country el campo, I-5.1

coupe el cupé, II-5.1

couple la pareja, II-15.1, **4**

courage el valor, **2**

course el curso, I-2.1

court la corte, el tribunal, II-16.1

court (sports) la cancha, I-7.2

  tennis court la cancha de tenis, I-11.2

courteous cortés, II-11.1

courtesy la cortesía, II-11

cousin el/la primo(a), I-6.1

cover la tapa, II-9

to **cover** tapar, II-9.2

covered cubierto(a), I-9.2; enfundado(a), **4**

coward el/la cobarde, **6**

cozy corner el rincón, **1**

cracker la galleta, **8**

cream la crema, II-2.2

credit card la tarjeta de crédito, II-6.1

crew la tripulación, I-8.2

crime el crimen, **5**

crime victim la víctima del crimen, **5**

cross la cruz, **2, 6**

to **cross** cruzar, II-10.1; atravesar, **2, 6**

crosswalk el paso de peatones, II-10.1

crown la corona, **5, 8**

crutch la muleta, II-4.1

cucumber el pepino, II-9.1

culpable culpable, **8**

to **cultivate** labrar, **5, 8**

cup la taza, I-15.1

curl el rizo, el bucle, II-8.1

to **curl** rizar, II-8

curling el rizado, II-8

curling iron el rizador, II-8.2

curly rizado(a), crespo(a), II-8.1

curriculum vitae el historial profesional, el currículo profesional, II-16.2

curtain el telón, I-12.2

  sheer window curtain el visillo, **7**

customer el/la cliente, I-5.2

customs la aduana, I-8.2

to **cut** cortar, II-4.1

cycling el ciclismo, **7**

D

dad el papá, I-5.2

daily cotidiano(a), diario(a) (adj.), **7**

dam la represa, **1**

damaged dañado(a), **7**

dance la danza, **3**

to **dance** bailar, I-4.2

dancer el/la danzarín(a), **3**

danger el riesgo, **5**

dark moreno(a), I-1.1

date (calendar) la fecha, I-BV; **(appoinment)** la cita, II-15.1

daughter la hija, I-6.1

to **dawn** amanecer, **7**

dawn la madrugada, **5**

day el día

  the day before yesterday anteayer, I-11.2

dazed aturdido(a), **6**

dead person el/la muerto(a), el/la difunto(a), II-12.1; el/la extinto(a), **4**

deafness la sordera, **7**

to **deal (cards)** tallar, **6**

dealer el/la traficante, **8**

dean (of a university) el/la decano(a), **2**

death la muerte, **5**

to **deceive** engañar, **8**

December diciembre (m.), I-BV
deck (of cards) la baraja, 6
decline el ocaso, 4
decrepit, old house el caserío, 6
to **deduct** deducir, 1
deed la hazaña, 6
degree el grado, I-9.1
delay el retraso, la demora, I-14.2
delicacy la golosina, 1
delicious delicioso(a), I-15.2
to **delight** encantar, I-13
to **deliver** repartir, entregar, II-3.2
delivery la entrega, el reparto, II-3.2
to **demand** exigir, II-12
dental floss la seda dental, 7
dentist el/la dentista, 7
to **deny** rechazar, rehusar, 2
deodorant el desodorante, I-16.2
to **depart** irse, partir, 1
department store la tienda por departamentos, II-16.1
departure la salida, I-8.1
  arrival and departure board el tablero de llegadas y salidas, I-8.1
  departure gate la puerta de salida, I-8.1
to **deposit** depositar, ingresar, II-14.2
deposit el depósito, el ingreso, II-14.2
to **deserve** merecer, 8
desire la voluntad, 8
to **despise** despreciar, 2
dessert el postre, I-5.2
destination el destino, I-8.1
destiny el hado, 1
to **destroy** destruir, 5; destrozar, 7
detergent el detergente, II-2.2
to **develop** desarrollar, 8
diagnosis la diagnosis, I-10.2
dial (of telephone) el disco, II-1.1
to **dial** discar, II-1; marcar, II-1.1
dial tone la señal, el tono, II-1.1
to **dice** picar, II-9.2
to **die** morir (ue, u), I-15; fallecer, 5
diet la dieta, I-10.2
difficult difícil, I-2.1; rudo(a), 4
to **diminish** reducir, 5
dining car el coche-comedor, I-14.2
dining room el comedor, I-5.1
dinner la cena, I-5.2
direction el sentido, II-10.2
dirty sucio(a), II-13.2
discharge el disparo, 3
discourteous descortés, II-11
to **disdain** despreciar, 2
to **disembark** desembarcar, I-8
dish la vajilla, 7

dishonor la deshonra, 6
distance el trayecto, 1, 6
to **distribute** distribuir, II-7.1
to **do again** volver (ue) a, I-7.1
doctor el/la médico(a), I-10.2; el galeno, 7
doctor's office la consulta del médico, el consultorio del médico, I-10.2
dog el perro, I-6.1
domestic economy la economía doméstica, I-2.2
door la puerta, II-5.1
  door threshold el quicio de la puerta, 4
dose la dosis, I-10.2
dot punto, I-3.1
  on the dot en punto, I-3.1
double doble, II-6.1
to **doubt** dudar, II-12
dowry las arras, II-15.1
to **drag** arrastrar, 2
to **draw** dibujar, 1
drawer la gaveta, 7
drawing el dibujo, 1
to **dream** soñar (ue), 6
dress el vestido, I-13.1
dressing room el camerino, 3
to **dribble** driblar con, I-7.2
drill el taladro, (dentist drill) la fresa, 7
drink la bebida, II-7.1
to **drink** tomar, I-4.1; beber, I-5.2
to **drive** conducir (zc), II-5.1; manejar, II-10.2
driver el/la conductor(a), II-5.1
driver (golf) el bastón, I-11.2
driver's license la licencia, el permiso de conducir, II-5.1
to **drive out** expulsar, 8
drop la gota, 6
drug la droga, I-10.2
to **dry clean** limpiar en seco, II-13.2
dry cleaners la tintorería, II-13.2
dry cleaning la limpieza en seco, II-13.2
duck el pato, 6
during durante, I-4.2
dust el polvo, 4
dwelling la vivienda, 8

E

each other el uno del otro, II-11.1
ear el oído, 1, 7; la oreja, 7
earring el arete, el prendedor, 1
earphones los audífonos, II-7.1
earth la tierra, 8
east el este, II-10.1; el oriente, 8

easy fácil, I-2.1
to **eat breakfast** desayunarse, I-16.1
to **eat** comer, I-5.2
economics la economía, II-16.2
edge el borde, 1, 7
education la pedagogía, II-16.2
effort el esfuerzo, 8
egg el huevo, I-15.2
eight ocho, I-BV
eighth octavo(a), I-5.1
eighty ochenta, I-BV
elastic elástico(a), II-4.2
elbow el codo, II-4.1
electric hair clipper la maquinilla, II-8.2
electrician el/la electricista, II-16.2
elegant apuesto(a), 7
elevator el ascensor, I-5.1
to **embrace** abrazar, II-11.2
embroidered bordado(a), 1
emergency exit la salida de emergencia, II-7.1
emergency room la sala de urgencias, la sala de emergencia, II-4.1
to **emphasize** enfatizar, 8
employee el/la empleado(a), II-5.2
end el ocaso, 4
endeavor el esfuerzo, 8
to **endorse** endosar, II-14.2
energy la energía, II-16.2
  nuclear energy la energía nuclear, II-16.2
engagement el compromiso, II-15.1
  engagement ring la sortija de compromiso, II-15.1
engine el motor, II-7.2
engineer el/la ingeniero(a), 2
English el inglés, I-2.2
to **enjoy** disfrutar (de), 1, 3
to **enjoy oneself** divertirse (ie, i), I-16.2
enough bastante, I-1.1; suficiente, II-5.1
to **enroll** inscribir, 7
to **enter** entrar, I-3.1; ingresar, 2
to **entertain** entretener, 2
entertainment el festejo, 4
enthusiasm la afición, 6
entrance la entrada, I-6.2
  entrance to subway la boca del metro, 2
envelope el sobre, II-3.1
to **envy** envidiar, 6
epoch la etapa, 2
eraser la goma, I-BV
to **escape** librarse, 4
escort el acompañamiento, 4
essential imprescindible, 5

ethnic étnico(a), **8**

evening la noche

  good evening buenas noches, I-BV

event el acontecimiento, **3**

everyone todos, I-4.2

examination el examen, I-3.2

to **examine** examinar, I-10.2; revisar, **2**

to **exceed** sobrepasar, **5**

to **exchange** cambiar, II-6.2;
  intercambiar, II-15.2

exchange el cambio, II-14.1

exchange office la oficina de
  cambio, II-14.1

exchange rate el tipo de cambio, la
  tasa de cambio, II-14.1

  What is the exchange rate?
    ¿Cuál es el tipo de cambio?,
    II-14.1

excuse la disculpa, **2**

to **exercise** ejercitar, **3**

exercise el ejercicio, I-10.2

  aerobic exercise el ejercicio
    aeróbico, I-10.2

  physical exercise el ejercicio
    físico, I-10.2

exhibition la exposición, I-12.2

exit la salida, II-7.1

to **expel** expulsar, **8**

expensive caro(a), I-13.1

expert experto(a), I-9.1

to **extract** extraer, **4**

exuberance la lozanía, **4**

eyeglasses los anteojos, **2**

F

fabric el tejido, **2**

face la cara, I-16.1; la faz, **4**

factory la fábrica, II-16.1

to **fail** fracasar, **5**

to **fall** caerse (irreg.), II-4.1

to **fall asleep** dormirse (ue, u), I-16.1

to **fall in love** enamorarse, II-15.1

family la familia, I-5.1

famous célebre, **1**; renombrado(a),
  1, 5

fantastic fantástico(a), I-1.2

to **farm (the land)** labrar (la tierra),
  II-16.2

farm worker el/la labrador(a),
  II-16.2

fast el ayuno, **3**

fast rápido, I-9.1

to **fasten** abrocharse, II-7.1

fate el hado, **1**

father el padre, I-6.1

fear el temor, **6**

February febrero (m.), I-BV

to **feel** sentir (ie), II-12

to **feel ashamed** dar vergüenza, **6**

fence la cerca, **4**; la valla, **4, 7**

fever la fiebre, I-10.1

fiancé(e) el/la novio(a), el/la
  comprometido(a), II-15.1

fiber la fibra, I-10.2

field el campo, I-7.1

  football field el campo de fútbol,
    I-7.1

**fifteenth: young woman's
  fifteenth birthday** la
  quinceañera, II-12.1

fifth quinto(a), I-5.1

fifty cincuenta, I-BV

to **file a suit against** demandar, **5**

to **fill, fill out** llenar, II-4.2

film la película, el film(e), I-12.1

fine bien, I-BV

finger el dedo, II-4.1

to **finish** acabar, **3**

fire el fuego, II-9.1; el incendio, **5**

first primer, primero(a), I-BV

first aid service el servicio de
  primeros auxilios, el servicio de
  primer socorro, II-4.1

first aid worker el/la socorrista,
  II-4.1

first-born el/la primogénito(a), **4**

fish (when caught) el pescado,
  I-15.2

fish market la pescadería, II-2.1

fishing pesquero(a) (adj.), **7**

to **fit** sentar (ie) bien a, I-13.1

  it fits me me sienta bien, I-13.1

five cinco, I-BV

flag la bandera, **5**

flake el copo, **1**

flame la llama, **5**

fleet of small vessels la flotilla, **5**

flight el vuelo, I-8.1

  flight attendant el/la asistente(a)
    de vuelo, I-8.2; el/la
    sobrecargo, II-7.1

  flight number el número del
    vuelo, I-8.1

floor el piso, I-5.1

to **flow** fluir, **6**

flower la flor, I-6.2

to **fluctuate** fluctuar, II-14.1

to **fly over** sobrevolar (ue), II-7.2

  flying bird el pajarillo volador, **2**

fog la neblina, **1**

folding plegable, I-11.1

  folding chair la silla plegable,
    I-11.1

to **follow** seguir (i, i), I-15

fondness el afecto, **6**

font (baptismal) la pila, **4**

food el comestible, II-2.1; el
  alimento, **7**

foolishness la tontería, **6**

foot el pie, I-3.1

  on foot a pie, I-3.1

football el fútbol, I-7.1

  football field el campo de fútbol,
    I-7.1

forbidden prohibido(a), II-10.2

forced forzado(a), **8**

forehead la frente, II-4.1

forest el bosque, I-16.2

to **foretell** pronosticar, **1**; adivinar, **6**

fork el tenedor, I-15.1

form el formulario, II-4.2

to **form** integrar, **2**

fortune el dineral, **2**

forty cuarenta, I-BV

four cuatro, I-BV

fourth cuarto(a), I-5.1

fracture la fractura, II-4.1

frame el marco, **4**

free libre, I-14.2; suelto(a), **2**

freezer el congelador, II-9.1

French francés (francesa), I-2.2

french fry la papa frita, II-2.2

frequently con frecuencia, II-1

Friday el viernes, I-BV

friend el/la amigo(a), I-1.1

to **frighten** asustar, **6**

from de, I-1.1

front: in front of enfrente, II-8.2;
  delante de, II-10.1

frozen congelado(a), II-2.2;
  helado(a), **1**

fruit la fruta, I-15.2

fruit garden el huerto, **1**

frustrated fallido(a), **4**

to **fry** freír (i, i), I-15.1

  frying pan el/la sartén, II-9.1

full time a tiempo completo, II-16.2

fun divertido(a), I-1.1

furtively a hurtadillas, **6**

G

game el partido, I-7.1; el juego,
  I-11.2

  tennis game el juego de tenis,
    I-11.2

gang la barra, **3**

garage el garaje, I-6.2

garden el jardín, I-6.2; la huerta, **5**

  botanical garden el jardín
    botánico, **2**

garlic el ajo, II-9.2

gas la gasolina, II-5.2

gas station la gasolinera, II-5.2

gate la puerta, I-8.1

  departure gate la puerta de
    salida, I-8.1

to **gather** recoger, 6

general on horseback el general a caballo, **1**

geography la geografía, I-2.2

geometry la geometría, I-2.2

to **get** sacar, I-3.2

to **get dressed** vestirse (i, i), I-16.1

to **get engaged** comprometerse, II-15.1

to **get hurt** lastimarse, II-4.1

to **get married** casarse, II-15.1

to **get off the train** bajar(se) del tren, I-14.2

to **get on** subir a, I-8.1

to **get on the train** subir al tren, I-14.2

to **get rich** enriquecerse, **8**

to **get together** reunirse, II-12.1

to **get up** levantarse, I-16.1

gift el regalo, I-6.2

girl la muchacha, I-BV; la niña, II-12.1

girlfriend la novia, II-15.1

to **give** dar (irreg.), I-4.2; otorgar, **1**; obsequiar, **4**

to **give birth** dar a luz, parir, **4**

glass (drinking) el vaso, I-5.2

glasses (eye) las gafas, I-9.1

globe el globo, **5**

glove el guante, I-7.2

to **go** ir (irreg.), I-4.1; marcharse, **3, 6**

they go van, I-4.1

to **go camping** ir de camping, I-16.2

to **go to...** ir a..., I-6

to **go back** volver (ue), I-7.1

to **go down** bajar, I-9.1; descender, **1**

to **go far away** alejarse, **3**

to **go for a swim** bañarse, I-16.2

to **go to** acudir a, **1, 2, 3, 4**

to **go to bed** acostarse (ue), I-16.1

to **go up** subir, I-5.1

to **go with** hacer juego con, I-13.2

goal el gol, la portería, I-7.1; la meta, **6, 8**

goalkeeper el/la portero(a), I-7.1

godfather el padrino, II-12.1

godmother la madrina, II-12.1

gold el oro, **8**

golf el golf, I-11.2

golf course el campo de golf, I-11.2

golf game el juego de golf, I-11.2

golf bag la bolsa de golf, I-11.2

good bueno(a), I-1.2

good evening, good night buenas noches, I-BV

good afternoon buenas tardes, I-BV

good morning buenos días, I-BV

good-bye adiós, chao, I-BV

goodness la bondad, **6**

gossip el/la chismoso(a), **2**

grade la nota, I-3.2

grading la calificación, I-3.2

grandchild el/la nieto(a), I-6.1

grandfather el abuelo, I-6.1

grandmother la abuela, I-6.1

grandparents los abuelos, I-6.1

grape la uva, II-2.1

grapefruit la toronja, II-9.1

grass el césped, **7**

to **grate** rallar, II-9.2

great-grandchild el/la bisnieto(a), **4**

great-grandparent el/la bisabuelo(a), **8**

green (golf) el green, I-11.2

green verde, I-13.2

greengrocer shop la verdulería, II-2.1

to **greet** saludar, II-11.1

grey gris, I-13.2

grill la parrilla, II-9.1

grocery store la tienda de abarrotes, II-2.1

ground el suelo, I-7

ground floor la planta baja, I-5.1

ground meat la carne molida, **7**

group of friends la barra, **3**

Guatemalan Mayan language el maya-quiché, **8**

to **guess** adivinar, **6**

guest el/la huésped, II-6.1; el/la invitado(a), II-15.2

guide el/la guía, **6**

guilty culpable, **8**

guitar la guitarra, I-4.2

gum (of mouth) la encía, **7**

H

hail el granizo, **1**

hair el pelo, I-16.1; el cabello, II-8.1

hair clip la pinza para el cabello, II-8.2

hair dryer el secador, II-8.2

hair roller el rulo, II-8.2

hair salon la peluquería, II-8.2

hair spray la laca, II-8.2

hair stylist el/la peluquero(a), II-8.2

haircut el corte de pelo, II-8.2

halter el cabestro, **3**

ham el jamón, I-15.2

hammock la hamaca, I-11.1

hand la mano, I-7.1

handle el mango, I-11.2

hand organ el organillo, **3**

handsome apuesto(a), **7**

to **hang up** colgar (ue), II-1

to **happen** ocurrir, **1**

happiness la felicidad, II-15.2

happy contento(a), I-10.1; alegre, II-12

hard rudo(a), **4**; **(labor)** forzado(a), **8**

to **harvest** cosechar, **2, 4**

to **hasten** apresurarse, **7**

hat el sombrero, I-13.1

hate, hatred el odio, **6**

to **have** tener (irreg.), I-6.1

to **have to** tener que, I-6

to **have just (done something)** acabar de, II-8.2

to **have one's birthday** cumplir años, II-12.1

he él, I-1.1

head la cabeza, I-7.1

headache el dolor de cabeza, I-10.1

headlight el faro, II-5.1

hearing el oído, **1, 7**; la audición, **7**

heart attack el infarto, **5**

heart cardíaco (adj.), **7**

heat el calor, I-11.1

heating el calentamiento, **3**

heavyweight el/la pesado(a), **3**

Hebrew hebreo(a), II-12.2

heel (shoe) el tacón, I-13.2

heir el/la heredero(a), **4**

helicopter el helicóptero, II-7.2

hello hola, I-BV

help el apoyo, **5**

to **help each other** socorrerse, **4**

hemline los bordes de rush, **4**

hen la gallina, **6**

heroic feat la hazaña, **6**

hide (of animal) el pellejo, **7**

high tableland el altiplano, II-7.2

highway la carretera, II-10.2; la autopista, la calzada, **1**

hike la caminata, I-16.2

to **take a hike** dar una caminata, I-16.2

hill la colina, I-16.2; la loma(da), el cerro, **1**

history la historia, I-2.2

to **hit** golpear, I-11.2

to **hit (sports)** batear, I-7.2

hit (sports) el hit, I-7.2

hit el golpe, **5**

hole el hoyo, I-11.2

home casa, I-4.2; el hogar, **8**

at home en casa, I-4.2

home run el jonrón, I-7.2

honest honesto(a), I-1.2

honey la miel, **4**

honeymoon la luna de miel, II-15.2

honeymoon trip el viaje de novios, II-15.2
hood el capó, II-5.1
hoodlum el/la maleante, 5
hoop el aro, I-7.2
hop el brinco, 3
hope: I hope (that) ojalá (que), II-16
hopeful ilusionado(a), 2
horn la bocina, el claxon, II-5.1
hospital el hospital, I-10.2
hot: It's hot. Hace calor., I-11.1
hotel el hotel, II-6.1
    hotel ballroom el salón del hotel, II-12.1
house la casa, I-4.1
housewife el ama (f.) de casa, 2
how much? ¿cuánto(a)?, I-BV
    How much do I owe you? ¿Cuánto le debo?, II-2.2
    How much does it cost? ¿Cuánto cuesta?, I-13.1; ¿A cuánto está(n)?, ¿Cuánto es?, II-2.2
    How much is it? ¿Cuánto es?, I-BV
how? ¿qué?, I-BV; ¿cómo?, I-1.1
    how are you? ¿qué tal?, I-BV
to **hug** abrazar, II-11.2
hug el abrazo, II-11.2
humble humilde, 8
hunger el hambre, I-15.1
    to be hungry tener hambre, I-15.1
hurricane el huracán, 1
to **hurry** apresurarse, 7
hurry la prisa, 1
to **hurt** doler (ue), I-10.2; lastimar, 3
    it hurts, aches me duele, I-10
to **hurt oneself** hacerse daño, II-4.1
husband el marido, el esposo, I-6.1

I

I yo, I-1.2
ice el hielo, I-9.2
ice cream el helado, I-5.2
ice-skating el patinaje sobre hielo, I-9.2
identity card el carné, 6
idler el/la holgazán(a), 3
ill-bred malcriado(a), II-11.1
ill treatment el maltrato, 8
immediately enseguida, I-16
impediment el impedimento, 4
important importante, II-11
impossible imposible, II-11
improbable improbable, II-11
impulse el impulso, 8

in en, I-1.1
to **increase** aumentar, 7
Indian el/la indio(a), 8
to **indicate** señalar, 8
individual el individual, 7
inflexible inflexible, 6
to **influence** influir, 8
influenza la gripe, I-10.1
to **inform** participar, 4; comunicar, 8
to **inherit** heredar, 6
to **innoculate** vacunar(se), 1
to **insert** introducir (zc), II-1.1
to **insist** insistir, II-11.1
to **inspect** revisar, I-8; inspeccionar, I-8.2
inspection el control, I-8.1
    passport inspection el control de pasaportes, I-8.1
    security inspection el control de seguridad, I-8.1
instruction la disciplina, I-2.2
instructions las instrucciones, I-5.2
insufficient (the lowest grade in the Spanish educational system) insuficiente, 2
to **insure** asegurar, II-3.2
intelligent inteligente, I-2.1
intensive intensivo(a), II-4.2
intensive care area la unidad de cuidado intensivo, II-4.2
to **interest** interesar, I-13.1
interesting interesante, I-2.1
intersection el cruce, II-5.1; la bocacalle, II-10.1
intimate íntimo(a), II-11.2
invitation la invitación, I-5.2
to **invite** invitar, I-4.2
iron la plancha, II-13.2
to **iron** planchar, II-13.2
to **irritate** dar la lata, 2
is es, I-1.1
    It looks good on me. Me queda bien., I-13.2
Italian italiano(a), I-2.2

J

jack el gato, II-5.1
jacket la chaqueta, el saco, I-13.1
jail el calabozo, 8
January enero (m.), I-BV
jar el frasco, II-2.2
jazz de jazz, I-4
jet el avión reactor, el jet, II-7.2
Jew el/la judío(a), II-12.2
job el trabajo, el empleo, II-16.1; la faena, 2; el oficio, 3; la tarea, 8

job application la solicitud de empleo, II-16.2
to **join** fundirse, 4
judge el/la juez, II-16.1
July julio (m.), I-BV
jump el salto, 3
to **jump** saltar, 7
June junio (m.), I-BV
jungle la selva, 1
junk food la comida chatarra, 2

K

keen agudo(a), 7
key la llave, II-6.1
keypad la tecla, 1; el teclado, II-1.1
to **kill** matar, 6
kind amable, I-2.1
kindness la bondad, 6
king el rey, 5, 8
kiss el besito, II-11.2
kitchen la cocina, I-4.1
knapsack la mochila, I-BV
knee la rodilla, II-4.1
knife el cuchillo, I-15.1
to **knot** anudar, 7
knot el nudo, 1
to **know (a person)** conocer (zc), I-9.1
to **know how** saber (irreg.), I-9.1
knowledge el conocimiento, 8

L

labor la labor, 2
laboratory el laboratorio, II-16.2; el gabinete, 7
lace el encaje, 4
lagoon la laguna, 5
lake el lago, II-7.2
lamb el cordero, II-9.1
land el suelo, 1
to **land** aterrizar, I-8.2
landing el aterrizaje, II-7.2
landscape el paisaje, 1
lane (of highway) el carril, II-10.2
language la lengua, I-2.2
lantern la linterna, I-16.2
to **last** durar, II-12.2
    late tarde, I-8.1; con retraso, con una demora, I-14.2
Latin el latín, I-2.2
laundromat la lavandería, II-13.2
laundry el lavado, II-8.2
laurel el laurel, 2
lavatory el aseo, el lavabo, II-7.1
lawyer el/la abogado(a), II-16.1
leaded con plomo, II-5.2
to **leaf through** hojear, 2

leap el salto, **3**

to **learn** aprender, I-5.2

to **leave (something behind)** dejar, I-12.2

to **leave** salir, I-8.1; abandonar, II-6.1; irse, partir, **1**; marcharse, **3, 6**

left la izquierda, I-5.1

    to the left a la izquierda, I-5.1

leg la pierna, II-4.1

lemon el limón, II-9.1

lemonade la limonada, I-BV

lentil la lenteja, **7**

lesson la lección, I-3.2

letter la carta, I-5.2

letter (of the alphabet) la letra, **8**

lettuce la lechuga, I-15.2

library la biblioteca, I-4.1

lie la mentira, **5**

life la vida, **5**

life vest el chaleco salvavidas, II-7.1

to **lift** alzar, **1**; levantar, **7**

light ligero(a), leve, **1**

light la luz, II-10.1

to **light** encender (ie), II-12.2

lightweight el/la ligero(a), **3**

to **like** gustar, I-13.1

liking la afición, **6**

lime la lima, II-9.1

line la línea, II-1.1

    The line is busy. La línea está ocupada., II-1.1

line (of people) la cola, I-12.1

lip el labio, II-4.1

liquid líquido(a), II-2.2

to **listen** escuchar, I-4.1

little poco(a), I-5.2

to **live** vivir, I-5.1

living room la sala, I-4.1

llama la llama, **2**

loafer el/la holgazán(a), **3**

lobster la langosta, II-2.1

located ubicado(a), **1**

lock (of hair) la mecha, II-8.1

locker el casillero, **7**

long largo(a), I-13.2

to **long for** apetecer, **1**

look la mirada, **8**

to **look at** mirar, I-3.2

    to look at oneself mirarse, I-16.1

loose suelto(a), **2**

to **lose** perder (ie), I-7.1

to **love** querer (ie), II-15.1; amar, **1**

luck la suerte, II-15.2

luggage el equipaje, I-14.1

lunch el almuerzo, I-5.2

lunchroom la cantina, **7**

lung el pulmón, **7**

luxury el lujo, **2**

M

ma'am la señora, I-BV

mackerel la macarela, **6**; **(a variety of)** el pejerrey, **2**

made confeccionado(a), **4**

magazine la revista, I-5.2

maid la camarera, II-6.2

maid of honor la madrina, II-15.2

mail el correo, II-3.2

    air mail por correo aéreo, II-3.2

    certified mail por correo certificado, por correo recomendado, II-3.2

    regular mail por correo ordinario, II-3.2

mailbox el buzón, II-3.1

mail carrier el/la cartero(a), 3.2

main point el eje, **6**

to **maintain** mantener, **8**

to **make** hacer (irreg.), I-8.1; confeccionar, **1**

    to make a call hacer una llamada, II-1.1

    to make the bed hacer (tender) la cama, II-6.2

    to make the trip hacer el viaje, I-8.1

to **make obvious** dejar claro, **2**

to **make up** integrar, **2**

male el varón, **3**

mane (of lion) la melena, **2**

manner la manera, I-1.1

manners los modales, II-11.1

manufactured confeccionado(a), **4**

many muchos(as), I-5

marble la canica, **4**

March marzo (m.), I-BV

market el mercado, II-2.1

marketplace el bazar, **1**

married couple el matrimonio, II-15.1

to **marry** casarse, **3, 5**

Mass la misa, II-12.2

    midnight Mass la misa del gallo, II-12.2

master el/la amo(a), **8**

material la materia, I-2.2

mathematics las matemáticas, I-2.2

maximum máximo(a), II-10.2

May mayo (m.), I-BV

May I talk to (name of person)? ¿Está (el nombre de una persona)?, II-1.1

mayonnaise la mayonesa, II-2

meal la comida, I-5.2

means: by no means de ninguna manera, I-1.1

meat la carne, I-5.2

mechanic el/la mecánico, II-16

medical médico(a), **7**

medical kit el botiquín, I-16.2

medication el medicamento, I-10.2

medicine la medicina, I-10

medium a término medio, I-15.2

melancholy melancólico(a), **8**

melody el son, **4**

memory el recuerdo, **3**

menorahh la menora, II-12.2

menu el menú, I-12.2

merchant el/la comerciante, el/la mercader, II-16.1

to **merit** merecer, **8**

message el recado, **3**

Mexican mexicano(a), I-1.1

microwave oven el horno de microondas, II-9.1

midday el mediodía, I-2

midnight la medianoche, I-2

milk la leche, I-5.2

mineral mineral, II-2.2

miniature la miniatura, **1**

minibus el minibús, **1**

mirror el espejo, I-16.1

Miss la señorita, I-BV

to **miss the bus** perder el autobús, I-12.1

mist la neblina, **1**

mixture la mezcla, **8**

Mohammedan musulmán(a), **8**

molar la muela, **7**

mom la mamá, I-5.2

moment momento, I-8.1

    at this moment en este momento, I-8.1

    One moment, please. Un momento, por favor., II-1.1

Monday el lunes, I-BV

money el dinero, II-14.1; la plata, **8**

    great sum of money el dineral, **2**

monument el monumento, **1**

mood humor, I-10

    in a good mood de buen humor, I-10

    in a bad mood de mal humor, I-10

morning la mañana

    good morning buenos días, I-BV

    this morning esta mañana, I-11.2

Moslem musulmán(a), **8**

mosque la mezquita, **5**

mother la madre, I-6.1

motorbike el ciclomotor, I-6.2

mountain la montaña, I-9.1; el monte, **5**

mountain range la cordillera, II-7.2; la sierra, **2**

mouth la boca, I-10.2

mouth (of river) la desembocadura, **5**

movie la película, I-5.2
  to show a movie dar (presentar) una película, I-12
movie theater el cine, I-12.1
Mr. el señor, I-BV
Mrs. la señora, I-BV
mural el mural, I-12.2
muscle el músculo, 3
museum el museo, I-12.2
music la música, I-2.2
musical musical, I-12.2
musician el/la músico, I-12.2
mussel el mejillón, II-9.2
mustache el bigote, II-8.1

N

name el nombre, II-3.1
nap la siesta, I-11.1
  to take a nap echar (tomar) una siesta, I-11.1
napkin la servilleta, I-15.1
narrow estrecho(a), I-13.2; angosto(a), 1
nationality la nacionalidad, I-1
native autóctono(a) (adj.), 8
native el/la indígena, 8
natives of Bolivia and Peru los aymarás, 2, 8
navigator el navegante, 5
near allegado(a), 4
neatness el aseo, 1
necessary necesario(a), II-11.1
neck el cuello, II-8.2
neckline el escote, 4
necktie la corbata, I-13.1
to **need** precisar, 2
neighbor el/la vecino(a), 2
neither: me neither ni yo tampoco, I-13
neon sign el aviso luminoso, 2
nephew el sobrino, I-6.1
nervous nervioso(a), I-10.1
net la red, I-7.2
never nunca, I-13.1; jamás, II-6
new nuevo(a), I-6.2
newlywed el/la novio(a), el/la recién casado(a), II-15.1
news las noticias, I-5.2
newspaper el periódico, I-5.2
newstand el quiosco, I-14.1
next próximo(a), I-14.2
nice to meet you mucho gusto, I-BV
niece la sobrina, I-6.1
niece(s) and nephew(s) los sobrinos, I-6.1
night la noche
  good night buenas noches, I-BV

last night anoche, I-11.2
nine nueve, I-BV
ninety noventa, I-BV
ninth noveno(a), I-5.1
no one, nobody nadie, I-13
no smoking signal la señal de no fumar, II-7.1
noise el ruido, 7
noisy ruidoso(a), 1
noncarbonated soft drink el refresco, I-4.1
none ninguno(a), I-1.1
nonsmoking section la sección de no fumar, I-8.1
nook el rincón, 1
noon el mediodía, I-2
norm la norma, 8
north el norte, II-10.1
not any ninguno(a), I-1.1
  by no means de ninguna manera, I-1.1
not yet todavía no, II-6
notebook el cuaderno, I-BV; la libreta, I-3.2
notes los apuntes, I-3.2
nothing nada, I-13.1
novel la novela, I-5.2
November noviembre (m.), I-BV
now and then de vez en cuando, II-1
nuclear nuclear, II-16.2
  nuclear energy la energía nuclear, II-16.2
number el número, I-8.1
  flight number el número del vuelo, I-8.1
  seat number el número del asiento, I-8.1
  (telephone) number el número (de teléfono), II-1.1
nurse el/la enfermero(a), I-10.2
nutritional alimenticio(a), 7

O

obituary la esquela, 4
objective la meta, 6, 8
obstacle el impedimento, 4
to **obtain** lograr, 8
occupation el oficio, 3
occupied ocupado(a), I-14.2
to **occupy** ocupar a, 8
to **occur** ocurrir, 1
October octubre (m.), I-BV
of de, I-1.1
to **offer one's hand** dar la mano, II-11.2
office la oficina, II-16.1
often a menudo, II-1

oil el aceite, I-15.2
old viejo(a), I-6.1
older mayor, II-11.1
olive la aceituna, 8
on board a bordo, II-7.1
one hundred cien(to), I-BV
one uno, I-BV
  One moment, please. Un momento, por favor., II-1.1
onion la cebolla, II-9.1
to **open** abrir, I-8.2
operating room la sala de operaciones, el quirófano, II-4.2
operating table la mesa de operaciones, II-4.2
operator el/la operador(a), II-16.1
operetta (Spanish) la zarzuela, 2
opposite contrario(a), I-7; enfrente de, II-10.1
oppressor el/la opresor(a), 8
opus la obra, 3
orange la naranja, II-2.1
orange anaranjado(a), I-13.2
orchard la huerta, 5
orchestra la orquesta, I-12.2
orchestra seat la butaca, I-12.1; la butaca de patio (orquesta), 3
orthopedic ortopédico(a), II-4.2
orthopedist el/la ortopedista, II-4.2
other otro(a), I-2.2
others los demás, 3
out (sports) el out, I-7.2
outdoors al aire libre, I-9.2
outfielder (sports) el/la jardinero(a), I-7.2
outfitted habilitado(a), 4
outlet (of river) la desembocadura, 5
outline el plan, 2
outskirts las afueras, I-5.1
oven el horno, II-9.1
over por encima, I-7.2
overcoat el abrigo, I-13.1
to **overtake** adelantar, II-5.1
owner el/la amo(a), 8
oxygen mask la máscara de oxígeno, II-7.1

P

to **pack the suitcase** hacer la maleta, I-8
package el paquete, II-2.2
packing el envase, 7
pact el acuerdo, 7
painter el/la pintor(a), II-16.1
painting el cuadro, I-12.2
pair la pareja, 4
pants los pantalones, I-13.1
papaya la papaya, II-9.2

paper el papel, I-BV
   sheet of paper la hoja de papel, I-BV
parachute el paracaídas, 2
parade el desfile, 3
paradise el paraíso, 3
parasol el parasol, I-11.1
paratrooper el/la paracaidista, 2
parents los padres, I-6.1
park el parque, I-6.2
to **park** aparcar, estacionar, II-5.1
parking meter el parquímetro, II-10.1
part (in hair) la raya, II-8.1
part time a tiempo parcial, II-16.2
party la fiesta, I-4.2
to **pass** pasar, I-7.2
passbook la libreta, II-14.2
passenger el/la pasajero(a), I-8.1
passenger vehicle smaller than a bus el colectivo, 5
passport el pasaporte, I-8.1
   passport inspection el control de pasaportes, I-8.1
pastry el pastel, II-12.1
pastry shop la pastelería, II-2.1
path la senda, el sendero, II-13.1
patient el/la enfermo(a), I-10.1
patron saint el santo patrón, 3
to **pay** pagar, I-13.1
pea el guisante, II-9.1
peaceful pacífico(a), 8
peach el melocotón, II-9.1
peak el pico, II-7.2
peanut el maní, 7
pear la pera, II-2.1
pedestrian el peatón, II-10.1
to **peel** pelar, II-9.2
pencil el lápiz, I-5.2
penguin el pingüino, 1
penniless person el pelado, 6
penning (of bulls) el encierro, 3
pepper la pimienta, I-15.1
to **perform** llevar a cabo, 4
performance la representación, el espectáculo, I-12.2
performer el/la tocador(a), 8
perhaps tal vez, quizá(s), II-16.2
period (of time) la temporada, 3
to **permit** autorizar, 6
personnel department el departamento (servicio) de personal, el departamento de recursos humanos, II-16.2
pharmacist el/la farmacéutico(a), I-10.2
pharmacy la farmacia, I-10.2
physical físico(a), I-10.2
   physical education la educación física, I-2.2

physics la física, I-2.2
piano el piano, I-4.2
to **pick a quarrel** meterse con uno, 2
to **pick up** recoger, I-8.2; descolgar (ue), II-1.1
pickpocket el carterista, 5
picture el cuadro, I-12.2
pie el pastel, II-2.1
piece el pedacito, el trocito, II-9.2
pill la pastilla, la píldora, el comprimido, I-10.2
pillar el pilar, 8
pillow la almohada, II-6.2
   head pillow el cabezal, 7
pilot el/la piloto, I-8.2
to **pinch** apretar (ie), I-13.2
   it pinches me me aprieta, I-13.2
pineapple la piña, II-2.1
pitcher el/la pícher, el/la lanzador(a), I-7.2
pity la lástima, II-12
   to be a pity ser una lástima, II-12
place el lugar, 1
plaid a cuadros, I-13.2
plain la llanura, II-7.2
plan el plan, 2
plane el avión, I-8
   by plane en avión, I-8
plant la planta, I-6.2
to **plant** sembrar, 2
plastic de plástico, II-2.2
   plastic bag la bolsa de plástico, II-2.2
plate el plato, I-15.1
plateau (high) el altiplano, 2
to **play (an instrument)** tocar, I-4.2
to **play** jugar (ue), I-7.1
player el/la jugador(a), I-7.1; el/la tocador(a), 8
playing cards la baraja, 6
pleasant placentero(a), 1; grato(a), 8
to **please** agradar, 6
please por favor, I-BV
plug el tapón, 7
plumber el/la plomero(a), el/la fontanero(a), II-16.2
pocket el bolsillo, 5
point (score) el tanto, I-7.1
to **point out** señalar, 8
pole el bastón, I-9.1
police officer el/la policía, II-16.1
police station la comisaría, 5
police: Spanish police force la Guardia Civil, 8
polite educado(a), II-11.1
politics la política, 8
pollen el polen, 4
pony tail la cola de caballo, II-8.1
popular popular, I-2.1

population la población, II-16.2
pork el cerdo, II-2.1
port el puerto, 5
portable stove el hornillo, I-16.2
porter el/la maletero(a), I-8.1; el/la mozo(a), I-14.1
portfolio la cartera, 2
portion la ración, 7
to **possess** poseer, 4
possible posible, II-11
post office la oficina de correos, II-3.2
post office box el apartado postal, la casilla, II-3.2
postage el franqueo, II-3.2
postal employee el/la empleado(a) de correo, II-3.2
postcard la tarjeta postal, I-5.2
poster el cartelón, 6
pot la olla, la cazuela, II-9.1
potato la papa, I-5.2; la patata, II-2.1
powdered en polvo, II-2.2
powdered soap el jabón en polvo, II-13.2
power el poder, 6
to **practice** ejercitar, 3
to **practice (a profession)** ejercer (una profesión), II-16.2
prawn el camarón, II-2.1
precious precioso(a), I-6.2
to **prefer** preferir (ie, i), I-7
to **prepare** preparar, I-4.1; confeccionar, 1
to **prescribe** recetar, I-10
prescription la receta, I-10.2
to **present** presentar, I-12
to **present with** obsequiar, 4
present: at present actual, 1
present el regalo, II-12.2
   Christmas present el regalo de Navidad, el aguinaldo, II-12.2
president of a university el/la rector(a), 2
pressure la presión, II-5.2
pretty bonito(a), I-6.2
price el precio, I-13.1
to **prick** picar, 2
pride el orgullo, 2
priest el cura, II-12.1
principal el/la director(a), II-16.1
prisoner el/la cautivo(a), 5
private particular, privado(a), I-5.1
probable probable, II-11
profession la profesión, II-16.1
professor (of a university) el/la catedrático(a), 1
programmer el/la programador(a), II-16.1
to **promote** desarrollar, 8

promotion (in position) el ascenso, 6

prop las hélices, II-7.2

to propose proponer, 6

protective protector(a), I-11.1

protein la proteína, I-10.2

proud orgulloso(a), 2

provided that con tal que, II-15

to provoke suscitar, 4

to prune podar, 7

public el público, I-12.2

public público(a), II-1.1

public school teachers el Magisterio Fiscal, 4

Puerto Rican puertorriqueño(a), I-2

pulmonary pulmonar, 7

pulse el pulso, II-4.2

punch el puñetazo, 6

purse la bolsa, 5

to pursue perseguir, 8

push el empujón, 6

to push empujar, II-2.1

push button de (a) botones, II-1.1

to put poner (irreg.), I-8.1

to put on the fire poner al fuego, II-9.2

to put in meter, I-7.1

to put in a basket encestar, I-7.2

to put in a plaster cast enyesar, II-4.2

to put on ponerse, I-16.1

to put up a tent armar una tienda, I-16.2

pyramid la pirámide, 1

Q

Quechuan people and language el quechua, 8

R

rabbi el rabino, 8

race la carrera, 7

radiator el radiador, II-5.2

rag el trapo, 6, 7

railway platform el andén, I-14.1

railway track la vía, I-14.1

to rain llover (ue), I-11.1

it rains llueve, I-11.1

rain la lluvia, 1

raincoat la gabardina, I-13.1; el impermeable, 3

to raise alzar, 1

raquet la raqueta, I-11.2

rare casi crudo, I-15.2

raw crudo(a), I-15.2

razor la navaja, I-16.1

to read leer, I-5.2

reading primer la cartilla, 8

to reap cosechar, 2, 4

to receive sacar, I-3.2; recibir, I-6

receiver el/la receptor(a), I-7.2; el/la destinatario(a), II-3.1

receiver (of telephone) el auricular, la bocina, II-1.1

reception la recepción, II-6.1

receptionist el/la recepcionista, II-6.1

to recognize reconocer, 8

to recommend recomendar (ie), II-13.2

to reconcile conciliar, II-14.2

record el disco, I-4.1

recovery room la sala de recuperación, la sala de restablecimiento, II-4.2

rector el/la rector(a), 2

red rojo(a), I-13.2

to reduce reducir (zc), II-4.2

referee el/la árbitro(a), I-7.1

refrigerator el refrigerador, la nevera, II-9.1

to refuse rehusar, 6

to register inscribir, 7

registration card la tarjeta, la ficha, II-6.1

regular normal, II-5.2

regular mail por correo ordinario, II-3.2

to reimburse reembolsar, 1

to reject rechazar, rehusar, 2

related allegado(a), 4

relationship el parentesco, 6

to remain quedarse, I-13.2

to remove extraer, 4; quitar, 5

renowned renombrado(a), 1

to rent alquilar, I-11.1

to repeat repetir (i, i), I-15

to replace reemplazar, 2

to reprimand regañar, 2

to request rogar, II-12

to require requerir (ie), II-16.2; exigir, 1, 7

to rescue rescatar, 5

reservation la reservación, II-6.1

to reserve reservar, II-6.1

reserved reservado(a), I-14.2; taciturno(a), 8

to reside habitar, 6

resources los recursos, 6

rest el descanso, 1

restaurant el restaurante, I-12.2

to return devolver (ue), I-7.2

return de regreso, 1

returning de vuelta, 3

to review revisar, 2

to revolve girar, 6

rhythm: to the rhythm of al compás de, 3

rib la costilla, II-9.1

rice el arroz, I-15.2

right la derecha, I-5.1

to the right a la derecha, I-5.1

right? ¿verdad?, I-1.1

right away en seguida, II-1.2

rim el borde, 1, 7

to ring sonar (ue), II-1.1

ring el anillo, la sortija, II-15.1

engagement ring la sortija de compromiso, II-15.1

wedding ring el anillo de boda, II-15.1

river el río, I-16.2

road el trayecto, 1, 6

roast suckling pig el lechón, II-2.1

robbery el robo, 5

rock la piedra, 6

rock (music) de rock, I-4

rocket el cohete, 3

roll (of paper) el rollo, I-16.2

roller la rueda, I-9.2

roof el tejado, 6

room el cuarto, la habitación, I-5.1

double room el cuarto doble, II-6.1

single room el cuarto sencillo, II-6.1

waiting room la sala de espera, I-14.1

root la raíz, 8

rope la soga, 7

round redondo(a), 5, 8

row la fila, I-8

to ruin destrozar, 7

to run correr, I-7.2

runway la pista, II-7.2

rural rural, 8

S

sad triste, I-10.1; melancólico(a), 8

safe seguro(a), II-12

sail la vela, 1

sailboard la plancha de vela, I-11.1

sailor el marino, 5

salad la ensalada, I-5.2

salesperson el/la dependiente, I-13.1; el/la vendedor(a), 1

salt la sal, I-15.1

to sample degustar, 4

sample la muestra, 7

sand la arena, I-11.1

sandals las sandalias, I-13.1

sandwich el sándwich, el bocadillo, I-5.2

sanitary higiénico(a), II-2.2

sash la faja, **3**
Saturday el sábado, I-BV
saucepan la cacerola, **7**
saucer el platillo, I-15.1
sausage la salchicha, II-9.1; el embutido, **7**
to **save** rescatar, **5**
savings account la cuenta de ahorros, II-14.2
to **say** decir (irreg.), I-9
to **say good-bye** despedirse (i, i), II-11.1
scale la báscula, I-8.1
scar la cicatriz, II-4.1
scene la escena, **3**
schedule el horario, I-14.1
school el colegio, la escuela, I-1.1
  high school la escuela secundaria, I-1.1
  school (pertaining to) escolar, I-3.1
science la ciencia, I-2.2
scissors las tijeras, II-8.2
to **scold** regañar, **2**
scooter el monopatín, I-9
to **score (sports)** marcar, I-7.1
scoreboard el tablero indicador, I-7.1
screen la pantalla, I-8.1
sculptor el/la escultor(a), I-12.2
sea el mar, I-11.1
sea level el nivel del mar, II-7.2
season la estación, I-9.1
seat (in theater) la localidad, I-12.1
seat el asiento, I-8.1
  seat number el número del asiento, I-8.1
  seat belt el cinturón de seguridad, II-5.1
seatback el respaldo, II-7.1
second segundo(a), I-5.1
secondary secundario(a), I-1.1
secret el secreto, II-11.1
secretary el/la secretario(a), II-16.1
security la seguridad, I-8.1
  security inspection el control de seguridad, I-8.1
sedan el sedán, II-5.1
to **see** ver, I-5.2
to **seize** apoderarse de, **5**
self-sacrificing abnegado(a), **4**
to **sell** vender, I-5.2
to **send** enviar, II-3.1; mandar, II-11
sender el remitente, II-3.1
September septiembre (m.), I-BV
sergeant el sargento, **5**
serious serio(a), I-1.2
to **serve** servir (i, i), I-15.1
  service station la estación de servicio, II-5.2

session la sesión, I-12.1
seven siete, I-BV
seventh séptimo(a), I-5.1
seventy setenta, I-BV
several varios(as), **1**
shampoo el champú, I-16.2
to **shake the hand** estrechar la mano, II-11.2
to **share** compartir, **6**
to **shave** afeitarse, I-16.1
shaving blade la hoja de afeitar, **2**
shaving cream la crema de afeitar, I-16.2
she ella, I-1.2
sheathed enfundado(a), **4**
sheep (female) la oveja, **2**
sheet la hoja, I-BV
  sheet of paper la hoja de papel, I-BV
sheet (bed) la sábana, II-6.2
shellfish el marisco, I-15.2
to **shelter** recoger, **6**
to **shine** brillar, I-11.1; lucir, **4**
to **shift gears** cambiar de velocidad, II-5.1
ship el buque, **1, 5**; la nave, el navío, **5**
shipwreck el naufragio, **5**
shirt la camisa, I-13.1
  loose-fitting embridered men's shirt worn in some tropical Hispanic countries la guayabera, **1**
shiver el escalofrío, **6**
shoes el zapato, I-13.1
shop window el escaparate, la vitrina, I-13.1
shopping de compras, I-13.1
  shopping center el centro comercial, I-4.1
short (person) bajo(a), I-1.1; **(length)** corto(a), I-13.2
shot el disparo, **7**
shoulder el hombro, II-4.1
to **shout** gritar, **5**
shove el empujón, **6**
show el espectáculo, I-12.2
to **show a movie** dar (presentar) una película, I-12
shower la ducha, I-16.2; **(of rain)** el aguacero, **1**
  to take a shower tomar una ducha, I-16.2
shrimp la gamba, II-9.2; el camarón
to **shrink** encoger, II-13.2
shy tímido, I-1.2
sick enfermo(a), I-10.1
sick person el/la enfermo(a), I-10.1
side: to the side of al lado de, II-8.2

sideburn la patilla, II-8.1
sidewalk la acera, II-10.1
sign el rótulo, II-10.2
to **sign** firmar, II-14.2
simple sencillo(a), I-14.1
sincere sincero(a), I-1.2
to **sing** cantar, I-4.2
singer el/la cantor(a), el/la cantante, **3**
single sencillo(a), II-6.1
sir el señor, I-BV
sister la hermana, I-2.1
to **sit down** sentarse (ie), I-16.1
sitting (in theater) la sesión, I-12.1
situps las sentadillas, **3**
six seis, I-BV
sixth sexto(a), I-5.1
sixty sesenta, I-BV
size el tamaño, la talla, I-13.1
skate el patín, I-9.2
to **skate** patinar, I-9
skater el/la patinador(a), I-9.2
skating el patinaje, I-9.2
  figure skating el patinaje artístico, I-9.2
  roller skating el patinaje sobre ruedas, I-9.2
  skating rink el patinadero, la pista de patinaje, I-9.2
to **sketch** dibujar, **1**
sketch el dibujo, **1**
sketcher el/la dibujante, **1**
ski el esquí, I-9.1
to **ski** esquiar, I-9.1
  ski lift el telesquí, I-9.1
  ski path la cancha de esquí, I-9
skier el/la esquiador(a), I-9.1
skiing el esquí, I-9.1
  Alpine skiing el esquí alpino, I-9.1
  cross-country skiing el esquí de fondo, I-9.1; el esquí nórdico, I-9.1
  downhill skiing el esquí de descenso, I-9.1
skin el pellejo, **7**
to **skindive** bucear, I-11.1
skindiving el buceo, I-11.1
skip el brinco, **3**
skirt la falda, I-13.1
sky el cielo, I-11.1
slalom el slálom, I-9.1
slap la palmadita, II-11.2; la bofetada, **6**
to **slap gently** dar palmaditas, II-11.2
slave el/la esclavo(a), **8**
to **sleep** dormir (ue, u), I-7
sleeping bag el saco de (para) dormir, I-16.2
sleeping car el coche-cama, I-14.2

sleepy soñoliento(a), **2**
sleeve la manga, I-13.2
slice la tajada, la lonja, II-2.2; la rebanada, II-9.2
to **slice** rebanar, II-9.2
to **slip** resbalarse, II-4.1
slope la cuesta, I-9.1; la loma(da), **1**
slot (for money) la ranura, II-1.1
small pequeño(a), I-2.1; **(amount)** poco(a), I-5.2
smiling sonriente, **3**
smock el blusón, I-13.1
snack la merienda, I-4.1
to **sneeze** estornudar, I-10.1
snow la nieve, I-9.1
to **snow** nevar (ie), I-9.1
It's snowing. Nieva., I-9
snowfall la nevada, I-9.1
so that para que, de manera que, de modo que, II-15.2
soap el jabón, I-16.2
soap opera la telenovela, I-5.2
social science las ciencias sociales, I-2.2
sociology la sociología, I-2.2
socks los calcetines, I-13.1
soda la gaseosa, I-5.2
soft drink la gaseosa, I-5.2
soil el suelo, **1**
sojourn la estadía, **1**
sole (of shoe) la suela, **3**
somebody alguien, **1**
something algo, I-9.1
Something more? ¿Algo más?, II-2.2
sometimes a veces, I-5.2
son el hijo, I-6.1
soon: as soon as tan pronto como, II-15
sore throat el dolor de garganta, I-10.1
sorrow el dolor, **1**
soul el alma, **4**
sound el son, **4**; el sonido, **7**
soup la sopa, I-5.2
south el sur, II-10.1
South America la América del Sur, I-8.1
sovereign el/la soberano(a), **8**
span el tramo, **1**
Spanish español(a), I-2.2
spare de repuesto, de recambio, II-5.1
to **speak** hablar, I-3.1
They are speaking. Están hablando., II-1.1
specialist especialista, II-16.2
spectator el/la espectador(a), I-7
speed la velocidad, II-10.2
speed limit la velocidad máxima, II-10.2

spell la temporada, **3**
spittoon la escupidera, **7**
spoon la cuchara, I-15.1
sport el deporte, I-2.2
sports broadcast la emisión deportiva, I-5.2
sports car el coche deportivo, II-5
spouse el/la cónyuge, **4**
to **spread (butter on bread)** untar, **2**
spring la primavera, I-7.2
squall el chubasco, **1**
squid el calamar, II-9.2
stadium el estadio, I-7.1
stage (of theater) la escena, I-12.2; **(of time)** la etapa, **2**
to come on the stage entrar en escena, I-12.2
stain la mancha, II-13.2
stained manchado(a), II-13.2
stairway la escalera, I-5.1
stall el puesto, II-2.1
stamp el sello, la estampilla, II-3.1
to **stand out** lucir, **4**
standard la norma, **8**
star la estrella, **1**
starch el almidón, II-13.2
state: of or pertaining to the state estatal, **7**
station la estación, I-12.1
train station la estación de ferrocarril, I-14.1
statue la estatua, I-12.2
stay la estadía, **1**
to **stay** quedarse, I-13.2
to **stay in bed** guardar cama, I-10.1
to **steal** robar, I-7.2
stealthily a hurtadillas, **6**
stereophonic estereofónico(a), II-7.1
stew el potaje, **2**
to **stir** revolver (ue), II-9.1
stitch el punto, la sutura, II-4.2
stockings las medias, I-13.1
stomach el estómago, I-10.1; el vientre, **7**
stomachache el dolor de estómago, I-10.1
stop la parada, I-14.2
to **stop** parar, I-7.1
stoppage of work el paro, **5**
store la tienda, I-4.1
men's clothing store la tienda de ropa para caballeros (señores), I-13.1
women's clothing store la tienda de ropa para damas (señoras), I-13.1
stork el ave picuda, la cigüeña, **4**
storm la tempestad, el temporal, la tormenta, **1**
stove la estufa, II-9.1

straight (hair) liso(a), lacio(a), II-8.1
straight (direction) derecho, II-10.1
stranger el/la desconocido(a), **6**
straw la paja, II-12.2
strawberry la fresa, II-2.1
stream el arroyo, **8**
street la calle, I-5.1
strength la fuerza, **1**; el poder, **6**
stretch (of distance) el tramo, **1**
to **stretch** estirar, **4**
stretcher la camilla, II-4.1
stretching el estiramiento, **3**
string bean la judía verde, II-2.1
striped a rayas, I-13.2
student el/la alumno(a), I-1.1
to **study** estudiar, I-3.2
subject la asignatura, I-2.2
to **substitute** reemplazar, **2**
suburbs los suburbios, I-5.1
subway el metro, I-12.1; el subterráneo, **5**
success el éxito, **3**
sufficient suficiente, II-5.1
sugar el azúcar, II-9.1
to **suggest** sugerir (ie), II-12
suit el traje, I-13.1
suitcase la maleta, I-8.1
small suitcase el maletín, **1**
to pack the suitcase hacer la maleta, I-8
sum el monto, **1**
summit el auge, **8**
sun el sol, I-11.1
It's sunny. Hay sol., I-11.1
sun protection cream la crema protectora, I-11.1
to **sunbathe** tomar el sol, I-11.1
Sunday el domingo, I-BV
sunglasses los anteojos de (para el) sol, I-11.1
sunny soleado(a), **1**
sunset (of life) el ocaso, **4**
suntan cream la crema bronceadora, I-11.1
super súper, II-5.2
super highway la autopista, la autovía, II-10.2
supermarket el supermercado, el hipermercado, II-2.1
support el apoyo, **5**
to **support** mantener, **8**
sure seguro(a), II-12
surgeon el/la cirujano(a), II-4.2
to **surpass** sobrepasar, **5**
to **surprise** sorprender, I-13; extrañar, **6**
to **swallow** tragar, **6**
sweat el sudor, **8**

to **sweat** sudar, **2, 8**; transpirar, **8**
   sweater el suéter, el jersey, I-13.1
   sweet-and-sour agridulce, **2**
   sweetheart el/la enamorado(a),
     II-15
to **swim** nadar, I-11.1
   swimming pool la piscina, la
     alberca, I-11.2
   swollen hinchado(a), II-4.1
   symptom el síntoma, I-10.2
   synagogue la sinagoga, **8**

T

T shirt el T shirt, I-13.1
table la mesa, I-12.2
tablecloth el mantel, I-15.1
table companion el/la comensal, **1**
tableland la meseta, II-7.2
tablet la pastilla, I-16.2
taciturn taciturno(a), **8**
to **take** tomar, I-3.2
      to take a hike dar una caminata,
        I-16.2
      to take a leading part in
        protagonizar, **4**
      to take a nap echar (tomar) una
        siesta, I-11.1
      to take a shower tomar una
        ducha, I-16.2
      to take a step dar un paso, **8**
      to take a walk dar una caminata,
        1; dar un paseo, **3**
      to take away quitar, **5**
      to take charge of hacerse cargo
        de, **4, 6**
      to take off (airplane) despegar,
        I-8.2
      to take off the fire quitar del
        fuego, retirar del fuego, II-9.2
      to take out sacar, II-13.2
      to take part in meterse en, **8**
      to take pictures tomar
        fotografías, **1**
      to take place efectuar, **4**
      to take possession of apoderarse
        de, **5**
      to take seriously tomar en serio, **2**
      to take up subir, II-6.1
   take-off el despegue, II-7.2
tall alto(a), I-1.1
tame manso(a), **1**
tank el tanque, II-5.2
tanning bronceador(a), I-11.1
tape la cinta, I-4.1
task la tarea, **8**
to **taste** degustar, **4**
   tasty rico(a), I-15.2
taxi el taxi, I-8.1

taximeter el taxímetro, **1**
taxi stand la parada de taxis, **1**
to **teach** enseñar, I-3.2
to **teach to read and write** alfabetizar, **8**
   teacher el/la profesor(a), I-2.1; el/la
     docente, **5, 7**
   team el equipo; (adj.) de equipo,
     I-7.1
tear la lágrima, **7**
teaspoon la cucharita, I-15.1
technician el/la técnico(a), II-4.2
to **telephone** telefonear, II-1.1
   telephone (adj.) telefónico(a),
     II-1.1
   telephone (n.) el teléfono, I-4.1
   on the phone por teléfono, I-4.1
   telephone book la guía telefónica,
     II-1.1
   telephone booth la cabina
     telefónica, II-1.1
television la televisión, I-4.1
television set el televisor, II-6.2
teller el/la cajero, II-14.1
temperament el genio, **8**
temperature la temperatura, I-9.1
temple (anat.) la sien, **6**
ten diez, I-BV
tennis el tenis, I-11.2
   tennis court la cancha de tenis,
     I-11.2
      tennis game el juego de tenis,
        I-11.2
tennis shoes los tenis, I-13.1
tent la tienda de campaña, la carpa,
   I-16.2
tenth décimo(a), I-5.1
tepid tibio(a), **7**
terminal la terminal, **1**
thank you gracias, I-BV
that eso, I-3.1; aquel, aquella, I-9.2
   about a eso de, I-3.1
the el, la, I-1.1
theater el teatro, I-12.2
theatrical teatral, I-12.2
theft el robo, **5**
there is/are hay, I-5.1
thief el/la ladrón(a), **6**
thin flaco(a), **7**
third tercer(o) (tercera), I-5.1
thirst la sed, I-15.1
   to be thirsty tener sed, I-15.1
thirty treinta, I-BV
thorax el tórax, **3**
thousand one, I-BV
three tres, I-BV
Three Wise Men los Reyes Magos,
   II-12.2
throat la garganta, I-10.2
   sore throat el dolor de garganta,
     I-10.1

to **throw** tirar, lanzar, I-7.1; echar,
   II-3.1
   Thursday el jueves, I-BV
   ticket el boleto, el billete I-8.1; la
     entrada, **3**
     one-way ticket el billete sencillo,
       I-14.1
     roundtrip ticket el billete de ida
       y vuelta, I-14.1
     ticket office la boletería, I-9.1; la
       taquilla, I-12.1
     ticket window la ventanilla,
       I-9.1
   tidbit la golosina, **1**
   tied empatado(a), I-7
to **tie together** anudar, **7**
   time tiempo, I-7.1
     At what time? ¿A qué hora?, I-2
     full time a tiempo completo,
       II-16.2
     on time a tiempo, I-14.2
     part time a tiempo parcial,
       II-16.2
   timid tímido(a), I-1.2
   tip la propina, I-12.2
   tire el neumático, la goma, la llanta,
     II-5.1
   tired cansado(a), I-10.1
to **toast (one's health)** brindar, II-15.2
   toast (to one's health) el brindis,
     II-15.2
   today hoy, I-11.2
   together junto(a), II-15.1
   toilet el inodoro, el váter, II-6.2; el
     retrete, **1**
   toilet paper el papel higiénico,
     I-16.2
   toll el peaje, II-10.2
   toll booth la garita de peaje, II-10.2
   tomb la tumba, II-12.1
     family tomb la tumba familiar, **4**
   tone el tono, II-1
     busy tone el tono de ocupado,
       II-1
   tonight esta noche, I-11.2
   too, also también, I-1.1
   too, too much demasiado, I-13.2
   tooth el diente, I-16.1
   tooth decay la caries, **7**
   toothbrush el cepillo de dientes, **7**
   toothpaste la pasta dentífrica,
     I-16.2; el dentífrico, **7**
   toothpick el palillo, **7**
   tortilla la tortilla, I-15.2
   total el total, el monto, II-6.1
to **touch** tocar, I-7
   tourist el/la turista, I-12.2
   towel la toalla, I-11.1
     beach towel la toalla playera,
       I-11.1

town el pueblo, I-5.1; la villa, **6**
toy el juguete, **1**, **4**
trade el oficio, la compra y venta, II-16.2
trader el/la traficante, **8**
trail la pista, I-9.1
train el tren, I-14.1
 train station la estación de ferrocarril, I-14.1
traffic la circulación, el tráfico, el tránsito, II-5.1
traffic jam el embotellamiento, **1**
traffic light el semáforo, II-10.1
trailer la caravana, la casa-remolque, II-13.1
trainer el entrenador, **2**
training el entrenamiento, **8**
tranquil tranquilo(a), **3**
to transfer transbordar, I-14.2
transportation el transporte, I-12
to travel recorrer, **1**
traveler el/la viajero(a), **1**
traveler's check el cheque de viajero, II-14.1
tray table la mesita, II-7.1
tree el árbol, I-6.2
 Christmas tree el árbol de Navidad, II-12.2
trick el truco, **5**
tricorn el tricornio, **8**
trigonometry la trigonometría, I-2.2
trim el recorte, II-8.2
to trim recortar, II-8.2
trip el viaje, I-8.1
 to make the trip hacer el viaje, I-8.1
troop la tropa, **2**
trumpet la trompeta, I-4.2
trunk (of a car) el/la maletero(a), II-5.1
truth la verdad, I-1.1
 Isn't it true? ¿No es verdad?, I-1.1
tube el tubo, I-16.2
Tuesday el martes, I-BV
tuna el atún, II-2
tune el son, **4**
to turn doblar, II-5.1
to turn around dar la vuelta, II-10.1; voltear, **3**
to turn off apagar, II-9.2
 turning signal el intermitente, la direccional, II-5.1
turtle (giant) el galápago, **1**
tweezers las pinzas, **7**
twenty veinte, I-BV
to twist torcer (ue), II-4.1
two dos, I-BV
tyrant el/la opresor(a), **8**

U

umbrella la sombrilla, I-11.1
uncle el tío, I-6.1
under debajo de, II-7.1
underground subterráneo(a), I-12
underpants el calzón, **3**
undershirt la camiseta, I-13.1
to understand comprender, I-5.2
understanding el conocimiento, **8**
undeserved inmerecido(a), **4**
unemployed desocupado(a), desempleado(a), II-16.2
unemployed person el/la desempleado(a), II-16.2
unemployment el desempleo, II-16.2
to unite fundirse, **4**
university universitario(a), II-16.2
 university diploma el título universitario, II-16.2
unleaded sin plomo, II-5.2
unless a menos que, II-15
unmarried person el/la soltero(a), **6**
unpleasant antipático(a), I-1.1
unsuccessful fallido(a), **4**
until hasta, I-BV; hasta que, II-15
 see you later hasta la vista, hasta luego, I-BV
 see you tomorrow hasta mañana, I-BV
 see you soon hasta pronto, I-BV
to use up consumir, **7**
useful útil, **2**
usher el paje de honor, II-15.2

V

valley el valle, II-7.2
veal la ternera, II-2.1
vegetable la legumbre, la verdura, el vegetal, I-15.2
vegetable garden el huerto, **1**
veil el velo, **1**, **4**
vein la vena, **6**
to verify verificar, II-14.2
verse, improvised with music la bomba, **8**
very muy, I-1.1
vice versa por el contrario, **2**
victim of a disaster el/la damnificado(a), **5**
 crime victim la víctima del crimen, **5**
view la vista, I-6.2
vigil el velorio, **4**
vigor la lozanía, **4**
violin el violín, I-4.2
virtue la virtud, **6**

vitamin la vitamina, I-10.2
voice la voz, **8**
volleyball vólibol, I-7.2

W

to wait for esperar, I-14
to wait on or help customers despachar, I-10.2
waiter el mesero, I-12.2
waiting room la sala de recepción, II-4.2
waitress la mesera, I-12.2
wake el velorio, **4**
to wake up despertarse (ie), I-16.1
Wales Gales, **1**
to walk caminar, II-4.2
wall la pared, **6**
 city wall la muralla, **6**
wallet la cartera, **5**
to want querer (ie), I-7; desear, II-11
warming el calentamiento, **3**
to wash (oneself) lavar(se), I-16.1
wash (n.) el lavado, II-8.2
washbasin el lavamanos, **1**
washing machine la máquina de lavar, II-13.2
to watch ver, I-5.2
watch el reloj, **5**
to water regar, **2**, **7**
water skiing (n.) el esquí acuático, I-11.1
watermelon la sandía, II-9.2
wave la ola, I-11.1; la onda, II-8.1
way la manera, I-1.1; el sentido, II-10.2
we nosotros(as), I-2.2
wealth los recursos, **6**
we are somos, I-2.2
wedding la boda, el enlace nupcial, II-15.1
 wedding ring el anillo de boda, II-15.1; la alianza, **4**
Wednesday el miércoles, I-BV
week la semana, I-11.2
 last week la semana pasada, I-11.2
 this week esta semana, I-11.2
to weigh pesar, II-3.2
weight la pesa, **7**
to welcome dar la bienvenida, II-7.1
welcome (n.) la bienvenida, II-7.1
well bien, I-BV
well el pozo, **1**, **2**, **4**
well done bien cocido (hecho), I-15.2
well-known renombrado(a), **5**
well-mannered educado(a), II-11.1
west el oeste, II-10.1; el occidente, **8**

what? ¿cuál?, ¿qué?, I-BV; ¿cómo?, I-1.1
  What is it? ¿Qué es?, I-BV
  What is today's date? ¿Cuál es la fecha de hoy?, I-BV
  What time is it? ¿Qué hora es?, I-2
  What's the weather like? ¿Qué tiempo hace?, I-9.1
wheel la rueda, I-9.2
wheelchair la silla de ruedas, II-4.1
when cuando, II-15
when? ¿cuándo?, I-3.1
where? ¿dónde?, I-1.2; ¿adónde?, I-4
which? ¿cuál?, I-BV
whiskers los bigotes, 2
white blanco(a), I-13.2
white of egg la clara, 7
who? ¿quién?, I-BV
  Who is it? ¿Quién es?, I-BV
  Who is calling? ¿De parte de quién?, II-1.1
wide ancho(a), I-13.2
widow la viuda, 4, 5, 6
widower el viudo, 6
wife la esposa, I-6.1; la mujer, II-15.1
will la voluntad, 8
to **win** ganar, I-7.1
wind el viento, I-11.1
  It's windy. Hace viento., I-11.1
to **wind up a victrola** darle cuerda a una victrola, 2
window la ventanilla, II-3.2

windshield el parabrisas, II-5.1
windshield wiper el limpiaparabrisas, II-5.1
wing el ala (las alas), II-7.2
winter el invierno, I-9.1
to **wish** desear, II-11
to **withdraw** retirar, II-14.2
withdrawal el retiro, II-14.2
withdrawal slip el formulario de retiro, II-14.2
without sin que, II-15
woman la mujer, I-6.1
wool la lana, II-13.2
work la obra, I-12.2; el trabajo, II-16.1; la faena, la labor, 2; la tarea, 8
to **work** trabajar, I-4.1
worker el/la obrero(a), el/la trabajador(a), II-16.1
workshop el taller, 4
to **wound** lastimar, 3
wrinkled arrugado(a), II-13.2
wrist la muñeca, II-4.1
to **write** escribir, I-5.2
to **write down** anotar, 8
writing pad el bloc, I-3.2
wrong equivocado(a), II-1.1

X

X ray los rayos esquis, la radiografía, II-4.2

Y

year el año, I-11.2
  Happy New Year Próspero año nuevo, II-12.2
  last year el año pasado, I-11.2
  this year este año, I-11.2
yellow amarillo(a), I-13.2
yesterday ayer, I-11.1
  the day before yesterday anteayer, I-11.2
  yesterday afternoon ayer por la tarde, I-11.2
  yesterday morning ayer por la mañana, I-11.2
yolk of egg la yema, 7
you tú, Ud., usted, Uds., ustedes (pl. form.), vosotros I-2.2
you go van (pl. form.), I-4.1
You're welcome. De nada., No hay de qué., I-BV
young joven, I-6.1
younger menor, II-11.1
young man el mozo, 3
youth el mozo, 3
youth hostel el albergue juvenil, I-16.2

Z

zip code la zona postal, el código postal, II-3.1
zipper la cremallera, el zíper, I-13.2

ÍNDICE
GRAMATICAL

515

Ciclismo: 329; Coca-Cola: 218; Cocina: 74; DL Domínguez: 165T; Ediciones Desnivel: 321B; Editorial Ibis: 321T; Editorial Arguval: 36; El Corte Inglés: 317; EL MERO Restaurant: 18; El Serpentín (Yellow Pages): 119T; Explore Honduras: 372; Florida Park, Madrid: 79; Galerías Preciados: 40; Hotel Alay: 4; IBERIA: 188; Inter Way: 57; LANZAROTE isla mítica: 15L, 15R; Las Cuevas de Luis Candelas: 335; Medicorp Argentina: 297; Ministerio de Cultura: 136; NAVHER Corporativo Turístico and Viajes Montes de Oca: 165B; Novias Galatti: 177; Nuestro Turismo-La Hacienda Juanita: 394; PC Price Club: 163; Renfe: 28, 336; Riestrapart: 119B; Agatha Ruiz de la Prada from Ronda Iberia: 388; Salud: 220; Teatro Compañía Nacional Clásico: 368; TEVE Guía (Fotos Luis Ruiz): 62; Transmediterránea: 38.

Fabric designs: Bolivian: 2, 21; Guatemalan: 44.

Maps
Eureka Cartography, Berkeley, CA.

516